61. -

30. -

D1698220

Kohlhammer

Der Autor und Übersetzer

Alexander von Gontard, Prof. Dr. med., ist Facharzt für Kinder- und Jugendpsychiatrie, Kinderheilkunde und Psychotherapeutische Medizin; er war Lehrstuhlinhaber und Direktor der Klinik für Kinder- und Jugendpsychiatrie, Psychosomatik und Psychotherapie, Universitätsklinikum des Saarlandes. Er ist in eigener Praxis tätig und mit der Universität des Saarlandes affiliiert. Er hat breit über verschiedene Bereiche der Kinder- und Jugendpsychiatrie publiziert. Seit vielen Jahren praktiziert er Achtsamkeitsmeditation (Vipassana). Er hat sich intensiv mit der Analytischen Psychologie C. G. Jungs, der Sandspieltherapie und der Spiritualität von Kindern und Jugendlichen beschäftigt.

Alexander von Gontard

Buddhismus und kindliche Spiritualität

Verlag W. Kohlhammer

Dieses Werk einschließlich aller seiner Teile ist urheberrechtlich geschützt. Jede Verwendung außerhalb der engen Grenzen des Urheberrechts ist ohne Zustimmung des Verlags unzulässig und strafbar. Das gilt insbesondere für Vervielfältigungen, Übersetzungen, Mikroverfilmungen und für die Einspeicherung und Verarbeitung in elektronischen Systemen.

Pharmakologische Daten, d. h. u. a. Angaben von Medikamenten, ihren Dosierungen und Applikationen, verändern sich fortlaufend durch klinische Erfahrung, pharmakologische Forschung und Änderung von Produktionsverfahren. Verlag und Autoren haben große Sorgfalt darauf gelegt, dass alle in diesem Buch gemachten Angaben dem derzeitigen Wissensstand entsprechen. Da jedoch die Medizin als Wissenschaft ständig im Fluss ist, da menschliche Irrtümer und Druckfehler nie völlig auszuschließen sind, können Verlag und Autor hierfür jedoch keine Gewähr und Haftung übernehmen. Jeder Benutzer ist daher dringend angehalten, die gemachten Angaben, insbesondere in Hinsicht auf Arzneimittelnamen, enthaltene Wirkstoffe, spezifische Anwendungsbereiche und Dosierungen anhand des Medikamentenbeipackzettels und der entsprechenden Fachinformationen zu überprüfen und in eigener Verantwortung im Bereich der Patientenversorgung zu handeln. Aufgrund der Auswahl häufig angewendeter Arzneimittel besteht kein Anspruch auf Vollständigkeit.

Die Wiedergabe von Warenbezeichnungen, Handelsnamen und sonstigen Kennzeichen in diesem Buch berechtigt nicht zu der Annahme, dass diese von jedermann frei benutzt werden dürfen. Vielmehr kann es sich auch dann um eingetragene Warenzeichen oder sonstige geschützte Kennzeichen handeln, wenn sie nicht eigens als solche gekennzeichnet sind.

Es konnten nicht alle Rechtsinhaber von Abbildungen ermittelt werden. Sollte dem Verlag gegenüber der Nachweis der Rechtsinhaberschaft geführt werden, wird das branchenübliche Honorar nachträglich gezahlt.

Dieses Werk enthält Hinweise/Links zu externen Websites Dritter, auf deren Inhalt der Verlag keinen Einfluss hat und die der Haftung der jeweiligen Seitenanbieter oder -betreiber unterliegen. Zum Zeitpunkt der Verlinkung wurden die externen Websites auf mögliche Rechtsverstöße überprüft und dabei keine Rechtsverletzung festgestellt. Ohne konkrete Hinweise auf eine solche Rechtsverletzung ist eine permanente inhaltliche Kontrolle der verlinkten Seiten nicht zumutbar. Sollten jedoch Rechtsverletzungen bekannt werden, werden die betroffenen externen Links soweit möglich unverzüglich entfernt.

This is a translation of »Buddhist Understanding of Childhood Spirituality. The Buddha's Children«. First published in the UK in 2017 by Jessica Kingsley Publishers Ltd, 73 Collier Street, London, N1 9BE, UK
www.jkp.com
All rights reserved. Printed in the UK
Copyright © Alexander von Gontard, 2017

Übersetzt und mit einem Vorwort von Alexander von Gontard

1. Auflage 2021

Alle Rechte vorbehalten
© W. Kohlhammer GmbH, Stuttgart
Gesamtherstellung: W. Kohlhammer GmbH, Stuttgart

Print:
ISBN 978-3-17-035159-2

E-Book-Formate:
pdf: ISBN 978-3-17-035160-8
epub: ISBN 978-3-17-035161-5
mobi: ISBN 978-3-17-035162-2

Ich möchte dieses Buch Christopher Titmuss widmen,
Lehrer und Freund seit über einem Vierteljahrhundert.

Inhalt

Vorwort zur deutschen Übersetzung

Als ich vor über zwei Jahren dieses Buch zu Ende schrieb, war es nicht mein Erstlingswerk zur Spiritualität von Kindern. Wenige Jahre zuvor war das Buch »Spiritualität von Kindern und Jugendlichen« im Kohlhammer Verlag erschienen. Es war dennoch eine neue und besondere Herausforderung. Zum einen, weil ich nach langer Zeit wieder ein Buch direkt in englischer Sprache geschrieben habe – und nicht über den Umweg einer Übersetzung aus dem Deutschen. Die englische Sprache ist die erste, die ich gelernt habe, und beim Schreiben habe ich Wörter und Redewendungen für mich wiederentdeckt und als bekannt und vertraut aufgegriffen, ein Prozess der Zeit erforderte und dennoch bereichernd war.

Die Herausforderung war eher inhaltlicher Art. Noch nie hatte ich so persönlich über eigene Erfahrungen geschrieben und, entgegen der üblichen wissenschaftlichen Schreibweise, dabei so viel von mir preisgegeben. Auch bewegte ich mich noch viel weiter aus dem üblichen wissenschaftlichen Mainstream und fügte Beispiele, Erinnerungen, Zitate aus Romanen und Biografien sowie wörtliche Wiedergaben von Patienten zusammen. Ich war mir unsicher, wie dieses wahrgenommen werden würde, insbesondere ob Leser von dem Thema Buddhismus und kindliche Spiritualität wirklich angesprochen werden würden. Auch kamen Zweifel auf, ob nicht zu viele Themen in ein einziges Buch gepackt wurden.

Es war dennoch ein großes Geschenk, dass der Verlag Jessica Kingsley mir die Möglichkeit gewährte, über die englische Sprache eine breitere Leserschaft zu erreichen. Nach wie vor fällt es jedoch manchen Lesern schwer, englische Originaltexte zu lesen. Sie bevorzugen eine Lektüre in ihrer Muttersprache, sodass eine Übersetzung Sinn macht. Deshalb bin ich froh darüber, dass diese Übersetzung beim Kohlhammer-Verlag erscheinen konnte. Erfreut war ich auch, weil es mir die Gelegenheit eröffnete, neben der eigentlichen Übersetzung den Text zu überarbeiten.

Sobald sich der Blick für die Spiritualität eingestellt hat, entdeckt man sie überall. Viele Aussagen von Kindern und Jugendlichen (aber auch Erwachsenen) in Romanen und Biografien zeugen von tiefem Verständnis, Weisheit und Freude an Entdeckung. Vielen Dichtern und Romanautoren ist die kindliche Spiritualität sehr vertraut. Von daher finden sich in der deutschen Übersetzung viele neue Zitate.

Ich wünsche Ihnen viel Freude und Anregung beim Lesen des Textes. Die Spiritualität von Kindern betrifft uns alle – wir alle waren einmal Kinder. Die Erlebnisse der Kindheit sind ein wertvolles Gut, um auch selbst die eigene spirituelle

Dimension zu entdecken und zu erfahren. In anderen Worten, wir sind alle »Kinder des Buddha« und damit offen für die Vielfalt der Spiritualität.

Saarbrücken, Januar 2021
Alexander von Gontard

Vorwort

Als ich anfing, dieses Buch zu schreiben, hatte ich ein Traum: Ich träumte ich sah ein 18 Monate altes Kleinkind – ein kleines Mädchen mit lockerem roten Haar – sehr lebhaft, offen, mutig, ungezogen, aber dennoch glücklich. Ihre Mutter sagte: »Sie können Sie haben, aber sie muss noch geboren werden.«

Ich war verwundert über diesen paradoxen Traum: Hier ist dieses wundervolle kleine Mädchen, die auf ihren Füßen steht und bereit ist, die Welt zu entdecken; aber sie ist noch nicht in dieses Leben eingetreten, sie ist »ungeboren«. Das »Ungeborene« ist einer der Begriffe, die der Buddha wählte, um die spirituelle Dimension zu bezeichnen, die nicht umfassend in Worten ausgedrückt werden kann und auf die deshalb in Symbolen und Gleichnissen verwiesen wird. Die wichtige Botschaft ist, dass wir, wie das kleine Mädchen in dem Traum, sowohl in der relativen, »geborenen«, wie auch in der spirituellen und »ungeborenen« Dimension existieren. Wie der bekannte amerikanische Psychologe und Meditationslehrer Jack Kornfield es ausdrückte: »Wir sind spirituelle Wesen, die in menschlicher Form inkarniert sind« (Kornfield 2008, S. 79). Oder wie Thich Nhat Hanh, der anerkannte vietnamesische Mönch und Aktivist es ausdrückte: »Wir leben in der historischen Dimension und dennoch berühren wir die universelle Dimension« (Hanh 2007, S. 149).[1]

Wir alle sind in diese Welt eingetreten ohne eigene persönliche Wahl oder Aktivität, wir leben unser Leben und werden es zu einem zukünftigen Zeitpunkt wieder verlassen durch unseren Tod. Die spirituelle Dimension dagegen ist immer vorhanden – vor, während und nach dem Leben. Sie ist spirituell oder »ungeboren«, wie der Buddha es bezeichnete.

Das kleine Mädchen in dem Traum deutet auf diese Dimension hin, da sie noch »ungeboren« ist. Zur gleichen Zeit ist sie sehr lebhaft und ein perfektes Symbol für das »göttliche Kind«, der Begriff, den Carl Gustav Jung wählte für eine der liebenswertesten und wichtigsten Archetypen der menschlichen Psyche, die einen Neuanfang, Ganzheit und zukünftige Entwicklungen ausdrückt: »Ein wesentlicher Aspekt des Kindmotives ist sein Zukunftscharakter. Das Kind ist potentielle Zukunft« (Jung 1995, 9/1, § 278).

---

1 In dem nächsten Satz erinnert er uns daran, dass »wenn wir zu viel drüber reden, bewegen wir uns weit weg von der universellen Dimension. Das ist der Grund warum in Kreisen des Zen-Buddhismus Menschen ermutigt werden zu erfahren und nicht viel zu reden.« Aus diesem Grund ist der Fokus dieses Buches auch auf die direkte Erfahrung gerichtet, mit vielen Zitaten von Kindern rund um die Welt.

Zuletzt, in einer sehr eingeschränkten Bedeutung ist dieses kleine Mädchen im Traum auch ein Symbol für dieses Buch: Ursprünglich ungeboren, ist es ins Leben eingetreten und der Prozess des Schreibens war sowohl anregend wie auch herausfordernd. Es war in vielen Hinsichten eine neue Erfahrung. Üblicherweise bin ich sehr vertraut mit den Einschränkungen des akademischen Schreibens. Im Gegensatz dazu ist dieses Buch viel freier und beruft sich auf ein breites Spektrum von Quellen, sowie persönlichen und professionellen Erfahrungen.

Als Kinder- und Jugendpsychiater, Psychotherapeut und Kinderarzt hatte ich über 35 Jahre das Privileg, Kindern und ihren Familien zuzuhören und sie in lebensbedrohlichen und existenziellen Krisen sowie körperlichen und psychischen Erkrankungen zu begleiten. Andererseits war es mir auch möglich, Momente des Glücks, der Begeisterung und Leichtigkeit mit ihnen zu teilen. Allein indem ich offen und gegenwärtig war, wurde ich beschenkt durch das Vertrauen und die Offenheit, die mir junge Menschen entgegenbrachten, um mit ihnen zusammen ihre spirituelle Dimension zu erkunden. In diesem Zusammenhang des gemeinsamen Erfahrens und Teilens war Spiritualität niemals esoterisch oder spekulativ, sondern immer sehr real, wirklich und gültig. Spiritualität ist wirklich empirisch (d. h. auf Erfahrung und Erkenntnis beruhend) und phänomenologisch (d. h. basierend auf deskriptiven Phänomenen). Wie der australische Jung'-sche Analytiker David Tacey bemerkte: »Spiritualität fragt nicht nach Beweisen, da der Beweis in der Erfahrung an sich liegt« (Tacey 2004, S. 164). Dies ist genau der pragmatische Zugang des großen amerikanischen Psychologen William James (1842–1910), dessen klassisches grundlegendes Werk »The varieties of human experience« (2012, erstmals 1902 veröffentlicht) nach wie vor so modern, klar und bodenständig erscheint. Wie James es überzeugend darlegt, kann Spiritualität exploriert, beschrieben und mitgeteilt werden – wie alle anderen Phänomene der Psyche.

Eine zweite Inspiration für mich waren die Einsichten des Schweizer Psychiaters und Analytikers Carl Gustav Jung (1875–1961). Ich kann mich sehr gut daran erinnern, als ich das erste Mal seine Schriften las – nicht auf Deutsch, wie sie ursprünglich veröffentlicht wurden, sondern auf Englisch. Als Jugendlicher, lange bevor ich überhaupt daran dachte, als Arzt und Psychotherapeut zu arbeiten, fand ich sein Buch »Modern man in search of a soul« in einem kleinen Antiquariat in Windsor, England.[2] Vor kurzem nahm ich dieses Buch in meine Hände und sah wieder, wie der Buchhändler mit Bleistift die Worte »neu« (obwohl das Buch mehrere Jahrzehnte alt war, nämlich aus dem Jahr 1934) und »1,25 Pfund« auf die Innenseite geschrieben hatte. Ich fand auch Zitate wieder, die für mich damals wichtig waren und die ich unterstrichen hatte. Bezüglich der Traumsymbolik schrieb Jung: »Es ist praktisch unendlich viel ratsamer, die Symbolik des Traumes nicht semiotisch, d. h. nicht als Zeichen oder Symptom von feststehendem Charakter, sondern als wirkliches Symbol, nämlich als Ausdruck eines im

---

2 Dieser Band enthält eine Reihe von Aufsätzen von C. G Jung und wurde in dieser Zusammenstellung nicht auf Deutsch veröffentlicht. Der Titel würde im Deutschen »Der moderne Mensch auf der Suche nach seiner Seele«, heißen, ein treffendes Thema auch für unsere Zeit.

Bewusstsein noch nicht erkannten und begrifflich formulierten Inhaltes und zudem als relativ zur jeweiligen Bewusstseinslage zu betrachten« (Jung, 1995,16, § 339). Und weiter: »Die wissenschaftliche Feststellung ihrer Natur ist nur durch vergleichende mythologische, folkloristische, religions- und sprachgeschichtliche Untersuchungen möglich« (Jung, 1995, 16, § 351.).

Und schließlich: »Verstehen wir überhaupt je, was wir denken? Wir verstehen bloß jenes Denken, das nichts ist als eine Gleichung, aus der nie mehr herauskommt, als wir hineingesteckt haben. Das ist der Intellekt: Über ihn hinaus aber gibt es ein Denken in urtümlichen Bildern, Symbolen, die älter sind als der historische Mensch, ihm seit Urzeiten angeboren und alle Generationen überdauernd, ewig lebendig unter Gründe unserer Seele erfüllend. Volles Leben ist nur in Einstimmung mit ihnen möglich, Weisheit, Rückkehr zu ihnen. Es handelt sich in Wirklichkeit weder um Glauben noch um Wissen, sondern um die Übereinstimmung unseres Denkens mit den Urbildern unseres Unbewussten ...« (Jung 1995, 8, § 794).

Ich war erstaunt und entzückt über das, was ich als Jugendlicher gelesen hatte. Spiritualität, oder wie Jung es ausdrückte, das »Numinose«, ist eine grundlegende archetypische Erfahrung der menschlichen Seele, die in Symbolen ausgedrückt werden kann. Jung ist seit dieser Zeit für mich eine wesentliche Inspiration, die Spiritualität nicht nur zu beschreiben, sondern auch in einem größeren Zusammenhang zu verstehen. Durch eine eigene Jung'sche Analyse und Ausbildung in Sandspiel-Therapie, die auf der analytischen Psychologie C. G. Jungs beruht, wurde Jung ein ständiger Begleiter in meiner professionellen Arbeit.

Eine dritte Quelle der Inspiration waren die Lehren des Buddha, wie in dem Untertitel dieses Buches ausgedrückt. Der amerikanische Psychoanalytiker Mark Epstein beschreibt den Buddhismus als »die psychologischste der Weltreligionen und die spirituellste der Psychologien der Welt« (Epstein 1998, S. 16). Als eine historische Person, die vor 2500 Jahren in Nordindien lebte, beschrieb Siddhartha Gautama (sein Name vor seiner Erleuchtung) eine praktische, gleichzeitig universelle Möglichkeit, das Leben zu verstehen, die allen Menschen in jedem Alter und zu allen Zeiten zur Verfügung steht. Der Buddha oder der Erleuchtete, wie er nach seinen tiefen Erkenntnissen genannt wurde, teilte seine Erfahrungen großzügig mit allen. In einer offenen, gleichzeitig radikalen Art lud er Kinder, Jugendliche, Frauen und Männer ein, mit ihm radikal und ohne Kompromisse ihr Leben zu erkunden. Als Empiriker empfahl er, nur das zu akzeptieren, was man selbst für sich als wahr erkannt hat.

Als er einmal gefragt wurde: »Woher weiß man, wenn jemand die Wahrheit sagt«, antwortete er:

> »Akzeptiere nichts nur aufgrund von mündlicher Weitergabe; wegen Traditionen; weil es wiederholt genannt wurde; weil es in Büchern, einschließlich heiligen Schriften niedergeschrieben wurde; weil es logisch und angemessen erscheint; aufgrund von Rückschlüssen und Schlussfolgerungen; da es durchdacht wurde; aufgrund von Akzeptanz und Überzeugung durch Theorie; da der Redner kompetent erscheint; aus Respekt für den Lehrer. Wisse, welche Dinge abgesegnet würden durch die Weisen und welche, wenn weiterverfolgt, zu Verletzung und Leiden führen würden« (Buddha: Kalama Sutra, zitiert nach Titmuss 1998, S. xi).

Zusätzlich zu diesem radikalen Hinterfragen betonte der Buddha den Wert von subtilen Zugängen zu Erkenntnissen durch Erfahrung und Meditation. Ich kann mich noch gut daran erinnern, wie ich es als Kind liebte zu meditieren. Ich lag auf meinem Rücken, verhielt mich still, schaute mit Erstaunen die Wolken an, das konstante Drehen, Aufbauen und Verändern der weißen Wolken, wie sie sich auf dem Hintergrund des blauen tropischen Himmels von Indien zeigten. Aufgewachsen im Heimatland des Buddha, haben die Bilder, Laute und Gerüche Indiens meine Kindheit von Geburt an durchtränkt und sind weiterhin lebendig und frisch. Veränderung, Bewegung und Unbeständigkeit (wie die sich konstant verändernden Wolken) können am besten in Stille erfahren werden und werden von vielen Kindern geschätzt. Wiederum sind diese meditativen Erfahrungen nicht esoterisch, sondern im wahren Sinn empirisch. Sie sind frisch, spontan und reflektieren damit die spirituelle Essenz der Lehren des Buddha. Diese Erfahrungen können spontan in Worten, Symbolen und im Spiel durch Kinder und Jugendliche ausgedrückt werden. In vielerlei Hinsicht sind Kinder und Jugendliche viel offener diesen tiefen Erfahrungen gegenüber als viele Erwachsene – in anderen Worten, sie sind die »Kinder des Buddha«.

Das Ziel dieses Buches ist es, die Frische und Lebendigkeit der Einsichten des Buddha zu vermitteln, die viele Kinder spontan erfahren. Das Buch reflektiert keine spezielle Schule oder Tradition des Buddhismus (es ist nicht konfessionsgebunden). Auch versucht es nicht, die Standards akademischer »Buddhologie« zu erfüllen. Das Ziel ist es, authentisch zu reflektieren und zu verstehen, was Kinder und Jugendliche zu sagen haben, genauso wie das kleine Mädchen in meinem Traum, das lebendig, offen, mutig, frech und glücklich war – und gleichzeitig »ungeborenen«. Daher habe ich deutsche Ausdrücke verwendet, um die Lehren des Buddha zu erläutern, anstatt die ursprünglichen Worte in den historischen Sprachen Pali oder Sanskrit.

Dieses Buch hat viele Einschränkungen. Obwohl ich mich auf eine breite Auswahl von Quellen berufe, bin ich kein Theologe, Philologe, Indologe, Buddhologe, Historiker oder Soziologe, auch bin ich nicht in Philosophie ausgebildet. Mein Hintergrund ist der der Kinder- und Jugendmedizin und Kinder- und Jugendpsychiatrie und Psychotherapie, sowie der der langjährigen Erfahrung und Praxis der Meditation. Ich hoffe, dass die Leser meine Vereinfachungen, Missverständnisse und Mängel verzeihen werden, wo immer sie auftreten.

Ich bin Christopher Titmuss zu großem Dank verpflichtet, meinem Lehrer und Freund, der die Weisheit des Buddha mit mir geteilt hat. Zunächst möchte ich ihm dafür danken, dass er das Manuskript gelesen und korrigiert hat. Ich möchte auch Freunden, Kollegen und Seelenverwandten für Ihre Rückmeldung, Unterstützung und ihren Zuspruch danken. Schließlich möchte ich Natalie Watson des Verlags Jessica Kingsley Publishers danken, die dieses Projekt möglich machte, indem sie mir frei und großzügig erlaubte, dieses Buch zu schreiben – und die darüber hinaus dafür sorgte, dass es durch ihre sorgfältige und hilfreiche Bearbeitung seinen Weg ins Leben fand, d. h. »geboren« wurde.

Alexander von Gontard

Saarbrücken, im Februar 2017

Einleitung

Die Lehren und Einsichten des Buddha haben ihren Weg von ihren asiatischen Ursprüngen in den Westen gefunden. Buddhismus wurde beschrieben als die »psychologischste der Weltreligionen und die spirituellste der Psychologien der Welt« (Epstein 1998, S. 6). In einem sehr praktischen Sinn fühlen viele Menschen ein tiefes spirituelles Bedürfnis und eine Sehnsucht, die in ihrem täglichen Leben nicht erfüllt ist. Die Essenz der Lehren des Buddha ist so zugänglich, praktisch und leicht einzusetzen, dass sie eine große Anziehungskraft hat. Zusätzlich sind die Lehren kompatibel mit anderen religiösen Glaubensrichtungen und humanistischen Werten. Durch ihre nachgewiesenen positiven Effekte wurde »Achtsamkeit«, einer der Aspekte der Lehren des Buddha, in die moderne Psychologie und in viele verschiedene Schulen der Psychotherapie integriert.

In den letzten Jahren wurde eine Vielzahl von Büchern veröffentlicht, die sich mit so unterschiedlichen Themen wie Buddhismus und Meditation, Geschichte, Politik, Ethik, Weisheit, Psychotherapie, persönlichen Beziehungen und selbst Elternschaft beschäftigten – aber nur wenige, die sich auf Kindheit an sich bezogen. Eine Ausnahme ist das hervorragende akademische Werk mit dem Titel »Little Buddhas: Children and Childhoods in Buddhist Texts and Traditions« (Sasson 2013). Selbst in den ursprünglichen Texten des Buddha gibt es nur wenige Hinweise auf Kinder, jedoch beschreiben einige die Treffen des Buddha mit Jugendlichen. Die Vernachlässigung der Kindheit als Thema in buddhistischen Veröffentlichungen ist wirklich verblüffend.

Zur gleichen Zeit hat sich eine zunehmende Aufmerksamkeit für die offene und spontane Spiritualität von Kindern und Jugendlichen entwickelt. Spiritualität wird verstanden als ein inhärenter Aspekt der menschlichen Entwicklung, die in jedem Menschen von Anfang an vorhanden ist. Sie ist nicht abhängig von Lernen, Ausbildung, individuellen Stärken, Fähigkeiten oder besonderen Lebensereignissen. Sie ist selbst für sehr junge Kinder zugänglich. Spirituelle Erfahrungen von Kindern sind tatsächlich so universell und häufig, dass die meisten Erwachsenen sich gut an sie erinnern und Einzelheiten wachrufen können. Tiefe spirituelle Einsichten von Kindern können Wendepunkte im Leben sein und als innere Ressourcen wirken, mit zukünftigen Krisen umzugehen und sie lösen zu können.

Spiritualität wird definiert als die Fähigkeit und das Bedürfnis eines Individuums nach transzendenten Erfahrungen und als Sehnsucht nach Tiefe im Leben. Religiosität dagegen ist ein nicht individuelles System von transzendenten Werten, die in Institutionen, Glauben, Theologien und Ritualen formal strukturiert werden. Religiosität wird beeinflusst von historischen und kulturellen Faktoren, während Spiritualität auf jeden Menschen zutrifft, unabhängig davon, ob er oder sie sich als Atheist, Agnostiker oder Gläubiger bezeichnet.

Für manche Menschen kann die Spiritualität innerhalb eines religiösen Rahmens erfahren werden. Sie kann ein lebendiger und bereichernder Aspekt einer wahren religiösen Hingabe sein. Für die meisten Menschen in säkularen Gesellschaften dagegen, zeigt sich die Spiritualität außerhalb einer religiösen Tradition. Diese spontane oder natürliche Spiritualität kann sich in verschiedenen Bereichen offenbaren. Typische Erscheinungsformen der Spiritualität bei Kindern umfassen das Wundern und Staunen, das Philosophieren, die interpersönliche Spiritualität, die Weisheit und das Unsichtbare sehen. Phänomenologisch sind diese Erfahrungen real für den Einzelnen, sie können kommuniziert werden und sogar von anderen verstanden werden, vorausgesetzt, dass sie auf Resonanz stoßen und anerkannt werden.

Viele spirituelle Einsichten und Erfahrungen von Kindern und Jugendlichen enthüllen ein tiefes und weises Verständnis des menschlichen Lebens. Viele ihrer Erkenntnisse sind sogar vollständig kompatibel mit den Lehren des Buddha – ohne dass die Kinder und Jugendliche jemals buddhistische Texte gelesen oder meditiert hätten. Diese Einsichten tauchen auf, da sie tiefe, universelle Wahrheiten widerspiegeln.

Das Ziel dieses Buches ist es, die Assoziationen zwischen kindlicher Spiritualität und den Lehren des Buddha (auch Dharma genannt) zu untersuchen. Die erste Annahme dabei ist, dass alle Menschen (Kinder, Jugendliche und Erwachsene) Zugang zu einer spontanen, persönlichen und natürlichen Spiritualität haben. Obwohl Unterricht und Übung die Wahrscheinlichkeit für spirituelle Erfahrungen erhöhen können, ist die spontane Spiritualität jedoch nicht abhängig von irgendwelchen Bedingungen oder Voraussetzungen wie Alter, Erfahrung oder Training. Sie kann jederzeit und an jedem Ort auftauchen und in ihrem Grad der Ausprägung von leichten bis überwältigenden Erfahrungen mit positiven wie auch negativen Qualitäten variieren. Obwohl sie vorübergehende Erfahrungen darstellen, weisen sie auf universelle Wahrheiten hin, die leicht von Kindern verstanden werden. Die zweite Annahme lautet, dass die spontanen spirituellen Erkenntnisse von Kindern mit den Einsichten, die der Buddha vor vielen Jahrhunderten umrissen hat, übereinstimmen.

Da sich die Erkenntnisse des Buddha über eine so lange Zeit in verschiedenen Ländern entwickelt haben, ist dieses Buch nicht Ausdruck einer spezifischen Schule des Buddhismus, im Gegenteil, es ist nicht an eine buddhistische Konfession oder Richtung gebunden. Buddhistische Traditionen wurden in verschiedenen Kulturen integriert und haben deshalb unterschiedliche Schwerpunkte. In ihren vielen Differenzen tragen sie zu der Vielfalt und dem Reichtum des Buddhismus bei. Trotz aller Unterschiede verweisen sie alle auf die Grundverständnisse und Lehren des Buddha. Wie der amerikanische Dharma-Lehrer Joseph Goldstein eines seiner Bücher passend benannte, es gibt nur *ein Dharma*. Damit drückt er aus, dass »es eine tiefe gemeinsame Übereinstimmung von befreiender Weisheit gibt, die durch alle Überlieferungen des Buddhismus läuft« (Goldstein 2002, S. 6).

Dieses Buch versucht, eine praxisorientierte Essenz der Lehren des Buddha (d. h. des Dharmas) so zu vermitteln, wie Kinder sie erfahren, d. h. die wesentliche Spiritualität und nicht religiöse oder philosophische Interpretationen. Aus diesem Grund werden primär die ursprünglichen Lehren des Buddha herangezogen und weniger spätere Kommentare.

Das Buch wird drei Themenbereiche verfolgen, die miteinander verbunden und verflochten sind:

Im ersten Teil werden die Verbindungen zwischen Buddhismus und Kindheit untersucht, beginnend mit der eigenen Kindheit des historischen Buddha, gefolgt von seiner Hagiographie und Mythologie. Themen und Hinweise auf Kindheit in seinen Lehren werden aufgegriffen und im historischen, sozialen und psychologischen Zusammenhang aufgezeigt. Das »göttliche Kind« ist eine der Hauptarchetypen in der Psychologie C. G. Jungs und kann Ganzheit, Neuanfang und Erlösung symbolisieren. Der Archetyp des »göttlichen Kindes« ist in anderen Religionen, wie beispielsweise im Hinduismus und Christentum, hochrelevant. Die weniger deutliche Rolle des »göttlichen Kindes« im Buddhismus wird diskutiert, obwohl die zukünftige, weltverändernde Möglichkeit des jungen Siddhartha Gautama schon kurz nach der Geburt erkannt wurde.

Der zweite Teil des Buches wird der Spiritualität und Religiosität von Kindern und Jugendlichen gewidmet und umfasst Definitionen, Häufigkeit, Erscheinungsform und günstige Bedingungen für Spiritualität. Das »Numinose« in der Psychologie C. G. Jungs und Spiritualität sind zwei Begriffe, die synonym verwendet werden können. Die Relevanz der Jung'schen Sicht, um die kindliche Spiritualität in Psychotherapie und im Alltag zu verstehen, wird untersucht.

Im dritten Teil werden Verbindungen und Übereinstimmungen zwischen der natürlichen, spontanen Spiritualität und den Lehren des Buddha dargestellt und diskutiert. Nur die Lehren, die besonders wichtig für Kinder sind, werden detailliert erläutert:

Vergänglichkeit ist einer der wichtigsten Aspekte kindlicher Erkenntnisse und Gedanken: Warum verändert sich alles, warum kann es nicht gleichbleiben, warum folgt der Herbst auf den Sommer und der Tod auf das Leben? Fragen über Leiden werden anschließend behandelt. Weltliche Bedingungen und Hindernisse der Spiritualität sind ebenfalls Teil ihrer täglichen Erfahrungen. Ethik, Gerechtigkeit und Fairness sind echte Besorgnisse vieler Kinder und Jugendlicher. Die Grundlagen der edlen vier Wahrheiten werden aus kindlicher Sicht und Erfahrung erläutert. Dabei liegt der Fokus auf den Lehren des Buddha auf dem mittleren Weg, der in dem achtfachen Pfad ausgedrückt ist. Zum Schluss sind interpersonelle Aspekte der Spiritualität wie Mitgefühl, Empathie mit Lebewesen und liebender Güte offensichtliche und wichtige Einstellungen vieler Kinder.

Das Ziel des Buches ist es, nicht nur die theoretischen Grundlagen der Spiritualität darzulegen, sondern auch Raum für subjektive Erfahrungen und Meinungen, in anderen Worten Raum für den direkten Ausdruck von Kindern zu geben. Aus diesem Grund wurden Zitate vieler Kinder während ihrer Psychotherapie und in anderen Kontexten herangezogen, wo immer sie passten. Andere Quellen umfassen Biografien, Autobiografien, historische Dokumente, wissenschaftliche Veröffentlichungen, Romane, Kinderbücher, Gedichte, Liedtexte und persönliche Erinnerungen. Fotografien und Zeichnungen illustrieren und ergänzen die Einsichten von Kindern.[3]

---

3 Obwohl ich kein Künstler bin, habe ich seit meiner Kindheit schon immer gerne fotografiert. Im Alter von 14 Jahren lernte ich Fotos selber zu entwickeln. Ich war immer fasziniert von der langsamen Entstehung von Bildern in den Wannen der Dunkelkammer. Dieser Prozess hat etwas Magisches an sich, wie langsam sich die Grautöne zeigen. Obwohl digitale Fotografie alles vereinfacht hat, bin ich noch immer fasziniert von der Verwandlung eines subjektiven Bildes zu einem Objekt, das geteilt werden und Gefühle und Emotionen ausdrücken kann. Aus diesem Grund ist dieses Buch nicht nur mit persönlichen Erinnerungen und Zitaten angereichert, sondern auch mit vielen Fotografien.

Teil I Buddhismus und Kindheit

1   Die eigene Kindheit des Buddha

Biographien des Buddha

Die Lebensgeschichte des Buddha (563–483 vor Christus) kann leicht zusammengefasst werden. Er wurde als Siddhartha Gautama vor 2500 Jahren um Lumbini geboren, jetzt im südlichen Nepal gelegen. Er war der Sohn eines nordindischen Herrschers.[4] Seine Mutter starb eine Woche nach seiner Geburt, sodass er durch seine Stiefmutter und seinen Vater in materiell luxuriösen Bedingungen versorgt wurde. Als junger Mann, im Alter von 29 Jahren, verließ er seine Frau und sein neugeborenes Kind, um tiefe Einsichten und Verständnis des Lebens zu erlangen. Als ersten spirituellen Zugang wählte er den asketischen Weg. Nachdem er durch Hungern völlig abgemagert war, erkannte er, dass weder Luxus und Verwöhnung noch extreme Einschränkung wirkliche Erkenntnisse eröffnen, sondern nur der sogenannte »mittlere Weg«. Nachdem er wieder zu Kräften gelangt war und für eine lange Zeit unter einem Baum meditierte hatte, kam er im Alter von 35 Jahren zu den entscheidenden tiefen Erkenntnissen, der sogenannten Erleuchtung. Diese waren so ergreifend, dass er zunächst nicht darüber reden wollte. Als er anfing zu lehren, fand der Buddha (der Erleuchtete, wie er jetzt genannt wurde) schnell eine große Zahl von Schülern. Er reiste und teilte seine Weisheiten und Einsichten großzügig mit allen. Er hatte zu der damaligen Zeit das große Glück, das hohe Alter von 80 Jahren zu erlangen und konnte bis zu seinem Tod lehren. Der Kern seiner Lehren ist so praktisch, hilfreich und wertvoll, dass sie weiterhin Menschen in der gesamten Welt ansprechen, selbst bis heute, 2500 Jahre später.

Das ist seine Lebensgeschichte kurz zusammengefasst. Wie John Strong (2009) aufzeigte, gibt es jedoch nicht eine Geschichte des Buddha, sondern viele Biografien mit großen thematischen Variationen und Auswirkungen, abhängig von den historischen Quellen, Übersetzungen und Rückübersetzungen. Man muss sich vergegenwärtigen, dass die Lehren und Reden des Buddha zunächst über viele Jahrhunderte mündlich wiedergegeben und weitergereicht wurden. Erst viel später, ca. 80 Jahre vor Christus, wurden sie niedergeschrieben. Diese zeitlichen Zusammenhänge lassen sich verstehen, wenn man sich vorstellt, dass zum Beispiel die Stücke von William Shakespeare (1564–1616) nur mündlich weitergereicht, gespielt, er-

---

4   Im gesamten Buch wird der Name »Siddhartha Gautama« für die ersten 35 Jahren seines Lebens verwendet. Ab dem Zeitpunkt seiner tiefen Einsichten (Erleuchtung) wird der Name »der Buddha« verwendet, der auch der Erleuchtete heißt.

zählt, wiederholt übersetzt und erst zu unserer Zeit niedergeschrieben worden wären. Die Grundhandlungen seiner klassischen Stücke wären beibehalten, aber die Sprache und Einzelheiten wären durch diesen Prozess natürlich verändert.

Zusätzlich zu den ursprünglichen Texten des Buddha, die in der alten Sprache Pali niedergeschrieben wurden, gibt es Übersetzungen und Rückübersetzungen in und von vielen anderen asiatischen Sprachen (wie Chinesisch, Tibetisch und Sanskrit). In diesem Prozess entwickelten sich neue Versionen und Ergänzungen. Man kann sich leicht vorstellen, wie in dem langen Prozess der mündlichen Wiedergabe Einzelheiten verändert wurden, obwohl natürlich der Kern der Lehren erhalten blieb. Wie wir später sehen sollten, wurden die Lehren des Buddha in thematische Gruppen zusammengefasst, um diese mündliche Wiedergabe über so viele Jahrhunderte zu erleichtern.

Zwei verschiedene Stränge der Lebensgeschichte des Buddha können aufgezeigt werden. Die erste ist die Geschichte seines Lebens als historische Person, die wie alle Menschen geboren wurde und die Entwicklungsstufen der Kindheit und Jugend durchlief. Es ist erstaunlich, wie viele historische Fakten über sein Leben vorhanden sind, obwohl 2500 Jahre vergangen sind. Dieser historische Aspekt seiner Biografie wird in dem nächsten Abschnitt zusammengefasst.

Der zweite Strang seine Biografie zeigt den Buddha als übernatürliches, magisches Wesen mit außergewöhnlichen Fähigkeiten, aber nicht als historische Person wie wir alle. Diese Überlieferungstradition zeigt den jungen Buddha mit allen Qualitäten eines »göttlichen Kindes« nach den archetypischen Konzepten von C. G. Jung. In dieser Funktion kann das göttliche Buddha-Kind Trost, Hoffnung und Vertrauen für die Zukunft spenden. Dieser mythologische Buddha wird in einem späteren Abschnitt dargestellt.

Für die historische Tradition der Biografie des Buddha werde ich immer wieder das klassische Buch von Schumann, »Der historische Buddha« (2004), heranziehen, das erstmals 1982 veröffentlicht wurde und noch heute die fundiertesten Grundlagen liefert. Für den zweiten Strang, den mythologischen Buddha, ist die Biografie von John Strong (2009) eine wichtige Quelle. Passend zu dem Thema dieses Buches liegt der Fokus natürlich auf der Biografie der Kindheit und Jugend des Buddha.

Der historische Buddha

Siddhartha Gautama wurde 563 vor Christus in dem Dorf Lumbini geboren, das jetzt im südlichen Nepal liegt. Er verbrachte sein gesamtes Leben in einem Gebiet in Nordindien, das 600 × 300 km umfasst, ein Gebiet mit fruchtbaren Ebenen im Süden und hohen Bergen im Norden.

Es fällt mir schwer mir vorzustellen, wie Indien gewesen sein muss vor so langen Zeiten. Es muss ein kaum bevölkertes, leises, landwirtschaftlich bebautes und schönes Land ge-

wesen sein – ganz anders als moderne indische Städte mit Krach, verstopften Straßen, Luftverschmutzung, Plastikmüll an den Straßenrändern und vielen Menschen.[5] Vermutlich war es ähnlich wie das ländliche Indien, das ich als Kind erlebt habe. Ich kann mich noch an Büffelkarren mit zwei riesigen Rädern aus Holz erinnern, umherirrende Kühe (obwohl Kühe zu den Zeiten des Buddha noch nicht als heilig angesehen wurden) (siehe Schumann 2004, S. 236), Lehmhütten, Bauern auf den Feldern, Dorfbrunnen, der Geruch von Feuern aus Kuhdung – und natürlich keine Elektrizität. Könnten die Dörfer so ähnlich gewesen sein vor so langer Zeit?

Abb. 1: Dorf in Sarnath, Nordindien. Hier gab der Buddha seine erste Lehrrede. Ländliches Dorfleben hat sich seit den Zeiten des Buddha in Indien kaum verändert.

Wie Schumann (2004) aufzeigte, lehrte der Buddha überwiegend nicht in Dörfern, sondern in den Städten: »Reflektieren die ältesten literarischen Quellen der Inder, die Veden, ländliche Lebensweise, so tritt uns in den buddhistischen Schriften das Bild einer städtischen Kultur entgegen. Von Dörfern und Bauern ist zwar auch die Rede, aber vor allem die Städte bilden die Kulisse der Mission des Buddha, sie sind die Schwerpunkte eines blühenden merkantilen und politischen Lebens« (Schumann 2004, S. 14). Diese waren völlig anders als moderne indische Städte. Oft waren sie Festungen und wurden umringt von hohen Stadtmauern und Wassergraben. Sie lagen oft bei Flüssen und hatten Paläste, Basare

---

5 Für eine hervorragende Einführung in moderne indische Städte kann das Buch von Dasgupta (2014) empfohlen werden. Es ist eine persönliche und gut recherchierte Analyse der Stadt Delhi, als Beispiel für viele andere indische Städte. Zudem ist es den »Ungeborenen« gewidmet.

und Wohnbereiche. Außerhalb der Städte trafen sich Wanderer in Parks und Gärten (Schumann 2016, S. 38ff.).

Das sechste Jahrhundert vor Christus war eine Zeit des spirituellen Umbruchs und der Reaktion gegen etablierte religiöse Tradition, die zu dogmatisch und mechanistisch geworden waren. Die Zeit war reif für eine Veränderung, durchaus vergleichbar mit den sozialen Umbrüchen und spirituellen und politischen Infragestellungen der 1960er Jahre. Siddhartha Gautama war zu dieser Zeit nicht der einzige Begründer einer spirituellen Tradition. Wie Schumann erläutert, hatte der Buddha mehrere spirituelle Konkurrenten, von denen Mahavira der bekannteste war. Er war der Begründer des Jainismus, einer hoch asketischen religiösen Sekte, die noch heute viele Anhänger in Indien hat, aber weniger Anziehung auf den Westen ausübt.

Zu dieser Zeit wurde Nordindien in Königreiche und Republiken aufgeteilt. Es ist interessant, dass Siddhartha Gautamas Vater nicht ein König war, sondern ein Herrscher der Republik der Sakyas, die heutzutage an der Grenze von Nordindien und Nepal liegt. Die Sakyas waren Krieger, Verwalter und Richter, die ihren Präsidenten wählten. Damals stand die Kriegerkaste gesellschaftlich höher als andere Kasten, wie zum Beispiel die Brahmanen, die Priester. Suddhodana, der Vater von Siddhartha Gautama, war somit ein gewählter Herrscher. Und Siddhartha Gautama war sein erster Sohn (Schumann 2004, S. 18).

Nach den historischen Legenden war seine Mutter Maya bei seiner Geburt schon 40 Jahre alt. Auch heute ist die erste Geburt einer 40-jährigen Mutter mit höheren Risiken sowohl für die Mutter wie auch für das Kind vor, während und nach der Geburt verbunden. Maya wollte ihr Kind zu Hause bei ihren Eltern entbinden. Sie reiste mit einem Büffelkarren über staubige und heiße Straßen, aber erreichte ihr Elternhaus nicht rechtzeitig. Ihr Sohn Siddhartha Gautama wurde unterwegs in Lumbini (Süd Nepal) geboren. Maya stand dabei aufrecht und hielt sich an den Zweigen eines Salbaums fest, ohne medizinische Unterstützung. Der Salbaum ist ein immergrüner Hartholzbaum, der bis zu 30–35 m hoch wachsen kann. Er ist weit verbreitet im indischen Subkontinent und hat große grüne Blätter. Seit der Geburt des Buddha ist der Salbaum ein Symbol der Vergänglichkeit im Buddhismus.

Maya war nach der Geburt erschöpft und fuhr in ihre Heimatstadt Kappilavathu. Während es dem Baby gut ging, entwickelte Maya Fieber und verstarb tragischerweise eine Woche später (Schumann 2004, S. 22). Selbst heutzutage ist die mütterliche Todesrate in Entwicklungsländern ohne ausreichende medizinische Versorgung sehr hoch. Nach den Statistiken der Weltbank hat sich die weltweite mütterliche Mortalität in den letzten 25 Jahren erfreulicherweise zurückgebildet. Dennoch gibt es selbst im Jahr 2014 weiterhin große Unterschiede zwischen einzelnen Ländern: Während die mütterliche Mortalitätsrate 6 zu 100.000 Lebendgeburten in Deutschland betrug (neun in Großbritannien und 14 in den USA), war sie in Indien mit 174 weiterhin sehr hoch (World Bank 2014). Man kann davon ausgehen, dass diese Rate zu den Zeiten des Buddha noch viel höher war, sodass viele Kinder schon kurz nach ihrer Geburt zu Halbwaisen wurden.

Siddhartha Gautama hatte als neugeborener Halbwaise sehr viel Glück: Seine Tante und zukünftige Stiefmutter, die gerade seinen Halbbruder Nanda entbun-

Abb. 2: Relief mit Königin Maya während der Geburt ihres Sohnes, Siddhartha Gautama (Smithsonian National Museum of Asian Art, Washington, D. C.). Sie hält sich stehend an den Zweigen eines Salbaums fest. Die Geburt ihres Babys erfolgt von der rechten Seite ihres Körpers. Sein Kopf ist mit einem Heiligenschein umringt und er wird von einer Hebamme empfangen. Nach Legenden handelt es sich um den Gott Indra.

den hatte, schaute nach ihm, umsorgte und stillte ihn, sodass er zu allen Zeiten versorgt wurde und niemals ohne mütterliche Bezugsperson war.

Die Arbeit von Fisher (2015) gibt einen guten Überblick über Studien zur Adoption und zu Pflegefamilien. Pflege- und Adoptivkinder haben insgesamt ein erhöhtes Risiko für negative Entwicklungen, einschließlich psychischen Störungen, Entwicklungs- und neurologischen Auffälligkeiten, vor allem, wenn sie vernachlässigt waren und multiple Bezugspersonen hatten. Wenn sie gut umsorgt waren, sind die Entwicklungsrisiken gegenüber anderen Kindern nicht erhöht. Im Gegenteil, manche Kinder entwickeln eine erhöhte Resistenz gegenüber Krisen, was ein protektiver Faktor für das gesamte Leben ist. Man kann deshalb davon ausgehen, dass Siddhartha Gautama von seiner Stiefmutter gut umsorgt wurde, sodass er nicht notwendigerweise durch den frühen Tod seiner leiblichen Mutter belastet war.

Nach den Legenden wurde der neugeborene Siddhartha Gautama im Alter von drei Tagen durch einen weisen alten Mann namens Asita empfangen, der vorhersagte, dass er ein Buddha, eine erleuchtete Person, werden würde. Acht andere brahmanische Priester sagten ebenfalls voraus, dass dieses Kind erfolgreich sein würde – entweder im Bereich der Religion als ein Buddha (d. h. ein Erleuchteter) oder im weltlichen Bereich als Herrscher.

Wahrscheinlich waren beide Voraussagen besorgniserregend für seinen Vater, der den Verlust seiner Frau betrauern musste und sich wahrscheinlich nichts mehr wünschte, als dass sein Sohn in seine Fußstapfen treten und wie er ein weiser Herrscher werden würde. Diese elterlichen Wünsche können als Projektion verstanden werden. Projektionen sind Erwartungen, die Eltern oft unbewusst in sich tragen und auf ihre Kinder projizieren. Sie können positiv oder negativ sein, realistisch oder unrealistisch. Projektionen sind nicht problematisch, wenn sie einen positiven Inhalt haben und realistisch sind. Jedoch können sie nachteilig sein, wenn negative Gefühle, ungelöste eigene Konflikte und Schwierigkeiten wie Trauma und Misshandlung von Eltern auf Kinder projiziert werden.

Kinder sind somit immer Empfänger von Projektionen ihrer Eltern: »In allen Kontexten werden Kinder mit hoher Wahrscheinlichkeit eine ordentliche Dosis elterliche Projektionen empfangen und müssen diese Erwartungen ertragen« (Sasson 2013, S. 11). Wenn sich elterliche Erwartungen, das kindliche Temperament und die Kernpersönlichkeit deutlich unterscheiden, kann dies problematisch sein. Wie wir gesehen haben, wurde Siddhartha Gautama von klein auf optimal umsorgt und materiell in jeder erdenklichen Weise verwöhnt, was seinerseits auch für die Entwicklung im Jugendalter problematisch sein kann. Einer Studie zufolge strebten reiche amerikanische Jugendliche eher nach äußerlichem Erfolg und hoher Leistung. Um beliebt zu sein, legten reiche Mädchen großen Wert auf ihre äußere Erscheinung, während Jungen eine höhere Wahrscheinlichkeit für Substanzmissbrauch oder antisoziales Verhalten entwickelten, um Anerkennung durch Gleichaltrige zu erlangen (Miller 2012, S. 224–225).

Zum Glück erlag Siddhartha Gautama nicht den Versuchungen seines Reichtums. Allerdings erfüllte er nicht die Erwartung seines Vaters, dessen Projektionen sich so sehr von seinem Temperament unterschieden. Zudem spürte er schon früh seine Berufung zu einem spirituellen Weg, ein Prozess, den C. G. Jung »Individuation« nannte. Individuation ist mit zwei Bewegungen assoziiert: Zum einen mit einer Trennung von bisherigen Werten und Bedingungen und zum anderen mit einer Verbindung und Wiedervereinigung, wie es der Jung'sche Analytiker Murray Stein (2006) ausführte. Individuation umfasst sowohl die Suche nach der eigenen Identität, d. h. die Person zu werden, die man wirklich ist, wie auch die Erkenntnis, dass man immer mit anderen Menschen verbunden ist. Sie kann auch als eine Berufung gesehen werden, die im Leben erfüllt sein muss. Bei Siddhartha Gautama war es somit eine innere Notwendigkeit, ein spiritueller Lehrer zu werden anstatt ein weltlicher Herrscher. Um gerade dieses zu verhindern, versuchte sein Vater ihn von den Leiden anderer Menschen fernzuhalten und ihn stattdessen in jeder möglichen Form zu verwöhnen.

Was wissen wir über die Kindheit des Siddhartha Gautama? Obwohl es nicht viel ist, sind mehr Fakten überliefert als zum Beispiel über die frühen Jahre von Jesus Christus. Wie wir später sehen werden, gibt es nur wenige Szenen in der Bibel über Jesus als Kind, zum Beispiel als er von seinen Eltern weglief und im Tempel blieb.

Siddhartha Gautama wuchs in solchem Reichtum auf, dass alle seine Wünsche erfüllt wurden. Dennoch zeigte er kein hohes Interesse an praktischen Aktivitäten wie Landwirtschaft und Kampfkunst, was für seinen Vater mit Sicherheit schwer zu akzeptieren war (Schumann 2004, S. 37). Stattdessen hatte er eine hohe Neigung zur Philosophie, Kontemplation und Meditation – Aktivitäten, die deutlich von den Erwartungen an einen zukünftigen Staatsmann abwichen. Wie Schumann es ausdrückte: »Die Gautama-Familie, die seine schwache Welt-verhaftung und seine Transzendenz-Neugier stirnrunzelnd beobachtete«, versuch-te so weit wie möglich dieses zu verhindern. »Wenn die Legende berichtet, Sudd-hodana habe seinen Sohn gegen die Welt abgeschirmt, um ihm den Anblick des Leidens zu ersparen, so war wohl der wahre Grund, Ideen der Weltflucht von ihm fernzuhalten« (Schumann 2004, S. 43).

In einem späteren Abschnitt beschreibt Schumann eindrücklich die Unter-schiede zwischen Vater und Sohn:

> »Hatte Suddhodana … gehofft, sein ältester Sohn werde sich zu einem robusten, ent-schlossen der Welt zugewandten Tatmenschen mit politischen Ambitionen entwickeln, so wurde er enttäuscht. An fröhlichen Gruppenspielen und militärischen Übungen des-interessiert, war der Jüngling zum Eigenbrötler geworden und philosophischen Überle-gungen und kontemplativen Betrachtungen allzu sehr hingegeben. Statt seine angeneh-men Lebensumstände zu genießen, war er infolge selbstentwickelter Maßstäbe mit der Welt unzufrieden und litt unter ihren Unzulänglichkeiten. Zugleich sann er darüber nach, wie sich die Welt subjektiv überwinden lasse. Kurzum, er war, mit der Sprache der Psychologie zu reden, ein sensibler, habituell introvertierter Denktyp. Kein Wunder, dass ihn das Leben in Haus und Ehe seelisch nicht ausfüllte und er die Chance ergriff, als Samana (Mönch) der Welt zu entsagen« (Schumann 2004, S. 224).

Zusammengefasst wuchs Siddhartha Gautama in einem Palast auf, in dem alle seine materiellen Bedürfnisse mehr als gedeckt waren. Wie er sich später daran erinnerte, »lebte ich … äußerst verwöhnt (im Elternhaus)« (Schumann 2004, S. 36). Als er 16 Jahre alt wurde (547 vor Christus), heiratete er seine Cousine Ya-sodhara, aber es dauerte weitere 13 Jahre bis sein Sohn Rahula geboren wurde. Insgesamt findet man wenig Aufsässigkeit in Siddhartha Gautamas Jugend. Aller-dings führte seine Ernüchterung über sein materiell gesättigtes Leben schließlich dazu, dass er als junger Erwachsener im Alter von 29 Jahren seine Familie ver-ließ.

Von früh an muss Siddhartha Gautama eine tiefe Berufung zu einem spirituel-len Leben gespürt haben. Seine inhärente spontane Spiritualität, die allen Men-schen innewohnt, war einfach so überwältigend, dass er ihr folgen musste. 25 Jahrhunderte später konnte sich Thich Nhat Hanh, einer der weisesten und be-kanntesten gegenwärtigen buddhistischen Lehrer, an eine ähnlich tiefe Berufung als Kind erinnern. In einer bewegenden Sendung von Oprah Winfrey (Winfrey 2010) wurde er von ihr gefragt:

OW: *»Gibt es irgendeine besondere Erinnerung, die sie über ihre Kindheit erzählen*
können – ihre schönste Erinnerung?«
TNH: *»Eines Tages sah ich ein Bild des Buddha in einer buddhistischen Zeitschrift*
und er saß auf dem Gras.«
OW: *»Wie alt waren Sie da?«*
TNH: *»Sieben, acht … Und er saß auf dem Gras sehr friedvoll … lächelnd … Und*
ich war beeindruckt. Um mich herum waren die Menschen nicht so wie er, so-
dass ich mir wünschte, so zu werden wie er. Und ich hegte diesen Wunsch bis

> *zum Alter von 16 Jahren, als sich die Erlaubnis meiner Eltern bekam, ein bud-*
> *dhistischer Mönch zu werden.«*
>
> OW: »*Wie fühlte sich dieser Wunsch, dieses Drängen, dieses Gefühl von ›Was ich tun*
> *muss, was ich werden muss‹ … Wie fühlte es sich an?«*
>
> TNH: »*Ich würde nicht glücklich sein, wenn ich nicht ein Mönch geworden wäre, und*
> *das ist das Gefühl.«*[6]

Was in diesem Interview so schön ausgedrückt wurde, ist die starke spirituelle Berufung eines jungen Kindes, das genau und intuitiv wusste, wie sein Lebensweg sein würde. Während Thich Nhat Hanh schon in einem frühen Alter Mönch werden konnte, musste Siddhartha Gautama bis zum Alter von 29 Jahren warten, um diesen großen Schritt zu machen.

In der Biografie Siddharta Gautamas sind drei Szenen besonders bedeutsam: Die Erfahrung von tiefen meditativen Zuständen als Kind unter dem Rosenapfelbaum, die sogenannten vier Exkursionen und der große Abschied als junger Erwachsener. Diese werden in den folgenden Abschnitten ausführlich beschrieben.

Der Rosenapfelbaum (oder das Pflügen)

Die Rosenapfel-Szene erscheint auf den ersten Blick belanglos, spielt aber eine entscheidende Rolle in der Biografie des Buddha. Sie ist so wichtig, da Siddhartha Gautama »zum ersten Mal von der Möglichkeit der Befreiung kostete – etwas, das universell für jeden zur Verfügung steht, der es versucht« (Sasson 2013, S. 82). Der Rosenapfelbaum ist ein Busch mit tiefhängenden Ästen, der allerdings bis zu 15 m hoch wachsen kann und Früchte trägt, die ähnlich sind wie Guavas.

Das Pflugfest war eine wichtige Feier am Hof. Jeder zog seine beste Kleidung dazu an. Suddhodana nahm seinen Sohn und seine Kindermädchen mit zum Feld und Siddhartha Gautama saß im Schatten unter einem Rosenapfelbaum. In dieser berühmten Pflug-Szene beobachtete Siddhartha Gautama seinen Vater, wie er in dieser wichtigen Zeremonie das Feld pflügte, um seine Herrschaft zu bekunden.

Unter dem Rosenapfelbaum trat Siddhartha Gautama zum ersten Mal in eine tiefe Meditation ein. In einer Version der Texte blieb er im Schatten des Baums sitzen, obwohl sich der Schatten aller anderen Bäume inzwischen verändert hat-

---

6 An einer anderen Stelle gibt Thich Nhat Hanh diese wichtige Begebenheit, diesen Wendepunkt in seinem Leben in anderen Worten wieder:
»Als kleiner Junge von sieben oder acht Jahren sah ich einmal einen gezeichneten Buddha auf der Titelseite einer buddhistischen Zeitschrift. Der Buddha saß sehr friedvoll im Gras, was mich beeindruckte. Ich dachte, der Künstler selbst müsse sehr viel Frieden und Ruhe in sich tragen, um ein so besonderes Bild zu zeichnen. Allein es zu betrachten machte mich glücklich, auch deshalb, weil so viele Leute in meiner Umgebung damals nicht sehr ruhig und glücklich waren.
Als ich dieses friedvolle Bild betrachtete, kam mir die Idee in den Sinn, dass ich so jemand wie dieser Buddha werden wollte, jemand, der so still und ruhig sitzen konnte. Ich glaube, in diesem Moment wollte ich zum ersten Mal Mönch werden, auch wenn ich es so nicht hätte ausdrücken können« (Hanh 2017, S. 183).

te. Er erkannte, dass es selbst bei dieser wichtigen Feier Leid für Lebewesen gibt, da Insekten und Würmer durch die Pflugscharen aufgewühlt und von den Vögeln gegessen wurden. Andere Texte schmücken die Geschichte weiter aus und berichten, dass der Pflug einen Frosch und eine Schlange tötete. Ein Junge ergriff daraufhin den Frosch, um ihn später zu essen, und warf die Schlange weg. Zur gleichen Zeit fühlte Siddhartha Gautama ein tiefes Mitgefühl mit den anwesenden Menschen, für die Arbeiter, die in der heißen Sonne schwitzen, und für die Last der Büffel, die den Pflug ziehen mussten (Sasson 2013, S. 83). Im Gegensatz zu seinem Vater, der mit dem Pflügen beschäftigt war und somit gerade diese Schmerzen verursachte, stand Siddhartha Gautama abseits vom Geschehen und distanzierte sich von der weltlichen Rolle seines Vaters. Dadurch betonte er seine Rolle als zukünftiger Mönch.

In einer der Lehrreden des Buddha, der »Großen Rede an Saccaka« (Buddha, Middle Length Discourses 1995, Sutra 36, Paragraf 31) wird diese Szene detailliert beschrieben:

> »Ich kann mich erinnern als mein Vater, der Herrscher der Sakyas, beschäftigt war, während ich in dem kühlen Schatten eines Rosenapfelbaums saß, abseits von sinnlichen Freuden, abseits von ungesunden Geisteszuständen, trat ich ein und verblieb in dem ersten Jana, der begleitet wird durch angewandtes und aufrechterhaltenes Denken, durch Entrückung und Freuden, die aus der Abgeschiedenheit geboren wurden. Könnte dies der Pfad zur Erleuchtung sein?« Danach kam die Erkenntnis: »Dies ist wirklich der Pfad zur Erleuchtung.«

Unter dem großen Rosenapfelbaum trat Siddhartha Gautama in die erste Stufe der vier Versunkenheitszustände, die in der Sprache Pali »Janas« genannt werden. Diese Vertiefungen entsprechen meditativen Zuständen, die mit innerer Freude beginnen, gefolgt von Glück, Ausgeglichenheit und schließlich klarer Einsicht. Dieser vierte Zustand wird auch mit den Begriffen »weder Freude noch Schmerz« bezeichnet (Titmuss 1998, S. 188). Der erste meditative Zustand des inneren Glücks, den Siddhartha Gautama erlebt hatte, ist gekennzeichnet durch Freude, Gelassenheit und gerichteter Aufmerksamkeit. Es ist ein tiefer und bewegender Zustand der Meditation, der erreicht werden kann, indem man sich auf ein Objekt, üblicherweise den Atem, konzentriert. Indem man das Kommen und Gehen des Atems beobachtet, kommt Stille ganz natürlich und die dadurch ausgelöste Gelassenheit kann zu noch tieferen Zuständen der Absorption vorangehen. So angenehm diese meditativen Erfahrungen auch sind, sie sind nicht Voraussetzung für Einsicht und Verständnis. Manche Menschen erreichen diese Zustände niemals in ihrem Leben, zeigen aber dennoch große Weisheit. Dagegen können andere leicht in die »Janas« eintreten, werden von ihnen abhängig und versuchen diese besonderen Gefühle wieder zu erleben.

Ohne Zweifel können Kinder die Stadien der inneren Freude spontan erleben, zum Beispiel, wenn sie von der Natur überwältigt sind. Die Erfahrung dieser Absorption als Kind kann einen zu späteren Zeiten im Leben an die Möglichkeit eines spirituellen Lebens erinnern. Als der junge Siddhartha Gautama in diesen meditativen Zustand eintrat, war er einerseits alleine, andererseits mit anderen Menschen zusammen. In der Anwesenheit seines Vaters, der auf dem Feld pflügte, war er seinem Vater nicht nur körperlich nahe, sondern auch dem, was dieser repräsentierte. Das war für ihn vertraut, vielleicht sogar tröstend und stabilisierend. Zur gleichen Zeit muss dies eine vollständig neue spirituelle Erfahrung gewesen sein, die er alleine ohne seinen Vater erfahren hat – tiefe Freude, Glück und Mitgefühl mit allen Lebewesen. Möglicherweise hat er das empfunden, was in christlichen Worten die Verbindung mit dem »himmlischen Vater« oder mit dem »Königreich des Himmels« bezeichnet wird.

Auch Thich Nhat Hanh schildert zum Beispiel, wie er während eines Schulausflugs zu einem Berg, auf dem ein Einsiedler leben sollte, ähnlich wie der Buddha als Kind seine erste tiefe spirituelle Erfahrung hatte (sein Alter ist leider nicht angegeben). Er war zunächst enttäuscht, dass er diesen Einsiedler nicht getroffen hatte. Er setzte sich von seinen Freunden ab und lief in den Wald hinein:

> »Als ich tiefer in den Wald gelangte, hörte ich auf einmal das Geräusch von tropfendem Wasser. Es war ein so schönes Geräusch. Ich kletterte weiter in Richtung dieses Geräusches und traf schon bald auf einen natürlichen Brunnen, ein kleines Becken, das von großen Steinen aus vielen Farben umgeben war. Das Wasser war so klar, dass ich bis auf den Boden sehen konnte. Ich war sehr durstig und so kniete ich mich hin, schöpfte etwas Wasser in meine Hände und trank es. Das Wasser schmeckte wunderbar. Noch nie hatte ich etwas vergleichbar Köstliches getrunken. Ich fühlte mich vollkommen zufrieden, wollte oder brauchte überhaupt nichts – selbst der Wunsch, dem Einsiedler zu begegnen, war weg. Ich stellte mir vor, dass der Einsiedler sich vielleicht in den Brunnen verwandelt hatte« (Hanh 2017, S. 221).

Daraufhin fiel er in einen tiefen Schlaf. Als er erwachte, sah er die Bäume über sich. Er verabschiedete sich von dem Brunnen und machte sich, noch voll des Wunderns und Staunens, auf die Rückkehr zu seinen Klassenkameraden. Dieses Erlebnis war wirklich ein Wendepunkt:

> »Das war meine erste spirituelle Erfahrung. Danach wurde ich ruhiger und stiller. Ich hatte nicht das Bedürfnis, das Geschehen mitzuteilen. Ich wollte es in meinem Herzen bewahren. Mein Wunsch, Mönch zu werden, wurde stärker. Als ich 16 war, gaben mir meine Eltern die Erlaubnis, in den Tu-Hieu-Tempel in der Nähe von Hue einzutreten und dort zunächst als Aspirant, dann als Novize zu praktizieren« (Hanh 2017, S. 225).

Wie bei Siddharta Gautama machte Thich Nath Hanh diese erste spirituelle Erfahrung als Kind in der Natur unter Bäumen. Der Brunnen, aus dem lebensspendendes Wasser aus der Tiefe der Erde kommt, gilt als heiliges Symbol und wird in vielen Kulturen verehrt. Das Wasser ist ein universelles Symbol für das Leben allgemein sowie für das Unbewusste. Auch Thich Nath Hanh hatte sein erstes tiefes spirituelles Erlebnis an einem passenden symbolischen Ort. Er wurde danach vom Schlaf überwältigt und wollte zuerst nicht über das Erfahrene reden. So intensiv muss dieses Erlebnis gewesen sein – genauso wie beim Buddha, der nach seinen tiefen Erfahrungen als Erwachsener gehemmt war zu reden und seine Erlebnisse in Worte zu fassen.

Diese tiefen Gefühle können positiv getönt sein, wie in dem Fall von Siddhartha Gautama und Thich Nath Hanh. Andererseits, wie alle spirituellen Erfahrungen, können sie auch eine negative Tönung haben, verbunden mit Gefühlen der Trennung und Distanz. Beide Arten der Erfahrung, sowohl die positive als auch die negative, können lebenslange Folgen haben und wichtige Wendepunkte darstellen. Wie wir später sehen werden, war die Erinnerung an die Rosenapfel-Szene als Kind so stark für den erwachsenen Siddhartha Gautama, dass er seine Experimente mit Hunger und Asketentum beendete.

Auch C. G. Jung beschrieb eine ähnliche Szene, als er auf dem Weg zur Schule war, d. h. in einer alltäglichen Situation. John Freeman, ein Herausgeber der Zeitschrift New Statesman und späterer Botschafter Indiens, führte mit C. G. Jung 1959 das berühmte BBC-Interview, das man bei YouTube anschauen kann (BBC 1959). Als Freeman fragte: »Können Sie sich an die erste Gelegenheit erinnern, als Sie sich Ihres eigenen Selbst bewusst wurden?«, antwortete der 84-jährige Jung:

> »Das war in meinem elften Lebensjahr. Da war ich plötzlich auf meinem Weg zur Schule, ich trat plötzlich aus einem Nebel. Es war als ob ich in dem Nebel gewesen war, laufend im Nebel, und ich trat aus ihm heraus und wusste, ›Ich bin. Ich bin, was ich bin.‹ Und dann dachte ich, ›Aber was war ich vorher gewesen?‹ Und dann fand ich, dass ich in einem Nebel gewesen war, nicht wissend, wie ich mein Selbst von den Dingen unterscheiden sollte. Ich war nur ein Ding unter anderen.«

C. G. Jung konnte sich nicht an Auslöser dieser spirituellen Erfahrung erinnern. Er ging zur Schule, so wie jeden Tag. Jedoch wusste er nach der Erfahrung, dass sich etwas verändert hatte. Er hatte Bewusstheit und ein Gefühl von Identität erlangt. Zur gleichen Zeit fühlte er Distanz und Entfremdung zu seinem Vater. Er erkannte, dass sein Vater auch nicht unfehlbar war: »Es hing zusammen mit der Tatsache, dass ich war, und von da an sah ich meinen Vater in einer anderen Art.«

Jung verwendete das Symbol des Nebels, um die dramatischen inneren Veränderungen zu kennzeichnen, die er in einer Alltagssituation, nämlich auf dem Schulweg, erfuhr. In einem dichten Nebel ist die Sicht begrenzt, man sieht nur wenige Meter vor einem, alles andere ist verschwunden. Objekte verlieren ihre dreidimensionale Qualität und lediglich Umrisse in verschiedenen Stufen von Grau verbleiben. Die Objekte sind jedoch nicht verschwunden; sie sind nur vorübergehend nicht sichtbar. Sobald der Nebel sich lüftet, werden die Gegenstände wieder sichtbar. Jung sagte, dass er als Kind in einem Nebel gelebt hat und sich nicht von anderen Gegenständen unterschied. Als er plötzlich aus dem Nebel trat, veränderte sich seine Sichtweise unwiederbringlich. Er sah klar, nahm sich als Individuum wahr und seinen Vater als Mensch mit Schwächen und Fehlern, nicht als den allmächtigen und unfehlbaren Vater seiner Kindheit.

Diese Beschreibung von Jung teilt viele Ähnlichkeiten mit den Lehren des Buddha. Wenn man die Realität klar sieht, wird der Nebel verschwinden. Oder um noch ein anderes Symbol zu verwenden, hinter den Wolken kann man den Himmel sehen, der immer da ist und nicht verschwindet. Mit anderen Worten weiß man bei dieser Art der Erfahrung, dass man nicht glauben muss – dies ist ein Kennzeichen von tiefem spirituellem Verständnis.

Diese Erfahrungen können nicht durch Willen alleine hervorgerufen werden, sie ereignen sich spontan. C. G. Jung konnte sich noch Jahrzehnte später als alter Mann daran erinnern. Dieses Kindheitserlebnis war für ihn ein Wendepunkt. Wie mit allen tiefen Erfahrungen gibt es keinen Weg zurück. Jung erkannte, dass sich von diesem Zeitpunkt an seine Wahrnehmung gegenüber seinem Vater für immer verändert hatte. Er war nicht mehr der mächtige Vater, sondern war fehlbar geworden.

In dem Interview wurde Jung später von John Freeman gefragt: »Glauben Sie jetzt an Gott?« Daraufhin antwortete Jung: »Jetzt? Schwer zu sagen. Ich weiß. Ich muss nicht glauben. Ich weiß.«

Es ist diese Art des Wissens, die ein wahres spirituelles Verstehen kennzeichnet. Wenn man verstanden hat, weiß man wirklich. Zudem verbleibt dieses Wissen lebenslang. Die Szene ist immer noch so lebendig, dass Jung noch 73 Jahre später, im letzten Teil seines Lebens, von ihr berührt ist. Viele Kinder erfahren solche Zustände der Absorption wie Siddhartha Gautama, Thich Nath Hanh und C. G. Jung:

> Ich kann mich noch gut daran erinnern, wie ich in Indien zwischen Büschen saß und auf das schlammige Ufer eines Sees schaute. Ich muss ungefähr fünf Jahre alt gewesen sein. Ein intensives Gefühl von Zeitlosigkeit und Ausdehnung kam über mich, als ich dem Plätschern der kleinen Wellen zuhörte. Die Geräusche der Wellen waren unwirklich und schienen von weit her zu kommen, obwohl sie nur wenige Meter entfernt waren. Seitdem ist das Meditieren am Wasser und die Wahrnehmung der Wellen für mich immer eine besondere Erfahrung. Wellen sind ein besonderes Symbol der Nicht-Dualität des universellen und relativen Lebens. Einerseits ist eine Welle Teil des Ozeans, andererseits könnte der Ozean nicht Ozean sein ohne die Wellen. Die beiden sind untrennbar und ein wundervolles Symbol des Lebens, das die große, universelle und die kleine, relative Sicht vereinigt.
>
> Diese Kindheitserinnerungen hatten einen tiefen und wichtigen Einfluss auf mein gesamtes Leben. Für viele Jahre verbrachten wir die Sommerferien in Griechenland. Ein Ort den ich besonders liebte war ein kleiner Leuchtturm, von dem man das Meer rundum von einer Klippe betrachten konnte. Ich saß für Stunden in tiefer Meditation, hörte den Wind und das Brechen der Wellen an den Felsen. Manchmal kamen dort Delphine vorbeigeschwommen. Mit geschlossenen Augen konnte ich die Geräusche des aufspritzenden Wassers hören, wie sie aus dem Wasser sprangen. Wenn ich meine Augen öffnete, sah ich die tiefe blaue Farbe des Mittelmeers unter mir und die unendliche Bläue des Himmels über mir und ich hatte ein tiefes Gefühl der Ehrfurcht.

Wellen und Ozeane waren schon immer ein Symbol für das Universelle und Relative, sowohl für Kinder wie auch Erwachsene. Der vietnamesischer buddhistische Lehrer Thich Nhat Hanh verwendete dieses Symbol auf eine sehr poetische Art:

> »Manche Wellen des Ozeans sind hoch und manche sind niedrig. Wellen scheinen geboren zu werden und zu sterben. Aber wenn wir tiefer schauen, sehen wir, dass die Wellen, obwohl sie kommen und gehen, auch aus Wasser sind, das immer da war. Vorstellungen von hoch und niedrig, Geburt und Tod können auch bei Wellen angewendet werden, aber das Wasser ist frei von solchen Unterscheidungen. Erleuchtung bedeutet für die Welle den Moment, wenn sie erkennt, dass sie Wasser ist. In dem Moment verschwindet alle Angst vor dem Tod« (Hanh 2007, S. 38).

Was Thich Nhat Hanh hier ausdrückt ist, dass unser relatives Leben und das universelle Leben niemals getrennt sind, obwohl wir oft diese einfache Wahrheit nicht erkennen. Die Wellen ändern sich, aber das Wasser nicht. Sobald wir dieses klar sehen, fügt sich alles an seinem Platz ein und wir fühlen uns erleichtert:

>Selbst wenn wir in der Welt der Wellen leben, berühren wir Wasser, wissend, dass eine Welle nichts als Wasser ist. Wir leiden, wenn wir nur die Welle berühren, aber wenn wir lernen, in Verbindung mit dem Wasser zu bleiben, fühlen wir die größte Erleichterung« (Hanh 2007, S. 153).

Diese Erleichterung kommt, wenn man die Vergänglichkeit und Endlichkeit als intrinsische Bestandteile des relativen menschlichen Lebens akzeptiert, während das Universelle sich nicht verändert:

>Sobald du fähig bist, das Wasser zu fangen, wird es dir nichts ausmachen, dass die Wellen kommen und gehen. Du bist nicht länger beunruhigt durch Geburt und Tod der Welle. Du hast keine Angst mehr. Du bist nicht mehr bestürzt über den Anfang und das Ende der Welle, noch ob die Welle höher oder tiefer ist, mehr oder weniger schön. Du bist fähig, diese Ideen loszulassen, da du schon das Wasser berührt hast« (Hanh 2007, S. 157).

Zusammengefasst erleben die meisten Kinder wie Siddhartha Gautama tiefe spirituelle Einsichten, die sie oft in Symbolen, wie dem Rosenapfelbaum, dem Brunnen, dem Nebel oder den Wellen, ausdrücken. Wie wir später sehen werden, erscheinen diese Einsichten spontan, da Kinder und Jugendliche von Anfang an eine natürliche Kapazität zur Spiritualität in sich tragen. Diese Fähigkeit verschwindet nicht, wenn sie erwachsen werden, wie die Biografie des Buddha zeigte. Zwei weitere entscheidende Erfahrungen des Buddha nach seiner Jugend, d. h. als junger Erwachsener, waren die vier Exkursionen (auch bekannt als die vier Zeichen) und die große Abreise – seine Entsagung des bisherigen Lebens.

Die vier Exkursionen

Bei den vier Exkursionen handelte es sich um eine Serie von Ereignissen, bei denen Siddhartha Gautama seinen Palast verlässt und dabei Alter, Krankheit, Tod und einem weisen Mann begegnet. Diese führen letztendlich dazu, dass er sein bisheriges Leben im Überfluss beendet. Wie Schumann es erzählt, verließ Siddhartha Gautama die Palastmauern viermal in einem Pferdewagen, der von vier Pferden gezogen wurde (Schumann 2004, S. 60). Das erste Mal nahm er wahr, wie ein älterer Mann dem Tode nahe war. Bei den folgenden Ausflügen begegnete er einem kranken Mann, einem Leichnam und einem Mönch. Indem er die Begrenzungen und Veränderungen des Lebens erkannte, festigte sich sein Wunsch, Mönch zu werden. Genau zu diesem Zeitpunkt stand die Geburt seines Sohnes Rahula an.

Wenn man diese Geschichte liest, ist es kaum zu glauben, dass Siddhartha Gautama bis zum Alter von 29 Jahren in einer so beschützten Umgebung aufwachsen konnte. Wenn ich an meine eigene Kindheit in Indien denke, wuchsen wir westlichen Kinder ebenfalls in einem geschützten Rahmen in großen Häusern und wundervollen Gärten auf, die von einer hohen Mauer umringt waren. Nur wenige Meter außerhalb der Mauern konnte das reale, pulsierende und chaotische Leben Indiens erfahren werden. Ich kann mich noch gut an Bettler, Erdnussverkäufer und Leprakranke auf der

Straße erinnern ebenso wie an die vielen streunenden heiligen Kühe. Als Kinder ver-
suchten wir wiederholt, von Zeit zu Zeit aus dieser beschützten und begrenzten Umge-
bung zu entfliehen, indem wir von der Schule zu Fuß nach Hause liefen, obwohl uns
dieses streng von unseren Eltern verboten war. Eines Tages sah ich einen Begräbnisum-
zug in den Straßen, was in Indien ein öffentliches Ereignis darstellt. Ich sah zum ersten
Mal einen toten Menschen nicht in einem Sarg, sondern offen in weißem Leinen einge-
hüllt auf einem Pferdewagen, gefolgt von trauernden Familienangehörigen. Es war die
erste Begegnung mit einem Leichnam. Ich muss ca. sieben Jahre alt gewesen sein und
war tief berührt durch die Erkenntnis, dass Menschen irgendwann aufhören zu leben
und dass das Leben an sich nicht unendlich ist. Das Bild des Leichnams hinterließ ei-
nen intensiven Eindruck, der mich seitdem begleitet.

Meine eigenen Ausflüge aus unserer beschützten Umgebung ereigneten sich zu
einem viel früheren Alter als die von Siddhartha Gautama – und sie hatten eine
viel geringere Auswirkung. Siddhartha Gautama war erschüttert und tief berührt
über das, was er gesehen hatte, nämlich universelle und unausweichliche Bedingungen des Lebens, die alle Menschen erfahren, nämlich Alter, Krankheit und
Tod sowie die Rolle des Mönches als Beispiel für die spirituelle Suche.

Der große Aufbruch

Es muss für Siddhartha Gautama extrem schwierig gewesen sein, seine junge Familie zu verlassen. Man kann sich seine inneren Konflikte und seinen Aufruhr
gut vorstellen. Wie Schumann (2004) beschreibt, war es Siddhartha Gautama
nicht möglich, seinen gerade neugeborenen Sohn anzuschauen oder zu berühren, aus Angst, dass er es dann nicht schaffen würde, zu gehen. Stattdessen floh
er um Mitternacht auf seinem Pferd in Begleitung eines treuen Dieners. Seine
Frau Yasodhara schlief mit seinem neugeborenen Sohn Rahula in ihren Armen,
als er seine junge Familie für immer verließ.

Heutzutage ist es schwer sich vorzustellen, dass Siddhartha Gautama seinen
Sohn tatsächlich Rahula nannte, ein Name der wörtlich »Fessel«, »Zwang«, »Einschränkung«, »Kette« und »Beschränkung« bedeutet – kein schöner Name für ein
junges Baby. Man begegnet solchen negativen Projektionen oft in der Psychotherapie oder Familienberatung, gerade wenn Eltern negative Gefühle der Missgunst
und Ablehnung gegenüber ihrem eigenen Kind in sich tragen. Diese negativen
Projektionen können so ausgeprägt sein, dass selbst junge Kinder mit Namen
wie Monster, Tyrann oder Sargnagel benannt werden.

Siddhartha Gautama muss intensiv gespürt haben, dass ein Familienleben seine spirituelle Berufung behindern würden. Andererseits war das Opfer seiner eigenen jungen Familie gewaltig. Diese Aufgabe wurde im Laufe der Zeit zu einem Ideal der spirituellen Entsagung stilisiert. Allerdings kann man diesen
Schritt auch sehr kritisch sehen, wenn er wörtlich befolgt wird, wie Sasson es beschreibt: »Der zukünftige Buddha verlässt seinen neugeborenen Sohn einem ab-
strakten Ideal zuliebe« (Sasson 2013, S. 2) und schafft dabei ein Rollenmodell für
das Verlassen von Kindern. Während Siddhartha Gautama anscheinend keine an-

dere Möglichkeit sah für seinen spirituellen Weg, ist dieses Vorbild der Entsagung der Familie keine Voraussetzung für ein spirituelles Leben. Im Gegenteil, es ist sowohl eine Herausforderung als auch eine wirkliche spirituelle Aufgabe, Kinder aufzuziehen, ihr Wachstum zu begleiten und an dem Wunder ihrer Entwicklung teilzuhaben, wie das Paar Kabat-Zinn es in ihrem beeindruckenden Buch zur Elternschaft beschrieb:

> »Kindererziehung ist eine der anspruchsvollsten, herausforderndsten und belastendsten Aufgaben auf diesem Planeten. Sie ist auch eine der wichtigsten, denn so, wie sie umgesetzt wird, wird zum großen Teil das Herz und die Seele und das Bewusstsein der nächsten Generation beeinflusst …« (Kabat-Zinn und Kabat-Zinn 1997, S. 13).

In seinem Essay mit dem Titel »Der Buddha und seine dysfunktionale Familie« analysierte Titmuss (2015a) kritisch die Familienbeziehungen von Siddhartha Gautama. Das Erleben von Verlassenwerden, der Verlust seiner Mutter und Konflikte mit seinem Vater können zu einer dysfunktionalen Familiendynamik beigetragen haben, kombiniert mit ambivalenten Gefühlen gegenüber längeren, verbindlichen Beziehungen. Es kann weiterhin spekuliert werden, dass die eigenen Kindheitserfahrungen von Siddhartha Gautama ein Grund für die Vernachlässigung der Themen zur Kindheit in seinem Leben und seinen Lehren sein könnte.

Wie verlief Siddhartha Gautamas Leben nachdem er sein Zuhause und seine luxuriöse Umgebung als Prinz verlassen hatte? Nach den Berichten von Schumann (2016) schnitt er seine Haare ab und verbrachte die ersten Tage als Wandermönch im Freien, auf der Suche nach einem Lehrer. Sein erster Lehrer war ein Mann namens Alara Kalama, aber er war mit seinen traditionellen Lehren zur Meditation nicht zufrieden. Sein zweiter Lehrer war ein Mann namens Uddaka Ramapotta, aber wieder konnte er die Fragen seiner Suche mit diesem Lehrer nicht zufriedenstellend beantworten. Nach Schumann (2004) dauerten seine Studien mit diesen zwei Lehrern nicht länger als ein Jahr.

Der nächste Schritt von Siddhartha Gautama war es, sich ganz in den Wald zurückzuziehen. Im Alter von 30 Jahren begann er seine asketischen Übungen. Unter anderem versuchte er das Denken zu verhindern, seinen Atem so lange wie möglich anzuhalten, selbst zur kalten Jahreszeit auf Kleidung zu verzichten, so lange wie möglich aufrecht zu stehen und natürlich nicht zu essen. Seine Hungerversuche waren so extrem, dass er dem Tod nahe war. In dieser Zeit gewann er fünf Anhänger, die seine Askese, seine Disziplin und Härte bewunderten.

Im Zustand der extremen Kachexie erkannte er, dass Abmagerung, Peinigung und Marterung nicht hilfreich waren, um wirkliche Weisheit zu erlangen. Zu diesem Zeitpunkt begann er wieder zu essen. Es ist interessant, dass er sich gerade dann an seine erste wichtige Kindheitserfahrung der tiefen Absorption erinnerte, als er unter dem Rosenapfelbaum saß, während sein Vater pflügte. Diese Erinnerung war zum Zeitpunkt seiner höchsten körperlichen Auszehrung der Wendepunkt, der ihn zum Leben zurückführte, wie Schumann es erläuterte:

> »Sollte etwa diese Art Kontemplation der Weg zur Erleuchtung sein? Da ein ausgemergelter, sich durch Mangelerscheinungen ständig meldender Körper schlecht zum Träger geistiger Suche taugt, hatte Siddhartha kurz nach der Erinnerung an jenes Jugenderlebnis Askese und Fasten verworfen und war zu einer ausgeglichenen Lebensweise zurückgekehrt« (Schumann 2004, S. 70).

Abb. 3: Der Buddha in einem ausgemergelten, kachektischen Hungerzustand (British Museum, London). Die Augenhöhlen sind tief eingesunken, die Wangen faltig und Venen treten an der Stirn hervor. Siddharta Gautama war kurz vor seinem Tod, als er sich an sich an die tiefe Versenkung als Kind unter dem Rosenapfelbaum erinnerte und erkannte, dass die Lösung nicht in der Askese liegt, sondern nur im mittleren Weg.

Kinder spielen nicht nur in Bezug auf die Erinnerung an seine Kindheitserfahrung unter dem Rosenapfelbaum, die von tiefer Ruhe und Meditation geprägt war, eine wichtige Rolle. Nach der Lebensgeschichte des Buddha, wie Thich Nhat Hanh sie so poetisch nacacherzählte, erhielt Siddharta Gautama seine erste Nahrung nach seiner extremen Askese von einem 13-jährigen Mädchen namens Sujata, die ihm eine Schale mit Reismilch reichte und ihn so vor dem Tod rettete. Er war körperlich so geschwächt, dass er bewusstlos zusammengebrochen war:

> »Eine Zeit lang lag er bewusstlos da. Mit einem Mal erschien ein junges Mädchen aus dem Dorf. Die 13-jährige Sujata war von ihrer Mutter mit Reismilch, Kuchen und Lotus-Samen ausgeschickt worden, den Waldgöttern zu opfern. Als sie den Mönch bewusstlos auf der Straße liegen sah und beim Nähertreten bemerkte, dass er kaum noch atmete, kniete sie nieder und führte eine Schale Milch an seine Lippen. Sie wusste, dies war ein Asket, der aus Schwäche in Ohnmacht gefallen war.
>
> Als die Milchtropfen seine Zunge und seine Kehle befeuchteten, reagierte Siddharta sofort. Er spürte, wie erfrischend die Milch war, und langsam trank er die ganze Schale leer. Nach einigen Atemzügen war er soweit erholt, dass er sich aufsetzen konnte, und er winkte Sujata, ihm noch eine Schale Milch zu reichen. Es war erstaunlich, wie schnell die Milch seine Kräfte wiederherstellte! An diesem Tag entschloss er sich endgültig, seine strenge Askese aufzugeben; in dem kühlen Wald jenseits des Flusses wollte er bleiben und dort üben« (Hanh 1992, S. 102–103).

So hat ein 13-jähriges Mädchen verhindert, dass Siddharta Gautama an den Folgen seiner Askese starb. Zuerst war es eine intensive Erinnerung an eine entscheidende Kindheitserfahrung, dann war es die großzügige, umsorgende Gabe von Nahrung durch ein junges Mädchen. Die Umkehr von den Extremen des Überflusses wie auch dem Extrem der Askese und die Entdeckung des mittleren Weges hat der Buddha somit jungen Menschen zu verdanken. Indem er allerdings wieder anfing zu essen, enttäuschte er seine fünf Anhänger, die ihn sofort verließen. Siddhartha Gautama war wieder einmal alleine.

In den nächsten Tagen gewann er seine Kräfte wieder und durchlief eine wichtige Wandlung:

> »Schließlich gab er auch das Verlangen auf, der Welt der Erscheinungen zu entkommen, und als er so zu sich selbst zurückkehrte, empfand er, dass er in der Welt der Erscheinungen vollkommen gegenwärtig war. Ein Atemzug, der Gesang eines Vogels, ein Blatt, ein Sonnenstrahl – alles konnte Gegenstand seiner Meditation sein. Er begann zu verstehen, dass der Schlüssel zur Befreiung in jedem Atmen, in jedem Schritt, in jedem kleinen Kieselstein auf dem Weg lag« (Hanh 1992, S. 103).

Diese wichtige Szene unterstreicht die Bedeutung von tiefen Kindheitserfahrungen, die als seelisches Fundament für die Bewältigung späterer Krisen dienen kann. Kindheitserinnerungen können im Erwachsenenalter wiederauftauchen und zu wirklichen Wendepunkten werden, die als Augenblicke in der Zeit definiert werden, gekennzeichnet durch plötzliche, lebensverändernde Ereignisse, die jenseits der Kontrolle des Individuums liegen. Wie wir später sehen werden, sind auch beide Arten des Exzesses – Luxus, Verwöhnung und die Suche nach Sinnesreizen sowie das Gegenteil von Askese und Selbstbestrafung – schädlich für Körper, Geist und Seele. Wie der Buddha es später erkannte, ist der mittlere Weg der geeignetste, heilsamste und zuträglichste Weg für menschliches Leben. Diese einfache Wahrheit wird oft nicht gesehen, zum Beispiel von Kindern und Jugendlichen mit Anorexia nervosa oder anderen psychischen Störungen. Aber auch Erwachsene neigen dazu, dies zu missachten.

Nachdem er Gewicht und Gesundheit wiedererlangt hatte, setzte Siddhartha Gautama seine meditativen Explorationen alleine fort, bis er schließlich während fortgesetzter Meditation unter einem Pipalbaum (Ficus religiosa, auch Bodhi Baum genannt) in Bodh Gaya in Nordindien zu tiefen Einsichten gelangte. Von diesem Zeitpunkt des Erwachens an, wurde er der Buddha genannt, d. h. der Erleuchtete. Wiederum spielt das Symbol des Baums eine große Rolle bei diesem Ereignis. Dreimal in seinem Leben waren Bäume stille Zeugen: Der Salbaum, an dem sich seine Mutter Maya während seiner Geburt abstützte, der Rosenapfelbaum während seiner spirituellen Absorption als Kind und nun der Pipalbaum bei seiner Erleuchtung. Der Baum wird als Symbol der Transzendenz in vielen Religionen verehrt. Bäume haben Wurzeln, die sie fest in der Erde verankern, und Äste, die zum Himmel wachsen. Ihre Stärke und Langlebigkeit sind Symbole von Ausdauer, Geduld und Standhaftigkeit. In vielen Traditionen glaubt man, dass Bäume von weiblichen Wesen und Göttinnen belebt sind. Bäume bieten Schutz und heilige Räume für Einsicht, sogar Erleuchtung wie bei dem Buddha. Ein Pipalbaum steht noch immer am Ort der Erleuchtung des Buddha in Bodh Gaya und ist auch an vielen anderen heiligen buddhistischen Orten zu finden. Der Pipalbaum ist ein halb-immergrüner Baum, der bis zu 30 m hoch wachsen kann. Die Blätter verjüngen sich zu einer Spitze hin und scheinen sich immer im Wind zu bewegen. So stark war die Auswirkung von Buddhas Erleuchtung unter dem Pipalbaum, dass er die nächsten sieben Tage danach in einem Zustand der Gelassenheit und Heiterkeit verblieb.

Abb. 4: Geschmückter Pipalbaum auf dem Gelände des thailändischen Klosters in Sarnath, Indien. Der Pipal- (oder Bodhi-)baum ist zum Symbol der Erleuchtung des Buddha geworden und findet sich in vielen buddhistischen Klöstern und Tempeln.

Nach mehreren Wochen der Meditation lief er zu Fuß 210 km nach Sarnath, einem Dorf nördlich von Varanasi. 56 Tage nach seiner Erleuchtung hielt er seine erste Lehrrede in Sarnath vor seinen fünf ehemaligen Anhängern, die ihn während seiner asketischen Periode begleiteten. In dieser ersten wichtigen Rede, die als »Rede des Drehens des Rades« bekannt wurde, umriss der Buddha die Sinnlosigkeit der Extreme von Sinnesfreuden wie auch Selbstquälerei und zeigte die Lösung des mittleren Weges auf. Auch formulierte er zum ersten Mal die Essenz seiner Lehren, nämlich die vier edlen Wahrheiten, die im dritten Teil dieses Buches erläutert werden.

Während dieser ersten wichtigen Lehrrede erlangte einer seiner Anhänger ein volles Verständnis und bat darum, als Mönch ordiniert zu werden. Im weiteren Verlauf wurden immer mehr Menschen durch die Lehren des Buddha berührt und angesprochen, sodass die Zahl der Mönche kontinuierlich anwuchs. Wie auch heute wurden Menschen damals von den weisen, nicht dogmatischen, nicht dualistischen und befreienden Wahrheiten des Buddha angezogen, die einfach auf der eigenen empirischen Erfahrung beruhten.

Abb. 5: Die erste Lehrrede des Buddha in Sarnath, Indien (Thai Monastery, Sarnath). Die typische Handhaltung deutet an, dass das Rad der Lehre zum ersten Mal gedreht und der mittlere Weg beschrieben wurde – für alle Menschen zu verstehen und zu praktizieren: Kinder, Jugendliche und Erwachsene.

Ich fühle mich besonders hingezogen zu diesem Dorf von Sarnath, wo Christopher Titmuss und andere Lehrer jedes Jahr Meditationsgruppen und Reden anbieten. Ich besuchte Sarnath das erste Mal im Jahr 2007, mitten in einer persönlichen Krise, und wohnte unter sehr einfachen Bedingungen in dem thailändischen Kloster. Sarnath war damals ein verschlafenes Dörfchen, nur wenige Kilometer außerhalb von Varanasi, der heiligen Stadt der Hindus. Verschiedene buddhistische Länder (wie Thailand, Burma, Japan, China und Tibet) haben dort Klöster erbaut. Während der Meditation war ich tief berührt durch die Erkenntnis, dass nur wenige Meter entfernt der Buddha auf der gleichen Erde gesessen hatte und seine erste Lehrrede für seine fünf Anhänger aus seiner asketischen Zeit gehalten hatte. Die Ruinen alter buddhistischer Tempel und Klöster sind noch vorhanden und werden in einem archäologischen Gelände beschützt. Eine 44 m hohe, große Stupa steht dort, wo Buddha seine erste Lehrrede gehalten hatte, in der er erläuterte, dass der mittlere Weg der weiseste und lebensbejahendste Weg durchs Leben war – nicht die Extreme der Verwöhnung oder der asketischen Entsagung. Mit dieser Grunderkenntnis setzte ich mich damals intensiv auseinander.

Selbst wenige Jahre später hatte sich Sarnath enorm verändert. Ich kehrte in den Jahren 2012 und 2015 wieder zurück. Der Verkehr und die Bevölkerungszahl hatten deutlich zugenommen. Zusätzlich hatte sich Sarnath zu einem beliebten Heiratsort für hinduistische Hochzeiten entwickelt. Diese sind laute Ereignisse, bei denen durch riesige Lautsprecher indische Bollywood-Lieder in maximaler Lautstärke abgespielt werden. Dieses Mal war es eine große Herausforderung, in der Meditation nicht auf die laute Musik zu reagieren und zu akzeptieren, dass wirklich alles im relativen Leben sich verändert, sich konstant verändert – auch in Sarnath.

Abb. 6: Das Bild zeigt den Buddha, den Erleuchteten, in tiefer Meditation mit geschlossenen Augen und einem friedlichen, lächelnden, gelassenen Gesichtsausdruck. Diese wunderschöne Skulptur seines Kopfes ist geschmückt durch Blattgold, das durch Pilger gespendet wurde. Eine Kette mit Blumen wurde zur Ehrerbietung auf dem Podest abgelegt. Dieser Kopf des Buddha ist nicht mehr direkt zugänglich, sondern wurde auf einer großen Statue des stehenden Buddha platziert, mitten im Gelände des thailändischen Klosters in Sarnath, dem Ort der ersten Lehrrede des Buddha.

Wie lebte der Buddha nach seiner ersten berühmten Lehrrede weiter? Er blieb weiterhin ein Wandermönch für den Rest seines Lebens und verbrachte nur die Regenzeiten in festen Hütten, wodurch die ersten Klöster gegründet wurden. Er sprach frei mit jedem, der ihn fragte, und versammelte eine zunehmend große

Zahl von Anhängern sowohl von Mönchen, später auch Nonnen und Laien. Wie wir später sehen werden, sprach er vor allem mit Erwachsenen, selten mit Jugendlichen oder Kindern. Bevor wir uns mit weiteren Inhalten seiner Lehren befassen, soll zunächst die zweite Linie der Kindheit des Buddha aufgezeigt werden, d. h. des mythologischen und verdichteten, aber nicht historischen Buddha.

Der mythologische Buddha

Im Gegensatz zum historischen Buddha hört sich seine Hagiographie, d. h. seine Heiligengeschichte aus anderen buddhistischen Texten ganz anders an. Wie Strong (2009) treffend bemerkte, gibt es nicht eine einzige Biografie des Buddha, sondern unterschiedliche Version der gleichen Geschichte:

>»Es gibt nicht eine einzige Biografie des Buddha und jede buddhistische Erzählung wurde beeinflusst durch historische Wiedererinnerungen, religiöse Gewichtungen, rituelle Berücksichtigungen, politische Bündnisse, soziale und kulturelle Faktoren oder einfach durch den Wunsch, eine gute Geschichte zu erzählen« (Strong 2009, S. xii).

In anderen Worten, die Episoden aus dem Leben des Buddha, die besonders inspirierend waren, wurden wiederholt erinnert und rekonstruiert, um letztendlich seine mythologische Biografie zu formen. Strong argumentiert:

>»Zusammengenommen ergeben diese Geschichten eine heilige Biografie, oder besser gesagt, mehrere heilige Biografien, da wir sehen werden, dass es viele verschiedene Versionen der Geschichten über den Buddha gibt. Diese Erzählungen können erdichtet sein, d. h. Legenden und Traditionen, die ständig um ihn herum anwuchsen, aber diese ›Dichtungen‹ sind in vielerlei Hinsicht wahrer oder aus religiöser Sicht sinnvoller als die wirklichen ›Fakten‹« (Strong 2009, S. 2).

Strong deutet hiermit an, dass Mythologie für die menschliche Seele inspirierender sein kann als die eigentlichen historischen Fakten.

Indem man die wahre Person des Siddhartha Gautama und später des Buddha verlässt, verlässt man auch die Arena der Biografie, Psychologie und Geschichte und tritt auf die Bühne des Glaubens, der Mythologie und der archetypischen Bilder. Strong interpretiert diese übernatürlichen, detailliert ausgearbeiteten magischen Geschichten als selbsterfüllende Erzählungen, die sich entwickelten, indem die Orte des Lebens des Buddha sich langsam zu wichtigen Pilgerstätten entwickelten:

>»Diese Art des Details spiegelt das gleichzeitige und symbiotische Wachstum von sowohl biografischen, wie auch Pilgertraditionen wider. Einerseits wurden die Orte als Plätze etabliert, an denen sich bestimmte Geschichten ereignet hatten; andererseits wurden Geschichten erzählt, um die Existenz bestimmter Pilgerorte zu erklären. Dies war ein Prozess, der sich leicht selbst verstärken konnte, denn sobald ein Ort als heilig anerkannt wurde, konnte jede ungewöhnliche topographische Eigenschaft der Gegend als Ausgangspunkt für eine neue Geschichte genügen« (Strong 2009, S. 9).

Nach dieser mythologischen Tradition war der Buddha nicht eine einzigartige historische Person. Im Gegenteil gab es eine riesige, weitergehende Abstammungslinie von einer Unzahl an Buddhas – d. h. Siddhartha Gautama hatte sowohl Vorgänger wie auch Nachfolger. Dies bedeutet, dass eine Sequenz von Hunderten, selbst Tausenden von Buddhas existiert. Strong hat eine Liste der 25 wichtigsten vorherigen Buddhas (aus nicht weniger als 512 024 Buddhas) zusammengestellt, beginnend vor unermesslichen, vorherigen 100 000 Äonen bis zum gegenwärtigen Äon (Strong 2009, S. 26–29).

Nach verschiedenen Legenden und Traditionen wird behauptet, dass der Buddha sich sorgfältig auf seine Wiedergeburt vorbereitet hätte. Er lebte in einem besonderen Himmel, der den Namen »Tuschita« trägt, die Wohnstätte göttlicher Wesen.

Nachdem er den richtigen Ort, die passende Familie und optimale Mutter ausgesucht hatte, stieg er als weißer Elefant mit sechs Stoßzähnen vom Himmel herab und trat über die rechte Flanke in die Gebärmutter seiner Mutter ein. In manchen Traditionen wird dieses Ereignis als ein Traum von Maya, der Mutter des Buddha, wiedergegeben, den sie während der Empfängnis hatte.

Abb. 7: Der Anfang der Schwangerschaft (Asian Art Museum, San Francisco). Ein weißer Elefant tritt über die rechte Flanke in den Körper der Königin Maya ein. In manchen Legenden träumt sie nur vom weißen Elefanten.

Der weiße Elefant ist ein heiliges Symbol. Selbst im heutigen Indien werden heilige Elefanten in vielen Hindu-Tempeln verehrt. Ganesha, der Sohn des Gottes Shiva, trägt den Kopf eines Elefanten und ist der beliebteste aller Hindu-Götter. Er wird als der Entferner von Widerständen und als der Beschützer von Übergängen verehrt. Überdies ist der weiße Elefant ein Symbol von Herrschaft und Souveränität. Während der zehn Schwangerschaftsmonate saß der Buddha mit gekreuzten Beinen und mit Blick nach außen in der Gebärmutter. Anderen Quellen zufolge saß er auf einem weichen Seidenkissen in einer Kammer, die mit Edelsteinen verziert wurde. Wiederum anderen Erzählungen zufolge wurde auch diese Kammer geboren und stieg zurück in den Himmel auf. Vor seiner Geburt wurde der zukünftige Buddha wiederholt von Göttern besucht. Auch trug er schon die 32 körperlichen Zeichen eines großen Mannes, die unten aufgeführt werden. Seine Mutter konnte ihn sogar im meditierenden Zustand in ihrem Körper sehen.

Nach Abschluss der Schwangerschaft wurde der Buddha aus der rechten Körperseite geboren. Wie schon zuvor beschrieben, hielt sich Königin Maya dabei an den Ästen eines Salbaums fest. Die Geburt erfolgte angeblich ohne Schmerzen. Eine vaginale Geburt wurde dadurch vermieden, denn diese hätte seine Erinnerungen an frühere Leben ausgelöscht. Während der Geburt erschien ein helles Licht und die Erde erbebte. Zusätzlich ereigneten sich viele andere Wunder: Blinde waren plötzlich fähig zu sehen, Taube konnten hören und Tiere verloren ihre Ängste. Wie durch ein Wunder wurden genau zum Zeitpunkt der Geburt sieben weitere Menschen geboren, einschließlich der zukünftigen Frau des Buddha, Yasodhara.

Beim Verlassen des Körpers seiner Mutter wurde der Buddha von Göttern in Empfang genommen, die ihn beschützten, sodass er nicht auf die Erde fiel. Sie badeten ihn in Strömen von heißem und kaltem Wasser, die sich aus dem Himmel ergossen. Obwohl er gerade geboren war, konnte er direkt und unmittelbar laufen: er nahm sieben Schritte nach Osten, Süden, Westen und Norden und kontemplierte über die vier Richtungen. Sobald seine Füße die Erde berührten, blühten riesige Lotusblumen auf. Auch konnte er unmittelbar sprechen und verkündete, dass er das Oberhaupt der Welt sei und dass dies seine letzte Geburt sein würde.

Die 32 Zeichen eines großen Mannes, die er schon vorgeburtlich trug, werden in mehreren Texten detailliert behandelt. Wiederum hat Strong eine interessante Liste dieser Zeichen zusammengestellt, die alle Zeichen von Heiligkeit und Adel sind. Diese Zeichen umfassen den Höcker auf seinem Kopf, ein Haarbüschel zwischen den Augenbrauen, Wimpern wie eine Kuh, Schwimmhäute zwischen Fingern und Zehen und vieles andere mehr. Als der Buddha zum Tempel einer Göttin gebracht wurde, richtete er nicht wie üblich seinen Kopf, sondern seine Füße auf die Göttin. Nach dieser Geste erkannte die Göttin seine Überlegenheit an. Nachdem der Buddha anschließend weiteren Göttern vorgestellt wurde, traten sie von ihren Säulen herab und fielen ihm zu Füßen. Als der Buddha als Baby zuletzt seinem Vater Suddhodana gezeigt wurde, verbeugte dieser sich und verehrte seinen Sohn, indem auch er seine Überlegenheit anerkannte.

Als Baby hatte der Buddha mehrere Ammen und Kinderfrauen, die in versorgten. Während seiner Kindheit und Jugend sowie im jungen Erwachsenenalter führte er ein Leben in Luxus und Verwöhnung. Selbst als Kleinkind genoss er außergewöhnliches Spielzeug, wie goldene Wagen, die von Rehen gezogen wurden, Spielzeugelefanten, Pferde, Büffelwagen und Puppen. Die Atmosphäre seiner Kindheit wird nicht nur als luxuriös, sondern auch als friedlich, harmonisch und glücklich beschrieben (Sasson 2013, S. 79).

Anderen Texten zufolge wird sein erster Schultag als mehr als übernatürlich beschrieben. Der junge Buddha wurde von nicht weniger als 10 000 Jungen und 10 000 mit Gold gefüllten Wagen begleitet. Er wurde von 8 000 Mädchen begrüßt, die Blumen streuten. Natürlich benötigte er keine Schulbildung im eigentlichen Sinn, da er bereits alles wusste. Er ersetzte seine Lehrer rasch und übernahm das Unterrichten selber (Sasson 2013, S. 90). Schon als Kind und Jugendlicher waren seine Fähigkeiten beim Schreiben und in den Künsten unübertroffen. Sein Wissen war erstaunlich und seine Fertigkeiten als Krieger unvergleichlich. Er lernte rasch ein Pferd zu reiten, einen Elefanten zu steuern und einen Kriegswagen zu fahren. Er genoss schmackhafte Mahlzeiten, teure und exquisite Kleidung und wurde von Frauen unterhalten. Manche Texte sprechen von drei Frauen und Tausenden von Konkubinen, die ihm zur Verfügung standen. Er lebte in drei Palästen (jeweils einer für den Sommer, für den Winter und für die Regenzeiten), geschmückt von drei Lotusteichen (jeweils einer mit roten, einer mit weißen und einer mit blauen Lotusblumen). Die Paläste waren mit goldenen und silbernen Möbeln ausgestattet, die mit Edelsteinen geschmückt wurden. Im Großen und Ganzen wird er wie ein mythologischer Superheld dargestellt.

Das Ziel seiner spektakulären, aber gleichzeitig künstlichen Umgebung war es, den Buddha von den Einflüssen der äußeren Welt fernzuhalten und die Prophezeiung zu verhindern, dass er ein spiritueller Führer werden würde statt ein weltlicher Herrscher. Auch trugen die Geschichten des Reichtums, Überflusses und Mutes dazu bei zu betonen, wie außergewöhnlich seine Aufgabe und seine Ablehnung dieses Reichtums bei seiner Entsagung tatsächlich waren (Strong 2009, S. 61).

Zusammengefasst, ist diese mythologische Geschichte der Kindheit des Buddha ein Ausdruck des Archetyps des göttlichen Kindes, wie von C. G. Jung dargestellt (Strong 2009, S. 16 und S. 51 ff.). Die Hagiographie des Buddha ist lebendig, ansprechend, unterhaltsam und spannend. Insbesondere die Geschichte als Neugeborenes spiegelt das Paradox des göttlichen Kindes wider – die Mischung aus Hilflosigkeit und gleichzeitig unendlicher Stärke. Dies ist kein normales Baby, sondern ein übernatürliches Neugeborenes, mit ungewöhnlichen Stärken von Anfang an. Nach C. G. Jung sind Archetypen die Organe der Seele, die sich in archetypischen Bildern zeigen. Wie wir später sehen werden, ist das göttliche Kind ein Archetyp der zukünftigen Möglichkeiten, der Möglichkeiten, des Trostes und der Hoffnung. Als ein Archetyp wurden die Geschichten des mythologischen Buddha durch Wiedererzählen und Ausschmückungen am Leben gehalten und erfüllten dadurch eine tiefe menschliche Sehnsucht – vergleichbar mit anderen göttlichen Kindern, wie beispielsweise Jesus oder Krishna als Neugeborene.

2   Der Buddha und Kinder

Der Buddha und Kinder in der Kunst

In seinem Buch über Bildnisse des Buddha, weist Schumann (2003) darauf hin, dass in der frühen buddhistischen Kunst der Buddha nicht als Person dargestellt wurde. Diese erste Periode dauerte mehrere Jahrhunderte nach seinem Tod an. Stattdessen wurden wichtige Lebensereignisse in seinem Leben ursprünglich symbolisch dargestellt: Seine Geburt als Gefäß, seiner Erleuchtung als ein Thron unter einem Pipalbaum und seine erste Lehrrede als ein Rad mit 24 Speichen. Dieses buddhistische Bild des Rades findet sich in der Mitte der heutigen Landesfahne Indiens wieder, obwohl der Buddhismus in Indien praktisch nicht mehr existiert. Sein Tod wurde ursprünglich als Stupa, ein dreidimensionaler Hügel in Mandala-Form dargestellt (Schumann 2003, S. 23). Andere Symbole des Buddha umfassten seinen Fußabdruck, dargestellt als eine Feuersäule und einen Dreizack, als Symbol der drei Juwelen des Buddha (des Erleuchteten), des Dharma (der Lehre) und der Sangha (der Gemeinschaft der Anhänger).

Erste Abbildungen des Buddha als Person erschienen im ersten Jahrhundert nach Christi Geburt und gehören zu den inspirierendsten Objekten menschlicher Kunst. In der typischen Ikonographie des Buddha, beziehen sich nur drei Szenen auf seine Kindheit: Seine Empfängnis, seine Geburt und seine Jugend (Schumann 2003, S. 31–33). Die Kindheit wird üblicherweise nicht in buddhistischer Kunst dargestellt, ebenso wie sie in den Erzählungen seines Lebens vernachlässigt werden. Was zeigen diese wenigen Szenen?

Empfängnis

Viele dieser Kunstgegenstände sind Reliefs, nicht freistehende Statuen. Nach den Legenden trat der Buddha direkt aus dem Himmel in die rechte Flanke seiner Mutter, Königin Maya, ein, während sie auf ihrer linken Seite lag. Anderen Legenden zufolge träumte Maja davon, dass sie einen weißen Elefanten in ihren Körper hatte eintreten sehen. Der Elefant wird manchmal mit einem Heiligenschein dargestellt, da diese Szene bei Vollmond stattfindet.

Geburt

In den Geburtsszenen steht Königin Maya typischerweise mit gekreuzten Beinen, während sie sich an einem Ast eines Salbaums festhält. Der Buddha erscheint aus ihrer rechten Seite, oft ebenfalls mit einem Heiligenschein. Eine vaginale Geburt hätte nach den Legenden seine Erinnerungen an frühere Leben ausradiert (Strong 2009). Der Gott Indra nimmt das Kind in seine Hände. Das Baby hat alle 32 Zeichen eines Buddha und ist voll geformt. Eigentlich ist es kein richtiges Baby, sondern kann eigenständig ohne Hilfe stehen, wie ein Kleinkind. Nach manchen Legenden blühen riesige Lotus-Blumen dort auf, wo der Buddha die Erde mit seinen Füßen berührt. Auch dieses kann in manchen der Reliefs gesehen werden. Der Buddha nimmt als Baby sieben Schritte in Richtung Osten, Süden, Westen und Norden. Zwei Götter, oft als Schlangen dargestellt, schütten Wasser über ihn, um ihn zu baden. Andere Götter gießen Blüten und duftendes Wasser über ihn. Es ist überraschend, dass keine Bilder von dem Tod seiner Mutter existieren.

Kindheit

Es gibt kaum Reliefs oder Statuen aus der Kindheit des Buddha. In einer Ausstellung im Weltkulturerbe Völklingen fand sich ein Relief über die berühmte Rosenapfelbaum-Szene, in der Siddhartha Gautama als Kind zum ersten Mal die tiefe Versenkung der Meditation erfuhr. In diesem Relief wird der zukünftige Buddha jedoch nicht als Kind, sondern als jugendlicher Herrscher präsentiert.

Jugend

In seinem Buch beschreibt Schumann (2003) Statuen des jugendlichen Siddhartha Gautama mit einem nachdenklichen, selbstbewussten, aber nicht arroganten Ausdruck. Er wird üblicherweise mit allen Zeichen der königlichen Pracht porträtiert, die er im Rahmen seiner spirituellen Suche zurücklassen sollte. Einige dieser Statuen stammen aus dem Gebiet des derzeitigen Pakistans, das damals von Alexander dem Großen erobert wurde. Diese Statuen zeigen Siddhartha Gautama oft mit typisch griechischen Gesichtsmerkmalen. Diese sogenannte Ghandara-Tradition (nach dem Fundort benannt) repräsentiert eine außergewöhnliche und wundervolle Mischung aus asiatischer und westlicher Kunst.

Erwachsenenalter

Alle anderen Bilder zeigen Siddhartha Gautama, bzw. später den Buddha, als erwachsenen Menschen in typischen Szenen seines Lebens: der große Abschied, seine Periode des Asketentums und der Abmagerung, seine Erleuchtung unter dem Bodhi-Baum (Pipalbaum), seine lebenslange Rolle als Lehrer und schließlich sein Tod. Er wird während tiefer Meditation, beim Laufen, Sitzen und in der Interaktion mit anderen Menschen porträtiert. In einem seiner Reliefs ist er tatsächlich dabei, eine Frau mit einem Kind auf ihrem Schoß zu unterrichten. Dies ist die absolute Ausnahme, da üblicherweise nur Erwachsene abgebildet werden.

Abb. 8: Der Buddha lehrte Erwachsene während seines gesamten Lebens. Dies ist eines der wenigen Reliefs, das ein Kind darstellt (Museum of Asian Art, San Francisco). Es sitzt auf dem Schoß der Mutter. Sein Haar wird gekämmt. Ein weiteres Kind sieht man in der rechten Ecke.

Es ist faszinierend wahrzunehmen, wie diese typischen ikonographischen Szenen des Buddha nach lokalen ästhetischen Idealen und Traditionen verwandelt wurden, als der Buddhismus sich von Indien über Asien und schließlich in den Westen ausbreitete.

Buddhistische Kunst in anderen Ländern

Buddhistische Kunst gibt es natürlich nicht nur in Indien, sondern in vielen anderen Ländern. Nach dem Tod des Buddha wurden seine Lehren immer beliebter und breiteten sich im ersten Jahrtausend von 500 vor bis zum Zeitpunkt von der Geburt Christi über ganz Indien aus, wie im klassischen Werk von Edward Conze (2007) »Buddhismus – eine kurze Geschichte« dargestellt wird. Bis 500 nach Christi breitete sich der Buddhismus dann in anderen asiatischen Ländern wie Nepal, Zentralasien und China aus. In der Zeit um 500 n. Chr. kam es schließlich in Südostasien, Tibet und zuletzt in China, Korea und Japan zu wichtigen Weiterentwicklungen des Buddhismus. Während der Buddhismus in diesen Ländern zur vollen Blüte kam, verlor er in Indien, der Heimat des Buddha, durch wiederholte Invasionen von muslimischen Herrschern um das Jahr 1280 seinen Rückhalt. Wie Stephen Batchelor in seinem Buch »The awakening of the west« (1994) aufzeichnete, verlief die Rezeption des Buddhismus in Europa in kleinen Schritten. Bis auf wenige Kontakte durch Missionare tauchten die ersten philosophischen Interpretationen und Übersetzungen der Texte des Buddha erst im 18. und 19. Jahrhundert auf und erreichten ihren Höhepunkt im 20. Jahrhundert. Seit den 1960er Jahren gelang es dem Buddhismus, in manchen westlichen Ländern sogar zum kulturellen Mainstream zu werden. Dies wurde mithilfe vieler junger Menschen begünstigt, die auf ihrer spirituellen Suche durch Asien damit in Berührung kamen.

Obwohl die Grundlehren nach wie vor auf denselben Grundlagen basierten, entwickelte der Buddhismus in den jeweiligen Ländern einen Schwerpunkt und eine eigene besondere Note. Wie Josef Goldstein korrekt ausdrückte, gibt es nur »einen Dharma«, d. h. eine grundlegende Lehre des Buddha (Goldstein 2002). Zugleich flossen lokale ästhetische Ideale in die jeweilige buddhistische Kunst ein, die in einer Vielzahl von verschiedenen ästhetischen und künstlerischen Idealen zum Ausdruck kamen.

Ich habe es immer als ein enormes Privileg empfunden, verschiedene künstlerische Richtungen wahrnehmen zu dürfen. Ich wurde sehr durch den unterschiedlichen Ausdruck des Buddha und seine Lehren inspiriert, wie sie in verschiedenen asiatischen Ländern dargestellt werden. Ich liebe die Vielzahl der weißen Stupas, die mandala- und turmförmigen, zeremoniellen Aufschüttungen in Myanmar, die überall auftauchen und einen begrüßen, selbst in den entlegensten Dörfern.

Die ruhigen, ernsten, aber auch ausgeglichenen, länglichen Gesichter und Körper in der buddhistischen Kunst Thailands waren für mich immer direkte Erinnerungen daran, innezuhalten und nach innen zu schauen. Die Khmer-Kunst aus Kambodscha waren für mich die anrührendsten Stücke buddhistischer Kunst und drückten, durch das typische ruhige Lächeln der Statuen, Stille und Gelassenheit aus. Tibetische Kunst ist vermutlich die archetypischste buddhistische Tradition, mit einem reichen Ausdruck des gesamten Spektrums von inneren meditativen Zuständen der Psyche.

Die minimalistische Reduktion künstlerischen Ausdrucks in der Zen-Kunst Japans löst auf einer präverbalen Ebene jenseits von Worten schließlich eine Rückkehr zur unmittelbaren, direkten Erfahrung im Augenblick aus.

Die Suche nach buddhistischen Bildern in all diesen Ländern, auf denen Kinder abgebildet sind, ist oft frustrierend. Eine Ausnahme in der chinesischen Ikonographie ist der sogenannte »lachende Buddha«, der eigentlich nicht den historischen Buddha darstellt, sondern eine chinesische folkloristische Gottheit namens »Buddai«. Er wird häufig als dicker, kahlköpfiger Mann dargestellt, der eine Robe, eine Gebetskette und einen Beutel trägt. Oft zeigen die Bilder und Statuen, wie er fünf Kinder auf seinen Schultern und Armen trägt, die Freude, Glück und positive Energie ausdrücken.

Abb. 9: Stupas im Morgenlicht im ländlichen Myanmar. Stupas sind dreidimensionale buddhistische Kultbauten. Diese Stupas sind mit weißer und goldener Farbe gestrichen.

Es ist überraschend, dass es weder in Myanmar noch in vielen anderen buddhistischen Ländern kaum Bilder von dem Buddha als Baby, Kind oder Jugendlichen gibt. Diese Darstellungen von Kindern sind die absolute Ausnahme, im Gegensatz zum lebhaften Treiben von jungen Menschen in vielen buddhistischen Tempeln. Die Tempel werden von vielen Familien mit Kindern besucht. Die Kinder dürfen dort spielen, herumrennen und Spaß haben. Verkäufer bieten Süßigkeiten, Imbisse, Getränke, Blumen und Opfergaben an. Kinder lieben es, die Tempel zu besuchen, da sie sich dort frei bewegen können – ganz im Gegenteil zu den Kirchen in vielen westlichen Ländern.

Vor kurzem hatte ich die Gelegenheit, den berühmten Borobudur-Tempel, ein überwältigender, mandalaförmiger Sakralbau aus dem neunten Jahrhundert in Java, Indonesien, zu besuchen. An kilometerlangen Friesen wurde das Leben des Buddha abgebildet. Ich wollte unbedingt die Reliefs von der Geburt und der frühen Kindheit des Buddha sehen. Immer wieder fragte ich mich beim Wachpersonal durch und umwandelte dieses Meisterwerk buddhistischer Kunst mehrfach im Uhrzeigersinn, wie es bei buddhistischen Bauwerken üblich ist. Ich sah viele perfekt erhaltene Abbilder des Buddha, der mich persönlich, wie viele Pilger über die Jahrhunderte, anzustrahlen schien. Am letzten Morgen fand ich schließlich diese wenigen Reliefs von Buddhas Geburt und Kindheit, die allerdings über Jahrhunderte hinweg berührt wurden und somit verschlissen waren. Es war rührend zu sehen, dass es nach langer Suche tatsächlich Bilder von Kindern gab. Allerdings war es die große Ausnahme!

Abb. 10: Borobudur-Tempel, Java, Indonesien. Eines der wenigen Reliefs vom Buddha als Kind, über die Jahrhunderte durch Pilger abgegriffen. Man kann rechts den Salbaum erkennen, an dem seine Mutter Maya sich bei seiner Geburt festhielt. Die Figur in der Mitte ist der Buddha als Baby, der sofort nach seiner Geburt laufen konnte. Unter seinen Füßen sprießen Lotusblüten, die unten erkennbar sind. Hier wird der Buddha als »göttliches Kind« abgebildet.

Ein Grund für die fehlende Darstellung von Kindern könnte die unterschiedliche historische Bedeutung von Kindheit in asiatischen Ländern vor 2 500 Jahren gewesen sein. Wie wir sehen werden, wurden Kinder erst ab dem Alter von 7–8 Jahren als so reif angesehen, dass sie als Novizen aufgenommen werden konnten. Wie ebenfalls später ausgeführt, spielt der Archetyp des göttlichen Kindes in der buddhistischen Kunst eine weniger bedeutsame Rolle als zum Beispiel im Christentum, in dem die Madonna mit Kind eine dominierende und berührende Ikonographie ist. Ein weiterer Grund könnte darin liegen, dass schwierige, dunkle, unreife Aspekte der menschlichen Entwicklung im reinen Buddhismus (mit der Ausnahme des tibetischen Buddhismus) vernachlässigt oder zumindest nicht in der Kunst dargestellt werden. In manchen Ländern hatte sich eine Parallelreligion gehalten oder entwickelt, um diese menschlichen Bedürfnisse zu erfüllen.

Der Mangel an Darstellungen der Kindheit des Buddha in der buddhistischen Ikonographie steht in deutlichem Kontrast, zum Beispiel zur burmesischen Schattenreligion, die parallel zur offiziellen buddhistischen Kultur besteht. Der Kontrast könnte nicht größer und das Wort Schatten nicht besser gewählt sein für die Welt der Nats, die mich von Anfang an fasziniert haben. Es schien mir, dass die buddhistische religiöse Praxis möglicherweise zu streng und geradlinig und die buddhistischen Ideale zu hoch waren für viele Menschen, sodass sie sich eine Parallelreligion mit eigenen Schreinen, Tempeln und Opferhäuschen schufen. Der Mittelpunkt der Anbetung der Nats findet sich um den Berg Popa, in Zentralmyanmar.

Aber was sind Nats?[7] Sie sind Geister von verstorbenen Personen, die verehrt, gefürchtet und angebetet werden – in Séancen und schamanistischen Ritualen und Kulten. Die Nats bestehen aus einer Gruppe von 37 Figuren, manche von königlicher Abstammung, aber alle gekennzeichnet durch ein dunkles und gewalttätiges Leben. Viele starben eines unnatürlichen Todes: Manche wurden verbrannt, andere hingerichtet, manche starben vor Liebeskummer und Trauer, andere durch Unfälle, einige während der Entbindung, andere ertranken, weitere wurden von Schlangen gebissen und andere starben aufgrund einer Infektion. Alle hatten ein reiches Leben hinter sich, voll mit dramatischen Lebensereignissen, wie einer unglücklichen Liebe, Alkohol- und Drogenexzessen, Gewalt und Unfällen. Mir schienen die Mythen und Legenden dieser 37 ursprünglichen Nats die menschliche Faszination von Laster, Verbrechen, Liebe und Sex zu bündeln.

Als ich den Nat-Tempel in Popa besuchte, der allen Besuchern offensteht, lag diese morbide Faszination in der Luft. Der Raum des Tempels war mit Statuen bestückt, welche eine blasse Pigmentierung, dunkles Haar und dunkle Augen sowie hellrote, lächelnde Lippen besaßen. Sie waren in bunte Kleider und schöne Schals gehüllt. Blumen und andere Opfergaben wurden vor ihnen aufgestellt. Gespendete Geldscheine wurden zusammengerollt und in ihre Hände gelegt. Ein Nat, der anscheinend in seinem Leben alkoholabhängig gewesen war, saß auf einem Pferd. Rumflaschen waren um das Pferd herumgebunden und fanden sich in seinem Schoß.

Zu meiner Überraschung gab es auch Kinder-Nats. Zwei kleine Nat-Statuen stellten Kinder mit ihren schwarzen, zurückgezogenen und in Pferdeschwänzen gebundenen Haaren dar, wie sie zusammen kauerten. Sie hatten rosa Kleider und mehrere Schals in blau, orange und rosa an. Beide Mädchen hielten Blumengirlanden in ihren rechten Händen und auch bei ihnen waren zusammengerollte Geldscheine zwischen ihren Fingern zu sehen. Sie waren wahrhaftige göttliche Kinder im Sinne des Archetyps C. G. Jungs. Bei diesen Mädchen kam alles zusammen: Die Klarheit des Buddhismus und die dunkle Vitalität der Nats.

---

7 Für eine umfassende Darstellung der Mythologie der 37 Nats darf auf Rodrigue (1992) verwiesen werden.

Abb. 11: Nats in einem Tempel beim Berg Popa, Myanmar. Nats sind Geister von Verstorbenen, üblicherweise nach einem schwierigen und problematischen Leben. Es gibt sogar Kinder-Nats, wie in diesem Bild dargestellt. Sie haben schwarzes Haar und sind geschmückt mit Schals und Blumen. Pilger spenden Geld, das zwischen die Finger geschoben wird. Nats stellen eine Art von Schattenkultur der dominanten buddhistischen Religion dar und werden in eigenen Schreinen und Gottesdiensten verehrt.

Nachdem wir in die Welt der Nats eingetaucht waren, stiegen wir die Treppen bis auf die Spitze des Bergs Popa auf, ein erloschener, einzelner Vulkankegel mit einem Tempel obendrauf. Auf dem Weg nach oben, begegnete man vielen weiteren Nat-Tempeln, die alle eine dunkle und morbide Faszination verströmten. Schließlich, auf dem Berggipfel, wurden wir von den bekannten Stupas und Statuen des Buddha begrüßt, angestrahlt durch die Sonne. Licht und Schatten waren so nah zusammen, aber das war nicht alles. Bei der Rückkehr zum Hotel wartete eine kitschige Miniaturlandschaft mit hellen Lichtern und Baumwollbüscheln als Schnee auf uns – es war eine christliche Krippenszene zu Weihnachten.

Buddhistische Kunst hat sich zur Mainstream-Kultur in vielen westlichen Ländern entwickelt. Bilder des Buddha empfangen einen in Hotellobbys, vor allem in sogenannten Wellness-Hotels, Saunen und Spas. In jedem Gartencenter werden Buddhafiguren in unterschiedlicher künstlerischer Qualität für den Garten angeboten.

Vor ein paar Jahren bin ich ausgerechnet in Las Vegas auf ein Schild gestoßen, das religiöses Dinieren (religious dining) und spirituelles Nachtleben (spiritual nightlife) ankündigte. Voller Neugier schaute ich mir die Räumlichkeiten an und wurde von Statuen des Buddha begrüßt, die trotz der Umgebung eine sehr positive Resonanz auslösten. Wie kann ausgerechnet ein Nachtklub spirituell sein? Ich überlegte mir, ob der Buddha gekränkt gewesen wäre, wenn er die Schilder gesehen hätte. Ich bin sicher, er hätte gelächelt. Zum einen, sind diese Bilder weder eine Repräsentation seiner Lehren, noch sind sie Ausdruck des historischen Buddha. Als ikonographische Repliken asiatischer Kunst, die innere Absorption und Frieden ausdrückten, können sie als Erinnerungen wirken, still, fokussiert und achtsam zu sein – selbst in einem lauten Nachtklub in Las Vegas.

Der Buddha im Gespräch mit Kindern

Wie wir gesehen haben, war der Buddha von seinem Wesen her ein introvertierter Mensch. Nach seiner Erleuchtung, d. h. seinen tiefen Einsichten, musste er zunehmend Verwaltungsaufgaben übernehmen, um seine Gemeinschaft von Anhängern und Mönchen zusammenzuhalten. Er war eine öffentliche Person geworden. Als introvertierter Mensch musste er jetzt überwiegend extravertierte Aktivitäten wahrnehmen. Er war ein hervorragender Redner, indem er oft Symbole, Gleichnisse und logische Argumente geschickt einbaute, um seine Zuhörer zu überzeugen. Da er im Rahmen seiner Erziehung Gerichtsverhandlungen und Ratsversammlungen mit seinem Vater beigewohnt hatte, hatte er mit Sicherheit gelernt, wie er andere Menschen überzeugen und überreden konnte. Das Vorbild des Vaters, der Dispute regeln und Gesetze umsetzen musste, war für den Buddha mit Sicherheit in seiner Tätigkeit leitend (Schumann 2016, S. 31). Er war ein Pragmatiker durch und durch, der metaphysische Spekulation vermied. Als Person war er freundlich, gütig, liebevoll, ruhig und emotional ausgeglichen und lebte einen bedingungslosen, kompromisslosen Pazifismus.

In seiner Rolle als Lehrer sprach er mit Jugendlichen und jungen Erwachsenen, aber nicht mit Kindern. Christopher Titmuss (2015b) hat eine Reihe von Lehrreden des Buddha mit jungen Menschen zusammengestellt. In vielen der Lehrreden ist das exakte Alter nicht dokumentiert, sodass man nicht weiß, ob es sich um Jugendliche oder Erwachsene gehandelt hat. Als wahrer Humanist spürte der Buddha damals die tiefe Sehnsucht junger Menschen nach spiritueller Erfahrung, vergleichbar mit der Suche von Kindern und Jugendlichen heutzutage. Man kann nachvollziehen, dass er die Fragen Jugendlicher ernst nahm, sie in Debatten verwickelte und sie üblicherweise durch gute Argumente und Überzeugung, nicht jedoch durch Dogmen, für sich gewinnen konnte. In diesem Zusammenhang wird nur eine Auswahl der wichtigen Gespräche mit jungen Menschen wiedergegeben.

Rahula

Die wichtigste dieser Begegnungen ist ohne Zweifel das Treffen mit Rahula, seinem leiblichen Sohn, den er über sechs Jahre nicht gesehen hatte. Wir erinnern uns daran, dass Siddharta Gautama seinen Sohn »Fessel«, »Einschränkung« oder »Unfreiheit« genannt hatte, kein schöner Name für ein Baby. Auch hatte er seinen neugeborenen Sohn nachts in den Armen seiner Mutter und ohne Abschied zurückgelassen.

Vaterliebe ist für Kinder und Jugendliche entscheidend, da sie ihnen ein väterliches Rollenmodell, Normen und Begleitung ermöglicht. Die Abwesenheit des Vaters kann als Risikofaktor für psychische Störungen wirken, vor allem nach einer Scheidung und elterlichen Konflikten, jedoch weniger ausgeprägt nach dem Tod des Vaters (East et al. 2006). Palacios und Brotzinsky (2010) haben ebenfalls gezeigt, dass adoptierte Kinder eine höhere Rate von externalisierenden psychischen Störungen aufweisen, vor allem, wenn sie frühe Widrigkeiten erlebt hatten. Die innere psychologische Suche nach den biologischen Eltern beginnt oft in der mittleren Kindheit, während die tatsächliche äußere Suche typisch für Jugend- und frühes Erwachsenenalter sind. Basierend auf modernen psychologischen Studien kann man spekulieren, dass Rahula seinen abwesenden Vater sehr vermisst haben muss, obwohl er von seiner Mutter und seinem Großvater umfassend versorgt wurde. Mit Sicherheit hat er sich auch Gedanken darüber gemacht, warum er von seinem Vater verlassen wurde. Heutzutage wäre es für Kinder extrem enttäuschend, wenn sie diese Art des Wiedersehens erleben müssten, die Rahula mit seinem Vater hatte. Um Sasson zu zitieren:

> »Die Reaktion des Buddha auf seinen Sohn ist extrem. Er verlässt ihn unmittelbar nachdem er Vater geworden ist, und weist ihn ab, gleich nachdem er ihn wieder trifft. Die buddhistische Literatur ist voll mit Diskussionen über diese offensichtlich extremen Reaktionen, die keine einfachen Antworten ermöglichen« (Sasson 2014, S. 595).

Als Rahulas Mutter, Yasodhara, ihren ehemaligen Ehemann sechs Jahre später wiedersah, riet sie ihrem Sohn, zu seinem Vater zu gehen und ihn nach seinem Erbe zu fragen. Daraufhin sprach der Buddha mit seinem Sohn über die Wichtigkeit die wahren inneren Reichtümer, d. h. das innere Erbe zu finden. Nach Schumann (2004) wurde Rahula nach diesem Austausch auf der Stelle als Novize angenommen und wurde der Beaufsichtigung und Vormundschaft von Sariputta, einem der vertrautesten Anhänger des Buddha, unterstellt (Schumann 2004, S. 119). Im Laufe der Zeit konvertierten viele weitere Familienmitglieder des Buddha, auch sein Halbbruder Nanda, der seine schöne Frau verließ, um Mönch zu werden. Diese Ereignisse hinterließen Suddhodana, den Vater des Buddha, in tiefer Trauer und Kummer. Ich habe immer großes Mitleid mit diesem mutigen Mann verspürt, der so viele Verluste ertragen musste: Den Tod seiner ersten Frau Maya, den Verlust seines Sohnes und selbst seines Enkels. Rahula wurde gegen den Willen und Wunsch von Suddhodana ordiniert, der seinen Sohn, den Buddha, anflehte »bitte in der Zukunft die elterliche Erlaubnis für Ordinationen einzuholen« (Langenberg 2013, S. 63). Später traten sogar die ehemalige Frau des Buddha, Yasodhara, und seine Stiefmutter als Nonnen der Gruppe seiner Anhänger bei.

Zwei wichtige Lehrreden geben die Gespräche zwischen dem Buddha und seinem Sohn wieder, die im modernen Kontext sehr merkwürdig wirken. Nachdem Rahula seinen Vater in seinem bisherigen Leben nie gesehen hatte, muss er ambivalente Gefühle in sich getragen haben, die möglicherweise von Liebe bis hin zu Wut und Groll gereicht haben. Es ist merkwürdig, dass der Buddha in der Wiederbegegnung mit seinem Sohn keine Gefühle zeigte. Heutzutage wäre es angemessen, sein Kind zu umarmen, es zu drücken und selbst Tränen zu vergießen. Die beiden Lehrreden mit seinem Sohn haben mich immer traurig gemacht, da sie verpasste Gelegenheiten für eine warme Vater-Sohn-Beziehung verkörpern.

Schumann (2004) führt aus: »Das Verhältnis zwischen dem Buddha und Rahula war vertrauensvoll und freundschaftlich, jedoch nicht herzlich oder gar innig, da dies nach der Überzeugung des Meisters eine innere Bindung bedeutet hätte, aus der nur Leid hervorgehen kann« (Schumann 2004, S. 145). Die Unterhaltungen zwischen Vater und Sohn sind nicht wirklich privat und »unterscheiden sich in nichts von jenen, die der Meister anderen Mönchen gab« (Schumann 2004, S. 146).

In der ersten der beiden Reden ermahnt der Buddha seinen Sohn und redet mit ihm über die Wichtigkeit, die Wahrheit zu sprechen und Lügen zu vermeiden (Buddha, Middle Length Discourses 1995, Sutra 61). Mithilfe des Symbols eines Spiegels, kommt der Buddha zum Schluss, dass man, wie der Spiegel, wiederholt über seine Aktivitäten und ihre Konsequenzen reflektieren soll. In einer weiteren Rede berät er seinen Sohn, Meditation, liebende Güte, Mitgefühl, Mitfreude und Ausgeglichenheit zu entwickeln (Buddha, Middle Length Discourses 1995, Sutra 62). Rahulas Alter zum Zeitpunkt dieser Lehrreden ist nicht bekannt. Schumann (2004) geht davon aus, dass er jeweils 15 und 18 Jahre alt gewesen sein muss, d. h., er war noch ein Jugendlicher.

Die Tochter des Webers

Die Tochter des Webers ist eine der seltenen Lehrreden über eine Jugendliche (Buddha, kein Datum). Obwohl es sich um eine ausgesprochen traurige Geschichte handelt, wird die Tochter des Webers im Alter von 16 Jahren als weiser und einsichtiger dargestellt als Erwachsene.

Eines Tages hörte sie, dass der Buddha über die Ungewissheit des Lebens und die Tatsache des Todes sprach sowie über die Wichtigkeit, über das Ende des Lebens nachzudenken. Sie war berührt und bewegt von seinen Worten und sann in den nächsten drei Jahren über das Todesthema nach.

Als sie 19 Jahre alt war, kehrte der Buddha in ihr Dorf zurück, um sie zu treffen. Nachdem sie ihrem Vater bei seinen Aufgaben geholfen hatte, hatte sie sich zu dem Treffen mit dem Buddha verspätet. Er stellte ihr vier Fragen. Die ersten zwei Fragen lauteten: »Woher bist du gekommen?« und »Wohin wirst du gehen?«. Sie antwortete: »Ich weiß es nicht«. Natürlich meinte sie, dass sie nicht weiß, woher sie vor ihrer Geburt kam und wohin sie nach ihrem Tod gehen würde.

Daraufhin fragte der Buddha nach, ob sie es wirklich nicht wüsste, und sie antwortete, dass sie es nicht wüsste. Auf seine erneute Nachfrage hin verneinte sie wieder. In diesem letzten Kreuzverhör erklärte sie, dass sie wüsste, dass sie sterben würde, aber nicht wann und unter welchen Bedingungen. Im Gegensatz zu den skeptischen erwachsenen Zuhörern dieses Dialoges, erkannte der Buddha sofort ihre seltene Weisheit und Einsicht, die er mit den Worten ausdrückte: »Blind und nicht sehend ist die Welt, und wenige mit Einsicht sind hier; wie wenn ein Vogel, der aus dem Netz befreit wird, gibt es nur wenige, die den Himmel behalten werden.«

Das Ende der Geschichte ist sehr tragisch. Nachdem sie zu ihrem Vater zurückgekehrt war, fiel versehentlich ein Balken des Webstuhls herab, traf sie auf ihren Brustkorb und tötete sie auf der Stelle. Ihr Vater war untröstlich. Nachdem er bei seinem eigenen Kind so tragisch gesehen hatte, dass Geburt und Tod zusammengehören, bat er den Buddha um Ordination als Mönch und fand die Erleuchtung.

Assalayana

Eine weitere der seltenen Lehrreden mit Jugendlichen betrifft Assalayana, ein 16-jähriger Jugendlicher, dem die brahmanischen Priestertraditionen sehr vertraut waren (Buddha, Middle Length Discourses 1995, Sutra 96). Er forderte den Buddha heraus, wie es Jugendliche eben tun. Assalayanas Haupthypothese war, dass nur die Brahmanen berechtigterweise zu der höchsten Kaste gehörten. Speziell fragte er den Buddha, ob es wahr sei, dass Mitglieder aller Kasten im Dharma (d. h. der Lehre des Buddha) unterrichtet werden und Einsicht erlangen könnten. In einer radikalen Debatte konnte der Buddha zeigen, dass Einsicht nicht ein Privileg der Herkunft oder der Geburt sei, sondern allen Menschen offenstehe.

Kapathinka

In einer weiteren Lehrrede mit einem 16-jährigen, intelligenten Schüler namens Kapathinka behandelte der Buddha das Thema und die Bedeutung der Wahrheit (Buddha, Middle Length Discourses 1995, Sutra 95). Er umriss die Unterschiede der Wahrheit, ob man sie durch Glaube und Tradition erlangt, ob man sie durch persönliche Erfahrung entdeckt oder sie »wirklich« erlangt. Die letztere, die echte Wahrheit wird durch Streben, genaue Überprüfung, Willenskraft, Eifer, reflektierende Akzeptanz der Lehren, Untersuchung von Bedeutungen und aufmerksames Zuhören begünstigt.

Alle erwähnten Lehrreden sind Beispiele dafür, wie der Buddha auf eine akzeptierende, aber auch herausfordernde Art mit Jugendlichen umgegangen ist. Wie bereits erwähnt, kommen Kinder in diesen Lehrreden nicht vor. Der nächste Abschnitt widmet sich dem Thema der Kindheit und wie dieses vom Buddha in seinen Lehrreden mit Erwachsenen dargelegt und verstanden wird.

Kindheit in den Lehren des Buddha

Das Symbol des Kindes taucht selten in den Lehren des Buddha auf. Gelegentlich wird das Spiel des Kindes in einer negativen Art und Weise beschrieben. Zum Beispiel im Satta Sutra, das auch »ein Lebewesen« genannt wird (Buddha 1999), wird der Buddha gefragt: »Zu welchem Ausmaß kann man sagen, dass man ein Lebewesen ist?« Daraufhin antwortete der Buddha: »Man ist ein Lebewesen, wenn man in Leidenschaften, Verlangen und Lust an Formen, Gefühlen und Bewusstheit, d. h. mit den fünf Aggregaten, verwickelt ist.« Diese sind die fünf vorübergehenden, vergänglichen Elemente, aus denen eine Person besteht: materielle Form, Gefühle, Wahrnehmungen, Gedanken und Bewusstheit. Es kann sehr befreiend sein, wenn man die Vergänglichkeit dessen erkennt, was man als solide und permanent angesehen hat.

Um diesen Punkt zu untermauern, verwendet er den Vergleich mit dem Spiel eines Kindes:

> »Es ist genauso, als ob Jungen und Mädchen mit kleinen Sandburgen spielen. Solange sie nicht frei sind von Leidenschaft, Verlangen, Liebe, Durst, Fieber und Verlangen nach diesen kleinen Sandburgen, solange haben sie Spaß mit den Sandburgen, genießen sie, schätzen sie und wollen sie besitzen. Aber wenn sie sich befreien von Leidenschaft, Verlangen, Liebe, Durst, Fieber und Verlangen nach diesen kleinen Sandburgen, dann machen sie sie kaputt, zerstreuen sie, zerstören sie mit ihren Händen oder Füßen und machen sie untauglich für weiteres Spiel.«

Der Buddha fährt fort und empfiehlt Form, Gefühle, Wahrnehmung, Gedanken und Bewusstsein zu zertrümmern, damit die Seele befreit wird.

Aber wie merkwürdig wirkt dieses Symbol heutzutage! In heutiger Zeit wird das Spiel des Kindes als wichtiger Schritt für die emotionale Entwicklung gesehen. Wenn Kinder am Strand spielen, können wir beobachten, dass die Elemente Sand und Wasser intuitiv sofort Spiel und Aufbauaktivitäten induzieren: Fast alle Kinder lieben es, Burgen, Türme und Wassergräben sowie viele andere Objekte zu bauen. Häufig beteiligen sich auch Erwachsene an diesem spontanen Treiben. Die meisten Kinder sind sehr stolz und glücklich über das, was sie mit dem Sand geschaffen haben. Es ist nicht typisch, dass sie ihre eigenen Kunstwerke zerstören. Stattdessen versuchen sie, ihre Burgen gegen die einströmende Flut zu verteidigen. Oft haben die Kinder auch die Weisheit zu sehen, dass das Meer ihre Werke langfristig wieder einnehmen wird. Die Flut, als Ausdruck der größeren Natur, nicht die Kinder selber, beendet ihr Spiel. Oft erkennen Kinder diese unvermeidlichen Veränderungen und fangen schon am nächsten Tag an, ihre Burgen und Gräben wiederaufzubauen. Manche freuen sich sogar, das Kommen und Gehen der Wellen und der Natur zu sehen, und besitzen die Weisheit, die Vergänglichkeit des Lebens darin zu erkennen.

Wiederholt zeigte der Buddha in seinen Lehrreden ambivalente, manchmal selbst hartherzige, wenig emphatische Gefühle gegenüber Kindern. Sasson erwähnt eine weitere schockierende Geschichte aus den alten Texten:

> »Der Mönch Sangamanji wird von seiner Frau angesprochen, die er samt des neugeborenen Kindes vor kurzem verlassen hatte. Sie fleht ihn an, nach Hause zurückzukehren,

Abb. 12: Sandburgen bei Ebbe. Wenn die Flut kommt, werden die Burgen vom Meer weggewaschen und werden wieder zu Sand. Kinder erkennen diesen Prozess als ein Symbol der Vergänglichkeit und der Veränderung – üblicherweise zerstören sie ihre Burgen nicht selbst, sondern beobachten, wie sie weggespült werden.

aber er reagiert nicht. Daraufhin legt seine Frau das Kind vor seine Füße, in der Hoffnung, dass der Anblick des eigenen Kindes ein Gefühl der Verantwortung für die Familie wachruft. Jedoch wartet der Mönch passiv darauf, dass dieses Szenario zu Ende geht. Als die Frau endlich aufgibt und mit ihrem Kind nach Hause zurückkehrt, lobt der Buddha den Mönch für seine außergewöhnliche Zurückhaltung (und verurteilt die Frau für ihr unangemessenes Verhalten). Es ist nicht verwunderlich, dass Buddhismus als familienunfreundlich bezeichnet wurde« (Sasson 2013, S. 2–3; Zitate aus Udana 5–6).

Diese Beispiele sollten ausreichen, um zu zeigen, dass der Buddha mit diesen Ansichten heutzutage kein guter Kinderpsychotherapeut oder Familientherapeut wäre. In der heutigen Zeit würden seine Ansichten von Kindern, die er als getrieben von Instinkten und Verlangen sieht, als zu rigide und beschränkt gelten. Im Buddhismus hatten Verzicht, Entsagung und ein klösterliches Leben oft eine höhere Priorität als Familie oder die Bedürfnisse und Rechte von Kindern und Frauen. Gleichzeitig zeigen diese Beispiele, dass auch der Buddha ein Mensch mit blinden Flecken und Schwächen ist, nicht unfehlbar, sondern sehr menschlich.

Das Symbol der Geburt in den Lehren des Buddha

Wenn man durch das Inhaltsverzeichnis der vielen Lehrreden des Buddha schaut, taucht das Stichwort oder Symbol des Kindes nicht auf (Buddha, Connected Discourses Band 1 und 2, 2000; Middle Length Discourses 1995; Long Discourses 1995). Ist das nicht merkwürdig? Auf der hervorragenden Website mit dem Namen Access to Insight (www.accesstoinsight.org) findet sich nur eine Lehrrede, die oben erwähnte Satta Sutra mit den Sandburgen, die sich auf Kinder bezieht.

Die einzigen assoziierten Begriffe die wiederholt auftauchen sind die, die auf Geburt verweisen (in der alten Sprache Pali »Jati« genannt). Jedoch wird die Geburt nicht als ein hoffnungsvoller Anfang gesehen, sondern als ein negatives Ereignis, das unweigerlich die Folgen von Alter, Krankheit und Tod nach sich zieht. Warum wird Geburt so negativ gesehen?

Zum einen beinhaltet Geburt im buddhistischen Zusammenhang die Vorstellung von Wiedergeburt. Obwohl der Buddha selbst nicht metaphysische Fragen beantwortete oder kommentierte und den Begriff der Wiedergeburt weder bejahte noch ablehnte, ist die Wiedergeburt für viele Gläubige ein wesentlicher Aspekt der buddhistischen Religion. Wenn es das Ziel ist, Erleuchtung zu erlangen und Wiedergeburt zu vermeiden, dann ist die Geburt an sich eine Bestätigung, dass dieses hohe Ziel noch nicht erlangt wurde.

Zum anderen ist es wichtig zu verstehen, in welchem Kontext der Begriff »Geburt« verwendet wird. Ein wichtiger Aspekt der Lehren des Buddha ist der Begriff des »abhängigen Entstehens«. Der Begriff des abhängigen Entstehens besteht aus zwölf Gliedern, von denen eines als Geburt (oder »Jati«) bezeichnet wird. Es ist dabei sowohl die Geburt im wörtlichen Sinne von Geburt und Wiedergeburt wie auch im übertragenen, symbolischen und psychischen Sinne der Prozess, bei dem etwas Veränderliches in etwas Permanentes übertragen wird.

Diese Konzepte sind kognitiv sehr schwer zu verstehen, aber sie sind durch Meditation und Reflexion zugänglich. Ohne sich in Einzelheiten zu verlieren, ist die Grundaussage des Buddha, dass alle Phänomene als Folge von Bedingungen und Gegebenheiten entstehen. Alle relativen Phänomene des Lebens sind an sich nicht problematisch – sie kommen und gehen wie die Wolken und wie alle anderen sich verändernden Elemente der Natur, d. h., sie sind unbeständig. Die Schwierigkeiten entstehen dann, wenn man an etwas festhalten möchte, dass sich nicht festhalten lässt. In diesem Augenblick wird etwas zu einem Objekt, zu einer Substanz, zu etwas Festem, das dann durch die unvermeidliche symbolische Sequenz von Geburt, Altern, Krankheit und Tod läuft. In buddhistischen Lehren kann Erkenntnis diesen Prozess anhalten. Ohne Ergreifen, Festhalten und Klammern kann Leben in seiner Veränderbarkeit seinen Weg nehmen, ohne zum Problem zu werden.

Auch dies mag kognitiv schwer zu verstehen sein, jedoch erklären die Zusammenhänge, warum Geburt in buddhistischen Lehren nicht als Lösung betrachtet wird, ganz im Gegensatz zur christlichen Tradition. Während das Symbol der Geburt im Christentum für positive Hoffnung auf Erlösung und Trost steht, wird es im Buddhismus als ausweglose Zwickmühle erkannt, sofern man nicht wachsam ist und an den Objekten des Lebens festzuhalten beginnt.

Cala Sutra

Eine kurze Lehrrede (die Cala Sutra) des Buddha verdeutlicht diesen Punkt sehr gut (Buddha, Connected Discourses Band 1, 2000, S. 226). Mara, die buddhistische Entsprechung des Teufels, wendet sich an eine Nonne mit dem Namen Cala und fragt sie, was sie nicht befürwortet. Darauf antwortet sie: »Ich befürworte die Geburt nicht, mein Freund.« Daraufhin fragt Mara:

»Warum kannst du die Geburt nicht gutheißen?
Sobald geboren, genießt man Sinnesfreuden.
Wer hat dich zu der Aussage überredet:
›Nonne, befürworte nicht die Geburt?‹«

Daraufhin antwortete Cala weise:
»Für denjenigen, der geboren wurde, gibt es Tod;
einmal geboren, begegnet man Leiden –
Unfreiheit, Mord und Elend –
aus diesem Grund sollte man die Geburt nicht befürworten.

Der Buddha hat das Dharma gelehrt,
die Überwindung von Geburt;
um alles Leiden abzulegen,
hat er mich in die Wahrheit verankert.

Diese Lebewesen jedoch, die mitten in der Form leben,
und diejenigen, die in der Formlosigkeit verbleiben –
ohne die die Möglichkeit, Erlösung zu verstehen,
werden sie in einer neuen Existenz wiederkommen.«

Daraufhin erkannte Mara, der Teufel, dass die Nonne Cala ihn durchschaut hatte und verschwand auf der Stelle, traurig und enttäuscht. Es ist deutlich erkennbar, dass das Symbol der Geburt in der Lehre des Buddha eine völlig andere Bedeutung hatte, als es Eltern bei der Geburt ihres Kindes erleben.

Als Kinderarzt hatte ich während meiner Ausbildung in der Neugeborenen-Medizin das Privileg, Hunderte von Geburten zu erleben. Diese waren jedoch keine einfachen, normalen Geburten, sondern Hochrisikoentbindungen, die die Anwesenheit eines Kinderarztes erforderten. Ich kann mich gut daran erinnern, wie ich außerhalb des Operationssaales stand und das rasche, präzise operative Vorgehen beim Kaiserschnitt beobachtete. Die Hebamme übernahm das Baby und trug es, in Stoff gehüllt, nebenan zum Kinderarzt. Ich übernahm dann das Neugeborene zusammen mit einer Kinderkrankenschwester.

Manche Babys waren sehr schwer krank und benötigten sofortige, intensive medizinische Hilfe. In einem professionellen Ablauf wurden sie abgesaugt, untersucht und intubiert. Eine Infusion wurde gelegt und der Transport auf die Neugeborenen-Intensivstation wurde vorbereitet.

Allerdings war dies bei manchen Neugeborenen nicht notwendig. Alles, was erforderlich war, war den Schleim abzusaugen, für Wärme zu sorgen und etwas Sauerstoff bereitzustellen, sie zu beobachten und die ersten Atemzüge des Lebens wahrzunehmen. Dieses waren ausgesprochen bereichernde Momente der Gelassenheit, Freude und Stille. Oft war ich über das Wunder eines neuen Menschenlebens zu Tränen gerührt. Geburt hat immer eine positive Konnotation für mich. Dies ist auch der Grund, warum ich große Schwierigkeiten mit der negativen Bedeutung von Geburt in den Lehren des Buddha habe.

Nagarjuna

Ein weiteres Beispiel von Geburt in buddhistischen Schriften findet sich in einem schönen Gedicht von Nagarjuna. Nagarjuna ist ein verehrter, radikaler indischer Weiser und Kommentator, der im zweiten Jahrhundert nach Christi Geburt in Indien lebte, d. h. über 600 Jahre nach dem Tod des Buddha. Mehr als das, er ist ein Dichter, der in seinen Schriften durch eine extreme Form der dialektischen Infragestellung Annahmen dekonstruiert. In seinem Gedicht mit dem Namen »Geburt« umrundete er die Grundfrage »Was ist Geburt?«, ohne Antworten zu geben, die nicht in Worte gefasst werden können (Batchelor 2000, S. 90–93).

Vier Strophen des Gedichtes »Geburt« sollen diesen Punkt illustrieren:

»Wäre Geburt konditioniert,
würde sie geboren werden, leben und sterben
wie alle konditionierten Gegenstände.
Wäre sie nicht konditioniert, wie könnte sie
konditionierte Dinge beschreiben?

Wie kann ein Kind,
das noch nicht geboren wurde,
sich selbst gebären?

Was geboren wurde,
was noch nicht geboren wurde
und was geboren wird,
gebärt sich nicht selbst.

Alles ist voneinander abhängig
und ist natürlicherweise entspannt und in Ruhe.«

Was drückt Nagarjuna in diesem Gedicht aus? Zunächst sieht man klar, dass Geburt weder idealisiert noch abgelehnt wird. Darüber hinaus dekonstruiert Nagarjuna mit einem sehr radikalen Hinterfragen das Symbol der Geburt und seine assoziierten Bedeutungen. Er weist darauf hin, dass Wahrheit nur jenseits von Worten und Namen gefunden werden kann.

Zusammengefasst wird deutlich, dass Geburt und Kindheit in den klassischen buddhistischen Texten und der traditionellen Kunst eine weniger bedeutsame Rolle spielt, als zum Beispiel im Christentum. Dies mag an der historischen Rolle von Kindern zur Zeit des Buddha liegen. Auch Buddhas eigene Biografie kann dafür verantwortlich sein, dass dem Kindesalter weniger Bedeutung zugeschrieben wird. Allerdings erfüllen die Mythen um die Geburt und Kindheit des Buddha alle Voraussetzungen für den Archetyp des göttlichen Kindes, wie wir in einem späteren Kapitel sehen werden. Im nächsten Kapitel sollen zunächst historische und soziologische Aspekte von Kindheit in asiatischen Ländern umrissen werden.

3 Kinder in Indien und anderen asiatischen Ländern

Kinder im alten Indien

Die Rolle von Kindern hat sich, abhängig von historischen und kulturellen Kontexten, über die Jahrhunderte verändert. Im wichtigsten wissenschaftlichen Werk über Kindheit und Buddhismus bemerkt Sasson zutreffend, dass »Kindheit ein Konstrukt und eine Kategorie darstellt und als solche eine Geschichte hat« (Sasson 2013, S. 9). In diesem Abschnitt werden wir uns auf die Rolle von Kindern während der Zeit des Buddha konzentrieren, vor allem auf die Rolle von Novizen und jungen Mönchen.

Langenberg geht im Detail auf die Rolle von Kindern im alten indischen Buddhismus ein. Im Prinzip wurde jede Person unter einem Alter von 20 Jahren nach den buddhistischen klösterlichen Traditionen als Kind angesehen (Langenberg 2013, S. 45). Novizen konnten dem Kloster ab dem Alter von sieben Jahren beitreten und ab dem Alter von 15 Jahren geweiht werden. Allerdings war eine volle Ordination nur ab dem oben erwähnten Alter von 20 Jahren möglich. Novizen mussten zehn Gelübde einhalten, im Gegensatz zu den über 200 Regeln, an die sich Mönche halten mussten. Kinder wurden für das Leben eines Mönches als emotional und körperlich ungeeignet angesehen, da es das Wandern, Reisen und das Erleiden von Hunger und Unbequemlichkeiten beinhaltete.

Dies kann anhand mehrerer Begebenheiten mit dem Buddha veranschaulicht werden. Einmal, nachdem eine Gruppe von Jugendlichen ordiniert wurde, einschließlich eines Jungen namens Upali, wurden sie hungrig, fingen an zu weinen und flehten nach Essen. Der Buddha fragte nach, ob er das Weinen von Kindern gehört hätte. Nachdem seine Frage bejaht wurde, legte er das Mindestalter für die Ordination auf 20 Jahre fest, um gerade solche schwierigen Situationen des Nahrungsmangels zu vermeiden. Langenberg zitiert eine wichtige Passage aus den buddhistischen Texten, die der Buddha zu Ananda, einem seiner Anhänger, spricht:

> »Ananda, keiner sollte vor dem Alter von 20 Jahren ordiniert werden. Warum sollte das so sein, Ananda? Der Grund ist folgender: Diejenigen, die jünger als 20 Jahre sind, sind natürlicherweise unfähig, die Belastungen von Kälte und Hitze, Hunger und Durst, Fliegen, Bienen und Mücken, Wind und Sonne, Skorpionen und giftigen Schlangen, Beschimpfungen und Pöbeleien, Leiden des Körpers auszuhalten, die unerträglich, hart, beißend, unangenehm, lebensbedrohlich sind, diese unvorstellbaren Phänomene die immer auftreten und fließen« (Langenberg 2013, S. 50).

Die eingeschränkte Fähigkeit, Hunger auszuhalten, wurde deshalb als eine der Haupthindernisse für die Ordination von Kindern angesehen. Eine absolute Voraussetzung für Kinder, um Novize zu werden, war ihre Fähigkeit, Krähen zu verjagen. Zu einer anderen Gelegenheit ordinierte Ananda zwei Waisenkinder, deren Eltern umgebracht wurden. Per Zufall waren es die eigenen Neffen des Ananda. Die Abmachung für die Kinder war, dass sie Bedienstete der Mönche wurden, indem sie ihnen Milch und Blumen anboten. Im Gegenzug erhielten die Kinder die übrig gebliebenen Nahrungsmittel aus den Bettelschalen der Mönche (Langenberg 2013, S. 52). Als Diener der Mönche hatten Kinder die Rolle von »Handlangern, Fegern, Putzpersonen, Boten, Wachleuten, Dienern und in diesem Fall auch Verscheuchern von Krähen.« Die Rolle der Novizen beinhaltete weiterhin, hinter den Mönchen herzulaufen und ihre Bettelschale zu halten.

Der Buddha legte fest, dass es in Ordnung sei, ein Kind ab dem Alter von sieben Jahren zu initiieren, solange es dazu fähig war, Steine zu heben und Krähen zu verjagen (Langenberg 2013, S. 53). Wie Langenberg ausführte, scheint »die Regel des Krähenverjagens einen Versuch darzustellen, einen legitimen Platz für junge Kinder innerhalb der Klosterhierarchie zur Verfügung zu stellen, vor allem im Fall der armen und verwaisten Kinder« (Langenberg 2013, S. 54). Im Laufe der Zeit kümmerten sich die Novizen um die älteren Mönche und bedienten sie. Im Gegenzug wurden die älteren Mönche zu ihren Mentoren, Lehrern und Unterweisern. Wenn alles gut verlief, entwickelte sich eine positive Vater-Sohn-Beziehung, von der beide Seiten profitierten.

Kinder im modernen Indien

Kindheit als umschriebene Lebensperiode hat sich historisch enorm verändert. Es ist deshalb wichtig, unsere Vorstellungen von Kindheit nicht unreflektiert auf eine 2 500 Jahre zurückliegende Zeit im alten Indien anzuwenden. Wie uns der Anthropologe David Lancy (2015) in seinem umfassenden Werk über Kindheitsstudien daran erinnert, unterscheiden sich die Ideale und Auffassungen von Kindern wie auch Erziehungsstilen enorm von einer Kultur zur nächsten. Die auf Kinder fokussierten Gesellschaften der westlichen Industrienationen sind in keiner Weise als Norm anzusehen. Im Gegenteil, das Spektrum der Rolle von Kindern reicht von einer utilitaristischen, nützlichkeitsorientierten Sicht von Kindern als Beitragende zum Familieneinkommen (die Lancy mit dem englischen Wort »chattel«, d. h. Besitz, benennt) bis hin zu der idealisierten Rolle von Kindern in westlichen Gesellschaften, die materiell unterstützt werden und denen eine verlängerte Schutzzeit gewährt wird (die Lancy ironischerweise mit dem Begriff »cherub«, d. h. Engelchen, bezeichnet).

Zusätzlich zu den deskriptiven anthropologischen Zugängen ist es sehr aufschlussreich, sich psychodynamische Studien zur Kindheit anzuschauen, die die innerpsychischen Abläufe von Kindern aufzeichnen. Diese Analysen liegen vor allem für Kinder in Indien vor. Der Psychoanalytiker Sudir Kakar widmete sich dem Studium und Verständnis diverser Aspekte der indischen Psyche, einschließlich ihrer bewussten und unbewussten Domänen (Kakar 2012a). In seinem Buch über die Inder, das er mit seiner Frau Katarina geschrieben hat, versuchte er ein Psychogramm von Indien, diesem riesigen Subkontinent mit 1,3 Milliarden Einwohnern, zu erstellen. Diese Art von Verallgemeinerungen können problematisch sein, aber Kakar und Kakar konnten überzeugend darlegen, dass der Hinduismus die derzeitig dominante Kultur Indiens darstellt. Der Buddhismus ist zu einer Minderheitsreligion geworden. Einige der gemeinsamen Aspekte der indischen Identität sind: eine Ideologie von Familienbeziehungen, die in ein erweitertes Familiennetzwerk eingebettet sind; soziale Beziehungen, die immer noch vom Kastensystem beeinflusst sind; Vorstellungen des Körpers, die auf der ayurvedischen Medizin beruhen; unendliche Mythen, Legenden und Geschichten, die den imaginären kulturellen Hintergrund Indiens bilden (Kakar und Kakar 2006, S. 9).

Diese gemeinsame und geteilte Kultur Indiens hat ihre Ursprünge in den prägenden Kindheitserfahrungen, wie Kakar in seinem hervorragenden Frühwerk über die innere Welt des indischen Kindes ausgearbeitet hat, das erstmals 1978 veröffentlicht wurde (Kakar 2012b). Die frühe Sozialisation von indischen Mädchen und Jungen unterscheidet sich erheblich. Mutterschaft hat eine hohe traditionelle und emotionale Bedeutung für Mädchen. Nach der Heirat, die zum Teil schon im Alter von 12–18 Jahren vollzogen wird, nehmen Mädchen zunächst einen niedrigen Status als Ehefrauen und Schwiegertöchter im Haushalt ihrer Männer ein. Die einzige Möglichkeit, dieser Rolle zu entfliehen, ist es, selbst Mutter zu werden. Als Mütter, vor allem von Jungen, herrschen sie über den Haushalt und erlangen wieder einen hohen Status in der Familie.

Dies ist der Grund, warum die sogenannte »Doppelgeburt« weniger ausgeprägt bei Mädchen verläuft als bei Jungen. Kakar beschrieb die Doppelgeburt als plötzliche Veränderung einer verlängerten und beschützten frühen Kindheit, die bis zu dem Alter von drei, manchmal sogar fünf Jahren reicht. Diese Phase wird vor allem durch die Mütter beeinflusst und dauert bis zum Eintritt in die durch die Väter beeinflusste Welt an. Der Übergang im Alter von 3–5 Jahren ist oft abrupt und dramatisch, verbunden mit einem tiefen Gefühl von Verlust, da diese beiden Phasen vor und nach der Transition sich so unterscheiden.

Während der verlängerten frühen Kindheit bis zum Alter von 3–5 Jahren haben indische Kinder eine tiefe Verbindung zu ihren Müttern und den vielen Ersatzmüttern in der erweiterten Familie. Das Kind erlebt enge, sinnliche, körperliche Berührungen mit anderen, wird verwöhnt und Tag und Nacht gefüttert. Fast alle Wünsche werden erfüllt. Mögliche intrapsychische Residuen dieser frühen Erfahrungen sind Gefühle und Überzeugungen, dass die Welt gutartig ist, man geliebt wird und man anderen Menschen vertrauen kann. Mütter sind in Fantasien sowie in magischen und mystischen Überzeugungen allgegenwärtig, die über das ganze Leben aktiv bleiben können. Wie wir später sehen werden, entspricht diese Beschreibung einem »positiven Mutterkomplex« in der Terminologie von C. G. Jung.

Der plötzliche Eintritt in die väterliche Welt ist für Mädchen weniger belastend, da sie neue Aufgaben innerhalb der familiären mütterlichen Umgebung übertragen bekommen. Für Jungen dagegen ist die Trennung von ihren Müttern plötzlich und irreversibel. Es ist ein großer Schock für sie, die komplette Umkehrung ihres täglichen Lebens mit neuen Erwartungen und Aufgaben zu erfahren. Väter und andere männliche Verwandte spielen jetzt eine größere Rolle für sie. Emotional neutrale Beziehungen überwiegen. Zunehmende Verantwortung, das Einhalten von Regeln und das Respektieren von sozialen Hierarchien wird wichtig. Mögliche intrapsychische Langzeitresiduen können eine erhöhte psychische Labilität sein, eine unkritische Haltung gegenüber Autoritäten, Regressions- und Unterwerfungstendenzen, Reduktion eigener innerer Werte und eine größere Orientierung an sozialen Normen. In den Worten von C. G. Jung entspricht diese Beschreibung einem »negativen Vaterkomplex«.

Die Beiträge von Kakar (2012 b) sind sehr wertvoll, da sie das Verständnis der Rolle des indischen Kindes in einer Kultur vermitteln, die sich so wesentlich von westlichen Normen und Idealen unterscheidet. Die Kindheitsdynamik im derzeitigen Indien unterscheidet sich deutlich von der zu Zeiten des Buddha und wandelt sich immer weiter. Das Buch von Kakar (2012b) wurde vor 40 Jahren geschrieben. In modernen indischen Mittelklassefamilien haben sich in der Zwischenzeit deutliche Änderungen vollzogen, sodass die Schlussfolgerungen von Kakar zumindest zum Teil revidiert werden müssten. Dennoch handelt es sich um ein Grundlagenwerk von großer Bedeutung. Leider gibt es noch keine vergleichbaren, gründlichen psychoanalytischen Studien in anderen asiatischen Ländern.

Kinder in anderen buddhistischen Ländern, einschließlich ihrer Rolle als Novizen

Dieser Abschnitt behandelt die Rolle von Kindern in buddhistischen Ländern, vor allem als Novizen in Klöstern. Die Rolle von Kindern als junge Mönche in Tibet, Myanmar, China und dem Westen sollen separat behandelt werden.

Tibet

Mehrfach hatte ich die Gelegenheit, Novizen in buddhistischen Klöstern zu beobachten, obwohl ich nicht direkt mit Kindern und Jugendlichen gesprochen habe.

> Ich kann mich daran erinnern, ein tibetisches Kloster am Stadtrand von Kathmandu zu besuchen. Die traditionellen Zeremonien sollten schon beginnen und wir Besucher waren schon spät dran. Eine Gruppe von jungen Novizen allerdings hatte sich noch mehr verspätet als wir. Sie rannten so schnell sie konnten, schossen den Berg hinab, sprangen über Stufen und jauchzten in Vorfreude, genau wie Jugendliche überall auf der Welt. Zum Schluss schafften

sie es gerade rechtzeitig in die Gebetshalle und legten ihre Sandalen auf den Stufen vor dem Kloster ab. Während der Zeremonie und den Rezitationen, Gesängen und Reden, die sich über Stunden hinzogen, hatte ich viel Gelegenheit, die Novizen zu beobachten. Manche waren eifrig dabei und widmeten sich den Ritualen mit Inbrunst. Andere waren eindeutig gelangweilt und schauten herum. Schließlich machten einige Jungen Quatsch und mussten von ihren Lehrern ermahnt werden. Nach einer Stunde von Rezitation kam eine Pause. Ohne Ausnahme waren alle Jungen glücklich über diese Unterbrechung und Erholungspause mit Süßigkeiten und Tee, die sie auch uns Gästen anboten. Zusammengefasst schienen die Novizen genauso zu sein wie normale Schulkinder, nicht anders als Kinder überall auf der Welt. Die Beziehung zwischen Lehrern und Schülern schien liebevoll und umsorgt zu sein. Die Jungs waren gut genährt und erzogen. Ich überlegte mir, wie es sein müsste, von Anfang an von den Lehren des Buddha beeinflusst zu werden. Wie müsste es sein, einer solchen besonderen Umgebung ausgesetzt zu sein? Ich überlegte, welche psychischen Residuen die Gesänge, die Meditation, die Konzentration auf den Atem, die Infragestellung und Diskussion des Dharma, der Lehre des Buddha, bei der inneren Entwicklung dieser Jungen hinterlassen würden.

Ein besonderer Eindruck während meiner Reisen in Tibet war die Freude der meisten tibetischen Menschen, die ich traf – trotz der unglaublichen Unterdrückung ihrer Kultur über viele Jahrzehnte hinweg. Wir pilgerten für mehrere Tage um den heiligsten Berg Tibets, den Kailash, und zelteten dort. Der Kailash ist für viele Religionen der heiligste Berg. Die Eindrücke dieses archetypischen Berges haben mich seitdem immer begleitet. Es ist streng verboten, den Berg zu besteigen, da es ein Sakrileg und Missachtung bedeuten würde. Wir folgten den Buddhisten und Hindus, indem wir im Uhrzeigersinn um den Berg liefen, während die Pilger der Bön-Religion, der ursprünglichen Religion Tibets vor dem Buddhismus, gegen den Uhrzeigersinn liefen. Jede Person wurde offen und freundlich begrüßt, was auf einer Höhe von 5 700 m mit reduziertem Sauerstoffgehalt ziemlich anstrengend war. Familien und Kinder, selbst Babys und junge Mönche, wanderten um den Berg herum. Sie schienen glücklich, friedvoll und reich gesegnet.

In ihrem bewegenden Bericht beschreibt Kama Lekshe Tsomo die Kindheit im Gebirge des Himalaja. Sie schreibt, dass Eltern:

> »ihre Kinder lieben und möchten, dass sie glücklich sind. Kinder werden schrittweise sozialisiert und erzogen, andere zu respektieren und zu der Familie und dem Gemeinschaftsleben beizutragen. Die Disziplin ist eher streng, aber die Familienbeziehungen sind insgesamt liebevoll, vor allem wenn die Kinder jung sind« (Tsomo 2013, S. 378).

In früheren Zeiten durften Kinder, wie zuvor erwähnt, ab einem Alter von 6–8 Jahren in das Kloster eintreten, d. h., sobald sie Krähen wegjagen konnten. Die klösterliche Gemeinschaft wurde zu einer Ersatzfamilie und Kinder wurden Lehrlinge, indem sie Aufgaben und Verantwortungen ohne Druck übernahmen. Wie

Abb. 13: Selbst Babys werden von ihren Eltern um den Berg Kailash in Tibet getragen. Tibeter aller Altersgruppen beteiligen sich an der Pilgerwanderung um diesen heiligsten aller Berge.

Tsomo es beschrieb: »die klösterliche Disziplin für Kinder ist relativ entspannt; solange die Kinder ihre erwarteten Aufgaben und Verpflichtungen erfüllen, haben sie alle Freiheiten zu spielen, lieben und explorieren« (Tsomo 2013, S. 382). Manche Kinder treten auf ihren ausdrücklichen Willen hin freiwillig in das Kloster ein. Sie werden nicht gezwungen, dem Kloster beizutreten. Auch dürfen sie das Kloster jederzeit wieder verlassen, wenn sie es wünschen.

Dagegen ist eine besonders problematische tibetische Tradition der Glaube an Tulkus, vermutlich eine der schwierigsten und überholtesten Praktiken für jeden außerhalb des tibetischen Buddhismus. Tulkus sind die angeblichen Reinkarnationen von verstorbenen buddhistischen Meistern. Wie Ary (2013) aufzeigte, wurden seit den 1970er Jahren sogar Tulkus in westlichen Familien identifiziert. Nach tibetischen Traditionen werden ausgewählte Säuglinge mit verschiedenen Aufgaben getestet, indem ihnen Objekte ihres angeblichen Vorgängers vorgelegt werden. Wenn sie die Objekte erkennen und auswählen, wird dieses als Zeichen der Identifikation als Tulku angesehen. Weiterhin werden wundersame Ereignisse oder psychische und körperliche Eigenschaften als weitere Beweise der Reinkarnation gesehen. Sobald sie als solche erkannt wurden, wurden die ausgewählten Kinder zur Erziehung ins Kloster geschickt und von ihren Eltern getrennt.

Ary erinnert sich daran, dass er im Alter von drei Jahren als Tulku identifiziert wurde. Angeblich war er ein frühreifes und spirituelles Kind mit ungewöhnlichen Vorlieben und Fähigkeiten gewesen. Eine intensive Ausbildung und Anleitung durch tibetische Meister folgte. Ary kann seine Ambivalenzen deutlich formulieren:

>>Die Annahme, dass man eine Fortsetzung eines vorherigen Menschen, nichts weniger als eines buddhistischen Meisters, sei, ist ein zweischneidiges Schwert. Obwohl es einem ein unterschiedliches Verständnis von Familie und Verwandtschaft vermittelt, kann es auch eine schwere Last von Erwartungen mit sich bringen<< (Ary 2013, S. 420).

Von Ary wurde erwartet, dass er sich nicht wie ein Kind, sondern wie sein erwachsener Vorgänger verhält. Auch musste er größere Verantwortung übernehmen. Ary zufolge sagte der Dalai Lama wiederholt, dass er nicht sicher sei, ob die Identifikation von Tulkus im Westen eine gute Idee sei (Ary 2013, S. 427). Aus der Sicht der modernen Kinderpsychologie wäre es lobenswert gewesen, wenn der Dalai Lama verkündet hätte, dass die Idee der Tulkus insgesamt keine gute Lösung für Kinder darstellt. Schon ab einem frühen Alter werden Kinder mit religiösen und elterlichen Erwartungen sowie extremen Projektionen konfrontiert – alle ohne dies selbst zu entscheiden und ohne Einwilligung. Weiterhin werden Kinder in einem frühen und prägenden Alter und zu einem Zeitpunkt von ihren Eltern getrennt, an dem solche Trennungen traumatisch sein und lebenslange Folgen nach sich ziehen können. Dies ist nicht vergleichbar mit einer Situation, in der Kinder sich aus einem eigenen Bedürfnis heraus und aufgrund einer Berufung nach einem spirituellen und kontemplativen Leben sehnen, wie im zuvor zitierten Beispiel der Geschichte von Thich Nhat Hanh.

Myanmar

Kinder werden nicht nur in Tibet in Klöstern aufgenommen, sondern in den meisten buddhistischen Ländern.

Ich kann mich gut daran erinnern, als wir ein Kloster außerhalb von Yangon, Myanmar, besuchten. Ich war vor allem von den Novizinnen beeindruckt. Es war ein später Wintermorgen, die Sonne schien zwischen Bambusbäumen in einem kleinen Hinterhof der Schule herab. Die Szene wirkte wie ein typisches Internat, allerdings mit einer besonders friedlichen Atmosphäre. Manche Mädchen, alle mit abrasierten Haaren, wuschen ihre Kleider in grün bemalten Betonbecken. Andere hingen die fertig gewaschenen rosa Hemden und orangefarbenen Kleider auf Wäscheleinen. Manche Mädchen machten ihre Hausaufgaben und sagten englische Vokabeln auf. Andere Mädchen redeten miteinander und aßen Süßigkeiten, genauso wie Kinder überall auf der Erde. Manche ärgerten und neckten sich gegenseitig. Andere Novizinnen schmiegten sich aneinander und zeigten sich gegenüber diesen fremden Besuchern verständlicherweise scheu. Ältere Mädchen schienen Mentoren von jüngeren zu sein, die jüngsten waren vermutlich fünf Jahre alt. Wir erfuhren, dass manche Mädchen von sehr armen ländlichen Familien abstammten und dass dieses Kloster die einzige Möglichkeit für sie war, Bildung zu erhalten, statt auf den Feldern dieses schönen ländlichen Lands Myanmar zu arbeiten. Innerhalb des Gebäudes waren andere Mädchen dabei, Prüfungen abzulegen, genauso wie Schulkinder überall auch. Dies war nicht nur ein Kloster, das buddhistische Lehren vermittelte, sondern ein Internat, das westliche Bildung ermöglichte.

Mir war es möglich, weitere positive Eindrücke von der besonderen Vater-Sohn-Beziehung zwischen Abt und Novizen in Bagan, Nord Myanmar, zu gewinnen. Bagan war einmal die mittelalterliche Königsstadt von Myanmar. Die Pracht der Gebäude, die in den Jahren zwischen 1057 und 1287 errichtet wurden, ist noch heute spürbar. Das archäologische Gelände erstreckt sich über 104 km² (oder 40 Quadratmeilen) und umfasst geschätzte 2 200 Tempel, Stupas und Klöster. Diese sind zwischen Steppenlandschaften, dornigen Büschen, blühenden Bougainvilleas und Bäumen verstreut. Manche Gebäude liegen in Ruinen, andere wurden mit neuen Ziegelsteinen und Mörtel wiederaufgebaut, nicht alle den ursprünglichen antiken Plänen entsprechend, sondern eher der Inspiration und Wünschen der Spender folgend. Improvisation ist ein Hauptmerkmal des Wiederaufbaus.

Das Gelände ist offen und wird von staubigen Wegen durchkreuzt. Eines Abends nahm ich mit meinem Fahrrad einen Nebenweg der Hauptstraße und stolperte zufällig über ein »Mini-Kloster«. Neben dem Kloster fanden sich wunderschöne Ruinen von Tempeln mit ursprünglichen Fresken, in denen immer noch Meditationen und Rituale angeboten wurden. Das Kloster bestand aus einem kleinen Haus und einer offenen Hütte mit Küche, Tisch und Stühlen. Ich wurde von einem Abt und seinem einzigen Mönch warmherzig willkommen geheißen, der ihn vermutlich schon seit einer langen Zeit als Novize begleitete. Ihre Beziehung wirkte wie die eines Vaters zum Sohn. Der Abt erzählte mir, dass er nach den Verwüstungen der Küstenregionen durch Überflutung hierher gezogen sei. Er war sehr glücklich, dass er seit einem Monat sogar Sonnenkollektoren und elektrisches Licht hatte. Davor hatten sie lediglich Kerosinlampen zur Beleuchtung. Wir sprachen stundenlang über das Dharma und natürlich auch über die Politik in diesem wunderschönen Land, das eine so lange und harte Unterdrückung erdulden musste. Sowohl Abt als auch Mönch schienen vollkommen zufrieden und ausgeglichen zu sein, trotz Armut und schwierigen politischen Bedingungen.

Später erschienen drei Laien und beteiligten sich am Gespräch, das immer lebendiger wurde. Sie waren Unterstützer und Spender des Mönchs und des Abts. Als wir auf Wiedersehen sagten, durfte ich um dieses ungewöhnliche Kloster laufen und es fotografieren. Ich durfte das Gelände frei explorieren. Es war kein heiliger, pietätvoller oder andächtiger Ort, ganz im Gegenteil, der Abt freute sich darüber, dass ich die Schönheit und die Kunst dieses besonderen Ortes genießen konnte. Als ich schließlich in das Hotel zurückkehrte, musste ich das Fahrrad zurückschieben, da einer der Reifen durch Dornen platt geworden war. Dies gab mir mehr Zeit, mich darüber zu besinnen und zu meditieren, was ich erlebt hatte: ein offenes, freundliches, warmherziges und nicht dogmatisches Treffen im Namen des Dharma – und eine Minigemeinschaft von fünf Menschen, bei der jeder willkommen war.

In keinem anderen Land habe ich so viele Kinder in Tempeln und Klöstern gesehen wie in Myanmar. Ich erlebte junge Mönche, die ihre Morgenrunden mit ihren Bettelschalen abliefen, indem sie nur das nahmen, was gegeben wurde, genauso wie es dem buddhistischen Geglückten entspricht. Andere Novizen befanden sich auf Pilgerfahrt, gekleidet nur in ihren Roben ohne weiteres Gepäck.

Abb. 14: Ein junger Novize mit Sonnenschirm in einem Tempel in Myanmar. Er trägt die traditionelle dunkelrote Robe.

Die Tempel sind Orte für Familienausflüge. Manche älteren Kinder kippten als religiöses Ritual Wasser über die Statuen des Buddha. Jüngere Kinder spielten, läuteten Glocken, machten Lärm, spielten Verstecken, ruhten sich aus, tranken und aßen. Es gab Trinkwasser für jeden und Verkäufer boten Früchte und Süßigkeiten an. Babys wurden zum Tempel gebracht und mit großem Stolz umhergetragen. Andere junge Kinder im Alter von 6–7 Jahren wurden in königliche Kleider gekleidet, trugen glänzende Kronen und kräftiges Make-up. Dies war ein religiöser Initiationsritus, um ganz offiziell zum Tempel zu gehören. Die Kinder wurden von ihren stolzen Eltern begleitet, ähnlich wie Familien die heilige Kommunion ihrer jungen Kinder in katholischen Ländern feiern.

China

Eine interessante Feldstudie von Novizen im Alter von sieben Jahren bis zum Jugendalter wurde in Südwestchina, an der Grenze zu Myanmar und Laos durchgeführt. Borchert fasst zusammen:

»Novizen sind schon immer junge Männer gewesen, die in einem hochgradig ein-
schränkenden Kontext aufwachsen. Ich gehe davon aus, dass in den meisten Orten des
Theravada Buddhismus, die meisten von ihnen sich angemessen verhalten, während
manche auch frech sein können. Sie machen Witze und ärgern sich gegenseitig. Meistens jedoch hören sie auf den Abt, aber sie schauen auch gerne Fernsehen, reden über
Sport und flirten sogar. Diese jungen Männer lernen offensichtlich soziale Werte, wenn
sie für mehrere Jahre als Mönche leben. Ferner … beeinflusst diese Erfahrung die mögliche Zukunft, wie sie sich junge Menschen vorstellen. Dennoch, selbst wenn sie geformt
und geprägt werden, ist ihre subjektive Erfahrung und das Verständnis des Mönch-Seins
nicht unbedingt die gleiche wie von erwachsenen Mönchen. Tatsächlich sollten wir uns
grundsätzlich daran erinnern, dass sie Jungen sind« (Borchert 2013, S. 265).

Die Novizen wurden in diesem Kloster unterrichtet. Die Ausbildung umfasste
eine Lehre wie auch weltliche Bildung. Einerseits wurde die traditionelle gegenseitige Beziehung zwischen Novizen und Mönchen praktiziert und andererseits
wurden die jungen Novizen formal an Tischen in Klassenzimmern unterrichtet.
Eine Minderheit lebte weiter als Mönche, indem sie voll ordiniert wurden, während die meisten ihre Roben ablegten:

»Am Ende legten die meisten Jungen, die im Alter von neun oder zehn Jahren ordiniert
wurden, als junge Männer ihre Roben ab. Die meisten tun dies aus prosaischen Gründen: Ihnen ist langweilig; ihre Eltern brauchen sie zur Arbeit auf den Feldern; sie interessieren sich für die Mädchen« (Borchert 2013, S. 65).

Abb. 15: Junger Novize in einem Holztempel in Myanmar. Er trägt die traditionelle Robe
und hat die Haare geschoren. Der Eintritt in ein Kloster ermöglicht Bildung und
kann vorübergehend sein.

Insgesamt sind Novizen nach diesem interessanten Bericht von Borchert (2013) relativ normale junge Menschen mit allen üblichen menschlichen Stärken und Schwächen

Der Westen

Scheible (2013) analysierte den Zwiespalt, dem westlich orientierte buddhistische Eltern, die Kinder aufziehen, ausgesetzt sind und den schwierigen Konflikt zwischen den wahrgenommenen Idealen der Entsagung und den Ansprüchen des Familienlebens. Sie kommentiert kritisch die Rolle der Kinder im Buddhismus:

> »Kinder selbst sind ikonisch problematisch in der buddhistischen Tradition. Sie sind sichtbare Erinnerungen an die grundlegenden Effekte von Ursache und Wirkung, sie verkörpern, implizieren und perpetuieren Samsara« (Scheible 2013, S. 430).

Das Ideal der persönlichen Entsagung in der Biografie des Buddha wird vor allem in seiner großen Abreise, dem Verlassen von Frau und neugeborenem Sohn, deutlich, wie wir gehört haben. Falls diese Art von Entsagung als Ideal übernommen wird, dann werden Kinder und das Familienleben als Hindernis einer tiefen Realisation gesehen:

> »Auf Meditationsretreats und während Lehrreden werden Kinder gelegentlich erwähnt. Üblicherweise werden sie als tangentialer Lebensbereich des praktizierenden Laien gesehen, der in großzügiger Weise toleriert wird« (Scheible 2013, S. 435).

Auch die auf Erwachsene ausgerichteten Arten der Meditation, bei der man im Schweigen sitzt, steht, läuft und liegt, sind nicht sehr ansprechend für Kinder und Jugendliche. Sie sind unpassend oder einfach nicht »cool«.

> Wenn ich zurückdenke an die Meditationszentren, die ich bisher besucht habe, gab es nur eines, in dem Kinder willkommen und natürlicherweise integriert waren. Ich genoss es zu sehen, aber insbesondere zu hören, wie Kinder im Garten spielten. Sie gehörten einfach hierher. Dies war einfach ein sehr kinderfreundliches Zentrum und drückte damit das Ideal von liebender Güte in einer sehr praktischen Art und Weise aus. Zurückblickend wünschte ich mir, dass ich den Aufgaben der Elternschaft mehr Zeit und Achtsamkeit gewidmet hätte, als meine eigenen Kinder noch sehr jung waren.

Es ist manchmal schwierig, die wertvollen Momente mit Kindern in einem randvollen Familien- und Arbeitsleben wahrzunehmen. Es ist eine große Leistung, wenn eine bewusste Elternschaft gelebt werden kann, wie es das Paar Kabat-Zinn (1997) in ihrem schönen Buch zur Kindererziehung ausdrückte:

> »Die Herausforderung als Eltern ist es, unsere Augenblicke so voll wie möglich zu erleben, unseren eigenen Kurs so gut wie möglich zu verfolgen und vor allem unsere Kinder zu ernähren, wie auch in diesem Prozess selbst zu wachsen. Unsere Kinder und die Reise an sich geben uns dazu unendliche Gelegenheiten« (Kabat-Zinn und Kabat-Zinn 1997, S. 3).

Elternschaft ist eine wahre spirituelle Praxis, wie vom amerikanischen Psychologen und Meditationslehrer Jack Kornfield passend ausgedrückt:

> »Elternschaft ist eine Arbeit der Liebe. Sie ist ein Weg des Dienens und der Unterordnung und wie die Praxis eines Buddha oder eines Bodhisattwas verlangt sie Geduld, Verständnis und unendliche Opfer. Sie ist auch eine Möglichkeit, wieder Anschluss an die Geheimnisse des Lebens zu gewinnen sowie an uns selbst. Junge Kinder verleihen dieses Gefühl von Mysterium und Geheimnis« (Kornfield 2012, S. 45).

Glücklicherweise ändern sich moderne westliche buddhistische Ansichten und betonen oft, dass »Kinder selbst, typischerweise nicht beabsichtigt, Dharmalehrer sind oder dass Elternschaft auf das Dharma zeigt oder es relevant macht« (Scheible 2013, S. 434). Diese Ansicht, dass Kinder inhärent spirituell und oft weiser sind als ihre Eltern, spiegelt den Schwerpunkt dieses Buches wider. Tatsächlich haben Kinder vieles, was sie Erwachsenen aufgrund ihrer großen Offenheit gegenüber Spiritualität zeigen können. Diese Ansicht wird von Jack Kornfield treffend ausgedrückt:

> »Kinder geben uns die Möglichkeit, wach zu werden, uns, unser Leben und das Mysterium um uns herum mit einem Anfängergeist zu betrachten« (Kornfield 2012, S. 45).

Glücklicherweise werden neue Formate der Meditation für Kinder und Familien entwickelt, in dem das ansprechende Medium des Spiels eingebaut wird. Eline Snel (2013) hat zum Beispiel eine Auswahl von Achtsamkeitsübungen für Kinder zusammengestellt, die sehr viel Spaß machen. Andere Programme für Kinder umfassen das von Thich Nhat Hanh und Mitarbeitern (2013). Beide sind mit einer CD bestückt, die die Übungen mit Kindern erleichtern.

Eine weitere Form der Meditation, die Kinder, Jugendliche und Familien ansprechen, ist das sogenannte Dharma-Yatra, das jedes Jahr in Frankreich und zuletzt auch in Deutschland stattfindet. Dabei wird auf den Feldern gezeltet, an jedem Tag wird gelaufen und Kinder und Jugendliche leben in engem Kontakt mit der Natur. Sie erfahren das Dharma durch die Gemeinschaft. Der Fokus des Yatra, das wirklich Pilgerfahrt bedeutet, ist die Gehmeditation in Stille. In Reih und Glied folgt eine Person der anderen. Das Ziel ist es, nicht zu hetzen, sondern jeden einzelnen Schritt achtsam wahrzunehmen. Kinder geben das Tempo vor und laufen am Anfang dieser Menschenkette durch die Natur. Natürlich dürfen Kinder auch sprechen. Dieses Experiment, das mehrere Jahre mit Erfolg durchgeführt wird, zeigt, dass Meditation und die Lehren des Buddha nicht ernst und gedrückt sein müssen, sondern im Gegenteil befreiend und freudig sein können.

Abb. 16: Sitzmeditation in einer Meditationshalle spricht Kinder einfach nicht an — und ist offensichtlich nicht »cool« für Jugendliche. Neue Formate werden gebraucht, wie das Dharma-Yatra (oder Pilgerfahrt) in Frankreich, eine Gehmeditation über mehrere Tage mit Kindern, Jugendlichen und Eltern. Auf diesem Bild sieht man, wie ein Kind die Gruppe anführt, die schweigend folgt.

Teil II Spiritualität und Kinder

4   Jung'sche Psychologie und Spiritualität

Die Jung'sche Psychologie ist diejenige, die von allen psychotherapeutischen Zugängen den Lehren des Buddha, dem Dharma, am nächsten ist. C. G. Jung war einer der ersten Psychiater und Psychotherapeuten mit einem tiefen Interesse am Buddhismus:

> »In dieser Beziehung nun war mir das Studium buddhistischer Schriften von nicht geringem Nutzen; geben sie doch Anleitung zu einer Objektivierung des Leidens einerseits und einer allgemeinen Bewertung von dessen Ursachen andererseits … so kann auch der Kranke und Leidende unserer westlichen Kultursphäre, die dem Osten fremd und oft fast inkommensurabel gegenübersteht, aus der buddhistischen Geisteshaltung beträchtlichen Nutzen ziehen, sofern ihm die dazu nötigen Geisteskräfte zur Verfügung stehen« (Jung 1995,18, § 1575).

Auf eine Einladung zum 25. Jubiläum der Universität von Kalkutta hin besuchte Jung im Alter von 62 Jahren 1938 Indien. Er bereiste auch Bombay, Delhi, Ellora, Ajanta, Sanchi, Agra, Allahabad, Benares, Konarak, Mysore, Trivandrum, Madras und Madurai. Vor kurzem veröffentlichte Sengupta (2013) eine ausführliche Schilderung dieser bemerkenswerten Reise Jungs nach Indien und ihre Wirkung auf ihn.

Einerseits plagten Jung Gefühle der Ambivalenz. Er las während der Reise alchemistische Texte und verpasste so die Gelegenheit, spirituelle indische Lehrer zu treffen, wie er es in seinen Erinnerungen beschrieb:

> »Hingegen habe ich die Begegnung mit allen sogenannten ›Heiligen‹ vermieden. Ich habe sie umgangen, weil ich mit meiner eigenen Wahrheit vorlieb nehmen musste und nichts anderes annehmen durfte als das, was ich selber erreichen konnte. Es wäre mir wie Diebstahl vorgekommen, wenn ich von den Heiligen hätte lernen und ihre Wahrheit für mich akzeptieren wollen« (Jung 1984, S. 278).

Jung behauptet in dieser Passage, dass jeder Mensch seinen eigenen Weg der Individuation und der spirituellen Erfahrung finden muss, was eindeutig wahr ist. Jedoch kann der spirituelle Weg schwierig sein und in Sackgassen führen, sodass die Hilfe eines Lehrers oder Therapeuten hilfreich sein kann. Man muss sich nicht wie ein Dieb fühlen, wie Jung behauptet, wenn man Anleitung durch eine weise Person sucht. Eigentlich ist es gar nicht so eine dichotome Entscheidung wie Jung sie sieht – alle spirituellen Wahrheiten haben mehr Gemeinsamkeiten als Unterschiede, die sie voneinander trennen.

Auf der anderen Seite war Jung durch Indien wirklich bewegt. Er schreibt: »*Indien hat mich wie ein Traum berührt, denn ich war und blieb auf der Suche nach mir selber, nach der mir eigenen Wahrheit*« (Jung 1984, S. 278). Er war sehr berührt von der buddhistischen Architektur und den Stupas. Stupas sind zeremonielle, runde, üblicherweise nicht-hohle Hügel, die dreidimensionale Mandalas darstellen. Mandalas sind zweidimensionale, symmetrische Malereien, die vor allem in der tibetischen buddhistischen Kultur perfektioniert wurden. Sie bestehen üblicherweise aus einer Serie von zentrierten Kreisen und Quadraten. Sie können als Meditationshilfen verwendet werden und symbolisieren den spirituellen Pfad, beginnend von der Peripherie in einem Zustand der Verwirrung, der jedoch schrittweise aufgelöst wird, je mehr man sich der Mitte nähert und das Verständnis zunimmt. Mandalas sind heutzutage in westlichen Ländern sehr populär geworden. Es gibt viele Malbücher zum Ausmalen von Mandalas für Kinder wie auch Erwachsene. C. G. Jung war auch von Mandalas fasziniert und zeichnete und malte viele von ihnen während seiner eigenen persönlichen Krise, der Explorationsphase seiner Seele. Viele Mandalas können im berühmten roten Buch C. G. Jungs betrachtet werden (Jung 2009), das ein faszinierendes Dokument seiner persönlichen Suche darstellt. Sein tiefes Interesse an Mandalas erklärt, warum Jung emotional so bewegt war, als er sie selbst in Form von dreidimensionalen Stupas betrachten konnte:

> »Unvergeßlich sind für mich die Stupas von Sanchi. Sie ergriffen mich mit unerwarteter Gewalt und versetzten mich in eine Emotion, die dann bei mir einzutreten pflegt, wenn ich einer Sache oder Person oder eines Gedankens ansichtig werde, deren Bedeutung mir noch unbewusst ist« (Jung 1984, S. 281).

Buddhismus und Jung'sche Psychologie haben tatsächlich viele Gemeinsamkeiten, wie von Moacanin (2003) umrissen wurde. Die Ähnlichkeiten sind zum einen, dass beide hochdifferenzierte psychologische Systeme darstellen. Die therapeutische Beziehung in Psychotherapie ist vergleichbar mit der Beziehung von Schüler und Lehrer im Buddhismus. Beide haben das Ziel, Leiden zu reduzieren und Freude und Ausgeglichenheit zu ermöglichen. Wie wir sehen werden, ist das Jung'sche Konstrukt der Individuation durchaus vergleichbar mit der Suche nach Erkenntnis in spirituellen Traditionen wie dem Buddhismus. Die Erfahrung des Numinosen, C. G. Jungs Begriff für Spiritualität allgemein, entspricht der Erfahrung der Leere im Buddhismus. Individuation und Weisheit führen natürlicherweise zu Empathie gegenüber anderen Lebewesen. Keiner der beiden Zugänge, d. h. die Psychologie C. G. Jungs und des Buddhismus, endet in beschränkter Selbstzufriedenheit, sondern beide haben immer auch das Wohlergehen anderer Lebewesen im Fokus. Zusätzlich sind für beide Haltungen direkte, unmittelbare Erfahrungen entscheidend – und nicht metaphysische und philosophische Spekulationen. Beide sind hochgradig empirische Systeme, d. h., sie beruhen auf Erfahrung und haben deshalb in säkularen Gesellschaften auch eine ungebrochene Anziehungskraft.

Jedoch gibt es auch einige Unterschiede. Buddhismus strebt eine transpersonale Erkenntnis und Freiheit durch Ethik, Weisheit und meditative Praktiken an. Diese meditativen Praktiken können fokussiert sein und damit zu Konzentration und Ruhe führen; sie können auch offen auf alle Eindrücke gerichtet sein und dadurch Achtsamkeit und Einsicht begünstigen. Der Schwerpunkt der Meditation liegt auf formalen Aspekten der Praxis, zum Beispiel indem man umschriebene Objekte, wie den Atem oder Veränderungen in Körper und Geist, beobachtet. Man wird nicht ermutigt, dem Inhalt der auftauchenden Gedanken, Gefühle und Erinnerungen nachzugehen, sondern nur zu beobachten und loszulassen. Meditation begünstigt, aber garantiert nicht, dass tiefe Erkenntnisse tatsächlich auftauchen. Wie Kornfield (2000) uns humorvoll daran erinnert, gibt es nach der Erleuchtung keine Pensionierung, d. h., es gibt niemals einen Augenblick, in dem man sich in voller Erkenntnis und Zufriedenheit zurücklehnen kann.

Die Beiträge der Psychotherapie, selbst der analytischen Psychologie C. G. Jungs, sind beschränkter. Auf der einen Seite können Schmerz und Leiden erleichtert werden, indem persönliche Konflikte behandelt und gelöst werden. Der Fokus der psychodynamischen Psychotherapie im Besonderen liegt eindeutig auf Inhalt und Bedeutung, d. h. die bewussten und unbewussten Aspekte von Gedanken, Gefühlen, Träumen, Fantasien und Symbolen. Psychotherapie kann auch sehr hilfreich sein, indem Abwehrmechanismen erkannt werden, die die spirituelle Entwicklung behindern können. Einer dieser Abwehrmechanismen wurde von Welwood (2000) als »spirituelle Abkürzung oder Umleitung« bezeichnet. Er meinte damit den Versuch, schmerzhaften persönlichen Fragen auszuweichen, mit der Behauptung, dass diese nicht notwendig seien, wenn man tief meditiert. Wie der australische Jung'sche Analytiker David Tacey es beschrieb: »Das Durcheinander von psychischen und emotionalen Problemen der individuellen Erfahrung wird durch unsere Identifikation mit spirituellen und kosmischen Zusammenhängen glorreich transzendiert« (Tacey 2001, S. 92). Viele andere subtile Arten der Abwehrmechanismen, mit persönlichen Konflikten umzugehen, wurden von dem amerikanischen Psychoanalytiker Mark Epstein (1996) beschrieben, der entscheidend dazu beigetragen hat, eine Überidealisierung von spirituellen Zugängen zu vermeiden.

Man kann zusammenfassend sagen, dass beide Zugänge hilfreich und gewinnbringend sein und sich gegenseitig verstärken können:

> »Die zwei Zugänge ergänzen sich gegenseitig. Ohne ein meditatives Bewusstseinstraining kann der psychodynamische Therapeut zu sehr auf die alleinige Analyse des Inhalts fixiert bleiben. Ohne Aufmerksamkeit für psychodynamische Faktoren kann der Meditierende möglicherweise nicht ausreichend fähig sein, die Meditation ohne Fragmentierung zu tolerieren« (Corbett 1996, S. 226).

Zusätzlich kann die Psychotherapie eine große Hilfe bei der Individuation sein, C. G. Jungs Begriff für die Entwicklung, mit tiefen Ebenen der eigenen Kernpersönlichkeit in Kontakt zu treten und damit zu einem Selbst zu werden:

> »Individuation bedeutet: zum Einzelwesen werden, und, insofern wir unter Individualität unsere innerste, letzte und unvergleichbare Einzigartigkeit verstehen, zum eigenen Selbst werden. Man könnte ›Individuation‹ darum auch als ›Verselbstung‹ oder als ›Selbstverwirklichung‹ übersetzen« (Jung 1995, 7, § 266).

Diese Selbsterkenntnis ist ein kontinuierlicher Prozess, der paradoxerweise eine Verbindung mit dem Leben und anderen Lebewesen beinhaltet:

> »Ich sehe aber immer wieder, dass der Individuationsprozess mit der Bewusstwerdung des Ich verwechselt und damit das Ich mit dem Selbst identifiziert wird, woraus natürlich eine heillose Begriffsverwirrung entsteht. Denn damit wird die Individuation zu bloßem Egozentrismus und Autoerotismus. Das Selbst aber begreift unendlich viel mehr in sich als bloß ein Ich … es ist ebenso der oder die anderen wie das Ich, Individuation schließt die Welt nicht aus, sondern ein« (Jung 1995, § 432).

Der Jung'sche Analytiker Murray Stein (2006) hat ein gesamtes Buch dem Thema der Individuation gewidmet. Zusammengefasst ist die Individuation eine angeborene, oft drängende, zwingende Kraft, die eine Person zur Selbsterkenntnis vorantreibt. Das Ziel ist es zu erkennen, wer er oder sie wirklich ist, d. h. eine Rückkehr zur eigenen Natur. Sie ist eine spirituelle Suche, die auch beinhaltet, dass eigene beschränkte persönliche Ansichten einer größeren, transzendenten Kraft untergeordnet werden.

Klassischerweise verläuft die Individuation in zwei Schritten: Zunächst erfolgen eine Trennung und ein Rückzug von äußeren Normen und Erwartungen; zweitens kommt es dann zu einer Wiedervereinigung mit der Menschheit und einer Stärkung der interpersonellen Verbindung. Wie viele andere Mystiker auf ihrer spirituellen Suche zog sich Siddharta Gautama mit einem ersten notwendigen Schritt, der Trennung von seiner Familie, von der Welt zurück. Nach seiner Erleuchtung widmete er sein Leben und seine Lehren dem Wohlergehen anderer Menschen. Manche Jugendliche benötigen ebenfalls zuerst eine Zeit des Rückzugs und der Trennung, bevor sie fähig sind, ihre Spiritualität mit anderen voll zu leben.

Lionel Corbett beschreibt die Individuation als eine Berufung oder Aufforderung. Sie ist vergleichbar mit einem Grundriss oder Plan, der durch die tiefen Schichten des Unbewussten bereitgestellt wird. Individuation kann mit Leiden und Opfer verbunden sein, damit etwas tief Spirituelles auftauchen kann:

»Für Jung setzt der Prozess der Individuation oder der vollen Entwicklung der Persönlichkeit voraus, dass das Ich sich den transpersonalen Ebenen der Psyche, d. h. des Selbst, ergibt und kapituliert« (Corbett 2015, Ort 5707).

Individuation ist ein wirklich spiritueller, göttlicher Prozess, der nicht durch Erziehung beigebracht wird. Wie Jung es ausdrückte, »*das Werden der Persönlichkeit ist ein Wagnis, und es ist tragisch, dass gerade der Daemon der inneren Stimme höchste Gefahr und unerlässliche Hilfe zugleich bedeutet*« (Jung, 1995,17, 3 321). Er vergleicht die Individuation mit dem Tao:

»Der unentdeckte Weg in uns ist wie ein psychisch Lebendiges, dass die klassische chinesische Philosophie ›Tao‹ nennt und mit einem Wasserlauf vergleicht, der unerbittlich sich zu seinem Ziele bewegt. Im Tao sein, bedeutet Vollendung, Ganzheit, erfüllte Bestimmung, Anfang und Ziel und völlige Verwirklichung des den Dingen eingeborenen Daseinssinnes. Persönlichkeit ist Tao« (Jung, 1995,17 § 323).

Jungs Worte sind vergleichbar mit dem buddhistischen Symbol des mittleren Weges. Wie der Buddha es einmal ausdrückte, wird ein Baumstamm im Fluss unweigerlich zu dem Ozean der Erkenntnis fließen, solange er nicht angehalten wird durch eines der beiden Ufer der Verwöhnung oder der Askese.

Zusammenfassung der Jung'schen Psychologie

Warum ist die Jung'sche Psychologie so wichtig, um die Spiritualität zu verstehen? Hauptsächlich ist sie dies aus zwei Gründen: Zunächst ist die Spiritualität in der Jung'schen Psychologie als essenzieller Aspekt der menschlichen Seele integriert und wird gewürdigt; des Weiteren ermöglicht sie ein tiefes und detailliertes Verständnis, beginnend vom leichter zugänglichen Bewusstsein bis zu den tiefen Schichten des Unbewussten. Ich habe die Jung'sche Psychologie immer als sehr hilfreiche Ergänzung zu den Einsichten und Lehren des Buddha empfunden. In diesem Zusammenhang werden nur die Aspekte der Jung'schen Psychologie in einfachen Worten dargestellt, die helfen können, spirituelle Erfahrungen zu verstehen.

C. G. Jung war ein Schweizer Psychiater und Psychotherapeut, der ursprünglich stark von Sigmund Freud beeinflusst wurde. Im Verlauf seiner eigenen inneren Entwicklung begann er daran zu zweifeln, ob der Sexualtrieb, wie von Freud behauptet, wirklich der bestimmende Faktor für menschliches Verhalten sei. Für Jung ist die Libido eine allgemeine Lebenskraft oder Energie, die nicht auf den Sexualtrieb beschränkt ist. Weiterhin erweiterte er das Konstrukt des Unbewussten. Nach C. G. Jung ist das Unbewusste nicht nur der Behälter persönlicher Erfahrungen, der mit den Residuen des eigenen Lebens gefüllt ist. Für ihn ist das Unbewusste ein weiteres Konstrukt, das tiefe Schichten der Psyche umfasst, die nicht durch die Biografie alleine erklärbar sind. Obwohl Jung und Freud selbst keine Kinder als Patienten behandelt haben, passt die Jung'sche Psychologie sehr gut zur Spiritualität des Kindes. Wie wir bereits gesehen haben, hatte Jung selbst entscheidende spirituelle Erfahrungen als Kind, die ihn lebenslang beeinflussten. Indem er im Alter von zehn Jahren symbolisch aus dem Nebel der begrenzten Wahrnehmung heraustrat, erlebte er einen entscheidenden Wendepunkt in seinem Leben.

Introversion und Extraversion

Die Jung'sche Psychologie (oder die analytische Psychologie, wie sie auch genannt wird) beginnt mit den Aspekten der Psyche, die dem Bewusstsein nahe sind. Zum ersten Mal beschrieb Jung die zwei Grundtypen oder Temperamente der Introversion und Extraversion. Diese Einteilung beruht auf seinen scharfsinnigen klinischen Beobachtungen und wurde inzwischen in vielen empirischen Studien repliziert und bestätigt.

Was bedeuten Introversion und Extraversion? Vereinfach ausgedrückt sind für introvertierte Personen ihr subjektives Innenleben, Gefühle, Gedanken, Fantasien, Träume und Bilder wichtiger als äußere, beobachtbare Zusammenhänge. Jung beschrieb Introversion mit folgenden Worten:

> »Introversion heißt Einwärtsbewegung der Libido. ... Das Interesse bewegt sich nicht zum Objekt, sondern zieht sich zurück auf das Subjekt. ... Die Introversion ist aktiv, wenn das Subjekt eine gewisse Abschließung gegenüber dem Objekt will; passiv, wenn

das Subjekt nicht imstande ist, die vom Objekt zurückströmende Libido wieder auf das Objekt zurückzubringen. Ist die Introversion habituell, so spricht man von einem introvertierten Typus« (Jung 1995, 6, Paragraf 752).

Manchen introvertierten Personen fällt es schwer, konkrete Handlungen durchzuführen. Es kann für sie eine große Anstrengung bedeuten, die erforderlichen Aufgaben der äußeren Welt zu erfüllen. Es ist leicht verständlich, dass viele spirituelle Erfahrungen einer introvertierten Person vertraut vorkommen und mit ihrem Innenleben übereinstimmen.

> Amelie ist eine 17-jährige Jugendliche, die wegen einer Depression in Behandlung war. Sie äußerte viele reife Ansichten, die sie von ihrer Familie, Freunden und anderen Gleichaltrigen deutlich unterschied. Sie hatte für sich erkannt, dass sie introvertiert war.
>
> Sie ist gerne alleine, sie braucht Zeit für sich und zieht sich gerne zurück. Am liebsten schläft sie ganz viel, nachts, aber auch tagsüber. Sie ist gerne mit anderen zusammen, aber nicht die ganze Zeit. Sie findet es wichtig, allein sein zu können und nicht von anderen abhängig zu sein.
>
> Sie ist ein zurückhaltender Mensch. Sie würde in den sozialen Medien niemals alles von sich preisgeben. Die sozialen Medien machen so viel kaputt. Sie hat nur WhatsApp, um sich mit ihrer Mutter auszutauschen, und Snapchat wegen der lustigen Fotos, die dann nach einiger Zeit wieder verschwinden.

Eine extravertierte Person hat ein größeres Interesse an Fakten, Handlungen, Plänen, Taten und Objekten der äußeren Welt, manchmal auf Kosten des Innenlebens. Wie es Jung erläuterte:

> »Der extravertiert Eingestellte denkt, fühlt, handelt in Bezug auf das Objekt, er verlegt sein Interesse aus dem Subjekt hinaus auf das Objekt«. Nach Jung heißt Extraversion »Auswärtswendung der Libido« (Jung 1995,6, Paragraf 719).

> Amelie konnte auch gut die Extraversion ihres Bruders David beschreiben. David muss immer etwas unternehmen, er muss dauernd unterwegs sein. Aber er macht nur die Dinge, die gerade »in« und angesagt sind.

Einer extravertierten Person können spirituelle Erfahrungen merkwürdig und fremd vorkommen, wie etwas, das in ihre Aktivität einbricht und sie dabei stört. Wenn sie allerdings auftauchen, können sie überwältigend, lebendig und ehrfurchtgebietend sein.

Aus der Jung'schen Sicht haben beide Einstellungen positive und negative Aspekte – keine ist besser als die andere. Es besteht eine inhärente Polarität zwischen diesen beiden Einstellungen. Um Ganzheit der Persönlichkeit zu erzielen, ist es notwendig, die weniger betonte Einstellung zu kultivieren und zu integrieren. Zum Beispiel kann es für eine introvertierte Person hilfreich sein, Ideen und Fantasien in konkrete Taten umzuwandeln und Kontakt mit anderen Menschen zu suchen. Für die extravertierte Person könnte es ein wichtiger Entwicklungsschritt sein, innezuhalten, zu beobachten und achtsam die kontinuierlichen Veränderungen des Körpers, der Gedanken, der Gefühle und der Sinneseindrücke wahrzunehmen, ohne konstant etwas tun zu müssen.

Persönlichkeitstypen

C. G. Jung beschrieb vier verschiedene Persönlichkeitstypen, die er als Typen des Denkens, Fühlens, der Intuition und der Empfindung beschrieb. Nach Jung bedeutet Empfindung die Wahrnehmung durch die Sinnesorgane; Intuition deutet eine direkte und unmittelbare Auffassung und ein direktes Wissen ohne rationales Denken an; Denken wird durch verstandesmäßige und logische Kognitionen charakterisiert; und Fühlen ist durch subjektive Einschätzung gekennzeichnet, indem man weiß was richtig und falsch ist.

Um die Persönlichkeitstypen zu illustrieren, sollen nochmals die Beobachtungen von Amelie herangezogen werden, die sich eindeutig als Fühltyp beschreiben konnte:

> Sie weiß genau, was sie will und was nicht. Sie möchte keinen festen Freund. Sie weiß, dass Beziehungen kommen und gehen. Sie ist noch so jung und möchte verschiedene Partnerschaften in ihrem Leben erfahren. Ihre Mutter hat auch erst spät geheiratet, als sie wusste, dass es richtig war.
>
> Freundschaften sind viel wichtiger im Leben. Manche Freundinnen tun so, als ob sie den Traumpartner gefunden haben und kümmern sich dann nicht mehr um ihre Freundinnen.

Als Fühltyp weiß Amelie genau, was zu ihr passt und was nicht. Das sind ihre Stärken.

Obwohl diese vier Typen C. G. Jungs nicht in die empirische Persönlichkeitsforschung integriert wurden, sind sie in der Praxis der Psychotherapie sehr hilfreich. Da sie dem Bewusstsein sehr nahestehen, sind sie leicht zugänglich. Ein Kind mit einem Denktypus ist sehr interessiert an Grundsätzen, Ordnungen und Gedanken. Kinder mit einem Fühltypus, wie Amelie, haben eine besondere Fähigkeit zu wissen, was richtig und falsch für sie und ihre Beziehungen ist. Ein Kind mit einem Empfindungstyp wird eine Vorliebe für Sinnesreize haben. Und Kinder mit einer intuitiven Funktion leben oft in einer inneren magischen und mystischen Welt.

Jung behauptete, dass jede Person eine dominante Persönlichkeitsfunktion hat und üblicherweise fähig ist, eine oder zwei der anderen Funktionen zu entwickeln. Die letzte, d. h. die vierte Funktion dagegen ist der Person relativ unbekannt und sogar fremd. Diese nannte er die »inferiore Funktion«. Um eine Ganzheit der Persönlichkeit zu erreichen, ist es wichtig, gerade diese vernachlässigte inferiore Funktion zu kultivieren. Ein Kind mit einer überwiegenden Denkfunktion muss möglicherweise die Wahrnehmung des Fühlens trainieren und kultivieren, d. h. zu wissen, was es wirklich fühlt. Ein intuitives Kind muss möglicherweise die Wahrnehmung der Sinneseindrücke einüben.

Zusätzlich könnten die Persönlichkeitsfunktionen die Art der spirituellen Erfahrung beeinflussen. Man könnte spekulieren, dass zum Beispiel ein Gefühlstyp eine höhere Affinität zu der interpersonellen Spiritualität empfindet, da diese ihm vertraut ist. Ein Denktyp könnte vermehrt vom spirituellen Philosophieren angezogen sein und Freude an der logischen Dekonstruktion der Konzepte der Realität haben. Ein intuitives Kind könnte von mystischen Erfahrungen angezogen sein. Ein Empfindungstyp könnte sich bei wundersamen und erstaunlichen Erfahrungen ungezwungen und vertraut fühlen und sich von der Schönheit der Natur überwältigen lassen.

Ich

C. G. Jung wählte das deutsche Wort »Ich« und nicht den lateinischen Begriff »Ego«, um das bewusste Zentrum der Psyche zu bezeichnen. Das Ich oder der Ich-Komplex, wie Jung es nannte, ist der Mittelpunkt des Bewusstseins, eng verbunden mit Persönlichkeitseigenschaften der Kontinuität und Identität. Alle bewussten Erfahrungen – und diese schließen auch die spirituellen ein – müssen durch das Ich oder den Ich-Komplex hindurchgehen, um wahrgenommen zu werden. Das Ich ist in unserem gesamten Wachzustand eine essenzielle Einheit der Psyche. Der Ich-Komplex ist aktiv, indem er alle bewussten Prozesse der Psyche beobachtet, filtert, fokussiert und einschätzt.

Wenn die Funktionen des Ichs zu rigide werden, kann dies dazu führen, dass dem Bewusstsein Priorität vor anderen Aspekten der Psyche gegeben wird. Dies kann dazu führen, dass es zu einer Verflachung der Psyche, einer Inflation des Ichs, zu Egozentrik und Eitelkeit kommt. Wenn die Funktionen des Ichs geschwächt sind, kann unbewusste Energie das Bewusstsein überfluten und zu Verwirrung, Sinnestäuschungen, Verzerrungen und selbst zu schweren psychischen Erkrankungen wie Psychosen führen. Tragischerweise kommen diese auch schon bei Jugendlichen vor.

In der analytischen Psychologie C. G. Jungs kommt es bei den Ich-Funktionen auf eine Balance und Ausgeglichenheit an, ganz ähnlich wie bei dem von Buddha propagierten mittleren Weg. Jung beschrieb den Prozess der Kompensation als natürliche Tendenz der Psyche, Gegensätze auszugleichen. Anders ausgedrückt ist Kompensation die Aktivität des Unbewussten, einseitige Tendenzen und Überbetonung des Bewusstseins, des Ichs, auszugleichen.

Persona

Die »Persona« umfasst alle sozialen Rollen und nach außen gerichtete Verhaltensweisen einer Person. Persona war der Name einer Maske im griechischen Theater, die Schauspieler trugen, um ihre Rollen im Spiel anzudeuten. Sie ist ein gut gewählter Begriff, um all die Aspekte der Psyche zu kennzeichnen, wie eine Person sich der äußeren Welt zeigt und wie sie von ihr gesehen werden möchte.

Wiederum ist die Persona an sich kein Problem für ein Individuum, solange es einen Abstand zwischen Persona und dem Ich gibt, d. h., wenn genügend Abstand zum Atmen hinter der Maske besteht, damit sich die wahre Persönlichkeit ausdrücken kann. Die Persona vereinfacht soziale Interaktionen, da Rollen und Erwartungen nicht jedes Mal ausgehandelt werden müssen. Manche Kinder, zum Beispiel mit Autismus-Spektrum-Störungen, haben Schwierigkeiten bei sozialen Interaktionen, weil ihnen diese Fähigkeiten nicht zur Verfügung stehen. Rigide, monotone und stereotype Interaktionen ohne gegenseitige Kommunikation sind bei diesen tiefgreifenden Entwicklungsstörungen typisch, die überwiegend genetisch determiniert sind. Andererseits haben Kinder mit Autismus viele angeborene, spirituelle Stärken; wie Olga Bogdashina es in ihrem umfassenden Buch »Autism and spirituality« analysierte, scheinen autistische Personen eine »kindähnliche Neugier und Offenheit der Welt gegenüber zu bewahren. Im Gegensatz dazu verlieren normale Menschen üblicherweise die Fähigkeit zum Wundern« (Bogdashina 2013, S. 76).

Eine rigide Persona ist nicht auf schwere Störungen wie Autismus beschränkt. Bei jedem Menschen kann die Persona unflexibel werden, wenn das Ich sich mit dem Inhalt der Persona identifiziert, d. h., wenn er oder sie überzeugt ist, dass er oder sie tatsächlich diese Rolle ist. Kinder können eine rigide Persona entwickeln, wenn sie zu sehr bemüht sind, elterlichen Erwartungen gerecht zu werden und gute, angepasste, folgsame, nicht aggressive, höfliche und brave Kinder zu sein. Viele Kinder mit Depression und Angststörungen entwickeln eine solche inhibierte Persona. Eine überbetonte Persona kann falsch und unecht wirken, da sie nicht genug Flexibilität erlaubt, damit die wahre Persönlichkeit mit allen Widersprüchen ausgedrückt werden kann. In diesen Fällen wird ein zu großer Anteil der unbewussten Psyche unterdrückt. Es ist interessant zu beobachten, wie genau diese verdrängten Aspekte oft früh in der Psychotherapie auftauchen. Ängstliche und depressive Kinder werden im geschützten Raum der Psychotherapie unweigerlich ihre aggressiven Seiten zeigen und diese erkunden, oft mit dem Gefühl einer großen Erleichterung.

Im Gegensatz dazu zeigen Kinder mit oppositionellem Trotzverhalten ein aggressives und provokatives Verhalten. In ihren Familien sind dysfunktionale Interaktionen häufig. Das Rollenmodell der Eltern vermittelt ihnen, dass Konflikte mit verbalen und selbst körperlichen Aggressionen gelöst werden können. In der Psychotherapie können unterdrückte positive Tendenzen, wie umsorgende, offene und liebenswürdige Aspekte der Persönlichkeit auftauchen und deutlich werden.

Überbetonte Spiritualität kann ebenfalls ein Problem der Persona werden. Wenn zum Beispiel ein Jugendlicher (oder Erwachsener) überzeugt ist, dass er oder sie besonders tiefgründig, empathisch, mitfühlend und einsichtsvoll ist, kann man von einer spirituellen Persona ausgehen. Für andere Menschen werden diese Widersprüche zwischen ihrer Rolle als spirituelle Person und ihren wirklichen Handlungen deutlich, da Authentizität und Echtheit fehlen.

Schatten

»Persona« und »Schatten« sind Gegensatzpaare, die miteinander verbunden sind und sich gegenseitig kompensieren. Je stärker die Persona wird, desto stärker wächst auch der Schatten an. Der Schatten ist ein breiter Begriff für alle Aspekte der Psyche, die das Ich nicht wahrhaben will und aus dem Bewusstsein verbannt. Es ist ein Auffangbecken für nicht akzeptierbare Aspekte der Psyche, nicht unbedingt nur mit negativen Inhalten.

Wie die oben genannten Beispiele der Persona verdeutlichen, wird der Schatten aggressive und negative Aspekte beinhalten (der sogenannte schwarze Schatten), wenn man zu sehr versucht, gut und angepasst zu sein. Wenn man bewusst ein aggressives und schädigendes Leben führt, dann können gegenteilige sorgende und liebende Einstellungen zum Schatten werden (der sogenannte weiße Schatten).

Wiederum ist das Prinzip des mittleren Weges des Buddha auch hier anwendbar: Indem man klar vom Extremen wegsteuert, ermöglicht man es der Persona flexibel zu bleiben und der Schatten wird dadurch handhabbar. Wie kann man den Schatten außerhalb einer Therapie erkennen? Der Schatten kann sich in Träumen und Fantasien zeigen. Er kann sich auch in einem repetitiven, unerwünschten Verhalten sowie in Zwängen und Süchten manifestieren. Im Prinzip kann jedes wiederholte und dysfunktionale Verhaltensmuster ein Ausdruck des Schattens sein.

Weiterhin kann der Schatten projiziert werden, wenn seine unbewussten Inhalte der Person nicht vertraut sind. Es kommt sehr häufig vor, dass man unakzeptable Aspekte auf andere Menschen projiziert. Dies geschieht häufig beim Mobbing, wenn Kinder andere Kinder zum Sündenbock machen, indem sie ihre eigenen negativen Aspekte auf andere projizieren. Auf der Gesellschaftsebene kann ein Schatten aktiv werden, wenn eigene unterdrückte, unbewusste negative Aspekte auf Minderheiten, andere Rassen und Länder projiziert werden, bis hin zur Rechtfertigung von Kriegen und gewaltsamer Intervention. Das Erkennen des Schattens ist der Kern der sogenannten neuen Ethik, die Erich Neumann, einer der Schüler von C. G. Jung, der nach Israel emigrierte, 1948 vorschlug. Basierend auf den Gräueln des Zweiten Weltkriegs propagierte Neumann, dass es das dringendste Bedürfnis von Individuen und Gesellschaften sei, den eigenen Schatten zu erkennen und zu akzeptieren, um den Teufelskreis von Projektion, Aggression und Vergeltung zu durchbrechen (Neumann 1990).

Gibt es einen spirituellen Schatten? Dies ist mit Sicherheit der Fall, wenn man den Machtmissbrauch in asymmetrischen Beziehungen zwischen Lehrer und Schülern sowie das unethische Verhalten in manchen spirituellen Gemeinschaften betrachtet (Kornfield 2012). Es ist leicht zu erkennen, dass das Streben nach einer immer spirituelleren Persona das Wachstum des Schattens in spirituellen Kreisen bestärkt. Unechte, unauthentische und dogmatische Behauptungen, was wirklich spirituell sei und was nicht, können vorherrschen. Der australische Jung'sche Analytiker David Tacey (2001) beschrieb den Schatten der New Age Bewegung auf eine ironische und humorvolle Art, insbesondere die Überidentifikation mit positiven Aspekten der Spiritualität. In Bezug auf die Themen »keine Sorgen, Freude, Loslassen« macht er sich über den unbegrenzten, zuckersüßen Optimismus, über den Rückzug in einen gemütlichen Lebensstil, über eine Gegenkultur mit festgefahrenen Ritualen und Regeln und über die Suche nach bizarren und ekstatischen Erfahrungen lustig.

Ferner kann eine generelle Idealisierung der Spiritualität auch ein Ausdruck des Schattens sein, indem dunkle und negative Aspekte verleugnet und positive Empfindungen sentimentalisiert werden. Tacey warnt, dass »die schwierigen, widerspenstigen oder aufdringlichen Aspekte der Spiritualität weniger häufig behandelt und diskutiert werden. Diese dunklen Aspekte werden bequem ausgeklammert aus den gängigen Annahmen oder werden außerhalb des idealisierten Bildes der Spiritualität projiziert und auf andere Einheiten und Kräfte ausgelagert« (Tacey 2004, S. 142).

Ein starker spiritueller Schatten kann auch bei Jugendlichen mit einer Pubertätsmagersucht, d. h. einer Anorexia nervosa, einer schweren und beeinträchtigenden Essstörung beobachtet werden. Viele versuchen einer Persona der Perfektion, Askese, Asexualität und perfekter Körperform zu folgen. Im Verlauf dieser schweren Erkrankung zeigen sich Schattenaspekte in bestimmten Verhaltensweisen wie Lügen, Betrügen, Zankerei und Abwerten von anderen wie auch in Selbstabwertung und Selbstablehnung. Wieder ist es das Ziel in der Psychotherapie der Anorexia nervosa, die Extreme zu vermeiden, indem die eigene Menschlichkeit und Widersprüche akzeptiert werden.

Die Erkenntnis des Schattens bedeutet nicht, dass man den Schatten ausleben muss. Indem man eigene ungewollte Aspekte des Schattens erkennt und akzeptiert, kann man sich mit allen eigenen Stärken und Beschränkungen aussöhnen und in Einklang leben.

Komplexe

Die Komplexe sind genau wie der Schatten ein Teil des »persönlichen Unbewussten«. C. G. Jung beschrieb das persönliche Unbewusste als die Aspekte der Psyche, die zwar unbewusst sind, aber Elemente und Niederschläge früherer persönlicher Erfahrungen beinhalten. Es ist wie ein Regal oder ein Eimer, der all das auffängt, das vergangen ist und zur Zeit der bewussten Wahrnehmung nicht zugänglich ist. Obwohl nicht bewusst wahrgenommen, ist das persönliche Unbewusste dennoch aktiv vorhanden und beeinflusst wesentlich das Verhalten und die Emotionen. Genau wie der Schatten haben alle Komplexe des persönlichen Unbewussten positive und negative Seiten, d. h., auch sie sind Polaritäten.

Jung nannte Komplexe auch Partialpsychen, die durch eine gemeinsame Emotion und einen gemeinsamen Inhalt definiert sind. Komplexe werden durch die Libido aufgeladen und können sehr aktiv sein. Andererseits können sie ruhen, wenn sie nicht benötigt werden. Wichtige Komplexe für Kinder sind natürlich die Mutter- und Vaterkomplexe. Basierend auf wirklichen Kindheitserfahrungen mit der eigenen Mutter oder Bezugspersonen kann ein »positiver Mutterkomplex« ein Grundvertrauen in das Leben und auch in sich selbst vermitteln. Dagegen kann ein »negativer Mutterkomplex« Gefühle von Selbstzweifeln, ein niedriges Selbstwertgefühl und selbst destruktive Tendenzen vermitteln. Ein »positiver Vaterkomplex« kann mit Persönlichkeitsmerkmalen der Autorität, Führungskompetenzen und Gerechtigkeit assoziiert sein. Ein »negativer Vaterkomplex« kann zu Konflikten mit Autoritätsfiguren führen.

Komplexe können Hauptdeterminanten für viele persönliche Fragen, Verhaltensweisen und Konflikte sein, die für ein Individuum sehr beeinträchtigend sein können. Komplexe können ein Hindernis von spirituellen Erfahrungen sein, da sie Wahrnehmungen einseitig filtern und Aktivitäten begünstigen, die einen von der spirituellen Suche ablenken. Wie wir später sehen werden, kann Psychotherapie sehr hilfreich sein, mit diesen Belangen des persönlichen Unbewussten umzugehen, sie wahrzunehmen, Projektionen zurückzunehmen und die Komplexe als das zu akzeptieren, was sie sind. Im Verlauf der Psychotherapie verschwinden die Komplexe nicht, aber mit zunehmender Wahrnehmung werden sie weniger autonom und belastend für das Individuum.

Basierend auf den drei Daseinsmerkmalen, einem zentralen Aspekt der Lehren des Buddha, mit denen wir uns später befassen werden, können spirituelle Erfahrungen und Meditationen die Auswirkungen der Komplexe ebenfalls reduzieren. Komplexe können ihre Macht über eine Person durch diese drei Grundformen der Einsicht verlieren: indem man erkennt, dass Komplexe sich unaufhörlich verändern und sich in Bewegung befinden (Beobachtung der Vergänglichkeit), indem man erkennt, dass das Festhalten an Komplexen durch repetitives Verhalten Leid und Schmerzen erzeugt (Erkenntnis des Leidens), und durch das Verständnis, dass alle Phänomene, einschließlich der Komplexe, in Wirklichkeit keine eigene Substanz haben, d.h., dass sie leer sind (Verständnis von Leere und Nicht-Selbst).

Archetypen

Die archetypische Psychologie ist der Kern des Jung'schen Zugangs und zugleich ihre spirituellste Seite. Was sind Archetypen? Um diese Frage zu beantworten, verweise ich gerne auf die Bücher von Lionel Corbett, einem amerikanischen Jungianer, der die Psyche mit dem Ozean verglich, ganz ähnlich wie das klassische buddhistische Symbol von Welle und Ozean. In diesem Bild repräsentiert der Gipfel der Welle das Bewusstsein, d.h. das Ich und die Persona. Der Wellenkörper repräsentiert das persönliche Unbewusste, Überreste der individuellen Biografie. Und das Wellental, also die Grundlage, von wo die Wellen kommen und wieder hinfließen, ist ein Symbol für unbewusste, nicht persönliche und transzendente Aspekte der Psyche. Um Corbett zu zitieren:

> »Auf seiner tieferen Ebene, genauso wie die Welle ein Teil des Ozeans ist, ist das wahrnehmende Ich nicht wirklich getrennt von der größeren Bewusstheit ... wir nehmen teil in dieser Dimension ähnlich wie Fische im Ozean leben« (Corbett 2007, S. 42–43).

Das Paradox dieses Bildes ist dabei, dass das Ich und das persönliche Unbewusste nicht vom Meer getrennt werden kann. Keine Welle kann ohne den Ozean existieren – und kein Ozean kann ohne Wellen sein (ansonsten wäre er ein Teich oder ein Becken, aber nicht ein großes Meer). Tiefe Erfahrungen zeigen, dass wir nicht nur die Welle sind (die sich eigentlich nicht bewegt, da das Wasser zwar am Ort bleibt, aber höher gehoben und tiefer gesenkt wird), sondern auch der Ozean. Der Ozean seinerseits ist abhängig von den Wellen, um das zu sein, was er ist. Wir sind Teil dieses Mysteriums, das schon immer da war – vor, während

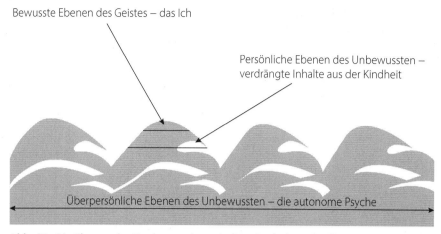

Bewusste Ebenen des Geistes – das Ich

Persönliche Ebenen des Unbewussten – verdrängte Inhalte aus der Kindheit

Überpersönliche Ebenen des Unbewussten – die autonome Psyche

Abb. 17: Die Ebenen der Psyche werden mit dem Symbol von Welle und Ozean darge-stellt. Der Gipfel der Welle repräsentiert das Ich, der Körper der Welle das per-sönliche Unbewusste – und der Ozean das autonome, kollektive, nicht persön-liche Unbewusste, das von allen Menschen geteilt wird. Es ist interessant, dass Corbett das Symbol von Welle und Ozean gewählt hat, um die analytische Psy-chologie C. G. Jungs darzustellen, das den buddhistischen Lehren so nahesteht (Corbett 2007).

und nach den Wellen unseres Lebens. Diese Erkenntnis wird immer wieder in den Worten verschiedener Lehrer wie Thich Nhat Hanh ausgedrückt.

C. G. Jung verwendete verschiedene Begriffe, um diese tiefen Schichten des Unbewussten zu bezeichnen. Die Namen sind austauschbar: Das autonome Un-bewusste, das andeutet, dass es nur Natur ist; das nichtpersönliche oder objektive Unbewusste, d. h., dass es nicht von persönlicher Erfahrung abhängt; und das kollektive Unbewusste, das andeutet, dass alle Menschen diese tiefen Schichten der Psyche teilen.

Nach C. G. Jung sind die Archetypen die Organe der Seele. In Analogie zu den Organen des Körpers sind sie angeborene, vererbte, universelle Systeme der Erfahrung, die formal leer sind. Der Archetyp selbst kann nicht vom Ich wahr-genommen werden, nur seine archetypischen Bilder, die vom Archetypen ver-mittelt werden, können bewusst wahrgenommen werden. Archetypen sind auch polar und haben positive und negative Aspekte. Oft zeigen sich die negativen As-pekte zuerst, wie David Tacey es korrekterweise beschrieb: »In den Werken Jungs findet man eine große Betonung von dem Bösen und jeder Archetyp hat eine dunkle Seite. Tatsächlich zeigt nach Jung der Archetyp oft seine dunkle Seite zuerst, bevor mehr positive Aspekte deutlich werden« (Tacey 2001, S. 111).

Wie wir später sehen werden, gibt es zwei Archetypen, die eine größere positi-ve Tönung haben: Der tragende, zentrale »Selbst-Archetyp« und der hoffnungs-tragende Archetyp der Zukunft, der des »göttlichen Kindes«.

Insgesamt gibt es viele verschiedene Archetypen, die zu unterschiedlichen Zei-ten im Leben aktiv sein können. Wiederum sind für Kinder die »Eltern-Archety-pen« wichtig, sowohl in ihren positiven als auch negativen Aspekten. Archetypen sind so mächtig, dass sie ungünstige Effekte von negativen Komplexen kompensieren können. Zum Beispiel kann ein Kind mit einem negativen Mutterkomplex seine destruktiven und aggressiven Tendenzen lösen, indem es mit den positiven, nährenden und unterstützenden Seiten des Mutterarchetyps in Kontakt tritt. Für Jugendliche werden die »Anima«, der weibliche Archetyp, und der »Animus«, der männliche Archetyp, mit der Erfahrung von Verliebtsein, Liebe und Sexualität besonders wichtig – und dies für beide Geschlechter. Der »Kindarchetyp«, auch als »göttliches Kind« bekannt, ist ein Bild der Hoffnung, Zukunftsorientierung und Erlösung für Kinder wie auch Erwachsene. Ein eigener späterer Abschnitt wird die Bedeutung dieses Archetyps im Buddhismus und anderen spirituellen Traditionen behandeln.

Jung nannte den zentralen Archetyp der Seele das »Selbst«, ein Begriff, der nicht optimal gewählt ist, da das Wort selbst negative Bedeutungen wie Egoismus und Selbstsucht impliziert. Nichts könnte ferner sein von der wahren Bedeutung des Selbst. Nach C. G. Jung bezeichnet das Selbst sowohl den Kern der Psyche als auch ihre Ganzheit. Das Selbst steht daher im Mittelpunkt spiritueller Erfahrung. In der Individuation und Entwicklung ist es nicht das Ziel, sich mit dem Selbst zu vermischen oder zu vereinigen, sondern sich dessen bewusst zu werden, welche ungeheure Kraft vom Selbst ausgeht, und sich seiner tiefen, ausstrahlenden spirituellen Führung zu überlassen. Manchmal ist das Ich in Kontakt mit dem Selbst, manchmal weiter entfernt, aber immer in Bewegung entlang der sogenannten »Ich-Selbst-Achse«. Das Selbst ist größer als das Ich und gibt somit die Richtung in wahrer Individuation vor. Kontakt des Ichs mit dem autonomen Unbewussten, d. h. mit den Archetypen, ist an sich spirituell, da er immer eine transpersonale und transzendente Erfahrung darstellt.

Jedoch ist es nicht unbedingt notwendig, mit dem zentralen Archetyp des Selbst in Verbindung zu stehen, damit Spiritualität erfahrbar wird. Da alle Archetypen miteinander verbunden sind, wird jeder Archetyp eine spirituelle Aura auslösen. Die begleitenden archetypischen Bilder werden variieren, abhängig vom jeweiligen Archetyp und seinen Qualitäten. Sie werden das gesamte Spektrum von positiven, anregenden und freudigen bis hin zu verzweifelnden, ängstlichen und bedrohlichen Erfahrungen umfassen.

Der starke Effekt der Archetypen sollte nicht unterschätzt werden. Für das Ich ist es verlockend und verführerisch, sich mit den Archetypen zu identifizieren, was zu einer persönlichen Inflation und Überidentifikation führen kann. Dies ist ein weiterer Schattenaspekt der heutigen Spiritualität, wie David Tacey es treffend formuliert: »*Wir müssen Freundschaft schließen mit den Archetypen, aber uns mit Sicherheit nicht mit ihnen identifizieren*« (Tacey 2001, S. 109). Stattdessen impliziert der Kontakt mit den Archetypen vielmehr Unterwerfung, Entsagung, Opfer, Einschränkung, Demut und die Akzeptanz der Vulnerabilität und der Zerbrechlichkeit des Lebens: »*Für Jung, wie für traditionelle Religionen, übt das Heilige einen Anspruch auf uns aus und nötigt uns in eine moralische Beziehung und spirituelle Partnerschaft*« (Tacey 2001, S. 19).

Da wiederum die Komplexe des persönlichen Unbewussten mit den Archetypen verbunden sind, können jede Art von Krisen und Schwierigkeiten den Kontakt mit der archetypischen Ebene der Psyche begünstigen. Da jeder Komplex einen archetypischen Kern hat, ist das persönliche Leid eine ideale Eintrittspforte zu tiefer Spiritualität. Zusätzlich betont Corbett, dass »unser emotionales Leiden immer ein Element des Göttlichen in sich trägt« (Corbett 1996, S. 51). Dies ist eine ausgesprochen wichtige Botschaft. Sie bestätigt, dass auch unerwünschtes Leiden nicht nur die Erfahrung der Spiritualität begünstigt, sondern sogar verhindert, den spirituellen Ansprüchen auszuweichen: »Der Archetyp im Zentrum des Komplexes, unabhängig davon wie schmerzhaft er ist, ist genau dieses Element (des Göttlichen), so dass keine Ausflucht von dem Numinosum im Kern unserer Schwierigkeiten möglich ist« (Corbett 1996, S. 51). In Essenz ist unsere Lebensgeschichte eine spirituelle Biografie und das Mark unserer Persönlichkeit ist Teil einer größeren transpersonalen Kraft, wie immer man sie nennen möchte:

>»Unsere Lebensgeschichte ist somit eine spirituelle Biografie und die Arbeit an der eigenen Psyche ist eine spirituelle Praxis. Wenn es nach Jung tatsächlich stimmt, dass die Archetypen, die ein Teil unserer Psyche sind, wirklich Werkzeuge oder Organe Gottes sind und zudem die Archetypen im Zentrum unserer Komplexe stehen, dann haben spirituelle Elemente Teil an der Struktur der Persönlichkeit; oder in anderen Worten, die Persönlichkeit ist durchdrungen mit Elementen des Göttlichen« (Corbett 2015, Ort 6101).

In ähnlicher Art und Weise zeigt David Tacey, dass Spiritualität und Krankheit nicht Gegensätze, sondern zwei Seiten der gleichen Medaille sind:

>»Jung entdeckt die Spiritualität in und durch unsere menschlichen Pathologien, nicht indem er sie überwindet. Jung behauptet, dass für unsere moderne Menschlichkeit ›die Götter Krankheiten geworden‹ sind (Jung 1995,13, § 54) und dass wir ›unsere abgelehnte und unterdrückte Heiligkeit im Mittelpunkt von Krankheiten, im Kern der Psychoneurosen und mitten in psychischen Qualen antreffen‹« (Tacey 2001, S. 60).

Genau wie der Buddha spekulierte Jung nicht über den Ursprung archetypischer Erfahrung, d. h., ob diese von einer speziellen Gottheit ausströmt oder nicht:

>»Für Jung ist die autonome (objektive) Psyche entweder das Medium für die Übertragung von numinosen Erfahrungen von einer transzendentalen Göttlichkeit jenseits der Psyche, oder die numinose Erfahrung kann ein direktes Zusammentreffen mit der autonomen (objektiven) Psyche selbst sein – wir können nicht sicher sein, welche dieser Möglichkeiten zutrifft. In der Praxis ist diese Unterscheidung nicht wichtig. Wenn wir eine numinose Erfahrung haben, fühlen wir uns, als wenn wir angesprochen werden von einer Bewusstheit, die sich grundsätzlich von der eigenen unterscheidet« (Corbett 2007, S. 42–43).

Das Numinose

Wie wir gesehen haben, ist der Kontakt mit den Archetypen für C. G. Jung mit spiritueller Erfahrung gleichzusetzen. Er hätte auch das modischere Wort »spirituell« wählen können, aber er entschied sich für das altertümliche Wort »numinos«. In einem berühmten Brief betonte er, dass sein Hauptinteresse nicht der Heilung von Neurosen gelte, sondern der Erfahrung mit dem Numinosen (Jung 1945, Brief, zitiert von Corbett 1996, S. 13).

Der lateinische Ursprung (numen) bedeutet Nicken oder Heranwinken und drückt damit göttliche Zustimmung aus. Es ist der Begriff, der ursprünglich von Rudolf Otto für die Essenz der spirituellen Erfahrung gewählt und der von C. G.

Jung übernommen wurde (Müller und Müller 2003, S. 301). Numinosität und Spiritualität sind Synonyme, die die gleiche Art von Erfahrungen bezeichnen. Von allen Altersgruppen »*sind Kinder besonders empfänglich für numinose Erfahrung, da ihre Sensitivität noch nicht durch Kontakt mit sozialen Erwartungen abgestumpft ist. Es mangelt ihnen an der Voreingenommenheit des Erwachsenenalters und sie sind immer noch durchlässig gegenüber transpersonaler Erfahrung*« (Corbett 2007, S. 27).

Die Effekte des Numinosen sind für Jung zweideutig: Sie können einerseits zu Erleuchtungen, Erkenntnissen und wichtigen transformativen Erfahrungen führen; andererseits können sie Menschen in ihren Bann ziehen oder sie zur Inflation verleiten (Main 2006, S. 158). Das Numinose widersetzt sich der Ratio und dem Intellekt. Es kann nicht bestellt oder erzwungen werden und unterliegt nicht der Kontrolle des Ich. Es ist eine emotionale, lebendige Erfahrung, die die Grenzen des Ichs überfluten. In den Begriffen von Jung ist diese Erfahrung nicht in Worte zu fassen, sie ist mysteriös, beängstigend, überwältigend und hat eine ergreifende und aufwühlende Kraft, die heilsam oder zerstörerisch, jedoch niemals gleichgültig sein kann. Sie ist fähig zu schicksalhaften Veränderungen, Konversionen, Erleuchtungen, emotionalen Erschütterungen und Schicksalsschlägen. Das Numinose steht gänzlich außerhalb der bewussten Willenskraft, kann aber merkwürdige Veränderung des Bewusstseins nach sich ziehen (Huskinson 2006, S. 202).

Man kann das Numinose also erfahren und kennenlernen. In diesen Fällen kann es anderen Menschen mitgeteilt werden, die ähnliche Erfahrungen gehabt haben. In der Psychotherapie kann es von großer Hilfe sein, spirituelle und numinose Erfahrungen benennen, sie schätzen und in einen größeren, heilenden Zusammenhang stellen zu können. Diese Art von spiritueller Kommunikation ist am einfachsten mittels einer symbolischen Sprache (Huskinson 2006, S. 200).

Das Ziel der Psychotherapie kann es sein, Leid zu lindern und Symptome sowie Einschränkungen zu reduzieren. Psychotherapie kann auch hilfreich sein, den Prozess der Individuation zu ermöglichen wie auch spirituelle Erfahrungen zu erleichtern, d. h., das persönliche Leiden in einen größeren Zusammenhang zu stellen. Individuation ist eine zentrale Zielrichtung des Lebens. Individuation wird durch den psychischen Prozess der Differenzierung und Integration definiert mit dem Ziel, die eigene Individualität zu entwickeln (Müller und Müller 2006, S. 194). Der Anspruch und die Bedingung der Individuation ist die Rückkehr zur eigenen Natur, dem eigenen Wesen. Wie der amerikanische Jung'sche Analytiker Murray Stein betonte, »schließt der Individuationsprozess, wie von Jung und seinen Anhängern vorgeschlagen, typischerweise Erfahrungen numinoser Natur ein« (Stein 2006, S. 34).

Aber wie sind Individuation und das Numinose miteinander assoziiert, fragt Stein weiter: »Aber wie kann der Zugang zum Numinosen und die Erlangung des Numinosen zum weiterreichenden Projekt der Individuation beitragen?« Ohne Zweifel sind numinose Erfahrungen »Teil des Individuationsweges, aber sie sind nicht hinreichend, um den Individuationsprozess herzustellen noch um ihn abzuschließen.« Sie »weisen darauf hin, dass größere, nicht ichbezogene Kräfte in der Psyche existieren, die berücksichtigt werden und letztendlich bewusstgemacht werden müssen« (Stein 2006, S. 35). Stein betont, dass, obwohl diese Erfahrungen wichtige Meilensteine und selbst Wendepunkte für die Individuation sein können, es ebenso wichtig sei, nicht darin stecken und haften zu bleiben, sondern immer wieder den Pfad aus dem Numinosen heraus zu finden (Stein 2006, S. 48).

Eine realistische, nüchterne Einschätzung hilft, sich von einer Idealisierung des Numinosen zu schützen: Wie alle Anteile der autonomen, objektiven und kollektiven Psyche ist das Numinose auch nur Natur mit einem weiten Spektrum von positiven und negativen Qualitäten. Wegen seiner besonderen Anziehungskraft kann das Numinose mit einer Vielzahl von Fallstricken verbunden sein, wie Corbett betonte: Man »kann sich mit der Erfahrung identifizieren, und sie für narzisstische Zwecke verwenden, um Selbstwertgefühl und Prestige zu verstärken.« Oder man kann sie verwenden, um »ein neues Theologiesystem aufzubauen, das universell anerkannt wird.« Es besteht »eine Gefahr, dass wir diese ungewöhnlichen Erfahrungen aufsuchen werden, anstatt uns auf die Alltagsspiritualität zu konzentrieren« (Corbett 2007, S. 35). Weiterhin sind auch alle numinosen Erfahrungen endlich und an eine bestimmte Zeit und Person gebunden:

> »Bestenfalls ist eine numinose Erfahrung ein Hinweis und drückt das Göttliche in einem Bild oder Symbol aus. Von daher ist es wichtig für uns, die Erfahrung an sich loszulassen, in der Erkenntnis, dass dies höchstens ein Trittstein oder Sprungbrett sein kann. Keine Erfahrung kann eine vollständige Erfahrung der Realität sein und alle Erfahrungen treten in einer Persönlichkeit mit Grenzen auf« (Corbett 2007, S. 35).

Zum Schluss sind die Implikationen dieser Erfahrungen im Alltagsleben wichtiger als die eigentlichen Erfahrungen selbst:

> »Während numinose Erfahrungen beeindruckend sein können, zeigt sich das Göttliche im Alltäglichen, wenn wir offen dafür sind, es zu sehen … Falls wir solche Erfahrungen machen, sind wir dankbar, aber man kann ein tiefes spirituelles Leben führen und seine grundsätzliche Verbindung mit allen Lebewesen erkennen, ohne solche Erfahrungen gehabt zu haben« (Corbett 2007, S. 36–37).

Wie wir später sehen, sind Kinder Meister der Alltagsspiritualität. Jedes noch so einfache Objekt kann Auslöser für ihr Wundern und Staunen sein. Kinder wissen genau, dass Beziehungen, d. h. die interpersonelle Spiritualität, mit allen ihren Facetten am wichtigsten sind.

Das Numinose und die Sandspieltherapie

Die Sandspieltherapie ist eine nicht verbale Psychotherapieform, die das Medium von Hunderten von Miniaturfiguren und zwei Sandkästen, jeweils mit trockenem und nassem Sand gefüllt, verwendet. Patienten werden gebeten, ein Bild aufzubauen, indem sie alle Figuren verwenden können, die sie möchten. Das Sandbild drückt bewusste wie auch unbewusste Aspekte der Psyche aus. Die Sandspieltherapie wurde von Dora Kalff in den 1950er und 1960er Jahren entwickelt und basiert auf drei Wurzeln: der analytischen Psychologie C. G. Jungs, einer projektiven Methode unter der Verwendung von Miniaturfiguren, die von M. Lowenstein unter dem Namen Welttechnik entwickelt wurde, und buddhistischen spirituellen Traditionen.

Schon als Kind war Dora Kalff an Sanskrit, Chinesisch, Taoismus, östlicher Philosophie und asiatischer Kunst interessiert. Sie hatte später intensiven Kontakt mit dem Zen-Buddhismus und besuchte Japan und Zen-Klöster. Sie kam auch mit dem tibetischen Buddhismus in Berührung und nahm geflüchtete Mönche aus Tibet in ihrem eigenen Haus auf. Wie ihr Sohn Martin Kalff (1996) ausführte, hat die Sandspieltherapie starke Ähnlichkeit mit dem Zen-Buddhismus. Ein offener psychischer Raum wird geschaffen, um selbstheilende Energien freizusetzen. Weiterhin wird Verständnis nicht durch Lehren, sondern durch eigene, innere Entdeckungen erzielt. Mit dem tibetischen Buddhismus teilt die Sandspieltherapie ein Reichtum an Symbolen, verbunden mit tiefer Empathie für alle Lebewesen.

Die Erfahrung des Numinosen wird durch die besonderen präverbalen Eigenschaften in dem Setting der Sandspieltherapie begünstigt. Die taktilen Empfindungen durch den Sand können tiefe symbolische Bilder auslösen. Die Stille, die typischerweise häufig in den Stunden der Sandspieltherapie eintritt, begünstigt eine gesteigerte Achtsamkeit bei Patienten wie auch Therapeuten. Die Wahrscheinlichkeit für eine numinose Erfahrung in der Sandspieltherapie ist höher, aber keinesfalls sicher, wenn der Therapeut eigene meditative Erfahrungen vorweist. Auch hier ist das Numinose jenseits der Kontrolle des Ichs.

Da das Numinose durch jeden Archetyp und selbst durch jeden Komplex ausgelöst werden kann, wie wir schon vorher erfahren haben, gibt es keine spezifischen formalen Aspekte des Sandbildes, die das Numinose identifizieren können. Stattdessen zeigt sich das Numinose durch eine spezielle Atmosphäre oder Aura in der therapeutischen Beziehung. Der beste Hinweis auf das Numinose sind die Gefühle, die in der Beziehung zwischen Patient und Therapeut ausgelöst werden. Falls der Therapeut ähnliche Situationen erfahren hat, wird er oder sie direkt erkennen und verstehen, was gerade in diesem Augenblick, in diesen besonderen numinosen Stunden geschieht. Diese Augenblicke können für Kinder und Therapeuten ein wahrer Schatz sein, aber sie sind nicht Voraussetzung für eine erfolgreiche Therapie oder Individuation. Wie alle Aspekte des objektiven, autonomen Unbewussten sind diese Augenblicke nach Jung lediglich eine Manifestation von Ort und Zeit, die weder positiv noch negativ, sondern nur ein Ausdruck der Natur sind (Jung 1995,10, Paragraf 187 b).

In zwei vorherigen Veröffentlichungen wurde der Ausdruck des Spirituellen oder Numinosen ausführlich behandelt (von Gontard 2011, 2016). Da die Sandspieltherapie nicht den Schwerpunkt dieses Buches darstellt, soll nur ein besonders beeindruckendes Beispiel gezeigt werden, das in diesem Zusammenhang besonders wichtig ist. Es handelt sich um einen berührenden Ausdruck des Archetyps des göttlichen Kindes bei einem jungen traumatisierten Kind. Die Darstellung der Krippenszene, der Geburt von Jesus Christus, tauchte unerwartet im Sommer (d. h. nicht vor Weihnachten) in der Psychotherapie auf und weist auf heilende Kräfte in der Tiefe seiner Seele hin. Alle Einzelheiten der Therapie können in diesem Kontext nicht besprochen werden, es geht letztendlich in diesem Beispiel nur darum zu zeigen, wie die spontane, natürliche Spiritualität von Kindern jederzeit auch unter schwierigsten Bedingungen vorhanden ist und aktiviert werden kann.

Patrick, ein siebenjähriger Junge, hatte eine kombinierte emotionale Störung und eine Störung des Sozialverhaltens nach einem sexuellen Missbrauch. In der 22. Therapiestunde schuf er eine berührende Geburtsszene in einem zweidimensionalen Bild, wie in einem Relief. Man kann den neugeborenen Jesus in einer Krippe erkennen. Josef und Maria, die heiligen drei Könige, eine Kuh, ein Esel und eine Katze sind ebenfalls im Stall zu erkennen. Ein Engel verkündet die Geburt von Christus, dem Retter, und der große Morgenstern leuchtet zwischen kleinen Sternen und weist den Weg. Es war eine sehr berührende und numinose Stunde. Wir waren beide sehr gerührt durch das, was Patrick ohne Vorüberlegungen geschaffen hatte, nämlich seine Darstellung des göttlichen Kindes.

Obwohl Patrick seine Missbrauchserfahrungen noch nicht vollständig bearbeitet hatte und die Psychotherapie noch nicht abgeschlossen war, zeigte er ganz unerwartet ein berührendes Bild der Geburt Christi. Trotz seines eigenen Leidens, das er im Laufe der Therapie heilen konnte, war diese Stunde hochgradig spirituell. Wie Corbett schon zuvor gezeigt hat, ist es genau das Leiden an sich, das einen Eingang zur Spiritualität bieten kann. In den Begriffen von C. G. Jung findet sich im Kern eines jeden Komplexes (bei Patrick war es ein negativer Vaterkomplex nach seinem Missbrauch) ein Archetyp (in seinem Fall das göttliche Kind), sodass man dem Numinosen oder Spirituellen nicht entfliehen kann.

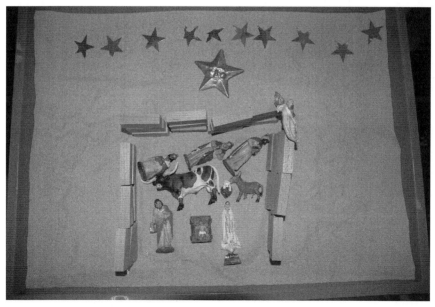

Abb. 18: Sandspieltherapie von Patrick, sieben Jahre alt. Man kann die Weihnachtskrippen-Szene mit Jesus, Maria und Josef, den Tieren und den heiligen drei Königen sowie dem Engel und den Sternen erkennen. Dies ist ein berührender Ausdruck des Archetyps des »göttlichen Kindes« von einem jungen Kind, das unter Missbrauchserfahrungen litt. Es ist numinos und spirituell trotz der Schmerzen und Qualen, die in der weiteren Psychotherapie integriert wurden.

Dieses kurze Beispiel soll genügen, um die besondere, heilende Wirkung des »göttlichen Kindes« als archetypische Kraft in der Psychotherapie wie auch im Leben aufzuzeigen.

Der Archetyp des göttlichen Kindes in der Psychologie C. G. Jungs

Das »göttliche Kind« ist nach der analytischen Psychologie C. G. Jungs nur einer von vielen möglichen Archetypen, dennoch handelt sich hierbei um einen ganz besonderen Archetyp. Es ist das Symbol eines außergewöhnlichen, nicht realen Kindes, das in Träumen, Fantasien, Mythen, Märchen, Kunst, Geschichten, Spiel und Therapie auftauchen kann. Ein Symbol ist viel mehr als ein Zeichen. Ein Symbol hat mehrere Bedeutungen, während ein Zeichen nur einen konkreten Sinn hat. Zum Beispiel weist ein Straßenschild mit spielenden Kindern auf eine Spielstraße oder Schule hin und erinnert Autofahrer daran, langsam zu fahren. Keine andere Bedeutung kann aus diesem Schild abgeleitet werden als: »Bitte aufpassen, hier sind Kinder, bitte vorsichtig fahren!« Diese Zeichen und Schilder sind hilfreich, da immer noch viele Kinder jedes Jahr durch Autounfälle verletzt werden. Die meisten davon könnten vermieden werden, wenn Autofahrer sich an den Orten, an denen Kinder spielen, wirklich an die Geschwindigkeitsbegrenzungen halten würden.

Ein Symbol ist auch mehr als ein Gleichnis oder eine Metapher. Ein Gleichnis ist eine Redewendung, die vergleichende Worte (wie, genauso, wie zum Beispiel usw.) verwendet, um eine Sache mit einer anderen zu vergleichen. Eine Metapher ist ebenfalls eine Redewendung, die allerdings bildliche Ausdrücke verwendet, um eine Analogie mit etwas anderem anzudeuten.

Davon weicht ein Symbol deutlich ab, da es viele, oft divergente Bedeutungen beinhaltet, wie Jung es formulierte: »Ein Symbol ist die bestmögliche Bezeichnung und Ausdruck für ein Objekt, das nicht vollständig erkannt werden kann« (Jung 1995,9/2, § 127). Weiterhin ist ein Symbol emotional aufgeladen, d. h., es trägt eine sehr persönliche, subjektive Bedeutung. Ein Symbol ist auch mehrfach determiniert. Dies lässt sich daran erkennen, dass selbst wenn ein Aspekt verstanden wurde, viele andere Seiten und neue Einzelheiten des Symbols sich öffnen, je mehr man versucht die spezifische symbolische Bedeutung zu verstehen. Ein Symbol kann einfach nicht ein für alle Mal rational erklärt werden, da es einen irrationalen und nicht bewussten Kern enthält, nämlich das Unbewusste. Für Jung ist das Symbol wie eine Brücke, die ein Ufer, das Unbewusste, mit dem anderen, dem Bewusstsein, verbindet. Wie alle Brücken überspannt und überschreitet das Symbol den Raum zwischen Bewusstem und Unbewusstem. Nach Jung haben Symbole demnach eine »transzendente Funktion«. Kommt man mit einem Symbol in Berührung, kann man oftmals schwer oder nicht davon lassen, da es auf etwas Unbekanntes, auf das Unbewusste, hinweist. Auch sind Symbole typischerweise polar und haben positive wie auch negative Aspekte. Nach Jung impliziert die transzendente Funktion eine Integration der gegenseitigen Aspekte des Symbols in eine neue, dritte Möglichkeit.

In der Jung'schen Psychologie kann ein Symbol, wie das des göttlichen Kindes, ein Ausdruck der zwei verschiedenen unbewussten Ebenen darstellen, d. h. des persönlichen und des objektiven, autonomen oder kollektiven Unbewussten, das eben nicht persönlich ist. Dies ist einer der Hauptunterschiede zwischen der Jung'schen Psychologie und anderen tiefenpsychologischen oder psychodynamischen Schulen wie der Psychoanalyse von Sigmund Freud, die sich ausschließlich mit dem persönlichen Unbewussten befasst.

Daher hat das göttliche Kind, wie von C. G. Jung beschrieben, nicht mit populärpsychologischen Konzepten des »inneren Kindes« zu tun. Mehrere Schulen der Psychotherapie, die die Bedeutung des inneren Kindes betonen, gehen davon aus, dass es wichtig ist Kindheitserfahrungen vor der Pubertät anzuerkennen, sich an sie zu erinnern und sie zu integrieren. Ohne Zweifel kann dies ein heilender und entlastender Aspekt der Psychotherapie sein. In diesem Kontext würde das »innere Kind« auf das persönliche Unbewusste von C. G. Jung hinweisen, d. h. es handelt sich um Überreste und Residuen der Eindrücke der eigenen individuellen Kindheit. Diese können bewusst (zum Beispiel als Erinnerungen), aber auch unbewusst (zum Beispiel verdrängte und vergessene Inhalte) sein.

Dagegen weist C. G. Jung darauf hin, dass das göttliche Kind keinen wirklichen Menschen darstellt. Es ist ein mythologisches Symbol mit übermenschlichen Fähigkeiten, gekoppelt mit einer erhöhten Vulnerabilität. Als ein archetypisches Bild spricht einen das göttliche Kind besonders an und berührt einen so tief, gerade weil es nicht von persönlichen Erinnerungen getragen wird, sondern von tiefen Ebenen der Psyche ausströmt. Das göttliche Kind ist immer spirituell und archetypisch, und deshalb transpersonal und numinos.

In seinem klassischen Aufsatz »Die Psychologie des Kind Archetyps« schreibt Jung:

> »Die moderne Psychologie behandelt die Produkte unbewusster Fantasietätigkeit als Selbstdarstellungen von Vorgängen im Unbewussten oder als Aussagen der unbewussten Psyche über sich selbst. Es werden zwei Kategorien solcher Produkte unterschieden. Erstens: Fantasien (inklusive Träume) persönlichen Charakters, welche unzweifelhaft auf persönlich Erlebtes, Vergessenes oder Verdrängtes zurückgehen und demgemäß restlos aus der individuellen Anamnese erklärt werden können. Zweitens: Fantasien (inklusive Träume) unpersönlichen Charakters, welche aber nicht auf Erlebnisse der individuellen Vorgeschichte zurückgeführt und dementsprechend nicht aus individuellen Akquisitionen erklärt werden können« (Jung 1995, 9/1, § 262).

Das Symbol des Kindes kann demnach einerseits vergessene und verdrängte Aspekte der eigenen Kindheit darstellen; andererseits kann es im weiteren Sinne auf allgemeine Tendenzen in allen Menschen hinweisen. In diesem archetypischen Ausdruck kann das Kindsymbol eine Vielzahl verschiedener Bedeutungen für die Gegenwart und Zukunft tragen.

Die weiteren Ausführungen beziehen sich auf den Archetyp des göttlichen Kindes. Wie alle Archetypen kann das göttliche Kind einen großen Einfluss auf die Psyche ausüben, allerdings mit überwiegend positiven Aspekten. Auch das göttliche Kind muss wie alle Archetypen ernst genommen werden: »Archetypen waren und sind seelische Lebensmächte, welche ernst genommen sein wollen und auf die seltsamste Art auch dafür sorgen, dass sie zur Geltung kommen« (Jung 1995,9/1, § 266).

Ein Aspekt des göttlichen Kindes weist auf zukünftige Möglichkeiten hin und deutet Hoffnung, Änderung und Erwartung an:

> »Ein wesentlicher Aspekt des Kindmotives ist sein Zukunftscharakter. Das Kind ist potentielle Zukunft. Daher bedeutet das Auftreten des Kindmotives in der Psychologie des Individuums eine Vorwegnahme künftiger Entwicklungen, auch wenn es sich um eine auf den ersten Blick retrospektive Gestaltung zu handeln scheint« (Jung 1995,9/1, § 278).

Von allen möglichen Archetypen erscheint das göttliche Kind besonders häufig bei der Individuation, dem Jung'schen Begriff für die Suche nach der eigenen Berufung und des eigenen Wesens. Jung beschreibt weiterhin:

> »Es ist daher nicht erstaunlich, dass die mythischen Heilbringer so oft Kindgötter sind. Das entspricht genau den Erfahrungen der Psychologie des einzelnen, welche zeigen, dass das ›Kind‹ eine zukünftige Wandlung der Persönlichkeit vorbereitet. Es antizipiert im Individualprozess jene Gestalt, die aus der Synthese der bewussten und der unbewussten Persönlichkeitsmerkmale hervorgeht. Es ist daher ein die Gegensätze vereinigendes Symbol« (Jung 1995,9/1, § 278).

Der Archetyp des göttlichen Kindes in der Individuation trägt ebenfalls Aspekte des Heimkehrens zu seinem eigenen Wesen. Individuation meint einerseits, eine neue Synthese zu finden, andererseits zu einer Ganzheit zurückkehren, die schon immer vorhanden war, zur Kernpersönlichkeit:

> »Insofern aber der Individuationsprozess empirisch wie eine Synthese verläuft, sieht es aus, als ob ein schon vorhandenes paradoxerweise noch zusammengesetzt würde« (Jung 1995,9/1, § 278).

Schließlich schreibt Jung, dass der Archetyp des göttlichen Kindes Polaritäten und Gegensätze vereinigen kann und Ganzheit ausdrückt: »daher kommt auch allen ›vereinigenden Symbolen‹ Erlösungsbedeutung zu« (Jung 1995,9/1, § 285).

Was sind typische Aspekte des göttlichen Kindes nach C. G. Jung? Der Kindarchetyp kann sich in Bildern eines Kind Gottes oder jungen Helden zeigen. Typische Aspekte sind die wundersame Geburt, Widrigkeiten der frühen Kindheit, Verlassenwerden, Gefahren und Verfolgung. Das Kind ist ursprünglich ohnmächtig, hilflos und von versorgenden Erwachsenen abhängig. Es muss Schwierigkeiten überwinden, um sein Ziel zu erreichen. Das Kind entwickelt sich von dem Zustand der Hilflosigkeit zu einem der Unabhängigkeit, bewegt sich vom Unbewussten zum Bewusstsein und bringt Licht und Ganzheit.

In Bezug auf die Hagiografie des Buddha, können viele dieser Elemente des göttlichen Kindes leicht wiedererkannt werden: die wundersame Empfängnis, Schwangerschaft und Geburt, übernatürliche Fähigkeiten des Kindes, der Abschied, die schwierige Suche und die Erleuchtung. Indem das göttliche Kind in der mythologischen Biografie des Buddha auf diese archetypische Ebene hinweist, übt sie in vielen Mythen weltweit und nicht nur in der Biografie des Buddha einen anziehenden und bereichernden Einfluss auf die Seele aus:

> »Der Mythos aber betont, dass ... vielmehr dem ›Kind‹ überlegene Kraft zu, und es sich unerwartet, trotz aller Gefährdungen durchsetze. Das ›Kind‹ tritt als eine Geburt des Un-

bewussten aus dem Schoß hervor, gezeugt aus der Grundlage menschlicher Natur, oder besser noch, der lebenden Natur überhaupt. Es personifiziert Lebensmächte jenseits des beschränkten Bewusstseinsumfanges, Wege und Möglichkeiten, von denen das Bewusstsein seiner Einseitigkeit nichts weiß, und eine Ganzheit, welche die Tiefen der Natur erschließt. Es stellt den stärksten und unvermeidlichsten Drang des Wesens dar, nämlich den, sich selber zu verwirklichen. Es ist ein mit allen natürlichen Instinktkräften ausgerüstetes Nichtanderskönnen, während das Bewusstsein sich stets in einem vermeintlichen Anderskönnen verfängt« (Jung 1995, 9/1, § 289).

Der Archetyp des göttlichen Kindes hat eine numinose Qualität, er strahlt Spiritualität und Ganzheit aus. Nach C. G. Jung kennzeichnet er sowohl Anfang wie auch Ende:

>»Es ist also nicht nur ein Anfangs-, sondern auch ein Endwesen. Psychologisch bedeutet diese Aussage, dass das ›Kind‹ das vorbewusste und das nachbewusste Wesen des Menschen symbolisiert. Sein vorbewusstes Wesen ist der unbewusste Zustand der frühesten Kindheit, das nachbewusste Wesen ist eine Antizipation per analogiam über den Tod hinaus. In dieser Vorstellung drückt sich das umfassende Wesen der seelischen Ganzheit aus« (Jung 1995, 9/1, § 299).

Es ist interessant festzustellen, dass Kinder während der Psychotherapie häufiger über das Ende des Lebens grübeln als über den Anfang und die Geburt. Es scheint für sie so offensichtlich zu sein, dass sie existieren, und diese ontologische Gewissheit muss nicht weiter hinterfragt werden. Für Kinder ist es viel wichtiger, über die Ungewissheit und Vergänglichkeit ihrer Kindheit nachzudenken, wie lange diese anhalten wird und was folgen wird, nachdem dieses Leben endet. Wie wir später sehen werden, sind dies wichtige Fragen in späteren Abschnitten über die Spiritualität von Kindern.

In ähnlicher Weise wird das Symbol des Kindes in der Sandspieltherapie nicht häufig gewählt. Andere Symbole sind wichtiger: Vater, Mutter, Tiere und andere ansprechende Figuren werden viel leichter und häufiger ausgewählt. Wenn das Kindsymbol auftaucht, ist es oft das Symbol des göttlichen Kindes, wie das neugeborene Jesuskind und die typische Weihnachtsszene, wie im Fall von Patrick so berührend dargestellt. Das göttliche Kind im Christentum ist das Thema des nächsten Abschnitts.

Der Archetyp des göttlichen Kindes im Christentum

Die unterschiedliche Darstellung von Kindern in christlicher und buddhistischer Kunst eröffnet sich sofort, wenn man Ausstellungen beider vergleicht.

> Vor kurzem lief ich durch die Pinakothek Siena, Italien, und war einfach überwältigt. Vom zwölften bis zum 17. Jahrhundert konnte ich das Thema von Madonna und Kind über 500 Jahre verfolgen. Im Mittelalter wurde die Madonna mit Kind vor einem goldenen Hintergrund so dargestellt, dass sie mich mit einem Ausdruck von tiefem Frieden, Ausgeglichenheit und Andacht

direkt anzuschauen schien. Mutter und Kind schauten einander jedoch nicht an, sondern gemeinsam aus dem Bild heraus. In Bildern der Renaissance dagegen interagierten Mutter und Kind miteinander. In einem der Kunstwerke hielt sich das Jesuskind an den Kleidern seiner Mutter fest, wie es alle Babys tun, wenn sie explorieren. Mit der Einführung von Hintergrundlandschaften wurde die Geburtsszene in typisch italienische Gegenden versetzt. Mit zunehmender Bildung und der neuen Druckkunst gibt es sogar ein Bild von der Madonna, die ihr Baby herzt, während sie zur gleichen Zeit ein kleines Buch liest. Während der Barockzeit mit dem damaligen Schönheitsideal wurden Madonna und Kind in einer fülligeren und weltlicheren Form dargestellt. Und dann plötzlich fand ich sie: Im Gang nahe beim Fenster stand eine Statue der Madonna als glückliche, stolze und strahlende Mutter mit ihrem Säugling in ihren Armen. Ich war erstaunt und zutiefst berührt durch die natürliche, sichere Bindung dieser Mutter zu ihrem Kind. Diese außergewöhnliche Skulptur »Madonna von Magnificat« wurde vor 600 Jahren von Giovanni di Turino geschaffen, der von 1384–1455 lebte.

Abb. 19: Eine stolze und glückliche Madonna mit dem Jesuskind. Diese junge Mutter ist glücklich, das Kind hält sich an dem Kragen ihres Kleids fest und spielt mit ihm. Dies ist ein wunderschönes Symbol des göttlichen Kindes – und gleichzeitig des positiven Mutter-Archetyps. Madonna von Magnificat, Giovanni di Turino (Pinacoteca Nazionale di Siena, Siena).

Das Bild der Madonna mit Kind ist auch so berührend, da zwei Archetypen vereinigt werden, die Archetypen des göttlichen Kindes und der positiven Mutter. Weitere Hinweise über die reiche und vielseitige Darstellung von Jesus, dem christlichen göttlichen Kind, findet sich bei Schwarzenau (1988), der die göttlichen Kinder in verschiedenen Kulturen behandelt.

Ganz gegenteilig waren die Eindrücke einer ansonsten umfassenden Ausstellung zur buddhistischen Kunst, die im Weltkulturerbe der UNESCO in einem alten Stahlwerk in Völklingen stattfand. Ich sah mir die Ausstellung sehr genau an und schaute anschließend zu Hause den dicken Katalog durch. Es war mir nicht möglich, eine einzige Statue oder das Bild eines Kindes zu finden, weder von dem Buddha als Säugling noch von dem Buddha im Gespräch mit Kindern. In einem einzigen Relief, das die berühmte Rosenapfelbaum-Szene darstellte, wurde der Buddha als Erwachsener, aber nicht als Kind abgebildet.

Wie wir gesehen haben, spielt das Kindesbild in der buddhistischen Ikonographie oder Lehre keine wichtige Rolle. Im Gegensatz dazu sind die Geburt von Jesus und seine frühe Kindheit typische Beispiele des göttlichen Kindes. Sie sind so berührend, dass Weihnachten als Fest von Christen wie auch von Nichtchristen geliebt und gefeiert wird. Die Weihnachtsbilder sind für alle Menschen wichtig, wie selbst der buddhistische Lehrer Thich Nhat Hanh betonte: »Wenn wir Weihnachten oder die Geburt des Buddhas fallen, feiern wir, dass ein sehr besonderes Kind in die Welt kommt. Die Geburten von Jesus und Buddha waren Schlüsselereignisse in der menschlichen Geschichte« (Hanh 2007, S. 45). Als ein archetypisches Bild erinnert uns das göttliche Kind jeden Tag daran, dass jede Geburt und jedes Kind ein Wunder des Lebens darstellen:

> »Die Geburt jedes Kindes ist wichtig, nicht weniger wichtig als die Geburt des Buddha. Auch wir sind der Buddha, der noch zu werdende Buddha, und wir werden weiterhin jede Minute geboren. Auch wir sind Söhne und Töchter Gottes und die Kinder unserer Eltern. Wir müssen besonders sorgfältig mit jeder Geburt sein« (Hanh 2007, S. 46–47).

Kinder und Jugendliche sind besonders ergriffen von Weihnachten – nicht nur wegen der Geschenke, wie Victoria es nachvollziehbar ausdrückte:

Victoria, eine 16-jährige Jugendliche, wurde wegen chronischen Schmerzen behandelt. Sie sagte, dass sie Weihnachten liebt, obwohl sie keine Christin ist. Sie liebt es, ihr Zimmer und ihr Zuhause von November bis Januar zu schmücken. Jedes Jahr widmet sie Weihnachten zwei Monate. Wenn sie die Wahl hätte, hätte sie sogar gerne zwei Weihnachten: eines im Dezember und ein weiteres im Februar, wenn es immer noch kalt und dunkel ist.

Für sie ist Weihnachten eine Zeit der Liebe. Ihre Eltern sind bei verschiedenen Wohltätigkeitsorganisationen aktiv und sammeln Geld. Sie sind sehr bescheiden, denn sie wollen nicht im Mittelpunkt stehen, und ziehen es vor, anderen Menschen still zu helfen. Sie befürwortet diese sehr christliche Einstellung, d. h. Menschen in Not zu helfen. Sie unterstützt ihre Eltern ihrerseits und wird auch später nach dem Vorbild ihrer Eltern handeln. Victoria sagt, dass man die Bedeutung von Weihnachten in seinem Herzen jeden Tag leben und ausdrücken kann. Für sie ist Weihnachten weniger ein Symbol des Neuanfangs, als ein Symbol der tiefen Liebe. Dies ist es, was sie am meisten beeindruckt.

Die Geschichte der Geburt und Kindheit Jesu müssen in diesem Zusammenhang nicht detailliert wiedergegeben werden, da die meisten Leser mit der Erzählung der Bibel vertraut sein werden. Maria und Josef reisten nach Bethlehem, um sich im Rahmen der römischen Volkszählung zu registrieren. Dort wurde Jesus in einer Krippe geboren, Maria wickelte ihn in Tücher und legte ihn in eine Strohkrippe. Wundersame Ereignisse passierten: Ein Engel erschien und beruhigte die Schäfer in der Nähe. Der Engel sagte, dass sie keine Angst haben müssten, da der Messias geboren wurde und dass sie ihn als ein Säugling in der Krippe erkennen würden. Andere Engel tauchten auf und verkündeten Frieden und Freude (Lukas 2).

Eine Woche nach seiner Geburt wurde Jesus beschnitten und zwei Vögel wurden geopfert. Ähnlich wie beim Buddha, proklamierte ein weiser und frommer Mann namens Simion, dass dieses Baby eine wichtige Rolle spielen würde:

> »Siehe, dieser ist dazu bestimmt, dass viele in Israel fallen und viele aufstehen, und ist bestimmt zu einem Zeichen, dem widersprochen wird – und auch durch deine Seele wird ein Schwert dringen –, damit aus vielen Herzen die Gedanken offenbar werden« (Lukas 2.34–35).

Es ist erstaunlich, dass noch weniger Einzelheiten über die Kindheit von Jesus bekannt ist als die des Buddha, obwohl er 500 Jahre später lebte. Sehr allgemein beschreibt die Bibel: »Das Kind aber wuchs und wurde stark, voller Weisheit, und Gottes Gnade lag auf ihm« (Lukas 2.40). Ein Ereignis ist jedoch detailliert wiedergegeben. Als Jesus zwölf Jahre alt war, besuchte seine Familie Jerusalem für das Passahfest. Auf ihrem Rückweg entdeckten sie, dass Jesus nicht mehr da war und sie begannen nach ihm zu suchen. Sie kehrten nach Jerusalem zurück und fanden ihn schließlich drei Tage später, wie er religiösen Lehrern zuhörte, die über sein Verständnis und seine Fragen erstaunt waren. Als er von seiner Mutter gefragt wurde, warum er dies getan habe und ob er nicht ihre Sorgen berücksichtigt hätte, antwortete er: »Warum habt ihr mich gesucht? Wusstet ihr nicht, dass ich sein muss in dem, was meines Vaters ist?« (Lukas 2.49). Die Bibel erläutert, dass sie nicht verstanden haben, was er meinte. Als er jedoch nach Hause zurückkehrte, war er folgsam und wuchs mit zunehmender Weisheit auf (Lukas 2.41–51).

Diese Geschichte ist typisch für frühreife und spirituelle Kinder: Sie wissen intuitiv, dass es zwei Reiche gibt, nämlich das irdische Reich und das Reich Gottes und dass sie zu beiden Eltern gehören – zu ihren weltlichen Eltern, wie auch ihren universellen oder göttlichen Eltern. Jesus und Buddha waren besondere Kinder, die viele Gemeinsamkeiten teilten. Thich Nhat Hanh weist darauf hin:

> »Als Kinder erkannten Siddhartha und Jesus beide, dass Leben mit Leiden gefüllt ist. Schon in einem frühen Alter nahm der Buddha wahr, dass Leiden überall vorhanden ist. Jesus muss eine ähnliche Erkenntnis gehabt haben, da beide immer bestrebt waren, einen Ausweg aufzuzeigen. Auch wir müssen lernen so zu leben, um das Leiden der

Welt zu reduzieren. Leiden gibt es immer, um uns herum und in uns, und wir müssen Wege finden, dieses Leiden zu lindern und es in Wohlbefinden und Frieden umzuwandeln« (Hanh 2007, S. 48–49).

Ein sehr bewegendes Beispiel hierfür wurde in dem Buch von Vicki Mackenzie beschrieben, die das Leben von Diane Perry beschreibt. Diane Perry wurde später eine tibetische Nonne (bekannt unter dem tibetischen Namen Tenzin Palmo) und verbrachte zwölf Jahre meditierend und alleine in einer Höhle. Selbst als Kind verstand Diane intuitiv die Parallelen von Jesus und dem Buddha. Als sie »etwa neun oder zehn Jahre alt war, sah sie eine Fernsehsendung über die Tempel in Thailand. In einem Tempel war ein Relief, das das Leben des Buddha darstellte. Sie fragte ihre Mutter, wer er war. Ihre Mutter antwortete, dass er eine Art orientalischer Gott sei. Daraufhin erwiderte Diane mit Überzeugung: ›Nein, er hat gelebt und hat eine Geschichte wie Jesus‹« (Mackenzie 1999, S. 18).

Trotz dieser offensichtlichen Ähnlichkeiten zwischen Jesus und dem Buddha geben die Quellen des historischen und symbolischen Buddha als Kind ein völlig anderes Bild wieder als das Kind in der christlichen Tradition. Man kann sich vorstellen, dass der Buddha auch mit Kindern gespielt hat, sie auf seinen Schoß genommen und mit ihnen gesprochen hat, möglicherweise auch erstaunt über ihre Einsichten war. Diese Szenen sind jedoch nicht dokumentiert. Wie wir gesehen haben, spielt das Kind als Symbol eine untergeordnete Rolle in den Lehren des Buddha, ganz im Gegensatz zu den christlichen Schriften. Warum ist das Bild von jungen Kindern in der buddhistischen Ikonographie oder Texten so wenig relevant? Wie lässt sich dies erklären? Selbst heutzutage sind die Straßen Indiens mit Kindern gesäumt: Man sieht sauber gekleidete Schulkinder auf dem Schulweg; Kleinkinder spielen im Staub; andere Kinder helfen ihren Eltern in ihren Läden; und natürlich gibt es das allgegenwärtige Betteln auch bei Kindern.

An mehreren Stellen beschreibt das Neue Testament der Bibel, dass Kinder weiser und einfühlsamer sind als ihre Eltern. Eine der berühmtesten Beschreibungen finden sich in Matthäus 18.1–4:

> »Zu derselben Stunde traten die Jünger zu Jesus und sprachen: Wer ist nun der Größte im Himmelreich? Und er rief ein Kind zu sich und stellte es mitten unter sie und sprach: Wahrlich, ich sage euch: *Wenn ihr nicht umkehrt und werdet wie die Kinder, so werdet ihr nicht ins Himmelreich kommen.* Wer nun sich selbst erniedrigt und wird wie dieses Kind, der ist der Größte im Himmelreich.«

Daraufhin fährt Jesus mit dem berühmten Satz fort: »Und wer ein solches Kind aufnimmt in meinem Namen, der nimmt mich auf« (Matthäus 18.5). Diese Aussage ist wirklich wichtig, da Jesus darin wiederholt, dass die angeborenen Eigenschaften des Kindes nicht etwa Einsicht verhindern, sondern, im Gegenteil, natürliche Botschaften von Spiritualität sind. In anderen Worten sind Kinder wie Jesus selbst. Damit drückt Jesus auch aus, dass Kinder weiser und dem himmlischen Königreich näher sind als Erwachsene. Erwachsene sollten demütig sein, um in das himmlische Königreich, das heißt in die universellen Aspekte des Lebens, einzutreten – vergleichbar mit dem Ozean in buddhistischen Schriften und dem Selbst-Archetyp laut der Terminologie C. G. Jungs.

Diese christliche Einstellung gegenüber Kindern findet sich auch heute, besonders schön ausgedrückt von Papst Franziskus. In einem Zeitungsartikel konnte man lesen, dass Papst Franziskus nicht glaubt, dass kleine Kinder ermahnt werden sollten, in der Kirche still zu sein. Stattdessen sollten Erwachsene still sein und fähig sein, den Kindern zuzuhören. Ferner sagte er: »Die Predigt eines Kindes in der Kirche ist schöner als die eines Priesters, eines Bischofs und des Papstes.« Aus dem Grund sollte man Kindern erlauben, sie selbst zu sein. Damit drückt Papst Franziskus die ursprüngliche Botschaft von Jesus in modernen Worten aus.

Bei einer anderen Gelegenheit sagte Papst Franziskus: »Mich stört es sehr, wenn ein Kind in der Kirche weint und es Leute gibt, die nicht gestört werden wollen und sagen, das Kind soll nach draußen« ... Es sei normal, dass Kinder weinten, Lärm machten und »mal hier und mal dorthin« gingen (Süddeutsche Zeitung, 10. Juni 2016, S. 12).

Jesus, das göttliche Kind in Gedichten

William Blake, der mystische und viel gelebte englische Dichter, Künstler und Kupferstecher, nimmt dieses Thema in dem »Wiegenlied«, einem seiner »Gedichte der Unschuld«, auf. Beginnend mit der sechsten Strophe dieses Gedichtes schreibt er (Blake 2016, S. 72–73):

»Süßes Kindchen, dein Gesicht
scheint ein Abbild heiliger Züge.
Süßes Kindchen, weinte nicht
so dein Schöpfer in der Wiege?

Weinte wohl um mich, um dich,
als ein Kind er war, ein kleines.
Schaue immer sein Gesicht
himmlisch lächeln auch auf deines.

Der ein Kind einst ward, ein kleins,
lächelt dir und mir, uns allen.
Kindeslächeln, das ist seins:
Himmel und Erd ein Wohlgefallen.«

Blake führt in diesem Gedicht das Thema aus, das im Christentum so entscheidend ist: die Analogie der Unschuld von einem Säugling und der Liebe Jesu. Das göttliche Kind und die Geburt Christi sind ein Hauptsymbol von Hoffnung, Trost und Erlösung – Symbole, die in dieser Form nicht im Buddhismus existieren.

Das göttliche Kind wird nicht nur in Gedichten und Bildern dargestellt. Mystiker wie William Blake wurden persönlich immer intuitiv von Kindern angezogen. Es ist überliefert, dass William Blake es liebte, mit Kindern zu spielen. Sein Biograf Bentley (2001) zitiert mehrere Textstellen von Zeitgenossen, die dieses bezeugen. So wird eine Frau namens Hannah Linnell zitiert:

»Die Kinder erwarteten seine Besuche. Er war bei Kindern sehr beliebt, die in seinen Gedichten und Geschichten von spirituellen Dingen und Wesen schwelgten, die für ihn so real und so nah waren. Wenn sich also die zwei Freunde dem Bauernhaus näherten, wurden sie von einer freudigen kleinen Truppe begrüßt, die von einem kleinen blonden Mädchen angeführt wurde« (Bentley 2001, S. 432).

Seinerseits genoss Blake die Anwesenheit von Kindern:

> »Sobald er erwartet wurde, passten die Kinder genau auf, ihn in der Ferne zu sehen. Eine von ihnen … kann sich daran erinnern, dass sie als kleines Mädchen im Alter von fünf oder sechs Jahren auf ihn wartete; und wie er über den Hügel kam und von den Kindern gesehen wurden, ein bestimmtes Signal von sich gab …« (Bentley 2001, S. 432).

Weitere Kindheitserinnerungen über ein Treffen mit Blake wurde von einem der Kinder ein halbes Jahrhundert später aufgezeichnet:

> An Blake wurde dabei erinnert als »ein ernster und ruhiger Gentleman mit weißem Haar, hohen Brauen und großen offenen Augen, sowie mit einer freundlichen und ruhigen Art. Er mochte Kinder gerne und nahm oft die Kinder von Herrn Linnell auf seine Knie, redete mit ihnen auf eine ernste, aber unterhaltsame Art und Weise, indem er ihnen Geschichten erzählte und sich an ihren Vergnügungen beteiligte« (Bentley 2001, S. 432).

Wie wir später sehen werden, war William Blake selbst ein hoch spirituelles Kind, sogar mit intensiven Halluzinationen, oft mit christlicher Symbolik. Jedoch werden wir zuerst betrachten, wie der Archetyp des göttlichen Kindes in anderen Kulturen dargestellt wurde.

Der Archetyp des göttlichen Kindes in anderen Kulturen

Als ein Archetyp ist das Bild des göttlichen Kindes nicht auf den Buddhismus und das Christentum beschränkt, sondern ist ein weitverbreitetes Symbol in den meisten Kulturen weltweit. In diesem Zusammenhang, werden nur wenige Beispiele beschrieben. Leser werden auf die fundierten Bücher zum göttlichen Kind verwiesen, wie die von Günther (2007) und Schwarzenau (1988).

Krishna

Das erste Beispiel stammt aus dem Hinduismus, der vorherrschenden Religion in Indien, dem Herkunftsland des Buddha. Wie Jesus ist Krishna in der hinduistischen Mythologie eine der Inkarnationen des Gottes Vishnu, eine göttliche Verkörperung in Form eines Kindes. Er wurde Krishna genannt, »der Dunkle«, da seine Haut so dunkel war wie eine blaue Lotusblume. Hervorstechende Merkmale seiner Biografie als Kind sind seine Streiche, Witze, Scherze und Possen. Einmal band er die Schwänze von Kühen zusammen und trank die Milch aus ihren Eutern. Er fütterte Affen mit Käse, den er gestohlen hatte. Ein anderes Mal aß er Lehm, log aber seine Mutter an und verneinte dies. Dies hatte zur Folge, dass sie darauf bestand, dass er seinen Mund öffnete. Als er dies tat, konnte sie die gesamte Schöpfung, das Universum mit Sonne, Mond, Sternen und Planeten in seiner Mundhöhle erkennen.

Als fünfjähriges Kind spielte Krishna mit den Kühen, schmückte sie mit Blumen und spielte die Flöte. Mit anderen Kindern spielte er mit Obst, verkleidete sich als Kuh und Stier und imitierte ihr Muhen. Die Kinder tummelten sich auf den Feldern und in den Wäldern und imitierten dabei andere Tiere. Wie andere göttliche Kinder hatte Krishna übermenschliche Kräfte und konnte wilde Tiere bezwingen, Dämonen in die Flucht schlagen und andere gefährliche Situationen meistern

Ein anderer Aspekt von Krishna waren seine betörenden und zauberhaften musikalischen Fähigkeiten, womit er Mädchen wie auch Frauen bezauberte. Besondere Aspekte des göttlichen Kindes bei Krishna waren seine Spontanität, Freude, Verspieltheit und Freiheit von und jenseits weltlicher Regeln und Vorschriften. Auch überschreitet er die Regeln der Erwachsenen regelmäßig. Wie immer bei wahrer Spiritualität sind die symbolischen Eigenschaften von Krishna archetypisch und universell und sprechen deshalb jede Person an.

Nach Günther (2007, S. 22) geht Krishna »auf spielerische, leichte Weise durch sein Leben; er ist nicht ein ernster Gelehrter oder ein Asket, sondern ein Vorbild für Freude und Lebenslust auch in Angesicht von Gefahr.«

Horus

Ein weiteres göttliches Kind ist Horus, das Kind von Isis und Osiris aus der ägyptischen Mythologie. Er wird als Kleinkind auf dem Schoß seiner Mutter dargestellt, wie er gestillt und genährt wird – ganz ähnlich wie die Darstellungen der Madonna mit Jesus. Auf anderen Statuen lutscht er am Daumen, wie es viele Kinder tun. Er wird oft auch als Falke porträtiert und als Beschützer der Kinder.

Dionysos

Die griechische Mythologie weist eine Fülle von speziellen göttlichen Kindern auf. Ein Beispiel ist Dionysos, der Sohn von Zeus und Semile. Dionysos verkörpert Eigenschaften der Ekstase, der Raserei, des Rausches, Sexualität und Wahnsinns, indem er alle Konventionen missachtet und überschreitet. Symbolisch repräsentiert er Wein, Tanz und Musik. Dionysos ist damit eine Verkörperung der ekstatischen Spiritualität, die in vielen Traditionen kultiviert wird.

Dionysos hatte diese ekstatischen Eigenschaften schon vorgeburtlich im Körper seiner Mutter Semile. Er verbrachte den zweiten Teil der Schwangerschaft im Oberschenkel seines Vaters Zeus. Nach der Geburt wurde er von Nymphen genährt und gestillt. Als göttliches Kind verkörpert er Ekstase, Liebe und Rausch.

Diese Beispiele sollen genügen, um die kulturelle Vielfalt des Archetyps des göttlichen Kindes darzustellen. Wie Günther (2007) und Schwarzenau (1988) ausgearbeitet haben, ist das göttliche Kind ein wahrhaft universeller Archetyp, der verschiedene Extreme der Spiritualität repräsentiert, da das Göttliche nicht an Regeln, Gesetze oder bestimmte Vorgaben gebunden ist.

5   Spiritualität und Religiosität

Definitionen von Spiritualität und Religiosität

Spiritualität und Religiosität sind zwei sich ergänzende transzendente Erfahrungen, die in jeder Gesellschaft und bei einigen Menschen zusammentreffen können. In säkularen Gesellschaften ist die Sehnsucht nach Spiritualität bei jungen Menschen oft verbunden mit einer Desillusionierung darüber, was ihnen traditionelle Religionen zu bieten haben. In Gesellschaften einer vorherrschenden religiösen Orientierung ist religiöse Praxis natürlich ohne tiefe spirituelle Erfahrung möglich.

Es gibt viele verschiedene Definitionen von Spiritualität und Religiosität. Religiosität kann definiert werden als ein nicht persönliches System von transzendenten Werten, die in Institutionen, Glauben, Theologien und Ritualen strukturiert werden. Religiosität wird hochgradig von historischen und sozialen Faktoren beeinflusst (von Gontard 2013a, S. 21).

Spiritualität hat viele Synonyme, da spirituelle Erfahrung vom Wesen her nicht verbal definierbar ist. Verwandte Termini zu »spirituell« sind transzendent, transpersonal, numinos und viele andere mehr. Typisch ist dabei, dass Spiritualität eine ubiquitäre, inhärente Eigenschaft aller menschlichen Wesen darstellt. Sie wird demnach nicht so sehr von Umweltfaktoren beeinflusst wie die Religiosität.

Eine sehr einfache Definition von Spiritualität lautet: »Die intrinsische menschliche Fähigkeit zur Selbsttranszendenz, in dem das Individuum an dem Göttlichen teilnimmt, an etwas Größerem als das selbst« (Yust et al 2006, S. 8).

Eine andere Definition lautet: »Das Bedürfnis, die Fähigkeit und Suche des Individuums nach transpersonaler Transzendenz. Es ist ein inhärenter Aspekt der menschlichen Entwicklung« (von Gontard 2013a, S. 21).

Zuletzt definiert Miller Spiritualität anhand drei universeller, angeborener Komponenten: ein Gefühl, dass wir Teil des Ganzen sind; eine Beziehung mit dem Transzendenten durch Gebet, Meditation und Dialog; und schließlich eine Verbundenheit mit anderen Menschen (Miller 2015, S. 61).

Ferner bietet Miller auch folgende Definition der Spiritualität an:

> »Spiritualität ist ein inneres Gefühl einer Beziehung zu einer höheren Kraft, die liebend und leitend ist. Die Namen, die wir dieser höheren Kraft geben, sind zum Beispiel Gott, Natur, Geist, das Universum, der Schöpfer oder andere Worte, die eine göttliche Gegenwart ausdrücken. Aber der wichtige Punkt ist, dass Spiritualität unsere Beziehung und unseren Dialog mit dieser höheren Gegenwart umfasst« (Miller 2015, S. 25).

Typische Aspekte der Spiritualität

Als eine intrinsische Fähigkeit der Menschlichkeit ist spirituelle Erfahrung vom Säuglingsalter an zugänglich. Sie ist kein Privileg der Erwachsenen. Im Gegenteil sind Kinder besonders offen gegenüber Spiritualität, wie Lionel Corbett treffend feststellte: »Kinder sind besonders empfänglich gegenüber numinoser Erfahrung, da ihre Sensitivität noch nicht durch soziale Erwartungen abgestumpft ist. Ihnen fehlen die Vorurteile des Erwachsenenalters. Sie sind durchlässig für transpersonale Erfahrung« (Corbett 2007, S. 27). Ganz ähnlich stellen Hay und Nye in ihrem klassischen und viel gepriesenen Buch »The Spirit of the Child« fest, dass Kinder offener und unschuldiger, aber auch verletzbarer in ihrem Zugang zur Spiritualität sind (Hay und Nye 2006, S. 33). Diese Offenheit kann mit zunehmendem Erwachsenwerden abnehmen, wenn die Spiritualität verleugnet, unterdrückt und aus der täglichen Erfahrung ausgeschlossen wird. Wie Hay und Nye betonen: »Die Erwachsenenwelt, in welche unsere Kinder eingeweiht werden, ist häufiger destruktiv ihrer Spiritualität gegenüber« (Hay und Nye 2006, S. 33).

Spiritualität ist nicht von Voraussetzungen, Bedingungen oder Talenten abhängig, aber für jeden offen. Im Gegenteil öffnen Krisen, körperliche Erkrankungen und psychisches Leid Türen und Fenster zur Spiritualität. Viele Beispiele dieses Buchs stammen von Kindern, die tiefe persönliche Qualen und Verwirrung erlitten, die aber Katalysatoren zu einem weisen und transpersonalen Verständnis sein können. Ebenso beruht die natürliche und spontane Spiritualität von Kindern nicht auf Unterricht oder Praxis. Jedoch kann das Nähren und Kultivieren der Spiritualität die Wahrscheinlichkeit für spirituelle Erfahrungen erhöhen, ohne sie zu garantieren. In der Natur zu sein und sich durch die Wucht und Herrlichkeit der Natur berühren zu lassen, kann Spiritualität begünstigen. Stille, Absorption in Spiel, Achtsamkeit und Entspannung sind auch positive Bedingungen für spirituelle Erfahrung.

Spiritualität ist an sich etwas Persönliches und Individuelles. Viele Menschen scheuen sich, darüber zu sprechen. Spiritualität ist kein öffentliches Ereignis und die Zugehörigkeit zu spirituellen oder religiösen Gruppen ist nicht notwendig.

Dennoch kann Spiritualität kommuniziert werden, vor allem mit Menschen, die ähnlich tiefe Gefühle und Einsichten gehabt haben. Spiritualität ist eine empirisch und phänomenologisch subjektive Realität, die so klar und offensichtlich für das erfahrende Individuum ist, dass es keine Zweifel gibt – ganz ähnlich wie die Farbe des Himmels. Kommunikation, Austausch und Teilen kann extrem unterstützend sein, da manche spirituelle Erfahrung nicht nur erhebend, sondern auch beunruhigend sein kann. Diese Erfahrung zu validieren und sie in einen größeren Zusammenhang zu stellen, kann extrem hilfreich sein.

Wahre Spiritualität ist eingebettet in Beziehungen. Güte, Empathie und Mitgefühl sind natürliche Ausdrucksformen der Spiritualität. Tatsächlich ist die interpersonelle Spiritualität der wichtigste Aspekt für Kinder. Spiritualität kann auch in ethischem Verhalten ausgedrückt werden, in dem selbstverständlichen und natürlichen Wissen darüber, was richtig und falsch ist.

Spirituelle Erfahrung ist ein psychisches Phänomen, das nur durch bewusste Gefühle, Gedanken und Sinneseindrücke überhaupt wahrgenommen werden kann. Spirituelle Erfahrung ist eine psychische Realität, die nicht abhängig von Spekulationen über mögliche Ursprünge der Spiritualität ist. Es ist nicht wichtig, ob sie einer Einzelperson, einem persönlichen Gott, einer höheren Kraft oder irgendeinem anderen Faktor zugeschrieben wird. Es ist interessant, dass der Buddha und weise Individuen wie C. G. Jung, auf metaphysische Spekulationen verzichtet haben. Glaube kann für manche Menschen hilfreich sein, zum Beispiel innerhalb eines religiösen Rahmens, aber ist nicht notwendig, um die Spiritualität zu validieren. Metaphysische Erklärungen gehören zu den Aufgaben der Religion und sind nicht Inhalt dieses Buches, das sich auf die inhärente, natürliche und spontane Spiritualität jedes Menschen konzentriert. Wie der Jung'sche Analytiker Murray Stein zusammenfasste:

>Was ich befürworte, zusammengefasst, ist ein individueller Weg zur Spiritualität die auf persönlicher Erfahrung beruht und gelebt wird, indem aus psychologischer Perspektive über sie reflektiert wird. Sie existiert außerhalb aller religiösen Organisationen und Strukturen. Ich werde diese Art, sich der Spiritualität zu widmen, als »Minding the Self« bezeichnen« (Stein 2014, S. 4).

In diesem englischen Ausdruck deutet Stein zwei Aspekte an: Einerseits, achtsam gegenüber dem Selbst, dem zentralen Archetyp zu sein; andererseits, auf dieses Selbst zu achten, es zu schützen und darauf aufzupassen.

Studien zur Spiritualität

In den vergangenen Jahren wurden hervorragende quantitative, empirische Studien veröffentlicht. Die amerikanische Psychologin Lisa Miller und viele andere haben exzellente Arbeiten durchgeführt, von denen viele in ihrem Buch »The Spritual Child« (2015) zusammengefasst wurden.

Manche dieser Studien wurden mit Tausenden von Teilnehmern und unter Verwendung komplexer statistischer Methoden durchgeführt. Manche der Studien sind repräsentativ und populationsbezogen, indem sie alle Personen in einer umschriebenen geographischen Region eingeschlossen haben. Diese Studien sind besonders wertvoll, da sie keine Selektionseffekte vorweisen. Eine Einschränkung jedoch ist, dass unterschiedliche Definitionen von Spiritualität in den Studien verwendet werden. In manchen werden Religiosität und Spiritualität nicht genügend voneinander unterschieden. Auch lag der Fokus der Studien bisher eindeutig auf Jugendlichen und jungen Erwachsenen, unter Vernachlässigung vor allem von jungen Kindern.

Bis auf wenige Ausnahmen wurde diese Forschung vor allem bei jungen Menschen aus christlichen und jüdischen Gesellschaften und Gruppen durchgeführt. Eine Ausnahme ist die Studie von Robbins et al. (2015), die aufzeigen konnte, dass tibetische buddhistische Kinder ab dem Alter von drei Jahren die Neigung und Fähigkeit entwickeln, mit anderen zu teilen. Thanissaro (2014) konnte zeigen, dass britische buddhistische Jugendliche eine positive Einstellung gegenüber religiöser Bildung haben.

In diesem Zusammenhang, werden nur die Hauptbefunde von quantitativen Studien zusammengefasst, ohne dabei statistische Einzelheiten zu präsentieren. Interessierte Leser werden auf die ursprünglichen Publikationen für weitere Informationen verwiesen. Was zeigen diese wichtigen empirischen Studien? Ihre Hauptbefunde sind:

- Es gibt eine natürliche Spiritualität, die allen Kindern und Jugendlichen inhärent ist (Miller 2015).
- Diese Spiritualität ist persönlich und beinhaltet einen Dialog und eine Beziehung mit einer transzendenten Kraft (Miller 2015).
- Spiritualität ist mit Freude und Glücksgefühlen in Kindern verbunden (Holder et al., 2010).
- Genetische Faktoren spielen eine wichtige Rolle bei Spiritualität und Religiosität, sowie bei assoziierten psychischen Störungen (Kendler et al 1997; Vance et al. 2014).
- Positive Spiritualität steht in Verbindung mit positiven Persönlichkeitsmerkmalen (Barton und Miller 2015).
- Spiritualität ist eindeutig ein protektiver Faktor gegenüber Depression (Barkin et al. 2015; Miller 2013).
- Religiosität kann ebenfalls Depression reduzieren (Miller und Gur 2002).
- Tägliche spirituelle Erfahrungen, Vergebung und religiöse Bewältigungsstrategien führen zu geringeren Raten von Depression (Desrosiers und Miller 2007).
- Mütterliche Religiosität ist der beste protektive Faktor gegenüber Depression bei ihren Kindern (Miller et al. 1997).
- Spiritualität ist ebenfalls ein protektiver Faktor gegenüber Substanzmissbrauch (Miller et al. 2000).
- Spiritualität und Religiosität können externalisierende Verhaltenssymptome reduzieren (Holmes und Kim-Spoon 2016).
- Widersprüchliche Befunde fanden sich bezüglich der Frage, ob Spiritualität auch protektiv wirkt, um dissoziales Verhalten und andere psychische Störungen zu reduzieren (Barkin et al. 2015).
- Spiritualität ist ein protektiver Faktor nach Gewalterfahrung in der Kindheit (Howell und Miller-Graff 2014).
- Spiritualität und Religiosität scheinen die Resilienz nach Missbrauchserfahrungen und Trauma während der Kindheit zu erhöhen (Brewer-Smyth und Koenig 2014).
- Andererseits kann Kindesmissbrauch spätere Religiosität vermindern (Tailor et al. 2014).
- Spiritualität zeigt besonders schnelle und starke Veränderungen während der Jugend, die als spirituelles Erwachen verstanden werden können (Miller 2013).
- Achtsamkeit als Persönlichkeitsmerkmal und spirituelle Praxis sind bei Jugendlichen miteinander verbunden (Cobb et al. 2015).

- Eltern haben einen großen Einfluss auf die Spiritualität ihrer Jugendlichen (Desrosiers et al. 2011).
- Mütter sind die Hauptüberträgerinnen bei der Vermittlung von spiritueller Unterstützung, während Väter wichtig sind, indem sie durch eine warme Vater-Kind-Beziehung die Spiritualität bei Jugendlichen begünstigen (Desrosiers et al. 2011).
- Mütter spielen eine wichtige Rolle bei der Entwicklung von Spiritualität bei Jugendlichen, indem sie unterstützende Freunde und Gleichaltrige aussuchen (Desrosiers et al. 2011).
- Spiritualität und Religiosität vermitteln psychologische Resilienz über verschiedene Wege: Durch Bindung, Beziehungen, soziale Unterstützung, ethische Werte, Gelegenheit für persönliches Wachstum und Bewältigungsmechanismen im Umgang mit Widrigkeiten (Kim und Esquivel 2011).
- Spiritualität verstärkt persönliches Wohlgefühl und Freude bei Jugendlichen (Kim und Esqivel 2011).
- Es gibt eingeschränkte Hinweise darauf, dass Spiritualität auch Angst reduziert (Kim und Esquivel 2011).
- Religiöses Engagement und Bekenntnis verbessert Schulleistungen (Kim und Esquivel 2011).
- Es gibt nur eine beschränkte Zahl von Studien über die Effekte von Spiritualität auf die körperliche Gesundheit, ganz im Gegensatz zu den vielen Studien über die Auswirkungen von Spiritualität auf psychische Störungen (Cotton et al. 2006).

In Anbetracht dieser überzeugenden Befunde ist es verwunderlich, dass die Spiritualität von Kindern und Jugendlichen in westlichen Gesellschaften nicht mehr anerkannt ist. Ein Grund hierfür könnte sein, dass die derzeitige Kultur eine extravertierte Einstellung bevorzugt und die Bedeutung der Introversion unterschätzt. Auch führt die materielle Orientierung in vielen Gesellschaften dazu, sich auf Erfolg, Leistung und Konsum zu konzentrieren unter Vernachlässigung von inneren spirituellen Werten und Erfahrungen. Hay und Nye haben die kindliche Spiritualität treffend als ein »verstecktes Phänomen« aufgrund einer »kulturell vernachlässigten Vergesslichkeit, die uns erlaubt das Offensichtliche zu ignorieren«, beschrieben (Hay und Nye 2006, S. 9). Nach Hyde sind die zwei wichtigsten Faktoren, die die Spiritualität von Kindern hemmen: Das materielle Streben in konsumorientierten Gesellschaften, d. h. der Fokus auf materiellen Besitz; und zweitens »Trivialisierung«, d. h. die Vermeidung von wichtigen Fragen über Sinn und entscheidenden Werten im Leben (Hyde 2008, S. 144 ff.).

Prävalenz der Spiritualität

Es gibt zwei Möglichkeiten, die Spiritualität von Kindern und Jugendlichen zu untersuchen: Erstens retrospektiven Angaben von Erwachsenen, die auf ihre Kindheit zurückblicken. Diese können natürlich mit Ungenauigkeiten, Verzerrungen und einseitigen Tendenzen verbunden sein. Andererseits ermöglichen direkte Berichte von Kindern und Jugendlichen eine ungefilterte und frische Mitteilung des gegenwärtigen Erlebens. Hierbei sind sozial erwünschte Antworten, Scham und Unsicherheit, sowie die jeweilige Methodik (ob mit Fragebögen oder Interview) zu berücksichtigen.

Beide Zugänge sind wichtig. Ich bin sicher, dass sich die Leser dieses Buches, während sie die vielen Berichte von Kindern lesen, möglicherweise an ähnliche Situationen während ihrer eigenen Kindheit erinnern. Dies ist etwas, was ich häufig in Seminaren und Arbeitsgruppen zur kindlichen Spiritualität erfahren habe. Kindheitserinnerungen, die zum Teil über Jahrzehnte verloren schienen, tauchen wieder auf, werden willkommen geheißen und können eine neue Bedeutung für Erwachsene bekommen. Manchmal treten Gefühle des Bedauerns und Bereuens zutage und sind oft mit der Frage verbunden, warum man es damals verpasst hat, diese intensiven Augenblicke, als man noch so jung und offen war, mit vollem Bewusstsein zu erleben.

Prävalenzstudien bei Kindern und Jugendlichen

Da die Spiritualität ein inhärenter Aspekt der menschlichen Entwicklung darstellt, tragen alle Kinder die Fähigkeit in sich, verschiedene spirituelle Bereiche zu entwickeln und zu erfahren. Die Prävalenz der Spiritualität beträgt deshalb 100 %, d. h., alle Kinder haben Zugang zur Spiritualität.

Bisher fehlen überzeugende repräsentative Studien, die verschiedene Aspekte der Spiritualität in ihrer Häufigkeit exakt erfassen. Dies liegt überwiegend an methodischen Problemen, d. h. wie die Spiritualität erfragt wurde. Andererseits scheuen sich manche Kinder über Spiritualität zu sprechen, da es so ein persönliches und verstecktes Phänomen für sie ist. Es ist viel einfacher, zum Beispiel die Zugehörigkeit zu einer Kirche oder Religion in Studien zu erfassen. Somit scheint ein Mangel an qualitativ hochwertigen, zuverlässigen, quantitativen und populationsbasierten Prävalenzstudien über kindliche Spiritualität zu existieren.

Aus diesem Grund ist der zweite Zugang sehr wertvoll, d. h. Studien von Erwachsenen, die sich an ihre Kindheit erinnern – genauso wie ich es getan habe, als ich dieses Buch geschrieben habe und wie viele Leser es beim Lesen selbst erfahren werden, einfach aus dem Grund, dass wir alle einmal Kinder gewesen sind.

Retrospektive Studien von Erwachsenen

In der großen Studie von Nelson und Hart (2005) wurden 453 Erwachsene über verschiedene spirituelle Erfahrungsbereiche befragt, die sie als Kinder erlebt hatten. Einer dieser Bereiche war das Gefühl einer »nicht alltäglichen Lenkung« im Leben. Damit ist gemeint, ob man das Gefühl hatte, auf eine lebensverändernde und entscheidende Art ergriffen oder geleitet zu werden. Ein anderer Bereich waren »nicht alltägliche Wahrnehmungen«, die übersinnliche Bewusstheit und Erkenntnisse umfassten. Und schließlich wurde »mystisches Wissen« als nicht alltägliche Erfahrungen definiert, die sich in Gefühlen von Wundern, Staunen und mystischen Verbundenheitserfahrungen zeigten.

Die Ergebnisse zeigten, dass 57,2 % aller Erwachsenen als Kinder häufig eine »nicht alltägliche Lenkung« erfahren hatten, 66 % »nicht alltägliche Wahrnehmungen« und 61,8 % »mystisches Wissen«. Insgesamt konnten 90 % der Erwachsenen mindestens eine Art von spirituellen Kindheitserfahrungen wiedergeben. Dies bedeutet, dass die Spiritualität bei Kindern die Regel und nicht die Ausnahme darstellt.

Für eine Minderheit der Erwachsenen trat die erste Erfahrung bereits im Vorschulalter, vor dem sechsten Lebensjahr, auf. Ungefähr ein Drittel der Erwachsenen konnte sich an die ersten spirituellen Begegnungen während der mittleren Kindheit (Alter von 6–12 Jahren) erinnern, und die Hälfte als Jugendliche (Alter von 12–18 Jahren). Die Autoren kommen zum Schluss, dass »Kinder ein aktives spirituelles Leben haben und dass ihre Erfahrungen signifikante Punkte in ihrem Leben darstellen« (Nelson und Hart 2005, S. 33).

Scott (2004) untersuchte 22 schriftliche Berichte von Erwachsenen, die auf ihre spirituellen Erfahrungen als Kinder und Jugendliche zurückblicken. Manche Erinnerungen wurden bisher noch nie mitgeteilt und sogar geheim gehalten – aus Angst davor, missverstanden oder als psychisch krank angesehen zu werden. Scott schildert viele lebendige und beeindruckende Beispiele, wie das von Nora, einem fünfjährigen Mädchen, die so schockiert über die Erkenntnis war, dass nur sie und nicht ihre Freundinnen Auren wahrgenommen hatte, dass sie diese Auren über Jahrzehnte nicht mehr wahrnehmen konnte:

> »Als ich vier oder fünf Jahre alt war, spielte ich mit zwei Freundinnen. Eine fragte mich: ›Was meine Lieblingsfarbe war‹. Ich antwortete: ›Pink‹. Sie fragte: ›Was für ein Farbton?‹ Ich sagte: ›Der Farbton Pink wie das Licht um deinen Kopf‹«. Beide kleinen Mädchen sagten: ›Welches Licht um den Kopf‹. Ein beängstigender Stich so scharf wie ein Messer ging durch mein Herz und ich wusste, dass sie die Wahrheit sagten, sie sahen das Licht nicht. Ich sah etwas, was sie nicht sehen konnten. Nie wieder sah ich Lichter um Menschen herum bis in meine Dreißiger« (Scott 2004, S. 70).

Spirituelle Erfahrungen können lebensverändernde Ereignisse sein, wenn sie positiv integriert werden. Sie haben einen Einfluss auf Lebensentscheidungen, Berufswege, Werte und Neigungen, emotionale Orientierungen, das Selbstwertgefühl, philosophische und religiöse Richtungen. Zum Beispiel konnte sich eine Frau höchst lebendig daran erinnern, was sie als neunjähriges Mädchen erlebte, als sie zum ersten Mal die Cook Inseln im pazifischen Ozean besuchte. Als sie am ersten Morgen aufwachte:

»Ich erinnere mich, dass ich vollständig entzückt darüber war, dass eine solch andere Welt existierte als jene, die ich kannte. Diese Erfahrung hatte eine riesige Auswirkung auf mein Leben und änderte meine gesamte Sicht. Sie machte mich so neugierig auf andere Kulturen der Welt und darauf, wie viel mehr es noch gab, was ich nicht wusste und wissen wollte.« (Scott und Evans 2010, S. 151).

In retrospektiven Interviews von zwölf Erwachsenen trat das erste spirituelle Erlebnis im Durchschnittsalter von fünf Jahren auf (Schlarb 2007). Diese Erfahrungen umfassten folgende Erlebnisse: Ein Gefühl von Verbundenheit mit allem; nicht alltägliche Erfahrungen der materiellen Realität; ein Gefühl von Zeitlosigkeit; Spontanität und Staunen; Friede und Entzückung; die Wahrnehmung einer größeren Gegenwart des Wissens; dramatische Veränderung der Selbstwahrnehmung. Bei den meisten Erfahrungen war es die Natur, die den Hintergrund bildete und die Erlebnisse begünstigte.

Dieser enorme Einfluss der Natur lässt sich in dem Bericht einer 60-jährigen Frau gut nachvollziehen, die sich an ein intensives spirituelles Erlebnis als Kind erinnerte. Beim Laufen schaute sie auf das Gras und spürte die Sonne auf ihrem Rücken. Wie sie berichtet:

»Plötzlich fühlte ich, wie eine Welle von Energie über mich hinwegströmte, ein Gefühl, dass die Zeit stillstand und dass der Raum, den ich erlebte, irgendwie größer und friedlicher war – so als ob ich im Mittelpunkt eines Energiefeldes stand. Die Grashalme, die ich sah, schienen mikroskopisch klein zu sein. Ich hatte das Gefühl, dass die gesamte Bedeutung des Universums in einem Grashalm enthalten war, dass Gott selbst hier neben der Sohle meines Tennisschuhs präsent war. Ich war aufgeschreckt durch diese Einsicht, aber ich konnte sie die ganze Zeit nicht verstehen. Aber die Erinnerung daran blieb in meinen Gedanken mit dem Älterwerden lebendig und kehrte viele, viele Male wieder zurück, als ich über Leben, Religion, Mitgefühl und den eigenen spirituellen Weg lernte« (Miller 2015, S. 165).

Alle diese Berichte verdeutlichen, welchen Einfluss spirituelle Kindheitserfahrungen auf das gesamte Leben nehmen. Ähnlich drückte es der amerikanische Meditationslehrer Jack Kornfield aus. Die spontane, natürliche Spiritualität ist immer vorhanden, selbst bei sehr jungen Kindern:

»Schau in die Augen eines dreijährigen Kindes. Jedes Kind hat einen Geist (Spirit) der natürlicherweise frei ist, der tanzen, spielen, rufen und gestalten möchte. Mit der Zeit, wenn unser Geist geprägt und diszipliniert wird, können wir stillgelegt werden. Manchmal scheint es so, als ob unser Geist verloren ist, aber dies ist nicht der Fall; er ruht nur. Das Kind des Geistes in dir wartet darauf, dass du es selbst jetzt frei ausdrückst« (Kornfield 2017, Ort 1949).

Es ist nur wichtig, dieser spontanen Spiritualität Raum zur Entfaltung zu geben und sie im Leben zu integrieren:

Hoshino, ein einfacher Lastwagenfahrer, der sein ganzes Leben geschuftet hat, denkt:

»an seine Kindheit. An die Zeit, in der er jeden Tag zum Fluss gelaufen war, um Schmerlen zu fangen. Damals brauchte er über nichts nachzudenken. Es genügte, wenn er einfach lebte. Solange er am Leben war, war er etwas. Es hatte sich ganz natürlich so ergeben. Doch mittlerweile war das nicht mehr so. Durch das Leben war er zu einem Nichts geworden. Es war schon eine komische Sache. Ein Mensch muss doch geboren werden, um zu leben? Oder etwa nicht? Dennoch verlor er, je länger er lebte, immer mehr von seinem Inhalt. Und vielleicht würde er im Laufe seines Lebens zunehmend zu einem überflüssigen, leeren Menschen werden. Da stimmte doch etwas nicht. Das durfte es doch nicht geben. Ob er den Lauf der Dinge irgendwie ändern könnte?« (Murakami 2006, S. 444).

Hoshino, eine Nebenfigur des berühmten und klassischen Romans von Haruki Murakami »Kafka am Strand« (2006) äußert als Erwachsene rückblickend eine tiefe Erkenntnis: Als Kind genügte es zu leben – die Existenz war selbstverständlich. Mit dem Älterwerden kamen keine Zugewinne, sondern Verluste. Etwas Natürliches, Spontanes blieb mit dem Erwachsenwerden auf der Strecke.

Intuitv ahnen manche Kinder genau, dass sie ihr ursprüngliches, selbstverständliches und spirituelles Dasein verlieren könnten, verbunden mit Zweifel über ihr zukünftiges Leben als Erwachsene. Aber der letzte Satz des Zitates von Murakami drückt aus, dass es nicht so bleiben muss. Die kindliche, offene Spiritualität ist niemals verloren, sondern jederzeit und an jedem Ort wieder zugänglich. Man muss nur abwarten und das akzeptieren, was sich offenbaren will.

Negative Integration

Nicht alle spirituellen Kindheitserfahrungen können so positiv wiedergegeben werden wie die bisherigen. Scott (2004) weist auf die Schwierigkeiten hin, wenn spirituelle Erfahrungen verleugnet, ignoriert oder unterdrückt werden. Negative Konsequenzen können Einsamkeit, Unsicherheit, Angst und Verwirrung sein. Spirituelle Erfahrungen benötigen Akzeptanz, Rückversicherung, Bestätigung und Integration, damit sie zu wirklich positiven Wendepunkten im Leben werden können.

Auch zeigt die Studie von Schlarb (2007), dass die Integration und Assimilation von Spiritualität in den Alltag für Kinder schwierig sein können. Innere Gründe für eine fehlende Integration können persönliche Verwirrung, das Fehlen deskriptiver Sprache zur Verarbeitung der Erfahrung, die Organisation anderer drängender Aufgaben sowie mangelnde Zeit oder Vergesslichkeit sein. Externe Hindernisse können zum einen Sorgen und Ängste der Kinder sein, wie ihre Familien die Erfahrungen aufnehmen oder interpretieren würden, zum anderen könnte eine vertrauenswürdige Person fehlen, mit denen sie ihre Erlebnisse teilen können. Niedriges Selbstwertgefühl, Bestürzung, Verwirrung und Depression sind weitere mögliche Konsequenzen, wenn die Spiritualität nicht adäquat assimiliert wurde.

Alle Berichte von Erwachsenen beinhalten zwei Hauptaspekte: Zum einen das tatsächliche Ereignis, wie es während der Kindheit auftrat, zum anderen die Verarbeitung eben dieses Ereignisses in einer positiven oder negativen Art, die sich als Erinnerung an diesen Moment im weiteren Lebensverlauf auswirkt. Erinnerungen sind vergängliche Rekonstruktionen der Vergangenheit und werden durch Hoffnungen, Ängste und Fantasien umgeformt. Auch in der Überarbeitung, haben Erinnerungen eine tiefe subjektive Bedeutung für die jeweilige Person (Corbett 2015, Ort 4806).

Künstler und Schriftsteller können eine große Hilfe sein, sich über die Flüchtigkeit von Erinnerung und Zeit bewusst zu werden. In der sechsbändigen autobiografischen Serie des norwegischen Autors Karl Ove Knausgaard ist der dritte Band »Spielen« einer der berührendsten und subtilsten Berichte über Kindheit. Wie er es beschreibt, »dieses slumhüttenähnliche Provisorium nenne ich meine Kindheit« (Knausgaard 2015a, S. 15). In der englischen Übersetzung spricht er sogar von einem gettoähnlichen Zustand der Unvollkommenheit. Damit wollte er ausdrücken, dass die Kindheit zwar für alle Zeiten vergangen ist, aber inkomplette Fragmente von Erinnerungen übrigbleiben – diese vergleicht er mit einem Getto oder einem Slum, was ungewöhnliche Metaphern sind. Ein Getto ist kein Ort, den man sich aussucht, es wird definiert durch einen umschriebenen Bereich, in dem Minderheiten durch soziale Gewalt und politischen Druck eingezwängt werden. Knausgaard scheint damit auszudrücken, dass Kindheitserinnerungen in einen Bereich der Psyche gedrängt werden, ähnlich eines Gettos, um der Dominanz der angeblich erwachsenen Gedanken zu entfliehen.

Entsprechend der psychologischen Forschung, deutet Knausgaard darauf hin, dass Erinnerung an die Kindheit unzuverlässig ist:

> »Niemals ist der Wahrheitsanspruch entscheidend dafür, ob das Gedächtnis ein Ereignis richtig oder falsch wiedergibt. Entscheidend ist der Eigennutz. Das Gedächtnis ist pragmatisch, hinterhältig und listig, allerdings nicht in feindseliger oder boshafter Weise; es tut im Gegenteil alles, um seinen Wirt zufriedenzustellen … Doch zu entscheiden, was korrekt in Erinnerung bleiben soll, ist dir niemals vergönnt« (Knausgaard 2015a, S. 15).

Manche Erinnerungen werden durch Fotografien verstärkt und sogar geformt sowie durch Anekdoten, Mythen und Geschichten, die in jeder Familie erzählt und wiederholt werden. Knausgaard behauptet, dass er sich an fast gar nichts aus seinen ersten sechs Lebensjahren erinnern kann. Er kann lediglich umschriebene Situationen wiedergeben, zum Beispiel, als er auf einer hölzernen Brücke in einem Wald stand, die über einen rauschenden Fluss führte: »Aber das sind die kanonisierten Erinnerungen, die bereits im Sieben- oder Achtjährigen etabliert waren, die Magie der Kindheit: das Allererste, woran ich mich erinnere!« (Knausgaard 2015a, S. 16).

Andererseits können Erinnerungen sehr direkt sein, vor allem wenn der Körper und die Sinne beteiligt sind. Wie Knausgaard es wiederum ausführt, können manche Erinnerungen, ausgelöst durch einen Laut, Geruch oder Geschmack, von allein im Bewusstsein auftauchen und von Glücksgefühlen begleitet sein. Andere Erinnerungen werden durch Handlungen angestoßen, wie zum Beispiel einen Ball zu fangen oder über eine Wiese zu laufen. Andere wiederum werden durch Gefühle begleitet: »Die plötzliche Wut, die plötzlichen Tränen, die plötzliche Angst, und man ist, wo man war, in sich selbst zurückgeschleudert, in rasendem Tempo durch die Lebensjahre geworfen« (Knausgaard 2015a, S. 17).

Wie Knausgaard prägnant formulierte, sind dies spirituelle Erfahrungen, die Erwachsene sich ins Gedächtnis rufen und wertschätzen können, da sie so intensiv und tief sind und der frühesten Kindheit und Jugend entspringen.

Spirituelle Entwicklung

Während der gesamten Kindheit und Jugend ändert und entwickelt sich die Spiritualität, ein Prozess, der passend »spirituelle Entwicklung« genannt wurde. Dieser wurde folgendermaßen definiert:

> »Der Prozess, die intrinsische menschliche Kapazität zur Selbsttranszendenz zu entwickeln, bei der das Selbst in etwas Größeres eingebettet ist als dem Selbst, einschließlich dem Heiligen. Der Entwicklungsantrieb fördert die Suche nach Verbundenheit, Bedeutung, Sinn und Beitrag. Er (der Prozess der spirituellen Entwicklung) wird sowohl innerhalb, wie auch außerhalb von religiösen Traditionen, Glauben und Praktiken geformt« (Benson 2006, S. 485).

Es handelt sich dabei um ein komplexes, multidimensionales Phänomen und ist eng verbunden mit anderen wichtigen Dimensionen der Entwicklungspsychologie, wie die kognitive, emotionale und soziale Entwicklung (Roehlkepartain et al. 2006, S. 8–9).

Allerdings sind die Stadien der spirituellen Entwicklung nicht so prägnant wie die der religiösen Entwicklung, wie wir später sehen werden. Trotz großer kognitiver und emotionaler Entwicklungsunterschiede sind Einsichten von Kindern und Jugendlichen erstaunlich ähnlich und vergleichbar. Es scheint also, als ob der Ausdruck von Spiritualität weniger altersabhängig sei als der von Religiosität. Die vorgeschlagenen Entwicklungsunterschiede der Spiritualität sind natürlich mit anderen Aspekten der Entwicklungspsychologie verbunden. Allerdings war ich immer erstaunt, wie sowohl von jungen Kindern bis hin zu älteren Jugendlichen vergleichbare Worte gewählt werden, um ihre spirituellen Erfahrungen auszudrücken.

Selbst Säuglinge und Kleinkinder haben die Kapazität zur Spiritualität, wie die Entwicklungspsychologin Alison Gopnik (2009) in ihrem Grundlagenbuch »Kleine Philosophen« zeigen konnte. Surr (2012) formuliert Vermutungen in Bezug auf die Spiritualität von Neugeborenen und wie diese Offenheit, Verbindung, Demut, Hoffnung und Glaube in Erwachsenen auslösen. Da Neugeborene ihre Gefühle nicht in Worten ausdrücken können, ist man darauf angewiesen abzuleiten, zu spekulieren oder die Spiritualität indirekt durch Beobachtung in Experimentalsituationen, präverbalem Spiel und kreativen Aktivitäten zu beobachten. Aufgrund von empirischen Studien leitet Gopnik (2009) ab, dass Babys in einen meditativen, fließenden Zustand von unmittelbarer Wahrnehmung treten können, vergleichbar mit einer hellen, umfassenden Bewusstheit. Wie Miller es beschreibt, »tritt das junge Kind voll erleuchtet in das Leben«, d. h. es wird schon als spirituelles Wesen geboren (Miller 2015, S. 109). Auch gibt es keinen Zweifel daran, dass schon junge Säuglinge eine angeborene Fähigkeit zu Empathie, Mitgefühl und interpersoneller Verbindung haben (Miller 2015, S. 106). Ab dem Vorschulalter können junge Kinder nicht nur die Spiritualität indirekt ausdrücken, sondern können verbale Aspekte ihrer Erfahrung ausdrücken, wie viele Beispiele in diesem Buch zeigen werden. Champagne (2003) zeigte, dass Vorschulkinder drei Haupterfahrungsmodi haben, um ihre Spiritualität auszudrücken: einen sensorischen, einen beziehungsorientierten und einen existenziellen Modus.

Das Schulkindalter ist gekennzeichnet durch eine rasche kognitive Entwicklung. Schulkinder haben das Bedürfnis, über große philosophische Fragen des Lebens nachzudenken und nachzufragen. Dennoch besteht das magische Denken weiter, mit einer Neigung zu mystischen Erfahrungen und Wundern. Schließlich eröffnen ethische Ideale und radikale Infragestellungen bei Jugendlichen neue Bühnen der spirituellen Erfahrung und sind entscheidend für ihre Entwicklung und Individuation.

Unabhängig vom Entwicklungsstadium, ist die Spiritualität immer verfügbar. Kinder und Jugendliche können auf ganz ähnliche, vergleichbare Art auf sie zugreifen.

Ist es also nicht erstaunlich, dass die Spiritualität sich in allen Altersgruppen so ähnlich zeigt? Und dies trotz der enormen Entwicklungsschritte. Entwicklungsaufgaben sind die Anforderungen, die bei jedem Entwicklungsstadium angenommen und bewältigt werden müssen. Zu keiner Zeit im Leben sind die Entwicklungsaufgaben so vielgestaltig und komplex wie in den ersten 18 Lebensjahren. Dennoch äußert sich die Spiritualität, abhängig von den jeweiligen Ausdrucksmöglichkeiten, erstaunlich ähnlich. Das Wundern kann sich beim Säugling beim Betrachten von Licht und Schatten zeigen; beim Kleinkind, das mit einem Stöckchen auf Wellen am Meer schlägt und beobachtet, wie das Wasser hochspritzt; beim Vorschulkind, das die Wolken betrachtet; beim Schulkind, das im Wald begreift, dass alle Natur miteinander verbunden ist; beim Jugendlichen, der vom Sternenhimmel oder der aufgehenden Sonne überwältigt ist. Um die derzeitige Diskussion und das Wissen über Spiritualität zusammenzufassen, soll Miller zitiert werden:

> »Während organisierte Religionen eindeutig eine Rolle in der spirituellen Entwicklung spielen können, ist der Hauptmotor, der die natürliche Spiritualität antreibt, angeboren, biologisch und entwicklungsorientiert: Zunächst eine angeborene Fähigkeit zu transzendenter Verbindung, dann ein Entwicklungsimpuls, sich die Spiritualität zu eigen zu machen, was dann in eine tiefe transzendente Beziehung mit Natur, Gott oder der universellen Macht resultiert« (Miller 2015, S. 9).

All diese spirituellen Erfahrungen wirken ähnlich, da sich etwas Tiefes und Personenübergreifendes äußert, das eine universelle Erlebnisebene darstellt – jenseits von Vorgaben, Ritualen oder Traditionen. Ganz anders verläuft die religiöse Entwicklung, bei der man wirklich eine stufenförmige Veränderung entlang der jeweiligen Entwicklungsaufgaben beobachten kann.

Religiosität

Wie zuvor erwähnt, ist Religiosität durch transzendente Werte gekennzeichnet, die in Institutionen, Glauben, Theologien und Ritualen organisiert werden. Das Ausmaß und die Art der Religiosität variiert erheblich von einem Land zum anderen, oft selbst innerhalb eines Landes.

In ihrer hervorragenden systematischen Übersicht, konnten Diener und Mitarbeiter zeigen, dass 68 % aller Menschen sagen können, dass Religion für sie in ihrem Alltag wichtig sei (Diener et al. 2011). Die Religiosität unterschied sich selbst innerhalb der USA. Konservative Südstaaten wie Mississippi, Alabama und Louisiana hatten die höchsten Raten von Religiosität, die liberalen Staaten Neuenglands wie Massachusetts, New Hampshire und Vermont die niedrigsten. Weltweit hatten muslimische Länder wie Ägypten und Bangladesch die ausgeprägteste Religiosität, gefolgt von dem buddhistischen Land Sri Lankas. Dagegen wiesen säkulare Länder wie Dänemark, Estland und Schweden eine besonders niedrige Religiosität auf.

Trotz möglicher Vorteile, wie beispielsweise subjektives Wohlbefinden und Geborgenheit, die durch alle Weltreligionen vermittelt werden können, verlassen weltweit viele Menschen organisierte Religionen und Kirchen. Diener et al. (2011) haben versucht, die Gründe für diese Abkehr von traditionellen Religionen zu analysieren. Sie stellten fest, dass der Hauptgrund hierfür materiell günstigere Lebensumstände waren. In Ländern mit besonders harten Lebensbedingungen waren die Menschen religiöser und dies vermittelte ihnen ein Gefühl von Wohlbefinden. Unter günstigeren gesellschaftlichen und ökonomischen Bedingungen verliert die Religiosität dagegen immer mehr an Bedeutung. Ebenso wichtig ist die Tatsache, dass religiöse und nicht religiöse Menschen in diesen reicheren Gesellschaften ein vergleichbares subjektives Wohlbefinden erleben.

Anders ausgedrückt, Diener und seine Mitarbeiter konnten zeigen, dass die Gesellschaftsformen und das Ausmaß von Armut und Not letztendlich darüber entscheidet, ob eine Person eher religiös orientiert ist oder nicht:

> »In weniger religiösen Gesellschaften mit relativ günstigen Umständen erreichen die meisten Menschen ein hohes durchschnittliches subjektives Wohlergehen, unabhängig von Religiosität. In diesen Gesellschaften werden die Vorteile der Religiosität auf das subjektive Wohlbefinden abgeschwächt, da selbst nicht religiöse Individuen höhere soziale Unterstützung, Anerkennung und Zufriedenheit haben« (Diener et al. 2011, S. 1289).

Was ist die Alternative zu einer strukturierten Religion? In dem »World Happiness Report« kommen Helliwell et al. (2016) zum Schluss, dass Glück und Freude als ethisches Prinzip, als Ersatz dienen könnte und zitieren den Dalai Lama:

> »Trotz aller Vorteile der ethischen Orientierung und des Lebenssinns reichen Religionen als Basis für Ethik nicht mehr aus. Viele Menschen folgen keiner Religion mehr. Das Problem der Vernachlässigung innerer Werte kann in den heutigen säkularen und multikulturellen Gesellschaften nicht durch religionsbasierte Antworten gelöst werden, da diese nicht universell und somit nicht adäquat sind. Wir benötigen einen Zugang zur Ethik, der gleichermaßen akzeptabel sein kann für solche mit religiösem Glauben und für solche ohne. Wir brauchen eine säkulare Ethik« (Dalai Lama, zitiert von Helliwell et al. 2016, S. 51).

Diese Entwicklung einer säkularen Ethik kann ein Vorteil für viele Gesellschaften weltweit sein:

> »Obwohl 59 % der Bevölkerung der Welt sich als religiös bezeichnen, lässt der Anteil in den meisten Gegenden der Welt nach und dieser Trend scheint sich fortzusetzen. Wo religiöser Glaube nachlässt, taucht eine neue Sicht der Ethik auf. Um die Qualität des menschlichen Projektes gemeinsam zu verbessern, werden die Verhaltensregeln eher als menschengemacht angesehen, statt von Gott gegeben.« (Helliwell et al. 2016, S. 51).

Das Verlassen der traditionellen Religion und die Entwicklung von säkularer Ethik und Spiritualität sind auch der aktuelle Trend für viele Kinder und Jugendliche.

Desillusionierung in traditionellen Religionen

Yust und Mitarbeiter (2006) konnten überzeugend zeigen, wie verschiedene religiöse Rituale und Glauben von Kindern und Jugendlichen in Gesellschaften rund um die Welt ausgedrückt und praktiziert werden. Ihr umfassendes Handbuch vermittelt eine hervorragende Übersicht über die Vielseitigkeit der Religiosität von Kindern und Jugendlichen und wie sie genährt und gefördert wird.

Junge Menschen, vor allem in westlichen, europäischen und säkularen Gesellschaften, sind oft enttäuscht über traditionelle Religionen und was diese ihnen im täglichen Leben zu bieten haben. Auch werden ihre inhärenten, tiefen, spirituellen Wünsche und Bedürfnisse von traditionellen Religionen oft nicht berücksichtigt. Anstatt kritische Fragen und radikale Exploration zu begrüßen, werden junge Menschen oft durch Dogma und Regeln durch kirchliche Institutionen abgespeist. Der buddhistische Lehrer und Mönch Thich Nhat Hanh hat dieses Dilemma erkannt und mit treffenden Worten beschrieben:

> »Viele unserer jungen Menschen sind entwurzelt. Sie glauben nicht mehr an die Traditionen ihrer Eltern und Großeltern, aber sie haben noch keinen Ersatz gefunden. Spirituelle Lehrer müssen diese sehr reale Problematik angehen, aber viele wissen einfach nicht, was sie tun sollen. Sie waren nicht fähig, die tiefen Werte ihrer Traditionen zu vermitteln, möglicherweise weil sie sie selbst nicht umfassend erkannt und erfahren haben. Wenn ein Priester nicht die lebendigen Werte seiner Tradition verkörpert, kann er sie nicht an die nächste Generation weitergeben. Er kann nur seine äußere Kleidung tragen und die oberflächlichen Formalien vermitteln. Wenn die lebendigen Werte fehlen, sind Rituale und Dogmen entseelt, rigide und selbst repressiv. Verbunden mit einem mangelnden Verständnis der realen Bedürfnisse und einer allgemeinen Intoleranz, ist es wenig verwunderlich, dass junge Menschen sich innerhalb dieser Institutionen entfremdet fühlen.
>
> Buddhismus, wie Christentum und andere Tradition, muss sich erneuern, um adäquat auf die Bedürfnisse von Menschen unserer Zeit zu antworten. Viele junge Menschen überall in der Welt sind aus ihrer Kirche ausgetreten, da die Kirchenführer nicht mit den gesellschaftlichen Veränderungen Schritt gehalten haben. Sie sind nicht in der Lage, junge Menschen mit einer ihnen verständlichen Sprache zu erreichen. Sie können die Juwelen ihrer eigenen Lehrer nicht weitergeben. Dies ist der Grund dafür, warum so viele junge Menschen alleine gelassen werden, ohne etwas, woran sie glauben können. Sie empfinden ein Unbehagen mit ihrer Kirche, ihrer Gesellschaft, ihrer Kultur und ihrer Familie. Sie sehen nichts Wertvolles, Schönes oder Wahres mehr« (Hanh 2007, S. 88–89).

Diese Worte von Thich Nhat Hanh, die vor 20 Jahren geschrieben wurden, haben ihre Aktualität nicht verloren. Viele junge Menschen sind wirklich enttäuscht und desillusioniert über Religion und die kirchlichen Institutionen. Um einen aktuellen Überblick über Religiosität bei jungen Menschen zu vermitteln, werden im nächsten Kapitel zwei neue Studien aus den USA und aus Deutschland zusammengefasst.

6 Religiosität bei Kindern und Jugendlichen

Religiosität von Kindern und Jugendlichen in verschiedenen Kulturen

Religiosität unterscheidet sich bezüglich ihrer Häufigkeit und Ausprägung deutlich von einer Gesellschaft zur anderen. Mehrere Untersuchungen widmeten sich dem Thema der Religiosität von Jugendlichen. Zwei der bekanntesten Studien werden beispielhaft zitiert, eine aus den USA, eine aus Deutschland.

Vereinigte Staaten

Die »National Survey of Youth and Religion« ist eine repräsentative amerikanische telefonbasierte Untersuchung von 3290 Jugendlichen (Denton et al. 2008). Sie wurden erstmals als 13 bis 17-jährige Jugendliche in den Jahren 2002–2003 befragt, und ein zweites Mal im Jahr 2005, im Alter von 16–21 Jahren. Die meisten Jugendlichen waren christlich: 56,4 % protestantisch, 19,3 % katholisch – und nur 0,4 % Muslime und 0,3 % Buddhisten, während 15,2 % keiner Kirche angehörten. Die meisten amerikanischen Jugendlichen (84 %) glaubten an Gott, 67 % sogar an einen persönlichen Gott. Dieser traditionelle Glaube war mit einer Vielzahl anderer übersinnlicher Überzeugungen und Aberglauben verbunden. So glaubten 63 % der Jugendlichen tatsächlich an Engel, 41 % an Dämonen, 60 % an Wunder und 9 % an Astrologie. Obwohl dies eine überwiegend christliche Studienpopulation war, glaubten 12 % an Reinkarnation und 50 % an ein Leben nach dem Tod.

Es gab klare Veränderungen zwischen den Ergebnissen des ersten und zweiten Interviews, da sich eine Abnahme von konventionellen religiösen Glauben und Praktiken sowie eine Verschiebung von der Standardreligiosität zu einem zunehmenden Glauben an Dämonen, Astrologie und Reinkarnation feststellen ließen. Die jungen Menschen konnten auch klar angeben, warum sie weniger religiös wurden. Die Hauptgründe waren Unzufriedenheit mit Religion, intellektuelle Skepsis, fehlendes Interesse und andere Lebensereignisse.

Allerdings wurde der Kirchenbesuch überwiegend positiv gesehen. 79 % gaben an, dass die Kirche üblicherweise ihr Denken anregte und 69 % fühlten, dass sie sogar warm und einladend wirkte. Nur 12 % fanden die Gottesdienste langweilig.

Bezüglich ihrer Spiritualität, gaben nur 11 % der Jugendlichen an, dass sie meditierten. Auf die Frage hin, ob sie »spirituell, aber nicht religiös« seien, gaben 47 % an, dass diese Aussage »etwas wahr« und nur 8 %, dass sie »sehr wahr« sei.

Vergleicht man das Muster der Religiosität zwischen den USA und der säkularer ausgerichteten Gesellschaft in Deutschland, lassen sich deutliche Unterschiede erkennen.

Deutschland

Die Shell-Studie ist eine repräsentative Untersuchung, die alle vier Jahre durchgeführt wird und damit langfristige Veränderungen besonders gut aufzeigen kann. Die letzte Befragung wurde 2015 an einer repräsentativen Stichprobe von 2558 jungen Menschen im Alter von 12–26 Jahren durchgeführt (Shell Deutschland Holding 2015). Die Ergebnisse zeigen, dass 29 % der Jugendlichen und jungen Erwachsenen in Deutschland Katholiken waren, 35 % Protestanten, 4 % andere Christen (wie russisch-orthodoxe) und 8 % Muslime; ein Prozent gehörte anderen Religionen an, während 23 % keine kirchliche Bindung hatten.

Historische und gesellschaftliche Unterschiede werden nicht nur im Vergleich zwischen den USA und Deutschland deutlich, sondern auch zwischen den alten und neuen Bundesländern. Die letzteren befanden sich bis zum Jahr 1989 unter kommunistischer Diktatur, die die religiöse Praxis nicht förderte. Nur 16 % der Jugendlichen in den neuen Bundesländern, aber 31 % in den alten Bundesländern, glaubten an einen persönlichen Gott. In den neuen Bundesländern gehörten 63 % der Jugendlichen keiner Kirche an.

Im letzten Jahrzehnt wurde Gott im alltäglichen Leben deutscher, junger Menschen immer weniger bedeutsam. Dies betraf jedoch nur Katholiken (Gott war für 19 % der Befragten wichtig) und Protestanten (20 %), aber nicht andere Christen und Muslime (70 %), für die Gott eine viel wichtigere Rolle im Alltag spielte. Zusammengefasst erreichen die traditionellen christlichen Kirchen immer weniger junge Menschen, da sie keine religiösen Antworten für ihre spirituellen Bedürfnisse liefern können. Tatsächlich gaben 57 % der Befragten an, dass die Kirche nicht die Fragen anspricht, die sie wirklich beschäftigen. Zudem sagten 64 %, dass die Kirche sich verändern müsse, falls sie in der Zukunft Bedeutung haben wollte.

Leider wurde die spirituelle Orientierung junger Menschen in Deutschland, im Vergleich zu den USA, nicht ähnlich detailliert erfasst. Als eine allgemeine Orientierung gaben 29 % an, dass sie an einen persönlichen Gott glaubten (d. h. religiös), 23 % glaubten an eine höhere Kraft (spirituell), 23 % wussten nicht, an was sie glauben sollten (unsicher), 26 % glaubten weder an einen persönlichen Gott, noch an eine höhere Kraft (atheistisch), während 5 % gar keine Antwort gaben.

Diese beiden Studien unterstreichen die Tatsache, dass sich Religiosität sowohl von einem Land zum nächsten als auch innerhalb eines Landes erheblich unterscheidet. Sie zeigen auch, dass historische Entwicklungen die Religiosität junger Menschen beeinflussen. Und schließlich weisen Sie darauf hin, dass traditionelle Kirchen ihre Anhängerschaft verlieren, da sie den inhärenten, spirituellen Bedürfnissen und Sehnsüchten keine Nahrung geben, vor allem in der jüngeren Generation.

Negative Ansichten über Religion werden im nächsten Abschnitt präsentiert, indem persönliche Erfahrungen von Kindern und Jugendlichen zitiert werden.

Negative Aspekte der Religiosität

Die Gründe für eine negative Sicht der Religiosität können vielseitig sein. In diesem Abschnitt werden wörtliche Berichte von Kindern und Jugendlichen zitiert, die ihre Desillusionierung und Ernüchterung mit ihrer Religion widerspiegeln.

Es gibt viele Gründe, warum Kinder enttäuscht sind – und Religion manchmal einfach satthaben. Ein Grund ist Langweile, andere Gründe sind, dass Religion scheinheilig, altmodisch, sexualitätsverneinend und unlogisch ist.

Langweile

Religion und Kirchenbesuche können für viele Kinder sehr langweilig sein. Der neunjährige Max hatte eine emotionale Störung und optische Halluzinationen, die in einem späteren Kapitel besprochen werden:

> Er sagte »er geht nicht gerne zur Kirche, da es so langweilig ist. Kinder dürfen nichts machen, nur die Erwachsenen können dort etwas tun.«

Paul konnte ebenfalls seine ablehnende Sicht der Religion klar formulieren. Auch für ihn ist Religion einfach nur langweilig. Paul war zehn Jahre alt und wurde wegen einer Aufmerksamkeitsdefizit-/Hyperaktivitäts-Störung (ADHS) mit Medikamenten (Methylphenidat) optimal behandelt. Er hatte sehr gute Noten in Mathematik und benötigte keine weitere Psychotherapie. Er hatte eine sehr praktische Sicht von Religion:

> »Religion interessiert ihn nicht. Die Lehrer erzählen, wie Städte zu Zeiten der Bibel gebaut wurden. Dies ist alles sehr langweilig. Er muss viele Namen von Menschen lernen, was er nicht will. Mathe ist so viel besser; er muss keine Fakten auswendig lernen, sondern kann selbst direkt Lösungen für die Rechenaufgaben finden.«

Pauls Sicht ist sehr pragmatisch und nur leicht negativ. Er ist einfach genervt davon, dass er mit so viel unnötiger Information konfrontiert wird, die er nicht will. Er würde sich lieber auf praktische und nützliche Dinge wie Rechnen konzentrieren.

127

Scheinheiligkeit

Christoph ist ein 15-jähriger Jugendlicher, der sich wegen einer Depression in Behandlung befindet. Er hatte eine besondere Abneigung gegenüber Verlogenheit und Scheinheiligkeit:

> »Er sagte, dass er nie religiös gewesen sei. Sein Konfirmationsunterricht war langweilig. Er versuchte, so viele Stunden wie möglich zu schwänzen. Das Beste an der Konfirmation waren die Geschenke am Ende. Dagegen ist sein Vater sehr religiös und geht jeden Sonntag zur Kirche. Er schließt seine Augen und betet ostentativ mit Inbrunst. Christoph hat das Gefühl, dass dieses übertrieben ist. Die Zeit in der Kirche könnte so viel besser verbracht werden, zum Beispiel, wenn sein Vater seinen eigenen Vater, Christophs Großvater, besuchen würde, der sehr krank ist. Die Zeit wäre dann sinnvoll verbracht – und sein Großvater würde sich bestimmt über dem Besuch seines Sohnes freuen.«

Jugendliche verabscheuen Doppelmoral und Heuchelei. In einer sehr praktischen Art schlägt Christoph vor, dass es ethisch besser ist zu handeln, als seinen Glauben scheinheilig zur Schau zu stellen. Für ihn ist der Besuch des Großvaters, der mehrere Wochen nach unserem Gespräch verstarb, wichtiger als zur Kirche zu gehen. Gleichzeitig drückte Christoph Empathie und Mitgefühl für einen anderen Menschen aus – wichtige Aspekte der interpersonellen Spiritualität, wie wir später sehen werden.

Victoria drückte eine allgemeinere Unzufriedenheit mit den Widersprüchen der Kirche als Institution aus:

> Victoria, eine 16-jährige Jugendliche, erzählte wiederholt, dass es so viel Scheinheiligkeit und Widersprüche in der Welt gibt. Manche Menschen gehen zur Kirche, aber reden und handeln völlig anders. Sie ist sehr skeptisch gegenüber Kirchen, da diese oft ihre eigenen Interessen, aber nicht die von vielen Menschen vertreten.

Leugnung und Unterdrückung von Sexualität

Der britische Autor Julian Barnes schrieb einen interessanten, unterhaltsamen und autobiografischen Essay über den Tod mit dem Titel »Nichts, was man fürchten müsste« (Barnes 2011). Es ist auch ein philosophisches Buch über das Leben allgemein. Er erzählt plastisch, wie er sich nicht als Kind, sondern als Jugendlicher mit seiner aufkommenden Sexualität von der Religion verabschiedete:

> »Ich selbst war schon älter, als ich den letzten Rest – oder die Möglichkeit – einer Religion endgültig aufgab. Wenn ich als Jugendlicher im häuslichen Bad über einem Buch oder einer Zeitschrift hockte, redete ich mir immer ein, es könne gar keinen Gott geben, denn die Vorstellung, er würde mir beim Onanieren zuschauen, war absurd; noch absurder war die Vorstellung, alle meine toten Ahnen seien in einer Reihe angetreten und

schauten ebenfalls zu. Ich hatte auch andere, rationalere Argumente, doch mit diesem durchschlagend überzeugenden Gefühl war Gott erledigt – was natürlich auch in meinem eigenen Interesse lag« (Barnes 2011, S. 24–25).

Altmodisch und nicht aktuell

Im weiteren Verlauf seines Buchs zeigt Barnes auf, dass es bei seinen Freunden nicht in oder cool war, Christ zu sein:

»Unter uns, die wir dem Namen nach Christen waren, gab es ein paar fromme Jungen, aber die galten als leicht verrückt, als ebenso seltene – und ebenso verrückte – Erscheinungen wie der Lehrer, der einen Ehering trug und zum Erröten gebracht werden konnte (auch er war fromm). Gegen Ende meiner Jugendzeit hatte ich einmal, womöglich auch zweimal, ein außerkörperliches Erlebnis: Das Gefühl, oben an der Decke zu schweben und auf meinen leeren Körper herunter zu schauen ... Und während ich darüber einen gelinden Stolz empfand (endlich passiert mal was!), leitete ich nichts Bedeutungsvolles, geschweige denn Religiöses daraus ab« (Barnes 2011, S. 27–28).

Leider schilderte Barnes seine Außerkörpererfahrung nicht weiter, was für ihn möglicherweise eine wichtige und erkenntnisreiche Erfahrung gewesen wäre.

Logische Diskrepanzen

Kinder und Jugendliche sind mit ihrer Religion frustriert, wenn sie genötigt werden, Behauptungen zu glauben und zu akzeptieren, die einer kritischen Infragestellung nicht standhalten.

Das nächste Beispiel verdeutlicht das kritische Hinterfragen der Religiosität in der frühen Jugend.

Andreas, ein zwölfjähriger Junge, begann die Behauptungen seiner Religion zu hinterfragen. Er sagte, er würde lieber in eine evangelische Kirche (die Religion seiner Mutter) gehen als in eine katholische Kirche (die Religion seines Vaters), die so viel langweiliger war:

»Es gibt viele Dinge, die er akzeptieren kann, aber manche Behauptungen der Religion können einfach nicht wahr sein und sind deshalb falsch. Zum Beispiel, wie kann es möglich sein, dass Gott die Welt in sieben Tagen erschaffen hat, während es tatsächlich Millionen von Jahren gedauert hat bis Tiere die Welt bewohnen konnten? Es kann sich einfach nicht in einer so kurzen Zeit ereignet haben, es ist nicht möglich, alle Tiere an einem Tag zu erschaffen.

Auch die Geschichte der Wiederauferstehung kann nicht wahr sein: Entweder war Jesus nicht richtig tot (d. h. er war immer noch am Leben) – oder sein Leichnam wäre noch dagewesen.«

Andreas kann einfach nicht verstehen und akzeptieren, dass die Bibel Symbole und Metaphern verwendet. Er besteht darauf, in einer sehr direkten und konkreten Art zwischen richtig und falsch zu unterscheiden. Wie wir später sehen werden, sind kritische Fragen und Entfremdung von dem kindlichen Glauben und der Religiosität in diesem Altersstadium sehr typisch und häufig. Die Entfremdung von der Geburtsreligion, kann ein wichtiger Schritt für die individuelle Ausrichtung der Spiritualität sein.

Andreas folgt mit seinen fundamentalen Fragen dem Beispiel des Buddha, der radikal empfahl, nichts zu akzeptieren, nur weil es übertragen wurde. Damit folgt er dem Kalama Sutra, das schon vorab zitiert wurde, in dem der Buddha empfahl, nichts nur aufgrund von Traditionen, Lehrmeinungen, Büchern, Logik, einer plausiblen Theorie, der anscheinenden Kompetenzen eines Redners oder aus Respekt vor einem Lehrer zu akzeptieren (Titmuss 1998, S. xi).

Auch bei Julian Barnes waren es rationale Argumente, die ihn letztendlich für immer von Religion entfremdeten, nämlich über die Pascal'sche Wette:

>»Diese Wette klingt ganz einfach. Wenn man an Gott glaubt, und es stellt sich heraus, dass es keinen Gott gibt, hat man verloren, aber längst nicht so hoch, als wenn man nicht an Gott geglaubt hätte und nach dem Tod feststellen müsste, dass es ihn doch gibt« (Barnes 2011, S. 32).

Nicht zu glauben war für Barnes aus seinen metaphysischen Spekulationen heraus die beste Lösung, ähnlich wie für den Buddha. Für den Buddha ist das menschliche Leben – symbolisch ausgedrückt – keine Generalprobe, sondern die tatsächliche Aufführung. Er lehrte, dass es vollkommen ausreicht, sich dem zu widmen, was sich jetzt, in diesem Leben ereignet. Diese Empfehlung deckt sich vollkommen mit den Vorschlägen von Stephen Batchelor, einem britischen Meditationslehrer. Er propagierte den sogenannten »säkularen Buddhismus«, der sich alleine der Praxis des Dharma hier, in diesem Leben widmet (Batchelor 2015b, Ort 5340):

>»Betrachtet man das Leben aber tatsächlich als eine Generalprobe, als Vorbereitung, als ein Wartezimmer – egal, welche Metapher wir wählen – auf jeden Fall aber als etwas Uneigentliches, etwas, was sich von einer größeren Realität anderswo ableitet, dann verliert es an Wert und gewinnt zugleich an Ernsthaftigkeit« (Barnes 2011, S. 83).

Es genügt also vollkommen, in diesem Leben ein ethisches, mutiges und spirituelles Leben zu bestreiten, ohne den Rückgriff auf das Konstrukt eines persönlichen Gottes, wie es Victoria ausdrückte:

> Victoria, eine 16-jährige Jugendliche, sagte, dass sie schnelle Pferde, kleine Hunde aber auch die Beatles liebt. John Lennon ist ihr Lieblings-Beatle: Er ist cool, unkonventionell, mutig und radikal. Er sagte einfach die Dinge, die er für richtig hielt, ohne die Konsequenzen zu beachten. Ihr Lieblingszitat stammt aus dem Lied »God«, das 1970 erschien. John Lennon beschreibt Gott als ein Konzept oder eine Annahme, das als Maß verwendet werden kann, um das eigene Leid und den eigenen Schmerz zu messen. Im weiteren Verlauf des Liedes zitiert er alle Konzepte, an die er nicht glaubt, wie Jesus, die Beatles, den Buddha usw.

Victoria befand sich wegen einer chronischen Schmerzstörung in Behandlung und konnte in diesem Zusammenhang über ihre eigenen Schmerzen reden. Indem sie John Lennon zitierte, drückte sie klar aus, dass sie nicht glaubt, dass

Gott existiert, eine eindeutig atheistische Aussage. Im Lied von Lennon werden unsere Schmerzen mithilfe der Annahme Gottes gemessen. Es gibt zwei Möglichkeiten, seine Aussage zu interpretieren: Erstens, da das Leben auch das Leiden einschließt, werden wir Gott immer größer machen, je mehr Schmerzen wir haben; zweitens, wenn wir Gott groß machen, werden wir auch viel leiden. Aber wenn wir das Konstrukt Gottes loslassen, werden unsere Schmerzen geringer.

Das Verlassen der Religion wird von zwei Autoren besonders lebhaft geschildert, nämlich Karl Ove Knausgaard und Bruce Springsteen.

Der norwegische Autor Knausgaard durchlief als Kind eine Phase der Überidentifikation mit christlicher Moral, indem er als Kind extrem hohe Ideale für sich beanspruchte, die kaum zu erreichen waren. Viele Kinder erleben solche Phasen des übertriebenen Glaubens. Einmal, als neunjähriges Kind, fand Knausgaard sogenannte »moralische Kinderbücher« seines Vaters im Keller, die von einem christlichen Verlag veröffentlicht wurden. Ein Thema dieser Bücher war, wie man mit ungerechten, schicksalshaften Situationen umgehen konnte. Er schrieb:

> »Ich weinte über diese Ungerechtigkeit, ich weinte über diese Gemeinheit und die Dynamik, bei der das Gute im Verborgenen gehalten wurde und der Druck der Ungerechtigkeit sich bis ins Unerträgliche steigerte, erschütterte meine Seele in ihren Grundfesten, sodass ich schließlich beschloss, ein guter Mensch zu werden. Fortan würde ich Gutes tun, helfen, wo immer ich konnte, und niemals etwas Falsches tun. Ich begann mich als Christ zu bezeichnen ... Wenn ich aufwachte und wenn ich ins Bett ging, betete ich zu Gott« (Knausgaard 2015a, S. 361).

Als seine Freunde Äpfel stahlen, bat er sie, dies zu unterlassen, und sagte ihnen, dass es falsch sei zu stehlen. Er begleitete sie zwar, pflückte jedoch keine Äpfel und nahm auch keine von seinen Freunden an.

Knausgaard beschreibt sehr deutlich, wie manche Kinder eine starke religiöse Persona entwickeln können, indem sie eine falsche, unechte Moral für sich beanspruchen. Diese erscheint wie eine Karikatur der Empathie und Güte, einfach, weil sie nicht authentisch ist. In dem Sinn von C. G. Jung ist dies ein Ausdruck der Persona, d. h. die Anteile der Persönlichkeit, die ein Individuum der äußeren Welt zeigen möchte. Das Problem einer übertriebenen und aufgeblähten Persona ist natürlich, dass der Schatten, d. h. die unterdrückten und ungeliebten Aspekte der Psyche, entsprechend stark wachsen werden:

> »Wenn die anderen sich im Herbst trafen, um ... Äpfel klauen zu gehen, bat ich sie, es lieber nicht zu tun, denn es war falsch, etwas zu stehlen« (Knausgaard 2015a, S. 361) »... und selbst wenn ich im Frühling mit Geir oder einem anderen Blumen pflückte, um sie Mutter oder Vater zu schenken, durchzuckte mich der Gedanke an das Leben, das ich ihnen dadurch nahm« (Knausgaard 2015a, S. 362).

Seine Ansprüche wirken zu hoch, seine Überzeugungen unecht. Im christlichen Sinne die Wange zu reichen als Zeichen der Vergebung in einer ungerechten Situation ist einfach zu viel verlangt von Kindern. Dies beschreibt Knausgaard zum Glück in einer anderen Szene. Als sein Vater ihn schlug, zog er sich in sein Zimmer zurück, weinte, war wütend und wollte Rache:

> »Dann schoss es mir plötzlich durch den Kopf: Was hätte der liebe Junge wohl getan? Was hätte ein wahrer Christ getan? Entscheidend war doch zu vergeben. Als ich das gedacht hatte, wurde mir innerlich ganz warm. Ich würde ihm vergeben. Das war ein gro-

ßer Gedanke. Das machte mich zu einem großen Menschen. Aber nur, wenn ich alleine war. Wenn ich im selben Raum war wie er, verschlang er mich förmlich, dann blieb nur noch er übrig und ich konnte an nichts anderes denken« (Knausgaard 2015a, S. 365).

Zum Glück konnte Knausgaard seine berechtigten Gefühle von Wut und Demütigung beschreiben, die einzig adäquate Reaktion eines körperlich misshandelten Kindes.

Das zweite Beispiel stammt von dem Musiker Bruce Springsteen, der das volle Ausmaß einer sadistischen, erniedrigenden, einschüchternden und religiösen Erziehung der 1950er Jahre erlebte. Springsteen wurde in New Jersey geboren und wurde später ein beeindruckender Musiker. Er beschrieb auf lebendige Art und Weise seine negativen, enttäuschenden Erfahrungen mit der katholischen Kirche, die »dunkle Halle der Kommunion«, wie er sie beschrieb. Sadismus und Demütigung, selbst Kindesmissbrauch wurden im Namen der Kirche vollzogen:

»Anfangs waren die Priester und Nonnen nur freundliche Gesichter gewesen, die uns im Kinderwagen betrachteten, lächelten und angenehm geheimnisvoll wirkten. Doch sobald ich das Schulalter erreicht hatte, wurde ich in die düsteren Gemäuer der Gemeinschaft eingeführt: Weihrauch, gekreuzigte Männer, ein unter Qualen auswendig gelerntes Dogma, freitägliche Kreuzwegprozessionen (die Hausaufgaben!), Männer und Frauen in schwarzen Gewändern, der verhangene Beichtstuhl, das Schiebefenster, das Gesicht des Priesters im Schatten und das Eingeständnis kindlicher Verfehlungen. Wenn ich an die Stunden denke, in denen ich Listen westlicher Sünden erstellte, die ich auf Kommando vom Stapel lassen konnte … Sie mussten schlimm genug sein, um glaubhaft zu sein … Aber noch nicht zu schlimm. (Das Beste sollte erst noch kommen). Wie sündhaft konnte ein Zweitklässler schon sein?« (Springsteen 2016, S. 29).

Auf diesen enttäuschenden und entmutigenden Erfahrungen folgten später offener Missbrauch, Demütigung und Abwertung:

»In den Fünfzigern konnten die Nonnen von St. Rose durchaus ungemütlich werden. Einmal wurde ich wegen irgendeiner Verfehlung aus der achten in die erste Klasse zurückgeschickt. Ich musste mich auf eine Erstklässlerbank quetschen, und dort versauerte ich dann. Allerdings freute ich mich über den freien Nachmittag. Irgendwann bemerkte ich, dass jemandes Manschettenknopf das Sonnenlicht auf die Wand reflektierte. Versonnen folgte ich dem Lichtpunkt, der zur Decke hinaufkroch. Und urplötzlich hörte ich, wie die Nonne einen bulligen kleinen Vollstrecker in der Mitte der ersten Reihe aufforderte: ›Zeig unserem Besucher mal, was wir in dieser Klasse mit denen machen, die nicht aufpassen.‹ Der Bengel kam mit ausdruckslosem Gesicht auf mich zu und versetzte mir, ohne mit der Wimper zu zucken, mit der flachen Hand und mit voller Wucht einen Schlag mitten ins Gesicht. Das Klatschen hallte im Klassenzimmer wider. Ich konnte nicht fassen, was soeben geschehen war, und stand vollkommen unter Schock, bekam einen hochroten Kopf und fühlte mich zutiefst gedemütigt« (Springsteen 2016, S. 31).

Diese Art von Misshandlung war nicht auf die Kindheit beschränkt, sondern wurde bis in die Jugend fortgesetzt:

»Bevor ich die Grundschule hinter mir hatte, waren meine Knöchel ganz klassisch mit dem Lineal malträtiert worden, man hatte mich so heftig an der Krawatte gezogen, dass ich beinahe erstickt wäre, ich war mit Kopfnüssen bedacht, in eine stockdunkle Kammer gesperrt und mit dem Kommentar, dass ich nirgendwo anders hingehörte, in eine Mülltonne bugsiert worden – Tagesgeschäft in katholischen Schulen der Fünfziger« (Springsteen 2016, S. 32).

Unter diesen Bedingungen sind ein Abgang von der Schule und ein Austritt aus der Religion das Beste, was man tun konnte. Dennoch ist es interessant, wie die Effekte dieser religiösen Erziehung weiter Einfluss nehmen können:

»In den Jahren als St.-Rose-Schüler hatte ich die körperlichen und emotionalen Belastungen durch den Katholizismus hinreichend zu spüren bekommen. Doch am letzten Schultag, nach der achten Klasse, kehrte ich alledem den Rücken, Schluss damit, nie wieder sagte ich mir, ich war frei, frei, endlich frei … und das glaubte ich wirklich … sogar ziemlich lange. Als ich aber älter wurde, fielen mir an der Art, wie ich dachte, reagierte und mich verhielt, bestimmte Eigenarten auf. Reumütig und verwirrt wurde mir am Ende klar: Einmal katholisch, immer katholisch. Also hörte ich auf, mir etwas vorzumachen. Ich praktiziere meinen Glauben nicht allzu oft, aber ich weiß, dass ich irgendwo … tief in mir drin … immer noch zum Team gehöre« (Springsteen 2016, S. 33).

Es ist interessant, dass es trotz aller negativen Abschreckung für Springsteen möglich war, die Essenz seiner Geburtsreligion beizubehalten. Glücklicherweise können manche Kinder und Jugendliche ihre Spiritualität mit ihrer Religiosität aktiv verbinden, eine enorme Leistung trotz negativer Erfahrungen mit der Kirche. Dies ist das Thema des nächsten Abschnitts.

Positive Aspekte der Religiosität

Zum Glück können religiöse Erfahrungen für manche Kinder positiv oder zumindest teilweise inspirierend sein. Trotz der traumatischen Erfahrungen an seiner katholischen Schule war es Bruce Springsteen als Erwachsener möglich, weiterhin die Grundlagen seines Geburtsglaubens zu erkennen, an der Essenz des Christentums anzuknüpfen und seine eigene persönliche Religion zu schaffen:

»So komisch es klingt: Ich habe ein ›persönliches‹ Verhältnis zu Jesus. Er ist nach wie vor einer meiner Väter, wenngleich ich mittlerweile an seine göttliche Kraft ebenso wenig glaube wie etwa an die göttliche Kraft meines leiblichen Vaters. Ich glaube fest an seine Liebe, an seine Fähigkeit zu retten … aber nicht zu verdammen … genug davon« (Springsteen 2016, S. 34).

Und er fährt fort:

»Wie ich es sehe, haben wir nun mal vom Apfel gegessen, und Adam, Eva, der rebellische Jesus in all seiner Herrlichkeit sowie Satan, gehören samt und sonders zu Gottes Plan, Männer und Frauen aus uns zu machen und uns die kostbarsten Gaben zu schenken: Erde, Schmutz, Schweiß, Blut, Sex, Sünde, Güte, Freiheit, Gefangenschaft, Liebe, Angst, Leben und Tod … unser Menschsein und unsere ureigene Welt« (Springsteen 2016, S. 34).

Religion kann eine große Hilfe und Ressource für Kinder sein, mit Traumata und anderen Herausforderungen des Lebens umzugehen. Mehrere Beispiele sollen nun zeigen, wie sich Kinder, jeweils in ihrer eigenen Art, an ihren Gott wenden konnten.

Bewältigung von Trauma

Religion kann eine große Hilfe bei der Bewältigung von schweren Traumata sein, wie im nächsten Beispiel gezeigt wird.

> Daniel ist ein fünf Jahre alter Junge, der stationär behandelt wurde. Er hatte den schwersten Verlust erlitten, den ein junges Kind überhaupt erfahren kann: Den tragischen Tod beider Eltern. Glücklicherweise hatte er umsorgende und unterstützende Großeltern, die ihn schon vor diesem schrecklichen Ereignis versorgt und erzogen hatten.
>
> Beide Eltern wurden von einem Zug an einem Bahnhof erfasst. Seine Mutter hatte eine ausgeprägte Persönlichkeitsstörung und Suchtprobleme. Während eines Streits auf dem Bahnsteig sprang seine Mutter plötzlich auf die Gleise. Sein Vater rannte daraufhin hinter ihr her, um sie zu retten. In diesem Augenblick wurden beide von einem schnellen, durchfahrenden Zug erfasst und starben auf der Stelle:
>
> Daniel sagte: »Jetzt sind beide Eltern Engel, es geht ihnen gut.« Die einzige Sorge, die er hatte, war, dass seine Mutter Höhenangst hatte – und der Himmel war so hoch. Die Krankenschwestern der Kinderstation waren unsicher, wie sie Daniel mitteilen sollten, wie seine Eltern gestorben waren, da Daniel ein besonderes Interesse an Eisenbahnen hatte. Sie waren ebenfalls wegen der besonderen Schwere des Verlustes unsicher. Obwohl sie nicht mit ihm über dieses tragische Ereignis direkt gesprochen hatten, sagte er eines Tages ganz spontan ohne Bestürzung: »Sie starben durch einen Zug.«

Daniel hatte schon die ganze Zeit gewusst, was seinen Eltern widerfahren war. Die Krankenschwestern versuchten die Nachrichten von ihm fernzuhalten und waren überrascht, dass Daniel die Wahrheit schon wusste. Ein positiver religiöser Glaube und unterstützende Großeltern haben Daniel sehr geholfen, mit dem Verlust umzugehen. Es war ein Segen, dass er auf die Ressourcen der Religion zurückgreifen konnte.

Dialog mit Gott

Dies ist ein Beispiel eines Dialoges mit Gott, eine reife Form der Religiosität bei Kindern. Martina ist eine 13-jährige Jugendliche, die wegen Trennung und generalisierten Ängsten sowie Bauchschmerzen vorgestellt wurde:

> »Martina sagte, dass sie ihre Gebete nicht an Gott richtete, sondern ganz einfach mit ihm sprach. Sie redet so leise mit Gott, dass ihre Mutter es noch nicht einmal bemerkt. Sie war sich ganz klar, dass dies weder Gebete noch Bitten waren. Sie fragt Gott lediglich, ob er ihr bitte helfen kann, dass ihre Bauchschmerzen verschwinden und dass sie nicht erbrechen muss. Wenn sie Sorgen hat, dass ihre Eltern sterben könnten, redet sie mit Gott und fühlt sich danach viel besser. Es ist so ähnlich, als wenn sie mit Pferden zusam-

men ist. Sie redet auch mit den Pferden und fühlt sich anschließend viel besser.«

Martinas Familie war nicht religiös, obwohl sie rein formal der Kirche angehörten. Ihr eigener Dialog mit Gott war ein wohlgehütetes Geheimnis, das sie nur mit mir teilte. Es war eine Ressource und eine wertvolle Beziehung, die ihr Trost und Ruhe gab.

Auch Leon hatte eine geheime Verbindung zu Gott, mit dem er in schwierigen Zeiten »telefonierte«:

> Der zehnjährige Leon erzählte, dass er an Gott glaubt. Wenn es ihm richtig schlecht geht, redet er mit ihm wie mit einem Telefon – nur, dass er in seine Handinnenfläche spricht. Er hatte die Hand-Fuß-Mund-Krankheit und musste in die Klinik. Er redete dort oft mit ihm. Dann wurde er gesund. Es ist gut, dass er diesen Kontakt zu Gott immer hat.

Ist das nicht eine gelungene Verbindung für ein Kind – eine offene Telefonleitung mit Gott, die immer verbunden war? Jonas hatte dagegen eine ganz pragmatische Sicht von Religion:

> Jonas, ein neunjähriger Junge, wurde wegen Depression behandelt. Er vertraute mir an, dass er jeden Abend zu Gott betete. Seine persönlichen, religiösen Gedanken konnte er mir mitteilen: Er glaubt, dass Gott existiert, dass er da ist und ihn beschützt. Jedoch ist er sich sicher, dass Gott nicht wie eine Person aussieht.
>
> Er weiß, dass Gebete keine negativen Auswirkungen haben, sondern nur positive Effekte. Als er einmal vergessen hatte zu beten, hatte er prompt am nächsten Tag seine Hausaufgaben vergessen.
>
> Er glaubte auch, dass Gott seine Wünsche direkt erfüllt. Aus dem Grund hebt er seine Gebete für die wichtigen Wünsche auf, nicht für konkrete Anliegen wie Hausaufgaben. Diese Alltagsdinge musste er schon selber machen.

Was drückt Jonas mit diesen Worten aus? Er beschreibt eine sehr vertrauenswürdige Beziehung mit Gott, die er braucht, aber nicht mit einfachen Wünschen belasten möchte. Gott ist für die wirklich wichtigen Fragen da, nicht für alltägliche Verpflichtungen und Arbeiten.

Der Dialog mit Gott wurde auch in der Literatur thematisiert, wie zum Beispiel in dem Roman der ehemaligen Frau von Karl Ove Knausgaard, Linda Boström Knausgaard, über ein Mädchen mit einem selektiven Mutismus:

> »Der Schlaf kam jede Nacht wie ein dunkler Nebel. Er legte sich über mich, und es blieben nur ein paar Zentimeter Luft zwischen meinem Gesicht und dem Nebel. Diese Luft füllte ich mit einem Gebet. Es war immer dasselbe: Lieber Gott, der du bist im Himmel. Beschütze meine Mutter. Mach sie glücklich, und lass ihr nichts Böses zustoßen.
> Mach sie glücklich. Gott macht sie glücklicher, als ich es könnte. Jede Nacht betete ich für sie. Weshalb ich wusste, dass Gott mich hörte, ist mir nicht klar, aber so war es. Ich hatte Zugang zu Gott« (Knausgaard 2017, S. 33).

So intensiv kann der Kontakt zu Gott sein!

Kirchenmusik als Ressource

Manche Kinder erzählen von positiven Erfahrungen mit der Kirche, nicht unbedingt mit der Religion an sich, aber zum Beispiel mit der berührenden und inspirierenden Kirchenmusik. Für den Musiker Graham Nash, Mitglied der Gruppe Crosby, Stills and Nash, war es die Kirche, die ihm die Musik, seine wahre Religion, näherbrachte:

> »Zusätzlich habe ich es genossen, zur Kirche zu gehen. Ich ging dreimal am Sonntag und nutzte jede Chance, die ich hatte. Nicht dass ich oder jemand anderes in meiner Familie religiös war. Ich war glücklich von zu Hause wegzukommen und ich liebte es kurz zu singen, mit dem Anschwellen der himmlischen Orgelmusik. Es war das erste Mal, dass ich jemals mit anderen Menschen gesungen habe und gehört habe, wie die Stimmen in Harmonie anheben. Mann, war das eine Freude. Ich hatte eine glockenähnliche Stimme und konnte hoch singen. Selbst in diesem Alter lernte ich, wie ich meine Stimme über die Melodie heben konnte, etwas, das mir für den Rest meines Lebens nützlich war« (Nash 2013, S. 14–15).

Prägnant führte er aus:

> »Ich vermute, dass Musik meine Religion war, obwohl wir zu Hause wenig Zeit für beides hatten« (Nash 2013, S. 15).

In seinem unterhaltenden, aber gleichzeitig tiefgründigen Essay »Religion für Atheisten« schlägt der Philosoph Allain de Botton vor, dass man durchaus die positiven Aspekte der Religion wie Musik und Kunst akzeptieren kann, ohne das gesamte Paket übernehmen zu müssen:

> »Die Prämisse dieses Buchs ist es, dass es möglich sein muss, ein überzeugter Atheist zu bleiben und dennoch die Religionen zeitweilig als nützlich, interessant und tröstend wahrzunehmen – und neugierig über die Möglichkeiten mancher ihrer Ideen und Praktiken zu sein und diese in den säkularen Bereich zu übernehmen« (de Botton 2012, S. 11).

Die positiven Aspekte von Religion und Kirche können selbst für einen Atheisten inspirierend sein. Neben Musik und den Künsten kann die Religion angesichts der Vulnerabilität und Fragilität des Lebens ein Gefühl von Gemeinschaft und Verbindung vermitteln:

> »Wenn wir aufhören zu glauben, dass Religionen von oben herab hinuntergereicht werden oder dass sie komplett unsinnig sind, werden die Dinge umso interessanter. Wir können dann erkennen, dass wir Religionen erfunden haben, um zwei zentrale Bedürfnisse zu erfüllen, die auch heute weiterbestehen und die von säkularen Gesellschaften nicht besonders gut gelöst werden konnten: Erstens, das Bedürfnis, in Gemeinschaft und Harmonie zusammenzuleben, trotz unserer tief verwurzelten egoistischen und gewalttätigen Impulse. Und zweitens, das Bedürfnis, die beängstigenden Schmerzen zu bewältigen, die durch unsere Vulnerabilität gegenüber beruflichem Versagen, belasteten Beziehungen, Tod von nahestehenden Menschen sowie unserer Vergänglichkeit und Tod auftreten« (de Botton 2012, S. 12).

Es ist einerseits nicht notwendig, alle Aspekte der Religion zu übernehmen. Andererseits muss man sie nicht in Bausch und Bogen ablehnen. Man kann die positiven Aspekte übernehmen und die anderen stehen lassen. Auch Alexander konnte die positiven Seiten der Religion für sich sehen, obwohl er nicht gläubig war:

Der 18-jährige Alexander wurde wegen nächtlichem Einnässen behandelt, er machte Abitur und konnte sich gut vorstellen, Lehrer zu werden. Als Fächer kamen für ihn Mathematik, Sozialkunde, Geschichte und Religion infrage. Als ich ihn fragte, wie er auf so verschiedene Fächer kommt, sagte er, dass sie ihn alle interessieren. Religion interessiert ihn besonders, obwohl er nicht glaubt. Er glaubt nicht an Gott, aber an christliche Richtlinien. Seine Mutter hatte vor zehn Jahren einen Autounfall gehabt, seitdem geht sie jede Woche in die Kirche und ist gläubig geworden. Das hat auch ihn sehr geprägt. Er selbst sei eine freundliche Person und sei überzeugt vom Karma. Wenn man etwas Gutes tut, wird einem auch Gutes geschehen. Freunde, die sich schlecht verhalten haben, haben es langfristig auch immer zurückbekommen. Auf Nachfrage sagte er, es seien nicht nur die Handlungen, sondern auch die Intentionen, die eine langfristige Wirkung hätten.

Wie bei Allain de Botton konnte Alexander die positiven Aspekte der Religion für sich bewahren und sie mit seiner Form der Spiritualität integrieren – so sehr, dass er sich sogar vorstellen konnte, Religionslehrer zu werden. Mit Sicherheit wäre sein Religionsunterricht spannend und anregend für seine zukünftigen Schüler – ein atheistischer, aber hoch spiritueller Religionslehrer!

Keine Voraussetzungen

Eine positive Religiosität steht für jeden offen, selbst solchen mit geistiger Behinderung. Thomas, ein elfjähriger Junge, hat eine schwere Form des Tourette-Syndroms mit beeinträchtigenden vokalen und motorischen Tics. Er wurde über mehrere Jahre ambulant behandelt. Thomas hat eine leichte geistige Behinderung, d. h., seine kognitiven Funktionen lagen unterhalb eines IQ von 70:

Seine Mutter erzählte, dass sein leiblicher Vater vor einem Jahr verstorben war. Thomas ging zu seiner Beerdigung. Als Messdiener liebte er kirchliche Zeremonien schon immer und versuchte dabei seinen Priester nachzuahmen. Als er beim Sarg seines Vaters stand, streckte er seine Arme aus und betete für seinen Vater, genauso wie er es bei seinem Priester gesehen hatte. Er war fasziniert von der Idee der Wiedergeburt und fragte: »Da Jesus wieder auferstanden war, warum könnte sich sein Vater nicht von den Toten erheben?«

Dies ist ein gutes Beispiel für die heilenden Eigenschaften eines positiven Glaubens. Thomas war als Messdiener in der Kirche integriert, genau wie alle anderen Kinder. Intelligenz war nicht von Bedeutung. Für Jesus sind alle Kinder Verkörperungen seiner selbst und gleich vor Gott. Dies war es, was die Kirche und sein Priester ihm vermittelten. Der Priester konnte zu einer positiven Identifikationsfigur werden, den Thomas in Worten und Taten bei der Beerdigung nacheiferte. Bei der Messe wollte Thomas für seinen verstorbenen Vater so sein wie der Priester. In seinem kindlichen Glauben fragte er, ob das Wunder der Auferstehung von Jesus nicht auch auf seinen Vater zutreffen könnte.

Als junger Erwachsener wurde Thomas einige Jahre später in einer Wohngruppe aufgenommen. Er freute sich auf die neue Umgebung, obwohl er sehr viel Angst hatte. Als ich fragte, warum er gerade diese Wohngruppe gewählt hat, sagte er »ich brauche meine Kirche« – und diese Wohngruppe hatte zum Glück eine Kirche auf dem Gelände. Er war immer Messdiener gewesen und ging auch zum Kirchenchor – »seine Kirche« war für ihn entscheidend.

Für Thomas war seine Religion eine bleibende und stützende Ressource, auch als junger Erwachsener, in Zeiten der Veränderung und Ungewissheit. Im nächsten Abschnitt werden wir die Entwicklung von Religiosität und ihre verschiedenen Stadien behandeln.

Stadien der Religiosität

Stadien der Religiosität scheinen ausgeprägter zu sein als Stadien der Spiritualität. Fowler und Dell (2004, 2006) haben die bekannteste und praktische Beschreibung von Entwicklungsstufen der Religiosität entwickelt. Dieses Modell gilt für alle Religionen, nicht nur für das Christentum. Fowler und Dell unterscheiden sieben verschiedene Stufen:

1. Primärer Glaube – Glaube als Urvertrauen (Neugeborenenalter bis zum Alter von zwei Jahren)
   Die natale Bindung zwischen dem Säugling und seinen Bezugspersonen bildet in dieser frühen Kindheit die Grundlage für spätere Beziehungen. In diesem präverbalen Entwicklungsstadium ermöglicht eine vertrauenswürdige und versorgende Beziehung, dass das Kind durch Körperkontakt, spielerische Interaktionen und gegenseitige affektive Einstimmungen ein Gefühl von psychischer Kohärenz und Zuverlässigkeit entwickelt.
2. Intuitiv-projektiver Glaube (Kleinkind- bis frühes Schulalter)
   In diesem Alter entwickeln sich Exploration, Sprache und kognitive Fähigkeiten mit einer enormen Geschwindigkeit. Kinder entwickeln innere Bilder, um die Unsicherheiten des Lebens zu bewältigen. Erste kognitive Versuche, mit Fragen des Todes umzugehen, sind typisch in diesem Alter. Fantasie und magisches Denken sind wichtiger als Fakten. In diesem Stadium können intensive religiöse Symbole und Bilder entweder mit positiven Aspekten von Liebe und Verbundenheit assoziiert sein oder, im Gegenteil, mit negativen Aspekten von Schuldgefühlen und Schrecken.
3. Mythisch-wörtlicher Glaube (ab dem mittleren Schulalter)
   In diesem Stadium konstruieren und interpretieren Kinder die Geheimnisse des Lebens auf eine sehr wörtliche, erzählerische Art mit eindeutigen moralischen Interpretationen. Das Kind glaubt, dass Gutes belohnt und Böses be-

straft wird. Wenn Kinder in dieser Annahme enttäuscht werden, können sie ihren einfachen moralischen Glauben in Gott aufgeben.

4. Synthetisch-konventioneller Glaube (ab Jugendalter)
Gotteskonzepte werden in diesem Alter durch persönliche Ideen und kritisches Hinterfragen gebildet. Gott wird in persönlichen Begriffen der Liebe, des Verständnisses, der Zuverlässigkeit und der Unterstützung beschrieben. Zusätzlich kommt Gleichaltrigen eine wichtige Bedeutung zu, auch bezüglich der Religiosität. Jugendliche sind von den Ideen und Beurteilungen anderer abhängig.

5. Individuell-reflektiver Glaube
Nach dem synthetisch-konventionellen Stadium werden Werte, Glauben und Verpflichtungen kritisch durchleuchtet und erneut untersucht. Die Auseinandersetzung zwischen eigener Identität und traditionellem Glauben führen zu einer individuellen Einschätzung von Gott und Glauben.

6. Konjunktiver Glaube
In diesem Stadium können unterschiedliche Wahrheiten aus verschiedenen Perspektiven betrachtet werden, Spannungen und Widersprüche toleriert und andere Glaubensrichtungen akzeptiert werden.

7. Universeller Glaube
Überlegungen über Herkunft und Ganzheit der Menschheit, jenseits eigener persönlicher Grenzen, sind typisch für dieses Stadium. Ein Mensch ist in diesem Stadium in seiner Persönlichkeit geerdet und nimmt an einer Beziehung zu Gott teil, die außerhalb enger eigener persönlicher Grenzen geschieht. Dies ist die spirituellste aller Stadien der Religiosität.

Beispiele der Stadien der Religiosität in Kindern

Der berühmte Neurologe und Autor Oliver Sacks beschrieb in seiner Autobiographie »Onkel Wolfram« auf berührende und nachvollziehbare Art zwei Stadien der Religiosität. Als er sechs Jahre alt war, wurde er während des Zweiten Weltkrieges von seinen Eltern auf ein Internat (Braefield) aufs Land geschickt, um vor den Bombardierungen Londons sicher zu sein. Der Wechsel von seiner warmen und liebevollen Familie zu den kalten und oft sadistischen Erfahrungen in der Schule war für ihn dramatisch und hatte einen tiefen Einfluss auf seinen religiösen Glauben.

Oliver Sacks schreibt auf sehr spirituelle Art über seinen jüdischen Kindheitsglauben:

> »In den Jahren vor dem Krieg hatte ich religiöse Vorstellungen und Empfindungen ganz kindlicher Art ... Gebete waren ein Teil meines Lebens. Zunächst das ... ›Höre, oh Israel ...‹, dann das Abendgebet, das ich vor dem Schlafen aufsagte. Meine Mutter wartete, bis ich mir die Zähne geputzt und den Pyjama angezogen hatte, dann kam sie herauf und setzte sich zu mir aufs Bett, während ich den hebräischen Text hersagte ... ›Ewiger unser Gott und Gott meiner Väter, lass mich ruhig schlafen und mich frisch wieder aufstehen ...‹. Doch spätestens hier lasteten die Binden des Schlafs (was immer sie sein mochten) schwer auf meinen Augen, sodass ich selten weiterkam. Dann gab mir meine Mutter einen Kuss, und ich fiel augenblicklich in Schlaf« (Sacks 2002, S. 31–32).

Diese herzerwärmenden Beschreibungen sind typisch für das zweite Stadium nach Fowler und Dell (2004, 2006), den intuitiv-projektiven Glauben junger Kinder. Die Grundlage seines Glaubens wurde entscheidend durch die Abendrituale und die Sicherheit der Liebe und Zuneigung seiner Mutter geformt. Die Trennung von seinen Eltern war für dieses junge Kind katastrophal und führten dazu, dass er seinen bisherigen Glauben hinterfragte:

> »Zurück in Braefield gab es keine Gute-Nacht-Küsse mehr und ich gab mein Abendgebet auf, denn für mich war es untrennbar mit dem Kuss meiner Mutter verbunden. Jetzt wäre es nur eine unerträgliche Erinnerung an ihre Abwesenheit gewesen. Die gleichen Worte, die mir sonst so lieb und tröstlich waren, weil sie Gottes Fürsorge und Macht zum Ausdruck brachten, klangen jetzt hohl und verlogen« (Sacks, 2002, S. 31–32).

Wie es eher für Jugendliche typisch ist, stellte der kleine Oliver Gott mit einem naturwissenschaftlichen Experiment auf die Probe, so als ob er seiner kindlichen Religiosität eine letzte Chance geben wollte:

> »Durch meine plötzliche Verstoßung (so kam es mir vor) wurden mein Vertrauen und meine Liebe zu meinen Eltern zutiefst erschüttert – und damit zugleich auch mein Glaube an Gott. Welchen Beweis für die Existenz Gottes gab es denn, so fragte ich mich fortwährend. Ich beschloss, die Frage ein für alle Mal durch ein Experiment zu klären: Im Gemüsegarten in Braefield pflanzte ich zwei Reihen Radieschen nebeneinander und forderte Gott auf, die eine – egal welche – zu segnen und die andere zu verfluchen, sodass ich einen deutlichen Unterschied würde ausmachen können. Beide Reihen Radieschen gediehen gleich, was ich als Beweis dafür ansah, dass es keinen Gott gab. Doch damit wurde meine Sehnsucht, an etwas zu glauben, nur noch größer« (Sacks 2002, S. 32).

Diese Beschreibung ist typisch für die Enttäuschung in dem dritten Stadium der Religiosität nach Fowler und Dell (2004, 2006), dem mythisch-wörtlichen Glauben. Die Enttäuschung über Gott führte Oliver Sacks zu seinen intellektuellen Interessen, erst zu Zahlen, später zur Chemie. Fowler und Dell haben ernüchternde und desillusionierte Kinder wie Oliver Sacks die sogenannten »elfjährigen Atheisten« genannt. Kinder in diesem Alter können aus Enttäuschung ihren Glauben an Gott aufgeben, da er ihren moralischen Annahmen nicht entspricht. Diese Verdrossenheit mit Gott kann nicht nur erlösend, sondern mit Gefühlen des Verlustes verbunden sein. So empfand Oliver Sacks jetzt eine stärkere Sehnsucht nach etwas, an das er glauben konnte, und wendete sich der Wissenschaft zu.

Ein weiteres Beispiel für den mythisch-wörtlichen Glauben stammt von J. D. Vance. »Hillbilly-Elegie« ist ein internationaler Bestseller. Der Autor, J. D. Vance, beschreibt in diesem beeindruckenden autobiografischen Bericht die Geschichte seiner Familie, die aus den Apallachen stammt und seine persönliche Loslösung aus der Armut und der amerikanischen Unterschicht. Es ist ein einzigartiger Bericht über die Stammwählerschaft von Trump, mit allen ihren Stärken und Schwächen.

In dieser Unterschichtsbevölkerung des amerikanischen Südens bis mittleren Westens spielt die traditionelle christliche Religion eine große Rolle, die angesichts der enormen sozialen Probleme immer wieder infrage gestellt wird. In einer berührenden Szene fragt Vance als Kind seine Großmutter (»Mamaw« genannt), ob Gott sie liebte:

»Ich wusste, was sie antworten würde, aber ich verlangte offenbar eine Bestätigung: »Mamaw, liebt Gott uns?« Sie ließ den Kopf hängen, nahm mich in den Arm und begann zu weinen.

Die Frage schmerzte sie so, weil der christliche Glaube im Zentrum unseres und vor allem ihres Lebens stand … Mamaw ging davon aus, dass uns Gott nie von der Seite wich. Er freute sich mit uns, wenn die Zeiten gut waren, und rüstete uns, wenn sie schlecht waren …« (Vance 2017, S. 102).

Dieses unbedingte Gottvertrauen half ihm und seiner Großmutter, die Widrigkeiten des Lebens zu ertragen. Allerdings war es mit einem eigenen Beitrag verbunden. Diese Lösung war so einfach und für den jungen Vance lebensrettend:

»Die Theologie, die sie uns beibrachte, war nicht sonderbar komplex, aber sie sagte etwas aus, dass ich unbedingt hören musste. Einfach so durchs Leben zu driften bedeutete, sein gottgegebenes Talent zu verschwenden. Ich musste also hart arbeiten. Ich musste für meine Familie sorgen, weil es die christliche Pflicht verlangte. Ich musste vergeben, nicht nur um meiner Mutter, sondern auch um meiner selbst willen. Ich durfte niemals verzweifeln, denn Gott hatte etwas mit mir vor« (Vance 2017, S. 103).

Dieser Kindheitsglauben entspricht dem dritten Stadium nach Fowler und Dell (2004, 2006), dem »mythisch-wörtlichen Glauben«. In seiner Jugend orientierte er sich immer mehr am Glauben seines Vaters. Dies entspricht dem vierten Stadium nach Fowler und Dell (2004, 2006), dem »synthetisch-konventionellen Glauben«. Über seinen leiblichen Vater, den er über lange Jahre nicht gesehen hatte, erfuhr er vom konservativen Protestantismus seines Vaters und ließ sich dadurch beeinflussen, weil diese Theologie so einfach war. Das kritische Hinterfragen stand für ihn noch nicht an:

»Als junger Teenager dachte ich zum ersten Mal ernsthaft über die Frage nach, woran ich glaubte und warum ich glaubte; ich hatte das akute Gefühl, dass die ›wahren‹ Christen immer weiter bedrängt wurden … Zum ersten Mal in meinem Leben hatte ich das Gefühl, einer verfolgten Minderheit anzugehören« (Vance 2017, S. 115).

Er fühlte sich aufgehoben und als Teil einer ausgewählten Minderheit mit klaren normativen Richtlinien:

»Die Kirche meines Vaters verlangte so wenig von mir. Es war leicht, Christ zu sein. Die einzigen positiven Lehren aus dieser Theologie, an die ich mich erinnern kann, waren, dass ich meine Frau nicht betrügen durfte und dass ich keine Hemmungen zu haben brauchte, anderen das Evangelium zu verkünden. Also plante ich, ein Leben in Monogamie zu führen, und versuchte, andere Menschen zum Übertritt zu bewegen, selbst meinen Naturwissenschaftslehrer aus der siebten Klasse, einen Moslem« (Vance 2017, S. 117).

Bei vielen Kindern und Jugendlichen führt die Reflexion über den elterlichen Glauben allerdings zu einer Ablösung und Ablehnung, verbunden mit begleitenden Verlustgefühlen.

Die Verlustgefühle des Kindheitsglaubens können dramatisch sein, wie das nächste Beispiel zeigt. Thomas Melle ist ein junger deutscher Autor, der seine eigene bipolare oder manisch-depressive Störung in einem autobiografischen Roman mit dem Titel »Die Welt im Rücken« (2016) detailliert schildert. Als Kind war er vom katholischen Glauben enttäuscht, konnte aber gleichzeitig das Gefühl des Verlustes seiner religiösen Grundlage formulieren:

»Gott hatte ich verloren, als ich das Beten optimierte. Seit frühester Kindheit hatte ich jeden Abend zwei lange Normgebete gesprochen, und zwar mit enervierender, masochistischer Langsamkeit, um bloß nicht der Eile und Oberflächlichkeit bezichtigt werden zu können. Zwischen beiden hatte ich immer ein ziemlich langes Zwiegespräch mit Gott geführt, eine tatsächliche Rekapitulation des Tages vorgenommen wie auch eine Wunschliste für den nächsten Tag und die nähere Zukunft erstellt. Die Gespräche bildeten das Kernstück dieses Rituals im Dunkeln, die beiden Standardgebete den Rahmen. Irgendwann mit elf oder zwölf Jahren dann fingen die Gebete an, sich immer schneller abzuspulen, auch das Zwiegespräch beschränkte sich nun auf das Wesentlichste und arbeitete bald mit Wiederholungen und Textbausteinen. Ich war dabei, das Beten zeitlich und formal zu optimieren. Der Pragmatismus zog in mein Kinderbett ein. Die Rahmengebete wurden immer rasender und schneller heruntergerasselt, das eigentliche Gespräch kaum mehr durchdacht. Das Kreuzzeichen war ein kurzes Fingersteppen auf der Brust. Als das ganze schließlich nur noch einem schludrig hingeraubten Sprachwirrwarr glich, ließ ich das Gebetsritual sein. Damit starb aber auch Gott. Das schockierte mich, doch es führte kein Weg zurück. Mit der Ansprache der Instanz fiel auch der Glaube an ihre Existenz weg. Als mich dann noch ein uralter, hagerer Pater, der mich an den Reverend aus »Poltergeist II« erinnerte, Pater Hunger, ich weiß es genau, in der Beichte fragte, ob Masturbation denn schon ein Thema für mich sei, hatte es sich auch mit der Institution erledigt. Ich ging nicht mehr zur Beichte, die baldige Firmung schlug ich aus. Die Kommunion in der obligatorischen Schulmesse ließ ich ebenfalls bleiben. Es gefiel mir nicht, aber ich war nun Atheist. Und ahnte: wo die Form zerfällt, zerfällt auch der Inhalt« (Melle 2016, S. 228–229).

Melle beschreibt, wie sich der authentische Glaube seiner Kindheit in ein oberflächliches Ritual verwandelt hatte. Die Geschwindigkeit seiner Gebete hatte zugenommen, jedoch auch ihre Aufrichtigkeit. Die endgültige Desillusionierung kam, als der Priester sein sexuelles Verlangen andeutete. Dies entspricht leider einer nicht seltenen Praxis. Nicht nur ist sexueller Missbrauch ein reales Vergehen von Geistlichen gewesen, sondern auch dessen skandalöse Vertuschung durch die Institution der Kirche.

Ähnlich wie Oliver Sacks wurde Thomas Melle ein typischer »elfjähriger Atheist« Der Verlust des Glaubens bedeutet, ohne die Sicherheit der Religion zu sein. Für manche Kinder in diesem Alter wirkt es, als ob sie völlig allein sind. Dies stimmt natürlich nicht, denn ihre inhärente, natürliche Spiritualität ist immer da. Manchmal muss sie wiederentdeckt und integriert werden, wie in dem nächsten Abschnitt gezeigt wird.

Kombinierte Modelle der religiösen und spirituellen Entwicklung

Eine andere Beschreibung der Stadien der Religiosität stammt von David Tacey, einem australischen Jungianer, der sich in seinem Werk auf die aktuelle Spiritualität von jungen Erwachsenen konzentrierte, d. h. der Altersgruppe nach dem Kindes- und Jugendalter. Tacey schlägt eine fünfstufige Einteilung der spirituellen Entwicklung vor, die aber eigentlich auch ein Modell der religiösen Entwicklung darstellt (Tacey 2004, S. 106–107):

1. Geburtsglaube
   Das erste Stadium ist das des Geburtsglaubens, in dem man die religiöse Tradition der eigenen Familie erfährt.
2. Kritisches Hinterfragen
   Das zweite Stadium der Ablösung beginnt mit einer kritischen Infragestellung des Glaubens im Jugendalter.
3. Säkulare Identifikation
   Dieses Stadium ist gekennzeichnet durch den Verlust des Geburtsglaubens, der Aufgabe der Zugehörigkeit zu religiösen Institutionen und der Orientierung hin zu säkularen Werten.
4. Säkulare Desillusionierung
   Für das vierte Stadium ist das Gefühl typisch, dass das säkulare Leben nicht erfüllend ist und etwas Wichtiges fehlt.
5. Erwachsene säkulare Spiritualität
   Das fünfte Stadium ist durch die Entwicklung der eigenen säkularen Spiritualität gekennzeichnet, die unabhängig von religiösen Einflüssen und Teil der wiederauftauchenden Spiritualität in der Gesellschaft ist.

Es ist erkennbar, dass die Stadien von Tacey eine Entwicklung von einer Geburtsreligion bis hin zu einer eigenen individuellen Spiritualität durchlaufen.

Charlotte, eine 18-jährige junge Erwachsene, die wegen wiederholten Anfällen von Hyperventilation behandelt wurde, gibt diese Entwicklung der individuellen Kombination von Glauben und Religion in eigenen Worten gut wieder. Sie hatte wiederholte Anfälle von Hyperventilation und musste immer wieder aus der Schule abgeholt und in die Klinik gefahren werden und war dadurch sehr stark beeinträchtigt.

Sie sagte: »Ich bin nicht wirklich religiös, da ich nicht zur Kirche gehe, aber ich glaube.«

Als ich sie nach einem Beispiel für ihren Glauben fragte, erzählte sie, dass Religion für sie sehr wichtig war, als ihr Großvater starb:

»Ich war alles für ihn. Er war immer so froh, als er mich sah. Als er im Krankenhaus sehr krank war, wollte ich ihn sehen, um Abschied zu nehmen. Es war für mich nicht problematisch und vielleicht war er glücklich, als er mich sah. Jetzt habe ich das Gefühl, dass mein Großvater mit mir ist und mich beschützt. Er wäre sehr froh zu sehen, was ich tue und wie ich jetzt bin.«

Charlotte hat das fünfte Stadium nach David Tacey erreicht. Sie hat ihre eigene Spiritualität entwickelt, indem sie ihren eigenen Glauben entwickelt hat, ohne den Geburtsglauben abzulehnen. Sie hatte einen sehr pragmatischen Zugang und eine Lösung: Die Religion wurde für den Fall beibehalten, dass sie in schwierigen Situationen gebraucht würde, wie bei dem Tod ihres Großvaters.

Religiöse Förderung der Spiritualität

Religiosität und Spiritualität können für manche Kinder und Jugendliche wirklich übereinstimmen. In diesen Fällen kann religiöse Erziehung eine wichtige Ressource zur Entwicklung der eigenen Spiritualität beitragen.

Friedrich Schweitzer (2013) vertritt die Ansicht, dass Kinder ein Recht auf Religion und religiöse Erziehung haben. Aus einer christlichen Perspektive kann man dem Argument gut folgen, dass religiöse Erziehung in einer nicht dogmatischen und nicht fundamentalistischen Art zur Entwicklung der eigenen Spiritualität beitragen kann. Moderne Theologen wie Schweitzer lehnen religiöse Praktiken ab, die Furcht, Schuldgefühle und Minderwertigkeitsgefühle einflößen, die Sexualität unterdrücken und blinde Akzeptanz verlangen (Schweitzer 2013, S. 25–26). Schweitzer führt ebenfalls aus, dass ein Kind das Recht auf religiöse Freiheit hat, selbst wenn seine Wahl nicht mit den Wünschen der familiären religiösen Tradition übereinstimmt. Das Hauptziel einer freien religiösen Erziehung sei es, symbolisch ausgedrückt, die Fenster zur Welt zu öffnen, die tiefen und berührenden Mysterien jenseits dieser Welt zu erfahren und die Fenster offen zu halten (Schweitzer 2013, S. 380).

In ihrem Elternratgeber zeigt Rebecca Nye Parallelen zu der Bibel auf. Sie erinnert uns dran, dass Kinder ein Sakrament Gottes sind und von Jesus als solches behandelt wurden. Sie zitiert die Bibel: »wer immer das Kind in meinem Namen empfängt …« (Lukas 9.48) (Nye 2014, S. 74). Sie erinnert Erwachsene an ihre eigene inhärente kindliche Spiritualität, indem sie christliche Worte verwendet: »Im Mittelpunkt des christlichen spirituellen Wachstums steht die Fähigkeit, sich mit den eigenen kindlichen spirituellen Fähigkeiten zu verbinden und sich auf sie zu beziehen. Um in das Königreich Gottes einzutreten, müssen wir wie ein Kind werden« (Nye 2014, S. xiii).

Nye umschreibt sechs praktische Kriterien für Eltern, um die Spiritualität ihrer Kinder, und damit ihre eigene Sensibilität, zu fördern:

1. Körperlichen, emotionalen und auditiven Raum und Aufmerksamkeit für Spiritualität zu geben.
2. Die Verschiebung von Produktion auf Prozess.
3. Die Förderung der Imagination.
4. Das Angebot authentischer Beziehung.
5. Intimität, Sicherheit und Nähe zu schaffen.
6. Vertrauen fördern und pflegen (Nye 2014, S. 41 ff.).

Es ist wichtig, Zeit und Raum zur Verfügung zu stellen, damit die Spiritualität auftreten kann, wie auch Miller es darstellt: »Das junge Kind braucht kein Training in Achtsamkeit. Im Gegenteil, es benötigt Schutz vor Ablenkung, vor kreisenden und rasenden Gedanken, vor Hetze und vor fehlenden friedvollen Augenblicken« (Miller 2015, S. 115). Wie wir gesehen haben, haben Kinder von Anfang an transzendente Stärken und sind von sich aus achtsam und spirituell. Spiritualität »ist eine häufige, natürliche Fähigkeit von den meisten, vermutlich allen Kindern« (Nye 2014, S. 9). Eltern können entscheidend sein, damit die kindlichen spirituellen Fähigkeiten aufblühen und wachsen können und dass sie nicht verleugnet werden, vor allem in ihrer religiösen Erziehung: »Religion an sich macht Menschen nicht transzendent, dennoch regt sie unsere natürliche Transzendenz an« (Miller 2015, S. 62).

Wie genau zeigt sich diese natürliche Spiritualität bei Kindern und Jugendlichen? Dies ist das Thema des nächsten Kapitels.

7   Erscheinungsformen der Spiritualität

Nachdem die positiven und negativen Aspekte der Religiosität, die Entwicklungsstadien und die Beziehung von Religiosität zu Spiritualität behandelt wurden, ist es nun Zeit zum Hauptthema dieses Buches zurückzukehren, nämlich die natürliche und spontane Spiritualität von Kindern und Jugendlichen. Wie schon zuvor umrissen, gibt es viele verschiedene Definition der Spiritualität. Die Gemeinsamkeit dieser Definitionen ist, dass Spiritualität inhärent ist und allen Menschen zur Verfügung steht – und dass es auf etwas Größeres hinweist, jenseits der begrenzten eigenen Existenz, wie auch immer dieses Größere begrifflich gefasst oder interpretiert wird.

Es gibt viele Möglichkeiten, der Spiritualität von Kindern zu begegnen. Es kann hilfreich sein, zunächst die Phänomene der Spiritualität, so wie sie subjektiv von Kindern erfahren werden, zu beobachten und zu beschreiben, bevor man zu schnell zu einem Fazit kommt oder zu Hypothesen greift. Dieser deskriptive und empirische Zugang hat den Vorteil, dass er zugleich offen und nicht wertend ist.

Von allen deskriptiven Vorschlägen gefällt mir besonders das Modell von Tobin Hart, einem amerikanischen Psychologen, der das wegweisende Buch mit dem Titel »The secret spiritual world of children« (2003) veröffentlicht hat. Der Titel wurde gut gewählt, da spirituelle Erfahrungen einerseits ubiquitär sind und allen Menschen offenstehen, andererseits eben privat und geheim sind. Obwohl diese Erfahrungen vergleichbar sind, wird die Spiritualität von jedem Individuum subjektiv unterschiedlich erlebt. Viele Kinder sprechen nicht über ihre Spiritualität und bevorzugen es still zu bleiben, da Spiritualität in unseren säkularen Gesellschaften nicht allgemein akzeptiert ist, vor allem die von Kindern. Deshalb wird Spiritualität oft geheim gehalten, um Spott und abwertende Bemerkungen von Gleichaltrigen und Erwachsenen zu vermeiden. Spiritualität hat viele verschiedene Facetten und stellt ein breites Spektrum von unterschiedlichen multidimensionalen Erfahrungs- und Beziehungsmodalitäten dar.

Wie kann diese innere spirituelle Welt verstanden werden? Tobin Hart (2003,2 1006) schlug vor, sich fünf verschiedene Dimensionen anzuschauen:

1. Wundern und Staunen
2. Philosophieren
3. Weisheit
4. Interpersonelle Spiritualität
5. Das Unsichtbare sehen

Wie alle Klassifikationen, ist auch diese nur eine Annäherung an die Realität, aber eine sehr nützliche. In einem späteren Buchkapitel zeigte Hart (2006) weitere Einzelheiten dieser Dimensionen auf. Um Idealisierung und Inflation zu vermeiden, ist es empfehlenswert sich daran zu erinnern, dass Spiritualität nicht nur eine positive Erfahrung darstellt, sondern dass sie auch schockierend und belastend sein kann. In jedem Fall, ist die Spiritualität im menschlichen Leben immer anwesend, wie Hart treffend feststellt: »Anstatt zu denken, dass wir menschliche Wesen sind, die gelegentlich spirituelle Erfahrungen haben, finde ich es hilfreicher zu denken, dass wir spirituelle Wesen mit menschlichen Erfahrungen sind« (Hart 2003, S. 7–8).

Wundern und Staunen

Die meisten Kinder erfahren das Wundern und Staunen durch die Natur, und dies ist durchaus mit den Berichten von Mystikern vergleichbar. Diese Erfahrungen reichen von Gefühlen des Wunderns, wenn man zum Beispiel eine Blume oder einen Tautropfen an einem Grashalm bei Sonnenaufgang sieht, bis hin zu überwältigenden Offenbarungen, beispielsweise beim ergreifenden Anblick von tausenden glitzernden Sternen am Nachthimmel. Wundern und Staunen ist überall und zu jeder Zeit möglich, wie es der vietnamesische Mönch Thich Nhat Hanh in seiner poetischen Sprache formulierte:

> »Die Leute betrachten üblicherweise das Gehen auf Wasser oder in der Luft als ein Wunder. Doch ich finde, das wirkliche Wunder besteht nicht darin, auf Wasser oder in der Luft zu gehen, sondern auf der Erde. Jeden Tag sind wir an einem Wunder beteiligt, dass wir oft nicht erkennen: Dem blauen Himmel, den weißen Wolken, den grünen Blättern und den neugierigen Augen eines Kindes. Alles ist ein Wunder« (Hanh 2017, Ort 1749).

Gerade junge Kinder können über jedes Objekt staunen und Erwachsenen das Wunder des Lebens vermitteln, wie das Beispiel der Tochter des amerikanischen Meditationslehrers Jack Kornfield rührend zeigt:

> »Als meine Tochter jung war, nahm ich sie in das Yosemite-Tal mit. Sie beugte sich, hob einen farbigen Stein hoch und war voller Staunen. »Ist der nicht schön, Papa?« Sie brauchte nicht auf die beeindruckenden Wasserfälle und die 1000 m hohen Felsen hochzuschauen; für sie war alles Yosemite. Wir können mit Sicherheit das gleiche Gefühl von Wundern und Freude haben – egal was passiert« (Kornfield 2017, Ort 2575).

Diese Erfahrungen von Wundern und Staunen können kurz andauern und wirken wie plötzliche Intrusionen in die alltägliche und bekannte Art der Wahrnehmung. Sie können auch andauern und in ihrer Intensität über mehrere Tage schwanken. Wie Hay und Nye (2006) gezeigt haben, hat jedes Kind seine eigene spirituelle Signatur, d. h. eine individuelle Modalität der Erfahrung, die sich wiederholen kann.

Wundern und Staunen kann positiv sein und von Erstaunen, Verwunderung und Verblüffung begleitet werden, wie im nächsten Beispiel verdeutlicht wird:

Als Kind habe ich versucht, Wolken einzufangen. Im Sommer waren wir oft in den Bergen Südindiens und ich liebte es zu betrachten, wie die Wolken aus dem Flachland die Berghänge hinaufjagten. Ich stand gerne auf einem Hügel und beobachtete, wie die Wolken kamen und ich eine Zeit lang in dem Grau der Wolken eingehüllt war, bis sich wieder ein Fenster öffnete und ich die Landschaft sehen konnte. Ich war fasziniert von Wolken und ich nahm mir vor, sie einzufangen. Dazu nahm ich eine Flasche und rannte so schnell ich konnte, mit der Öffnung zu den Wolken gerichtet, um möglichst viele Wolken aufzufangen. Wenn ich meinte, es sei genug, hielt ich die Flaschenöffnung mit meiner Handfläche zu und war überzeugt, es geschafft zu haben. Durch den mangelnden Erfolg ließ ich mich nicht entmutigen – bei der nächsten Wolke rannte ich wieder mit der Überzeugung los, es dieses Mal zu schaffen. Wolken sind einfach »Wunder«-voll.

Spirituelle Erlebnisse können überraschend und wirklich außergewöhnlich sein. Sie können sogar so faszinierend und verzaubernd sein, dass man sich diese besonderen Gefühle dauerhaft wünscht oder zu ihnen zurückkehren möchte. Man kann dabei so absorbiert sein, dass die Erfahrung unendlich lang wirkt. Ein Kind kann im Erleben des Wunderns und Staunens belebt, beseelt, neugierig und glücklich sein. Diese spirituellen Erfahrungen können so überwältigend sein, dass man Respekt und Ehrfurcht vor dem verspürt, was offensichtlich größer ist als man selbst, wie zum Beispiel die Natur. Das Staunen kann inspirieren, zu tiefen Einsichten, Verständnis und langfristigen Lebensveränderungen führen und damit eine heilende Erfahrung sein.

Staunen kann demnach eine heilende Erfahrung sein, wie durch die 19-jährige Karen veranschaulicht, die unter Depressionen litt. In dem Fallbericht von Miller erfährt man, dass Karen psychotherapeutisch behandelt wurde, aber sich dennoch leer und unsicher fühlte. Dann geschah ein wichtiges Ereignis. In ihren Worten, an einem Nachmittag:

> »Ich lief am Golf entlang, auf dem Weg zum Dock und sah das glitzernde Licht auf dem Wasser. Plötzlich wurde alles klar für mich. Natürlich gibt es den Schöpfer und natürlich ist die Welt strahlend und voller Liebe – es gibt Spiritualität und alles« (Zitiert von Miller 2005, S. 333).

Diese wichtige Erfahrung einer göttlichen Gegenwart war der Hauptgrund dafür, dass sie gesund wurde und ihre Depression zurücklassen konnte. Auch die Wucht der Naturerfahrung, die ein wichtiger Katalysator oder Auslöser für tiefe Erkenntnisse sein kann, wird in Karens Bericht deutlich.

Wundern und Staunen sind durch typische Eigenschaften gekennzeichnet, die hervorragend von Hart (2006) umrissen wurden. Sie sind oft unaussprechlich und können in ihrer vollen Tiefe und Bedeutung nicht mit Worten vermittelt werden. Da die meisten spirituellen Erfahrungen emotional und primär nicht verbal sind, kann es schwierig sein, diese tiefen subjektiven Wahrheiten in Worte zu fassen. Oft ist eine symbolische Sprache passender. Ferner kann es einfacher sein, die Bedeutung der Erfahrung zu umkreisen, sie von verschiedenen Perspektiven zu betrachten und zu beschreiben.

Erlebnisse von Wundern und Staunen können zeitlos wirken, wenn sie in die Gegenwart aufgenommen werden. Die üblichen Wahrnehmungen von Zeit können ausgesetzt sein, Sekunden können wie Stunden wirken, und längere Zeiten können erscheinen, als ob sie in der Gegenwart hoch kondensiert zusammengepresst sind. Staunen impliziert ein direktes, gefühlsmäßiges Wissen und eine innere Weisheit, die oft in Symbolen ausgedrückt wird.

Oft tritt ein Gefühl auf, dass diese Augenblicke absolut wahr und fremd, aber gleichzeitig bekannt sind – sie wirken wie ein »spirituelles nach Hause kommen«. Dies kann in folgenden Worten ausgedrückt werden: »Endlich bin ich dort, wo ich hingehöre. Genau wie jetzt war ich schon immer, dies ist mein inneres Wesen«. In den Begriffen von C. G. Jung, würde dies der Manifestation des Selbst-Archetyps entsprechen, dem Kern und der Gesamtheit der eigenen Persönlichkeit. Dieses Gefühl, dass man angekommen ist, kann mit Ruhe und Gelassenheit verbunden sein. Tatsächlich sind diese Gefühle oft von Empfindungen der Wertschätzung und Dankbarkeit begleitet. Die Hingabe und der Kontrollverzicht zugunsten etwas Größerem kann für manche Kinder und Jugendliche sehr einfach sein.

Wundern ist an sich nichtrational oder transrational, da es ein direktes Verstehen beinhaltet. Wundern basiert nicht auf Wissen oder Fakten, es kann nicht erlernt werden und es können keine Prüfungen in Wundern und Staunen abgelegt werden. Wenn Wundern und Staunen geschehen, scheint es, als ob sie universelle Wahrheiten sind, die nicht auf Denken angewiesen sind – sie sind selbstevident, wie die blaue Farbe des Himmels.

In diesen Augenblicken kann die Unterscheidung zwischen selbst und anderen verwischen. Die Grenzen zwischen Subjekt und Objekt lösen sich auf, d. h. die gesamte Spiritualitätserfahrung wird in einem selbst und nicht von einer externen Realität erlebt, ebenso wie die Wellen und der Ozean, in dem beliebten Symbol des Buddha, nie getrennt sind.

Diese Gefühle des Staunens treten oft mit einem Sinn des Verstehens, Anerkennung, Dankbarkeit, Ehrfurcht und Liebe dem Leben gegenüber auf. Wunder kann sich in verschiedenen Emotionen bekunden, die von Freude, Ekstase, Glückseligkeit und Einheitsgefühlen, bis hin zu überwältigenden, schwer integrierbaren Emotionen, wie Schuld, Depression, Trauer, Scham, Verwirrung und nicht mehr leben wollen, reichen können. Wie bei allen Aspekten der Spiritualität sind neben den positiven Erfahrungen auch negative möglich. Aus diesem Grund sollte die Spiritualität nicht idealisiert werden. Wunder und Staunen können ein Schock sein, da man seine vertrauten Bezüge und Orientierungen verlieren kann. Belastende und beunruhigende Wahrnehmungen, wie Depersonalisation und Derealisation, können auftauchen.

Negative Aspekte von Wundern und Staunen

Bei einer Depersonalisation fühlt sich der eigene Körper fremd und unvertraut an, so als ob er nicht zu einem selbst gehört. Depersonalisation wird durch Erfahrungen von Unwirklichkeit und Loslösung definiert sowie der Empfindung, seine eigenen Gedanken, Gefühle, Handlungen und seinen Körper von außen zu beobachten. Typische Symptome umfassen Veränderungen der Wahrnehmung, ein verzerrtes Zeitgefühl, Empfindung der Unwirklichkeit über einen selbst, sowie emotionale und körperliche Taubheit. Dies kann ein sehr beängstigender Aspekt der Spiritualität sein, wie in dem Fall von Melanie:

> Melanie ist eine 14-jährige Jugendliche, die wegen wiederholten Panikanfällen und Ohnmacht stationär behandelt wurde. Sie erzählte mir, dass sich ihr Körper von ihrem Hals abwärts so anfühlt, als ob er nicht zu ihr gehörte. Wenn sie sich ihre Hände anschaute, hatte sie das Gefühl, sie gehörten nicht ihr. Wenn Sie Ihre Beine und Füße sah, schienen sie losgelöst zu sein. Melanie war sehr beunruhigt, aber reagierte mit Entlastung, als ich sie beruhigte, dass diese merkwürdigen Fremdheitserfahrungen nicht für immer anhalten würden. Melanie konnte auch sehr klar angeben, dass ihre Umgebung bekannt und unverändert war. Melanie litt nur unter einer Depersonalisation, nicht unter einer Derealisation.

Derealisation ist ein Zustand der veränderten Realitätswahrnehmung und der merkwürdigen Veränderung der Umgebung, während der eigene Körper intakt erscheint. Es wird definiert durch Erfahrungen der Unwirklichkeit und Losgelöstheit von der Umgebung. Symptome können umfassen: Die Erfahrung von Objekten und anderen Personen als unwirklich, verwaschen, traumhaft, leblos oder visuell verzerrt. Manche Jugendliche haben mir berichtet, dass die Wände geneigt schienen, oder sich zu ihnen hinbewegten; dass sie beim Laufen zu hüpfen schienen, so als ob sie auf Watte liefen; Geräusche schienen, als ob sie von weit herkamen; Licht kann sich in Intensität und Farbe ändern. Derealisation und Depersonalisation sind sehr häufig im Jugendalter und üblicherweise nicht mit schweren psychischen Erkrankungen wie schizophrenen Psychosen assoziiert, die aber in jedem Fall ausgeschlossen werden müssen.

Diese negativen Aspekte können so aggressiv und bedrohlich sein, dass sie Abwehr auslösen, wie Jack Kornfield beobachtete:

> »Diese große Vielfalt von ungewöhnlichen Erfahrungen auf der spirituellen Reise erzeugen einen Hindernislauf mit wiederholten Schwierigkeiten und Fallstricken. Die Hauptschwierigkeiten tauchen auf, wenn Menschen durch diese ungewöhnlichen Erfahrungen Angst bekommen, sich gegen sie sträuben oder sie beurteilen« (Kornfield 2012, S. 88).

Auf der anderen Seite können sie, egal wie beunruhigend sie sind, Türöffner zu wahrer spiritueller Erkenntnis sein, da alltägliche Wahrnehmungsmuster essenziell infrage gestellt werden.

Wahrnehmung von Zeit

In der eigenen Wahrnehmung kann sich die Zeit rasch bewegen oder stillstehen. Dieses Gefühl kann für kurze Augenblicke auftreten, aber auch über längere Zeit persistieren. Ein Beispiel für diese veränderten Zeitwahrnehmungen stammt wieder von einem der autobiografischen Romane von Karl Ove Knausgaard: »Wir waren in der Mitte der Kindheit und in ihr war die Zeit aufgehoben. D. h., die Augenblicke rasten in einem wüsten Tempo dahin, während die Tage, die sie enthielten, fast unmerklich vorangeschritten« (Knausgaard 2015a, S. 341).

Hans-Josef Ortheil litt als Kind unter einem selektiven Mutismus, d. h. er konnte nur mit einer bestimmten Zahl von vertrauten Personen sprechen und verhielt sich schweigsam gegenüber anderen. In seinem autobiografischen Roman beschreibt er, wie er anfing, kleine Gedichte zu schreiben, die er als »Inseln in der Zeit« wahrnahm:

> »Die scheinbar rasch verrinnende und nicht aufzuhaltende Zeit umfasste also Momente oder Zeiten, die man durchaus anhalten und wieder erleben konnte. Diese Momente waren besonders schöne oder gelungene oder einfach nur erinnernswerte. Während sich von Tag zu Tag alles veränderte und kein Tag wie der andere war, blieben in diesem Veränderungsstrom doch kleine Zeitinseln zurück, die wie stehen gebliebene Zeit wirkten. Indem man sich an sie erinnerte, glaubte man die Zeit nicht nur besser zu überschauen, sondern auch nachzuerleben und zu verstehen« (Ortheil 2015, S. 59).

Kleine und alltägliche Ereignisse des Staunens

Man kann selbst bei kleinen und alltäglichen Ereignissen staunen, wie der australische Jungianer David Tacey poetisch beschreibt:

> »Gott offenbart sich nicht nur in der Heiligen Schrift, der Schöpfung und Tradition (die drei offiziellen Quellen der Offenbarung), sondern auch in kleineren Enthüllungen des Alltagslebens, in unserer Begegnung mit dem Bekannten, das geheimnisvoll und wundervoll verwandelt wird, sobald wir das Bekannte als eine Analogie des Unbekannten sehen, d. h. als symbolisch und sakramental« (Tacey 2004, S. 164).

Jedes Objekt der Natur kann ein Geschmack von Wundern und Staunen auslösen: Das Geräusch der Blätter im Wind, das Gefühl der Wärme in der Sonne oder die Beobachtung von Regentropfen eines Sommerregens und wie diese einen Baumstamm hinunterfließen.

Selbst ganz alltägliche, bekannte Orte können eine magische Aura für Kinder ausströmen. Karl Ove Knausgaard beschreibt ein Fußballfeld im Wald, auf dem er als Kind spielte: »Fast alle meine Träume speisten sich aus diesem Ort. Hierher zu laufen war ein großes Glück« (Knausgaard 2015a, S. 106).

Überwältigende Erfahrungen von Wundern und Staunen

Staunen kann überwältigend sein und langfristige Effekte nach sich ziehen, wie von Morgan, einer Jugendlichen berichtet:

> »Ich sah das Licht auf dem Gletscherwasser und die Helligkeit und die Schönheit – es war, als ob ich die Schönheit fühlen konnte und ich war Teil von ihr – und es ist schwierig zu beschreiben, aber es war wie ein wahres Gefühl. Es fühlte sich heilig an« (Miller 2015, S. 46).

Die Erfahrung war so wichtig für Morgan, dass das Bild des Bergs seit dieser Erfahrung einen tröstenden Effekt auf sie hatte:

Abb. 20: Kleine Ereignisse, wie das Hinunterfließen von Regentropfen an einem Baum, können Wundern und Staunen auslösen. In Stille und Offenheit kann jedes Element der Natur zu einem Objekt des Wunderns und Staunens werden.

> »Seitdem, wenn ich mich gestresst oder unglücklich fühle, gehe ich in meinen Gedanken zurück zu dem Berg. Ich kann zum Berg zurückkehren und das Gefühl ist immer für mich da« (Miller 2015, S. 46).

Morgan drückt hiermit aus, dass das archetypische Symbol des Bergs nach seiner Aktivierung eine heilende Qualität beibehalten kann.

Manchmal können diese intensiven mystischen Erfahrungen problematisch werden, da man anhaften und abhängig werden kann, wie Jack Kornfield weise bemerkte:

> »Manche Menschen haben keine Angst vor diesen ungewöhnlichen Erfahrungen und erleben, dass sie sie genießen. Jedoch können sie in einer gegenteiligen Reaktion gefangen werden: Nämlich, indem sie eine starke Bindung zu diesen Erfahrungen entwickeln« (Kornfield 2012, S. 88).

Sehen, als ob es das erste und letzte Mal ist

Das Wundern ist in all seiner Frische und überwältigenden Neuigkeit mit einer Empfindung »das erste Mal sehen« vergleichbar. Wie von vielen Autoren beschrieben wurde, hat die Natur, die in ihrem Wesen so viel größer als das Individuum ist, die Kraft dieser Frische und den Reiz, Neues und Originelles auszulösen.

Etwas das erste Mal zu sehen ist eine wundervolle Metapher, um die Unmittelbarkeit des Staunens zu beschreiben. Rückblickend auf seine Kindheit schreibt Knausgaard:

Abb. 21: Wundern und Staunen können durch die Großartigkeit der Natur ausgelöst werden. Bei der Wanderung um den Manasarovar-See in Westtibet am frühen Morgen, zeigt sich im Hintergrund dieser eindrucksvollen, ehrfurchtgebietenden Landschaft der Berg Kailash, der heiligste Berg der Buddhisten und Hindus.

»Alles geschah zum ersten Mal. Dass auch die Gefühle alt werden, vielleicht nicht so alt wie die Menschen, kam uns niemals in den Sinn. Oh nein, warum sollte es auch? Die Gefühle, die sich in unseren Herzen regten, die uns rufen und schreien, lachen und weinen ließen, waren etwas, was wir hatten, waren einfach wir, so wie wir waren ...« (Knausgaard 2015a, S. 258).

Das Gefühl, etwas zum ersten Mal zu erleben, ist typischerweise von der Empfindung begleitet, dass dieses auch das letzte Mal sein könnte – beispielsweise wenn man tief berührt wird durch die Schönheit der Natur. Die Schönheit der Natur wurde in dieser Passage von Knausgaard als Jugendlicher beschrieben:

»Morgens wollten wir in die Alpen, um Ski zu fahren, auch das hatte etwas unwirklich Traumhaftes, denn der Himmel war vollkommen blau, und die Sonne strahlte; wohin wir auch schauten, erhoben sich schneebedeckte Berge, und nach einigen Minuten im Lift, in denen die Skier unter uns schaukelten, wurde es plötzlich ganz still. Als würden wir in einen anderen Zustand gleiten. Nur das leise Geräusch des Lifts direkt neben uns war zu hören, ansonsten war es wirklich absolut still. Ein Gefühl des Jubels erfüllte mich, denn die Stille war gewaltig, ebenso gewaltig wie das Meer, gleichzeitig gab es allerdings bei aller Freude auch etwas Schmerzhaftes in ihr. In dieser bis zum Rand mit schönheitsgefüllten Stille sah ich mich selbst, bzw. ich wurde meiner selbst bewusst, es ging nicht um meine Psychologie oder Moral, es hatte nichts mit meinen Eigenschaften zu tun, sondern nur damit, dass ich mich dort befand, dass dieser Körper sich dort hinaufbewegte, ich war jetzt hier, ich erlebte es, und dann könnte ich sterben« (Knausgaard 2015b, S. 340).

153

Mystische Erfahrungen

Und schließlich können Wundern und Staunen leichtere Formen von mystischen Erfahrungen darstellen. Tiefere mystische Erfahrungen werden in einem späteren Abschnitt über das Sehen des Unsichtbaren intensiver beleuchtet:

Mystische Erfahrungen sind spirituelle oder numinose Augenblicke, die einen auf positive oder negative Weise tief berühren, da sie sich den kognitiven Fähigkeiten einer Person widersetzen, alles erklären und verstehen zu wollen. Sie sind tief und können verblüffend und verwirrend sein. Es ist wichtig zu bedenken, dass meditative oder mystische Erfahrungen nicht Voraussetzung für tiefe Erkenntnisse sind. Wie alle Erfahrungen, kommen und gehen selbst mystische Geisteszustände im Zeitverlauf: Sie kommen für eine Zeit, bleiben und verschwinden. In anderen Worten: Sie sind vergänglich und nicht permanent. Wegen ihrer Anziehungskraft besteht die Gefahr der übermäßigen Bindung und der Wunsch nach Wiederholung. Mystische Augenblicke, die durch ihre vergängliche Natur auch nur Momente in der Zeit sind, sind nur wichtig, wenn sie tatsächlich transformative Effekte und langfristige Erkenntnisse nach sich ziehen.

Für Diane Perry war dieses tatsächlich so. Eine ihrer mystischen Kindheitserfahrungen war so plötzlich und intensiv, dass sie deshalb später eine tibetische Nonne wurde, wie ihre Biografin Vicki Mackenzie es beschrieb. Dieses Ereignis war besonders bewegend und hatte langfristige Effekte:

»Ich war etwa 13 Jahre alt und kam mit meiner Mutter nach Hause, nachdem ich meine Tante und meinen Onkel besucht hatte … Wir hatten einen sehr schönen Abend gehabt und warteten auf den Bus. Während ich an der Bushaltestelle saß, verspürte ich einen plötzlichen Blitz – dass wir alle sterben werden, und davor würden wir alt werden und wahrscheinlich auch krank. Wir hatten nicht über diese Dinge gesprochen, es kam mir einfach so. Ich kann mich daran erinnern, die Busse zu beobachten, wie sie vorbeifuhren, hell erleuchtet mit lachenden und redenden Menschen drinnen. Ich dachte: ›Wissen sie nicht, sehen sie nicht, was passieren wird?‹ Ich sagte meiner Mutter, dass das Leben wirklich sehr traurig sei wegen allem, was wir durchmachen müssen. Meine Mutter, die ein sehr schwieriges Leben hatte, sich abrackern musste, um zwei Kinder großzuziehen und zudem gesundheitliche und finanzielle Probleme hatte, antwortete: ›Ja natürlich gibt es viel Leiden im Leben, aber es gibt auch gute Dinge.‹ Ich dachte, sie hätte das Wesentliche nicht begriffen! Es gibt gute Dinge, aber darunter liegen die Tatsachen von Altern, Krankheit und Tod und das macht alle anderen Dinge aus« (Mackenzie 1999, S. 15–16).

Wundern und Staunen bei Erwachsenen

Wundern und Staunen sind während allen Stadien der Kindheit und der Jugend so allgegenwärtig, aber hören damit nicht auf. Sie können auch im Erwachsenenalter jederzeit erlebt werden.

Wieder beschreibt Knausgaard in poetischen Worten die Übergangsphase von Kindheit zu Jugend, indem er ausführt, dass seine damaligen Beziehungen zwischen der Welt des Kindes und der Erwachsenen lokalisiert und die Grenzen dazwischen fließend waren (Knausgaard 2012, S. 76). Wenn Sie liebevoll gehütet und umsorgt werden, kann dieses Gefühl des Wunderns bei Erwachsenen sehr lebendig sein. Wundern und Staunen können ausgelöst werden, wenn man die Schönheit des Lebens sieht und sich von ihr berühren lässt, zum Beispiel durch wichtige Lebensereignisse, wie die Geburt des eigenen Kindes. Knausgaard beschreibt die überschwängliche Freude, die Magie und das Wunder, als er seiner ersten Tochter im Alter von drei Jahren erzählte, dass ein anderes Kind gesagt hätte, sie sei das netteste Kind im Kindergarten. Er beschreibt, dass er sie noch nie mit so viel Licht gefüllt gesehen hatte. Sie glühte geradezu vor Freude (Knausgaard 2013, S. 50).

Wundern, wie alle spirituellen und mystischen Erfahrungen, kann jederzeit im Erwachsenenalter auftreten, selbst in den alltäglichen Umständen. Knausgaard beschreibt tiefe spirituelle Gefühle in einer sehr banalen Situation, nämlich als er in einem Nahverkehrszug saß. Er dachte an nichts Besonderes, schaute nur auf die rote Sonne und wurde von einem intensiven Gefühl der tiefen Bedeutung und Wichtigkeit seines Erlebens erfüllt, das schwer in Worte zu fassen war (Knausgaard 2012, S. 222).

Manche Künstler haben die Fähigkeit, dieses Gefühl von Wundern und Staunen ihrer Kindheit zu bewahren oder wieder zu entdecken. John Olsen, einer der berühmtesten australischen Künstler, sagte: »Ich mag es, die offenäugige Unschuld eines Kindes zu behalten« (Olsen 2016, S. 105). Wenn man seine freudigen Bilder der Sonne und seine atemberaubenden Bilder der australischen Landschaft aus der Vogelperspektive betrachtet, kann man dieses leicht verstehen. Auch empfahl er: »Bleibe mit deinem Traum und lerne zu spielen« – was für ein wundervolles Motto für Erwachsene, um sich mit dem spielerischen Wunder der Kindheit wieder neu auszurichten (Olsen 2016, S. 181). Es ist möglich und nicht so schwierig, wie man denkt!

Philosophieren

Intensive Erfahrungen von Wundern und Staunen sind so berührend da alle Sinne unmittelbar angesprochen werden. Ein eher kognitiver Zugang zur Spiritualität ist das Philosophieren, das Thema dieses Abschnitts. Wie Hart (2006) feststellte: »Kinder können natürliche Philosophen sein« und über großen Fragen des Lebens nachdenken. »Sie fragen nach Leben und Bedeutung, Erkennen und Wissen, über Wahrheit und Gerechtigkeit, Liebe, Realität und Tod« (Hart 2006, S. 168). Typische Fragen von Kindern sind: »Warum bin ich hier?«, »Was ist der Sinn des Lebens?« und »Warum verändern sich Dinge?«. Kinder sind auf der Suche nach Sinn, Zielen und Wahrheit.

Dieses Erkunden kommt natürlich und spontan zu ihnen, wie Miller betont: »Kinder nähern sich den großen Fragen unmittelbar und direkt. Sie zögern nicht, fest verwurzelte Annahmen infrage zu stellen. Ihre Begierde, zu erkunden, zu erfahren und sich auszudrücken, ist unbegrenzt.« (Miller 2015, S. 45).

Philosophieren ist eine eher rationale Annäherung zur Spiritualität, die manche Kinder besonders anzieht. Philosophieren kann spielerisch und befreiend sein, indem das Konzepte der Realität dekonstruiert wird. Lipscomb und Gersch (2012), pädagogische Psychologen, führten eine Studie mit der Methodik des »spirituellen Zuhörens« durch, um philosophische Ansichten von Kindern zu erfahren. Die Autoren konnten sechs Domänen der natürlichen philosophischen Fragen von Kindern identifizieren: Identität (Persönlichkeit, Beziehungen, private gegenüber der öffentlichen Identität und Veränderungen durch Altern); Sinnhaftigkeit (Selbsterkenntnis, elterliche und gesellschaftliche Erwartungen, Fähigkeit, ein gutes Leben führen, Sinn von Leben und Tod); Antrieb (intrinsische und extrinsische Beweggründe); Schicksal (Träume und Ressourcen); und Lebensübergänge. Diese Studie zeigt überzeugend, dass Kinder tatsächlich »kleine Philosophen« sind und kognitiv gedeihen, wenn sie in einem Dialog herausgefordert werden.

Für andere Kinder kann Philosophieren ein systematisches und radikales Erkunden von Gedanken und Annahmen sein. Paradoxe Fragen und magisches Denken können sich vermischen, ohne dass sie für Kinder widersprüchlich erscheinen. Wie Hart betonte:

> »Selbst junge Kinder besitzen eine Fähigkeit, umsichtig über ›große Fragen des Lebens‹ nachzudenken (Metaphysik), nach Beweis und Ursprung von Wissen zu fragen (Epistemologie), über Lösungen von Problemen zu argumentieren (Logik), Werte infrage zu stellen (Ethik) und über ihre eigene Identität in der Welt nachzudenken« (Hart 2006, S. 168).

Vor einem pädagogischen Hintergrund befürwortet Tozzi (2009) die Praxis der Philosophie für Vorschul- und Grundschulkinder. Er schlägt vor, junge Kinder zu ermuntern, aktiv über das menschliche Dasein nachzudenken und zu debattieren, um ihre Persönlichkeit zu fördern. Der wichtigste Schritt nach Tozzi ist es immer, mit den Fragen und Wissenswünschen der Kinder zu beginnen, ganz ähnlich wie in der Psychotherapie.

Zusätzlich sind theologische Fragen wie die der Theodizee, bei der die Existenz Gottes im Hinblick auf Ungerechtigkeit und Leiden infrage gestellt wird, häufige Überlegungen von Kindern. Von den Lehren des Buddha sind es vor allem Fragen nach Vergänglichkeit, Veränderung und Begrenzung des Lebens, die Themen der philosophischen Erforschung und Sondierung sein können.

Kinder möchten nicht mit einfachen, abwertenden oder geringschätzenden Antworten von Erwachsenen abgespeist werden, sondern möchten in ihrer Suche ernst genommen werden. Ein wahrer Dialog über die Fragen, die sie wirklich bewegen, kann heilend und hilfreich sein. Kinder haben oft nicht die Möglichkeit, mit vertrauenswürdigen Erwachsenen über ihre spirituellen Fragen zu sprechen. In einer kleinen Studie konnten Karlsen et al. (2014) zeigen, dass Erwachsene oft nicht für Kinder und ihre Fragen zur Verfügung stehen, da sie zu beschäftigt mit anderen Dingen sind. Manche Kinder ziehen sich zurück und halten Informationen vor Erwachsenen geheim. Manche sprechen mit keinem anderen Menschen über ihre spirituellen Bedürfnisse, da sie sich komplett isolieren und versuchen, alleine den Sinn ihrer Spiritualität zu erkennen.

Die großen Fragen des Lebens

Ein essenzieller Teil der Psychotherapie kann es sein, Kinder und Jugendliche in ihren philosophischen Erkundungen zu begleiten, etwas, das vor allem Jugendliche oft vermissen. Wie Miller korrekt bemerkte: »Jugendliche sind hochgradig spirituell, aber keiner redet mit ihnen über ihre Erfahrungen« (Miller 2015, S. 61). Es kann wichtiger sein, diese Nachfragen wach und offen zu halten, statt vorschnelle Antworten zu geben. Diese belebenden Gedankenexperimente, über tiefe Fragen der Existenz, sind wahrhaft spirituell – und dies in jedem Lebensalter. Selbst junge Kinder stellen Fragen und ringen mit den großen Themen des Lebens, wie das folgende Beispiel eines Vorschulkindes zeigt:

> Julian ist ein vier Jahre alter Junge, der wegen störenden Verhaltens im Kindergarten vorgestellt wurde. Er ist sehr intelligent und wissbegierig. Eines Tages fragte er seine Mutter: »Wenn du stirbst, wirst du dich daran erinnern, dass du mich als dein Kind hattest?« Diese Frage beschäftigte ihn über viele Tage.

Was Julian hier fragt, sind essenzielle Themen seiner Existenz und offensichtlich sucht er nach Rückversicherung durch seine Mutter. Erstens antizipiert er eine der verheerendsten Erfahrungen, die ein junges Kind erleben kann, nämlich den Verlust seiner Mutter. Zweitens reflektiert er über die Möglichkeit, dass seine Mutter nicht wieder zurückkommen, sondern tatsächlich sterben könnte – beruhend auf seinen kindlichen Vorstellungen von Tod. Drittens möchte Julian wissen, ob das Gedächtnis nach dem Leben erhalten bleibt. Viertens ist es wichtig für ihn zu wissen, ob seine Mutter eine allgemeine Erinnerung an ihn bewahren wird. Fünftens fragte er, ob diese zukünftige Erinnerung nicht nur ihm als Person gilt, sondern auch ihm als das Kind seiner Mutter. Julians Erkundungen sind nicht Ausdruck von Trennungsangst, sondern eine beeindruckende und berechtigte Erforschung der Mysterien des Lebens.

> Oliver ist ein siebenjähriger Junge mit einer Autismus-Spektrum-Störung. Er hat kein Interesse an Beziehungen mit anderen Kindern, aber fühlt sich nicht einsam. Selbst als junges Kind war er extrem wissbegierig:
> Einmal fragte er seine Mutter, als er drei Jahre alt war: »Warum können wir den Mond tagsüber und nicht nur nachts sehen, obwohl es doch hell ist?« Seine Mutter sagte, dass sie diese Frage »googeln« musste, wie auch die vielen anderen Fragen, die er andauernd stellte. Zudem bestand er darauf, immer eine korrekte Antwort auf seine Fragen zu erhalten.
> Auch war er sehr interessiert an technischen Zusammenhängen. Eines seiner Spezialinteressen waren Türschlösser, die er mit großer Sorgfalt inspizierte. Er wusste alles über Türen und Schlösser.

Olivers Verhalten ist sehr typisch für Kinder mit Autismus. Bogdashina (2013) identifizierte die speziellen Qualitäten von Kindern mit Autismus-Spektrum-Störungen: Ihre kognitive Neugier, ihre erhöhte Bewusstheit, ihre Sensibilität und Neigung zu ungefilterten, direkten, präverbalen, spirituellen Erfahrungen.

Die Geheimnisse des Todes

Das Hauptthema für Kinder und Jugendliche ist nicht der Anfang des Lebens, nicht die Geburt, sondern im Gegenteil, das Mysterium des Lebensendes, der Tod. Fischhoff et al. (2010) zeigten, dass Jugendliche sich sehr mit dem Tod beschäftigen und dabei ihr eigenes Sterbensrisiko überschätzen.

Andreas ist ein neunjähriger Junge, der wegen Lernschwierigkeiten vorgestellt wurde:

> Er war schon immer ein sensibler Junge und sehr betroffen von dem Tod seiner Verwandten. Als sein Großvater starb, sagte er, dass er mit ihm sprechen wollte. Er hatte es kognitiv verstanden, als seine Mutter ihm gesagt hatte, dass dieses nicht mehr möglich sei. Ich fragte ihn, ob er trotzdem immer noch gerne mit seinem Großvater reden würde. Als er ja antwortete, ermutige ich ihn dazu, dies zu tun: »Du kannst sicher sein, dass dein Großvater wissen wird, dass Du an ihn denkst und dass Du mit ihm redest.« Er war sehr erleichtert und glücklich, dies von mir zu hören, d. h., dass es ihm erlaubt war, mit seinem verstorbenen Großvater in Kontakt zu bleiben.

Andreas Frage war, ob er mit einer verstorbenen Person kommunizieren könnte, d. h., ob Tod ein Hindernis in der Beziehung zu seinem Großvater sein würde. In dieser Zeit des Trauerns waren kritische Diskussionen nicht angebracht. Was Andreas brauchte, war eine Bestätigung, dass seine Gedanken hilfreich und berechtigt waren.

> Benjamin beschrieb seine Theorien über das Mysterium des Todes. Benjamins Mutter ist eine sehr aufmerksame Frau, die ihren Söhnen genau zuhörte. Benjamin, ein fünfjähriger Junge, hatte ein Tourette-Syndrom mit motorischen und vokalen Tics, ADHS, sprachliche und motorische Probleme, sowie multiple Angststörungen. Er war ein waches und wissbegieriges Kind in seiner Psychotherapie. Auch Benjamin versuchte, eine Lösung für das Geheimnis des Todes zu finden. Er dachte intensiv an seinen Urgroßvater, den er nicht persönlich erlebt hatte.
>
> Eines Tages erwähnte er unvermittelt seinen Urgroßvater im Gespräch mit seiner Mutter: »Mein Urgroßvater wäre sehr glücklich zu wissen, dass ich in dieser Welt lebe.« Bei einer anderen Gelegenheit sagte er: »Mein Urgroßvater wurde von einem Engel abgeholt und ist im Himmel.« Als er einen Friedhof besuchte, fragte er: »Träumt man, wenn man auf den Friedhof gebracht wird?«

Was versucht Benjamin auszudrücken? Er sucht nach Zusicherung, dass seine Existenz relevant ist und dass die Verstorbenen erfreut wären, dass ein Kind ihren Platz eingenommen hat. Benjamins Sicht des Himmels ist positiv und trostreich. Er hat noch nicht vollständig verstanden, dass der Tod irreversibel ist, da er die Metapher des Traumes für den Tod verwendet.

Emma ist ein gutes Beispiel dafür, wie Kinder auf sehr philosophische und stringente Weise die großen Fragen des Lebens erkunden. Emma war ein ernstes und frühreifes Vorschulkind. Sie wirkte viel reifer, als man für ihr junges Alter von fünf Jahren erwarten würde. Sie war sehr intelligent und hatte viele tiefe Fragen über das Leben. Manchmal konnte sie keine befriedigende Antwort finden, was sie sehr traurig machte:

Zum Beispiel weinte sie über ihren Urgroßvater, der verstarb, als sie anderthalb Jahre alt war. Sie vermisst ihn sehr, obwohl eine Erinnerung an ihn als reale Person nicht möglich ist. Emma wollte wissen woher Babys kommen, bevor sie den Bauch der Mutter betreten. Sie stellte sich vor, dass die ungeborenen Babys in einem tiefen Brunnen leben und dort von einem Mann versorgt werden. Bei einer anderen Gelegenheit fragte sie: »Warum trennen sich Eltern?«, aber erhielt leider keine Antwort auf ihre Frage.

Es ist sehr interessant, dass Emmas Fragen so allgemein und unpersönlich formuliert waren und keinen Bezug zu ihrem eigenen Leben und Wohlergehen hatten. Selbst in diesem jungen Alter erkannte sie, dass es nicht für alle Fragen immer eine befriedigende Antwort gibt. Dies kann für jeden Menschen frustrierend und betrüblich sein, selbst für Erwachsene.

Noah ist ein stiller siebenjähriger Junge, der sich aufgrund des Einnässens tagsüber in Therapie befand und erfolgreich behandelt wurde. Seine Mutter hatte unterschiedliche Ängste, einschließlich Trennungs- und generalisierte Ängste. Sie berichtete, dass er wiederholt geweint hatte und geäußert hätte, dass er Angst hatte zu sterben:

Speziell sagte er, dass dies seine Hauptangst sei: »Zu sterben und in einem anderen Land wiedergeboren zu werden, vor allem in Afrika.« Er hatte Angst, dass er an dem Ebola Virus und Malaria erkranken könnte. Auch war er besorgt, dass er in Afrika keine Spielsachen haben würde.

Noah drückt aus, dass er nicht allgemein Angst vor dem Sterben hat, sondern nur, dass die Wiedergeburt schieflaufen könnte und er die Katastrophe erfahren würde, in Afrika wiedergeboren zu sein. Er hatte Angst, dass er dort krank werden würde und nichts zum Spielen hätte. Seine philosophischen Fragen sind real, ernst und aufrichtig – und er brauchte viel Rückversicherung von seiner Mutter.

Religiöses Philosophieren

Wie wir gehört haben, war Diane Perry ein außergewöhnliches Kind, introvertiert, intuitiv und wissbegierig. Die großen Fragen des Lebens berührten sie tief.

Schon als Kind dachte sie intensiv über den Tod nach, ganz ähnlich wie es der Buddha gelehrt hatte:

>»Für mich bedeutet Tod das nächste Stadium, eine weitere Öffnung. Wir haben so viele Dinge in der Vergangenheit getan, nun sind wir dabei, in eine unendliche Zukunft einzutreten. Dies ermöglicht, viel weniger Angst über dieses Leben zu haben, da es wie ein kleiner Wassertropfen einem großen Teich erscheint« (Mackenzie 1999, S. 14–15).

Sie war nicht zufrieden mit einfachen, leichten Antworten. Sie wollte ein tiefes Verständnis erreichen und nicht mit einem naiven Glauben abgespeist werden:

>»Das Christentum, ihre Geburtsreligion, löste nie eine Resonanz für Tenzin Palmo aus (der tibetische Name von Diane Perry). Im Gegenteil, es brachte mehr Dilemmata, als Lösungen. Das Hauptproblem war, dass sie nicht an die Idee von Gott als persönliches Wesen glauben konnte. ›Für mich wirkt er wie der Weihnachtsmann‹« (Mackenzie 1999, S. 17).

Diane Perry quälte sich weiterhin mit der Idee von Gott als transzendentes Wesen:

>»Das Problem (mit den monotheistischen Religionen) war, dass alle diese Religionen auf der Idee dieses äußeren Wesens beruhten, dem wir uns nähern und mit dem wir irgendwie in Kontakt kommen sollten. Dies hatte einfach keine innere Bedeutung für mich. Falls es für dich Sinn macht, funktioniert es; aber wenn es keinen Sinn macht, bleibst du mit nichts zurück. Du musst an dieses transzendente Wesen glauben und eine Beziehung mit ihm haben, um Fortschritte zu erzielen. Falls du nicht daran glaubst, wie ich, gibt es gar nichts, um weiterzumachen« (Mackenzie 1999, S. 18).

Da sie über das Christentum keine befriedigenden Antworten erhielt, fing Diane an, sich mit Philosophie zu beschäftigen. Als Jugendliche entdeckte sie den Existenzialismus. Allerdings war das Problem hier, »dass obwohl sie alle richtigen Fragen stellten und das Problem der menschlichen Existenz benannten, sie keine Antworten zur Verfügung hatten« (Mackenzie 1999, S. 18).

Viele Kinder sind nicht nur unzufrieden mit den Antworten und dem Unterricht, den sie erhalten. Sie werden davon nicht berührt, wie der buddhistische Lehrer Stephen Batchelor über seine Jugend berichtete:

>»Vom frühen Alter an war ich damit beschäftigt, wie ich wahre Zufriedenheit erfahren könnte. Ich war mir darüber klar, wie quälende Sorgen immer vorhanden waren, entweder im Mittelpunkt oder am Rand meiner Selbstwahrnehmung. Ich kann mich daran erinnern, wie ich nachts wach lag und versuchte, den ungehemmten Erguss ängstlicher Gedanken aufzuhalten. Ich war verblüfft über die Unfähigkeit der Schullehrer, die wichtigste Frage von allen anzusprechen: Die verwirrende, aufwühlende Unsicherheit des Lebendigseins. Die üblichen Fächer von Geschichte, Erdkunde, Mathematik und Englisch schienen geschaffen zu sein, um gerade die wichtigen Fragen nicht zu beachten ... Und mein Skeptizismus über Religion wuchs, als es mir nicht gelang zu erkennen, was die Priester und Pfarrer, denen ich begegnete, von ihrem Glauben gewonnen hatten. Sie erschienen mir entweder als unehrlich, fromm, abgehoben oder nur oberflächlich gut gelaunt« (Batchelor 2010, S. 10).

Diese Passage spiegelt die schon zitierte Aussage von Thich Nath Hanh wider, dass junge Menschen einfach nicht von traditionellen Religionen angesprochen werden, wenn ihre Vertreter nicht authentisch und lebendig sind. Oft führen die Auseinandersetzung mit theologischen Fragen nicht zu befriedigenden Antworten, wie in dem Fall von Anton:

Anton, ein 14-jähriger Jugendlicher, wurde wegen einer ausgeprägten Zwangs-störung vorgestellt. Er beschrieb seine Zwänge als das dringende Bedürfnis, manche Handlungen mehrfach durchzuführen, zum Beispiel den Tisch zu be-rühren oder den Raum wiederholt zu verlassen. Seine Zwangsgedanken hat-ten eine klare spirituelle Dimension. Seine Mutter war religiös (christlich), während sein Vater atheistisch war.

Anton sagte, dass er wiederholt über die Frage nachdenken müsste, ob es ein Leben nach dem Tod gibt. Er sagte, dass er sich so belastet fühlt bei der Vorstellung, dass es kein Leben nach dem Tod geben könnte, dass er positive religiöse Antworten bevorzugte.

Falls er seine Zwangshandlungen nicht durchführte, musste er zwanghaft daran denken, dass er aufhören würde zu leben. In seinen Zwangsgedanken wäre es nicht so, dass er wirklich sterben würde, sondern dass alle anderen Menschen weiterleben würden wie bisher, aber dass sie nicht mehr Menschen wären. Dies machte ihn so traurig und ängstlich, dass er dann doch seine Zwangshandlung ausführen musste.

Dies ist ein gutes Beispiel dafür, wie Jugendliche mit einer schweren Zwangsstö-rung mit religiösen Fragen und Glaubenssätzen ringen. Es ist wichtig, Antons zwanghafte Fragestellung nicht nur als Pathologie zu interpretieren, sondern dass er auch großen philosophischen und religiösen Fragen seiner spirituellen Suche nachging.

Lösungen durch religiöses Philosophieren

Andere Kinder kommen zu Antworten, die den Lehren des Buddha erstaunlich ähnlich sind.

Silvia, ein 14-jähriges Mädchen, grübelte über die Mysterien von Tod und Wie-dergeburt. Sie wurde sowohl stationär wie auch ambulant wegen einer schwe-ren dissoziativen Störung behandelt. Sie hatte mehrere somatische Symptome und konnte eine Zeit lang nicht richtig laufen. Sie musste viele schwierige Le-bensereignisse bewältigen. Vor einem Jahr verstarb der Vater ihrer besten Freundin ganz plötzlich. An einem anderen Tag berichtete sie, dass die Frau ei-ner ihrer Lehrer gestorben war und zwei junge Kinder hinterließ.

Sie war sehr bewegt und sagte, dass sie Angst vor dem Sterben hatte. Sie kann sich nicht vorstellen, dass alles vorbei sein sollte, wenn das Leben auf-hört. Sie stellt sich vor, dass alles nach dem Tod eine weiße Farbe annimmt und dass die Bilder ihres Lebens an ihr vorbeirasen würden, wie in einem Ki-nofilm. Nach einer kurzen Pause würde sie irgendwo auf der Welt wieder an-fangen zu leben. Allerdings kann sie das nicht mit Sicherheit wissen, da alle Erinnerungen mit dem Tod ausradiert werden würden.

Silvia zeigt einen reifen Zugang im Umgang mit den Fragen des Todes. Noch unmittelbar betroffen vom Tod der Frau ihres Lehrers, versucht sie eine Erklärung zu finden. Sie hat keinen religiösen Glauben, aber ein spirituelles Verständnis von etwas, das man nicht wissen kann. Es ist erstaunlich, wie positiv und tröstend ihre Ansichten sind.

Sofias religiöses Hinterfragen führte sie zu der Erkenntnis, dass sie sich auf den gegenwärtigen Augenblick konzentrieren sollte. Sofia wurde über viele Jahre wegen wiederholten depressiven Episoden ambulant psychotherapeutisch behandelt. Sie brauchte keine Medikation. Ihr Großvater war in einem Krankenhaus aufgenommen worden, nachdem er mehrere Wochen zuvor eine Lebertransplantation erhalten hatte. Sofia sagte, dass so viele Menschen, die sie kennt, während der letzten Jahre verstorben waren. Sie hat das Gefühl, dass sie einfach nicht mehr damit umgehen kann. Sie beobachtete, dass sie sich von anderen zurückzog und sich in der Schule nicht konzentrieren konnte, da sie über alle diese verstorbenen Menschen nachdenken musste:

Sie sagte: »Ich habe keine Angst vor meinem eigenen Tod, nur vor dem Tod von anderen. Wenn ich sterbe, dann muss ich den Tod anderer Menschen nicht miterleben. Es wäre am besten, wenn jeder zur gleichen Zeit kommen und gehen würde, aber das wäre ungerecht für Kinder, die gerne länger leben würden.«

Ihr Glaube ist nicht sehr hilfreich für sie, obwohl sie für viele Jahre Messdienerin in der katholischen Kirche war. Sie fragte: »Warum würde Gott diese furchtbaren, furchtbaren Dinge überhaupt zulassen?« Auch sollte sie laut der Kirche glauben, dass alle Verstorbenen weiterleben und dass sie sie im Himmel wieder treffen würde. Allerdings hat sie ihre Zweifel über diese Annahme. Vielleicht ist es nicht wahr und sie wird die Verstorbenen nie wiedersehen.

Sofia sagt, dass sie jetzt ihre Aufmerksamkeit ganz auf die Zeit ausrichten wird, die ihr zur Verfügung steht. Sie wird ihren Großvater besuchen, solange er lebt, und wird ihre Zeit sinnvoll verwenden.

Dies ist ein gutes Beispiel für ein kritisches Erkunden der Geheimnisse von Leben und Tod sowie für ein Ringen mit dem christlichen Glauben. Sofias Lösungen entsprachen wiederum den Empfehlungen des Buddha: sich auf den gegenwärtigen Augenblick zu fokussieren und die Zeit, die einem gegeben wurde, weise zu verwenden.

Schließlich zeigte Victoria, wie die Unzufriedenheit mit Religion durch philosophisches Hinterfragen auftreten kann und zu einer individuellen und persönlichen Ausprägung der Spiritualität führen kann. Victoria ist eine 16-jährige Jugendliche, die wegen einer Schmerzstörung ambulant behandelt wurde und schon mehrfach wegen ihrer tiefen Einsichten zitiert wurde. Sie hatte schwere Schmerzen, die schon über ein Jahr andauerten. Sie fühlte sich so ermattet und schwach, dass sie nicht mehr reiten konnte:

Sie sagt, dass sie nicht mehr an Gott glaubt. Als sie in der fünften Klasse war, betete sie jeden Abend zu Gott und las die Bibel. Dann begann sie nachzudenken und durch ihre Gedanken bemerkte sie, dass sie ihren Glauben nicht mehr akzeptieren konnte. Ihr Hauptargument war: »Wenn Gott tatsächlich so allmächtig wäre, würde er mit Sicherheit dafür gesorgt haben, dass jeder an ihn glaubt.«

Victorias Argument ist vergleichbar mit der klassischen Theodizee: Wenn Gott so stark und allmächtig wäre, warum würde er so viel Leiden in dieser Welt zulassen? Dieser Widerspruch kann durch die Behauptung gelöst werden, dass er nicht deshalb existiert. Ganz ähnlich argumentiert Victoria, dass ein starker Gott nicht erlauben würde, sich infrage stellen zu lassen. Da er ihr und anderen Menschen gestattet, nicht an ihn zu glauben, kann er deshalb auch nicht als ein so mächtiges und wichtiges Wesen existieren.

Sie beendet ihre Gedanken jedoch nicht mit einer solch entmutigenden Schlussfolgerung, sondern führt ihre tiefe, nicht religiöse Alternative einer höheren Kraft, und damit wiederum Gott, berührend aus:

»Sie ist sicher, dass es eine höhere Kraft gibt. Sie liebt es, den Mond und die Sterne anzuschauen und ist sicher, dass sie einen Einfluss auf sie haben, obwohl sie denkt, dass die Sterne tot sind und nicht selber leuchten. Sie reflektieren das Licht und sind trotzdem so stark. Sie ist sicher, dass ihr inneres Wesen weiterleben wird, obwohl der Körper zurückbleiben wird.«

Und mit diesem Argument drückt sie den Glauben an Transmutation und Wiedergeburt aus, der sehr tröstend sein kann. Tatsächlich hat der Buddha die Möglichkeit der Wiedergeburt niemals bestätigt, ihr aber auch nicht widersprochen. Wie mit allen spekulativen, metaphysischen Fragen, wählte er eher, still zu bleiben, sich nicht zu äußern und sich auf praktische Aspekte der Spiritualität zu fokussieren. Nach traditionellen, buddhistischen religiösen Vorstellungen spielt Wiedergeburt eine wichtige Rolle. Selbst wenn man der Idee der Wiedergeburt nicht folgt (die nicht notwendig ist für tiefe spirituelle Erkenntnisse), ist das Konzept der Wiedergeburt nicht so einfach wie es scheint, wie der vietnamesische Mönch Thich Nhat Hanh so klar erklärte:

»Im Buddhismus verwenden wir tatsächlich das Wort Reinkarnation nicht. Wir sagen Wiedergeburt. Aber selbst Wiedergeburt ist problematisch. Nach den Lehren des Buddha, existiert auch Geburt nicht. Allgemein bedeutet Geburt, dass man von nichts zu etwas wird – und Tod meint generell, dass man von etwas zu nichts wird. Aber wenn wir die Dinge um uns herum beobachten, finden wir, dass nichts von nichts kommt. Vor seiner sogenannten Geburt hat diese Blume schon in anderen Gestaltungen existiert – Wolken, Sonnenschein, Samen, Erde und viele andere Elemente. Anstatt von Geburt und Wiedergeburt ist es genauer, von Manifestation und Remanifestation zu sprechen. Es war schon zuvor in anderen Formen da und jetzt hat es sich angestrengt, sich zu remanifestieren. Manifestation oder Erscheinungsform bedeutet, dass die Bestandteile schon immer in einer bestimmten Art und Weise dagewesen sind aber jetzt, da die Bedingungen ausreichen, ist es möglich, sich als Blume zu offenbaren. Wenn Dinge sich manifestiert haben, sagen wir häufig, dass sie geboren sind, aber tatsächlich sind sie es nicht. Wenn Bedingungen nicht mehr ausreichen und die Blume aufhört sich zu zeigen, sagen wir, dass die Blume gestorben ist, aber das ist auch nicht korrekt. Ihre Bestandteile haben sich lediglich umgeformt in andere Elemente, wie Kompost und Erde. Wir müssen Annahmen wie Geburt, Tod, Sein, Nicht-Sein überwinden. Die Realität ist frei von allen Begriffen« (Hanh 2007, S. 134–135).

Unterschiedliche Perspektiven einnehmen

Prahong ist ein zwölfeinhalbjähriges Mädchen mit so schwerer Depression, dass sie nicht mehr leben wollte. Ihre Eltern waren vor ihrer Geburt von Thailand nach Deutschland ausgewandert. Sie wurde in ihrem buddhistischen religiösen Glauben erzogen. Sie ist das einzige Beispiel von einem buddhistischen Kind in diesem Buch.

Prahong war ein außergewöhnliches Mädchen. In ihrer langen Psychotherapie, die sich über mehrere Jahre hinzog, war sie fähig, mit ihrem sogenannten »Schatten« umzugehen und ihn zu integrieren. Unter Schatten versteht man die nicht gewollten und unerwarteten Aspekte der Persönlichkeit. Ohne ihren kulturellen Hintergrund zu verneinen, wurde sie zu der Person, die sie in ihrem Kern wirklich war. Sie begab sich mit großem Mut auf den Weg der Individuation. Dies war besonders schwierig, da ihr lebhaftes Temperament oft mit den asiatischen Idealen und Erwartungen an Kinder, zurückhaltend und gehorsam zu sein, in Widerspruch geriet.

Zu Beginn der Therapie verstarb eine ältere Frau, die ihr besonders nahestand und die sie sogar ihre »deutsche Großmutter« nannte. Prahong war sehr besorgt über die Beerdigung. Sie erklärte mir, dass die Verstorbenen in Thailand geehrt werden und dass für sie ein Schrein, ein Altar, Figuren und Essen bereitgestellt werden. Sie hatte das Gefühl, dass ihre deutsche Großmutter ganz allein im Grab, ohne Nahrung sein würde, während die Teilnehmer an der Beerdigung genügend zu essen bekommen würden. Sie erzählte mir dann ein Geheimnis: Manchmal schaut sie in die Urne ihres verstorbenen Großvaters, die auf einem Bücherregal steht, obwohl es nicht erlaubt ist. Sie sagt, dass sie Thailand vermisst. Die Leute dort sind glücklich und freundlich, genauso wie die Mitarbeiter am Flughafen, die sie immer als höflich und angenehm empfand. Im Gegensatz dazu arbeiten die Deutschen so viel und können sehr ernst sein.

> Einmal erzählte sie, dass sie sich viele Gedanken über das Leben macht. Sie lebt viel bewusster und achtsamer als ihre Eltern. Wenn Menschen sterben, dann sind alle verpassten Gelegenheiten im Leben für immer vorbei und können nie wieder gut gemacht werden. Wir sprachen über Thailand und sie sagte, dass der Gedanke an eine Wiedergeburt kein Trost für sie bedeutet. In einer anderen Stunde nahm sie die Perspektive von sich als alte Frau am Ende ihres Lebens ein, die zurückblickt. Sie formulierte dann die zwei Fragen, die so wichtig für sie waren, die zwei Fragen, die sie sich am Ende ihres Lebens stellen würde: »Habe ich mein Leben gut gelebt? Bin ich stolz auf mein Leben?«

Diese reflexive Fähigkeit war erstaunlich für ein junges Mädchen. Es war verblüffend, wie sie sich Gedanken über diese essenziellen, spirituellen Fragen schon jetzt als Mädchen machte, zu einem Zeitpunkt, zu dem es noch nicht zu spät war, die Dinge zu ändern.

Prahongs Fähigkeit, eine so ungewöhnliche Perspektive einzunehmen und sich vorzustellen, wie sie ihr Leben rückblickend beurteilen würde, erinnerte mich an das berührende und inspirierendes Buch von Bronnie Ware mit dem Titel »The top five regrets of the dying« (deutsch: »5 Dinge, die Sterbende am meisten bereuen: Einsichten, die Ihr Leben verändern werden«), d. h. die fünf wichtigsten Dinge, die man bereut oder bedauert. Bronnie Ware begleitete und pflegte Sterbende in ihrem eigenen Zuhause. Sie konnte ihre Beobachtungen in so einer erstaunlichen Art vermitteln, dass sie eine große Leserschaft in der gesamten Welt erreichte. Ihre Hauptfrage war, was im Leben verpasst werden kann, wenn die Prioritäten nicht richtig gesetzt werden.

In einer sehr weisen Art und Weise formulierte sie fünf Hauptaussagen, die für jeden Menschen eine hohe Bedeutung haben. Dieses waren die Hauptinhalte des Bedauerns am Ende des Lebens, die sie von Sterbenden erfahren hatte: Ich wünschte, ich hätte den Mut gehabt, ein Leben zu leben, das mir entsprochen hätte – und nicht den Erwartungen anderer; ich wünschte, ich hätte nicht so viel gearbeitet; ich wünschte, ich hätte den Mut gehabt, Gefühle auszudrücken; ich wünschte, ich hätte Kontakt mit meinen Freunden aufrechterhalten; ich wünschte, ich hätte mir selber erlaubt, glücklicher zu sein.

Hier sind einige Zitate aus ihrem Buch: »Träume, auf die sie ihr gesamtes Leben gewartet hatte, würden jetzt niemals in Erfüllung gehen. Es war zu spät. Der Schmerz, den sie über diese Tatsache erlitt, hielt an und quälte sie enorm« (Ware 2011, S. 38). Was für eine Tragödie es ist, wenn diese Erkenntnis erst am Ende des Lebens kommt! Kinder und Jugendliche sind viel ungeduldiger und begieriger, ihre Träume hier und jetzt zu leben!

Ein anderes wichtiges Zitat ist:

> »Von allem, was bedauert und erkannt wurde, während ich neben ihren Betten saß, war das häufigste Bedauern, dass man kein für sein eigenes Wesen passendes Leben gelebt hatte. Dies ist auch die Erkenntnis, die die meiste Frustration nach sich zog, da diese Einsicht zu spät kam« (Ware 2011, S. 39).

Diese Sätze unterstreichen die Verpflichtung, seinem eigenen Weg der Individuation zu folgen, seiner eigenen Berufung nachzugehen. Viele der Fallberichte in diesem Buch stammen von Kindern und Jugendlichen, die aufgrund von Krisen und psychischen Störungen in eine Sackgasse gerieten, aber die lernten, ein für sie wahres und authentisches Leben zu leben.

»Wir verbringen so viel Zeit damit, Zukunftspläne zu machen, sich darauf zu verlassen, dass Dinge später eintreffen werden, um uns glücklich zu machen. Wir denken, wir hätten alle Zeit der Welt, wobei alles was wir haben unser heutiges Leben ist:« (Ware 2011, S. 74) Wie wahr diese Aussage ist! Niemals sollte man etwas Wichtiges aufschieben – dies ist eine andere Lehre, die Kinder und Jugendliche uns Erwachsenen beibringen können.

In vielerlei Hinsicht sind Kinder und Jugendliche viel näher an diesen großen Fragen des Lebens dran als Erwachsene. Wenn sie kognitiv nicht durch Philosophieren gelöst werden können, wird eine andere Domäne der Spiritualität benötigt – Weisheit, das Thema des nächsten Abschnittes.

Weisheit

Man kann Weisheit nicht leicht definieren: Sie umfasst Einsicht, Urteilsfähigkeit, Klugheit und die Kompetenz, mit den Grundproblemen des Lebens umzugehen. In einfachen Worten bedeutet Weisheit ein tiefes Verständnis dafür, wie zu leben ist. Es bedeutet auch zu handeln. Es ist ein spontanes Wissen, das nicht auf Fakten und wissenschaftlichen Erkenntnissen beruht. Weisheit hat auch mit Unsicherheit zu tun, wie der amerikanische Meditationslehrer Jack Kornfield treffend betonte: »Um weise zu werden, musst du dich wohlfühlen, nicht zu wissen« (Kornfield, Ort 2570).

Weisheit wurde als eines der psychologischen Konstrukte genannt, das am schwersten zu fassen ist (Jeste et al. 2010). Viele verschiedene Definitionen der Weisheit sind vorhanden und alle sind multidimensional. Üblicherweise umfassen sie kognitive Aspekte, wie das Verständnis von positiven und negativen Seiten der aktuellen Situation sowie des menschlichen Lebens allgemein. Die Fähigkeit, sich zu entscheiden, trotz der Unsicherheiten des Lebens, ist ein weiterer kognitiver Aspekt der Weisheit. Reflexive Aspekte ermöglichen weisen Menschen, mehrere Perspektiven einzunehmen und beizubehalten, ohne Projektionen und Schuldzuweisungen. Schließlich wird die affektive Komponente der Weisheit als positive Emotion trotz Widrigkeiten beschrieben. In einer Konsensusgruppe von Experten wurde Weisheit übereinstimmend definiert als eine hochentwickelte menschliche kognitive und emotionale Qualität mit biologischen Korrelaten. In ihrer systematischen Übersicht führen Meeks und Jeste (2009) experimentelle und Bildgebungsstudien an, die zeigen, dass Weisheit tatsächlich auch nachweisbare neurobiologische Korrelate hat.

Weiterhin kann man zwischen persönlicher und allgemeiner Weisheit unterscheiden, die in einer Person nicht unbedingt übereinstimmen müssen (Staudinger und Glück 2011). So kann eine Person in einem gesellschaftlichen Kontext sehr weise Entscheidungen für andere Menschen treffen und zugleich in ihren eigenen Familieninteraktionen sehr unweise handeln.

Weisheit ist eine seltene Qualität, die nicht unbedingt mit Alter zunimmt. Empirische Untersuchungen zeigen, dass Alter und Weisheit nicht unbedingt zusammenhängen (Jeste et al. 2010). Wenn dies der Fall wäre, würde es vielmehr ältere weise Menschen geben, als man sie üblicherweise antrifft.

Kinder scheinen eine natürliche Kapazität für Weisheit zu haben, die nicht auf dem Anhäufen von Informationen beruht: »Stattdessen, ist es eine Aktivität des Wissens, vielleicht am einfachsten als eine Verschiebung in einen Zustand der Bewusstheit und Erkenntnis zu benennen« (Hart 2006, S. 171). Wenn sie authentisch ist, wird Weisheit von Bescheidenheit und Zurückhaltung begleitet:

> Olivia ist fasziniert von griechischen Göttern. Sie mag Athene am meisten, die Göttin der Weisheit, der Strategie, des Kampfes, der Kunst, des Handwerks und Schutzgöttin, sowie Namensgeberin Athens. Sie ist die Tochter von Zeus und Metis und wurde aus dem Kopf des Zeus geboren. Olivia kann Wider-

sprüche der griechischen Götter beschreiben und aushalten. Für sie, sind sie Leitfiguren in ihrem Leben geworden.

Als ich sie in einem Gespräch über Athene fragte und was sie sich unter Weisheit vorstellt, sagt sie:

»In schwierigen Zeiten die richtige Entscheidung treffen.« Über sich selbst kann sie sagen, dass sie vieles toll gemacht hat. Dennoch würde sie ihre Handlungen aber nicht als weise bezeichnen, zum Beispiel, wenn sie eine eins in der Klassenarbeit schreibt.

Olivia hat den Kern der Weisheit erfasst, aber gleichzeitig Demut und Bescheidenheit bewahrt. In vielen alltäglichen Situationen verhält sie sich tatsächlich weise. Kinder wie Olivia können sehr schnell den Kern eines Problems erfassen und Schmerz, Ungerechtigkeit und Unaufrichtigkeit erkennen, wenn diese vorhanden sind. Weisheit wird deutlich in der Art, wie man lebt und wie man den täglichen Herausforderungen begegnet. Falls sie allerdings nicht anerkannt wird, kann »die Weisheit von Kindern zu einem Gefühl der Entfremdung führen« (Hart 2006, S. 172). Im schlimmsten Fall kann Weisheit verneint werden und die sogenannte negative Spiritualität kann sich zeigen. Darunter versteht man, vor allem bei Jugendlichen, delinquentes Verhalten oder Substanzmissbrauch, denen jedoch die Verleugnung der intrinsischen Spiritualität zugrunde liegt, wie wir in einem späteren Kapitel sehen werden.

Glück et al. (2012) untersuchten das Verständnis von Weisheit bei Kindern. Grundschulkinder kennen das Konzept der Weisheit und verbinden es oft mit Freundlichkeit. Die meisten Kinder konnten angeben, dass sie eine weise Person kennen, so wie ihre Großeltern und Eltern. Typische Eigenschaften weiser Menschen waren: Schlau und klug; ehrlich, hilfsbereit und freundlich; alt, groß und mit einem grauen Bart; überlegt, ruhig und gute Ratschläge gebend. Für Kinder wisse eine weise Person, was gut und was schlecht sei und mache viele Kreuzworträtsel.

In einer anderen Studie wurden Jugendliche gebeten, sich an weises Verhalten in ihrem Leben zu erinnern. Diese Augenblicke umfassten Konfliktsituationen, Empathie und emotionale Unterstützung für andere, Akzeptanz, Vergebung, Ehrlichkeit und Verantwortungsgefühl (König und Glück 2012).

Bei vielen Kindern tritt Weisheit in einer jeweils sehr einzigartigen Form spontan auf. Manchmal entsteht Weisheit aus Krisen, Schwierigkeiten und Konflikten, wie es der englische Dichter William Blake treffend in seinem Gedicht »Der Preis der Erfahrung« (»The Four Zoas«) ausdrückte:

»Weisheit wird am einsamen Markt dargeboten, wo keiner kauft, / Und gefunden auf dürrem Acker, wo der Landmann vergebens den Pflug zieht« (William Blake, Der Preis der Erfahrung).

Und er fährt in dem Gedicht fort, dass es leicht wäre, in Zeiten des Reichtums zu frohlocken und zu singen, aber so wäre es bei ihm nicht. Blake drückt in diesem Gedicht aus, dass Weisheit aus Entbehrung und nicht aus Überfluss entsteht. Wieder sind es Krisen, die Weisheit reifen lassen können.

167

Verlust und Trauer

Auch für viele Kinder, wird die Weisheit aus Qualen und Schwierigkeiten errungen, wie im eben zitierten Gedicht von Blake. Weisheit wird »auf einem verlassenen Markt verkauft, zu dem keiner kommt«. Eine der schwierigsten Erfahrungen für Kinder ist der Tod eines Elternteils. Ihre Trauer kann hochspirituelle und weise sein. Der vor kurzem verstorbene kanadische Sänger Leonard Cohen, war ein sehr spiritueller Dichter und Liedschreiber, der tiefe Einsichten in seinen schönen Liedern ausdrückte. In seiner Biografie von Leibowitz wird seine Trauer über den Tod seines Vaters beschrieben. Zu diesem Zeitpunkt war der junge Leonard Cohen nur neun Jahre alt:

> »Das Leben, das Leonard Norman Cohen bisher kannte, endete am 14. Januar 1944, dem Tag, an dem sein Vater starb. An diesem Morgen liefen er und seine fünf Jahre ältere Schwester Esther an dem Sarg seines Vaters vorbei und warfen einen letzten Blick auf sein rundes Alabaster-Gesicht ... Für einen Augenblick versuchten sie fröhlich zu sein und sich so zu verhalten, als ob nichts passiert wäre. Aber jeder Gedanke führte sie wieder zurück zum Beerdigungsinstitut und der hohen, kalten Stirn und den leblosen Lippen. Sie fingen an zu weinen. Esther war 14 Jahre alt, Leonard 9.
>
> Er versuchte über mehrere Tage einfach weiterzumachen ... Die Trauerriten der Erwachsenen schienen das Ziel zu haben, ihnen den Übergang in die Zukunft zu erleichtern, aber Leonard wollte mehr Augenblicke in der Vergangenheit verbringen. Eines Nachts schlich er in das Zimmer von Nathan, seinem Vater, und suchte seine Lieblingsfliege aus. Er schnitt den Stoff mit einer Schere auf, schrieb ein paar Worte auf ein Stück Papier und schob es in die Krawatte. Still ging er die große Treppe hinunter und öffnete die vordere Tür des Hauses. Er schlich in den Hinterhof, der an den King George Park angrenzte. Mit den großen Johannisbrotbäumen als stille Zeugen grub Leonard ein Loch in die gefrorene Erde, warf die Krawatte hinein und bedeckte sie mit Erde. ›Es war das erste, was ich jemals schrieb‹ erzählte er der Zeitschrift People viele Jahre später ›ich habe in dem Garten über viele Jahre gegraben, um es zu finden. Vielleicht ist es das, was ich (als Dichter und Sänger) tue, nach dieser (vergrabenen) Aufzeichnung zu suchen«« (Leibowitz 2014, S. 39–40).

Auch der Tod von Geschwistern ist für Kinder ein besonders belastendes Ereignis. Die Art des Begräbnisses ist oft nicht so, wie es sich Kinder wünschen. In dem neuen Roman von Haruki Murakami, »Die Ermordung des Commendatore«, schildert die Hauptperson, wie er im Alter von 15 Jahren miterleben musste, wie seine zwölfjährige Schwester plötzlich an einem angeborenen Herzfehler verstarb. Er war schockiert über die Vorbereitungen zum Begräbnis und hätte sich nichts lieber als eine Beisetzung in der Natur gewünscht, ein weiser und mitfühlender Wunsch:

> »Als ich sie das nächste Mal sah, hatte man sie in einen Sarg gelegt. Im schwarzen Samtkleid, das sie so mochte, ganz leicht geschminkt, die Haare frisiert und in ihren schwarzen Lackschuhen lag sie mit dem Gesicht nach oben in dem kleinen Sarg. Der Spitzenkragen ihres Kleids wirkte unnatürlich weiß.
>
> Sie sah aus, als würde sie schlafen. Als bräuchte ich sie nur leicht zu schütteln, um sie wecken zu können. Doch das war eine Illusion. Ich hätte sie rufen und schütteln können, so viel ich wollte, aber aufwachen würde sie nie mehr.
>
> Ich konnte es kaum ertragen, dass man den zarten Körper meiner Schwester in diesen Kasten gepfercht hatte. Sie sollte an einem offenen, weiträumigen Ort ruhen. Zum Beispiel inmitten einer Wiese. Und wir sollten uns schweigend einen Weg durch das hohe Gras bahnen, um sie dort zu besuchen. Der Wind sollte sacht über das Gras streichen,

die Vögel sollten zwitschern und die Insekten summen. Die Wiesenblumen sollten ihren Duft und ihre Pollen versprühen. Wenn die Sonne unterging, sollten zahllose silberne Sterne am Himmel über ihr stehen. Und wenn am Morgen die Sonne wieder aufging, sollten Tautropfen wie Edelsteine an den Grashalmen funkeln. Doch stattdessen hatte man sie in den idiotisch kleinen Sarg gepresst und der Schmuck um sie herum bestand aus trübseligen weißen Blumen, die man mit einer Schere abgeschnitten und in eine Blumenvase gestellt hatte. Fahles Neonlicht erhellte den winzigen Raum und aus mickrigen, in die Decke eingelassenen Lautsprechern tönte irgendeine retortenhafte Orgelmusik« (Murakami 2018, S. 161).

Tod

Es gibt keine schwierigere Situation für Kinder als die Auseinandersetzung mit ihrem eigenen, bevorstehenden Tod. In solchen Extremsituationen ist ihre Weisheit einem unendlich tiefen Leid abgerungen. Der Umgang mit Tod ist schwierig, wenn das Ende des Lebens keine abstrakte Idee mehr ist, sondern einen selber oder andere geliebte Menschen betrifft. Kinder zeigen eine unglaubliche Tiefe und Weisheit in solchen Extremlagen. Oft schauen Sie nach symbolischen Ausdrücken um das zu verstehen, was nicht kognitiv erfasst werden kann. Ich habe immer tiefe Demut empfunden, wenn ich Kinder in extremen, lebensbedrohlichen Zuständen erlebt habe. Als junger Kinderarzt war ich in meinem zweiten Ausbildungsjahr für die onkologische Station verantwortlich. Ich kann mich an mehrere Kinder detailliert erinnern, so als ob es gestern gewesen wäre:

> Stefan war ein acht Jahre alter Junge, der trotz extensiver Chemotherapie an einer akuten lymphoblastischen Leukämie verstarb. Er wusste, dass er sterben würde, lange bevor seine Eltern und selbst das Stationspersonal fähig waren, mit der Tatsache zurechtzukommen. Als Abschiedsgeschenk bat er jeden auf der Station, ihm sein offizielles Namensschild zu geben. Er malte mit bunten Filzstiften ein Bild für jeden Mitarbeiter auf ein Stück Papier, schrieb ihren Namen darauf und unterschrieb es mit Stefan. Anschließend klebte er das Bild mit Tesafilm auf die Rückseite des Namensschildes. Man konnte das Namensschild umdrehen und so trug ich Stefans Schild an der linken Seite meines weißen Kittels, genau wo das Herz schlägt. Als Stefan starb, trug ich sein Schild über die gesamten fünf Jahre meiner kinderärztlichen Ausbildung weiter und habe es seitdem behalten.

Was für eine weise Art, mit Anmut und tiefem Verstehen der Vergänglichkeit seines kurzen Lebens auf Wiedersehen zu sagen.

Ein weiteres unvergessliches und inspirierendes Beispiel von tiefer Weisheit war Sara:

> Sara war ein elf Jahre altes Mädchen, die ein Osteosarkom ihres Oberschenkels hatte, ein sehr maligner Knochentumor. Sie hörte, dass ich heiraten würde, gerade zu einem Zeitpunkt, als es zunehmend deutlich wurde, dass sie nicht

überleben würde. Sie fragte mich über die Hochzeit aus und wollte Bilder sehen, die ich mit ihr teilte. In anderen Behandlungssituationen, wie in der Psychotherapie, wäre ich sehr zurückhaltend, solche persönlichen Informationen offenzulegen. In dieser extremen, existenziellen Situation unseres Zusammentreffens und in Anbetracht der kurzen Zeit ihres verbleibenden Lebens, war es für mich das Natürlichste, was ich tun konnte. Sara wusste, dass sie niemals heiraten würde, war aber fähig, die Freude über dieses Ereignis mit mir zu teilen. Sie war glücklich für mich und glücklich, dass ich ihre Wünsche ernst nahm. Wir hatten eine ganz besondere Beziehung und ich war tief erschüttert über ihren Verlust.

Natürlich ist es erforderlich, dass professionelle Grenzen eingehalten werden, aber nur eine radikal offene Begegnung von Person zu Person ist in solchen extremen existenziellen Situationen adäquat. Wie Lionel Corbett es ausdrückte, kann es sein, dass wir einer anderen Person in extremen Lagen helfen müssen, das Nichtaushaltbare auszuhalten (Corbett 2015, Ort 491).

Die Qualitäten von Gelassenheit und Gleichmut sind von Kindern in ihrem Alltag, wie auch in Extremsituationen des Todes, zu viel verlangt. Michael war ein Junge, der diese Art von stoischer Gelassenheit trotzdem zeigte:

Michael, ein neunjähriger Junge, starb ebenfalls an einer Leukämie. Drei Tage vor seinem Tod bestanden seine Eltern darauf, ihn in sein Heimatland mitzunehmen, damit er dort sterben könnte. Ihre Entscheidung hatte religiöse wie auch praktische und finanzielle Gründe. Wir waren alle schockiert, dass sie ihn nicht in Frieden in seiner gewohnten Umgebung sterben lassen würden. Michael dagegen ging mit dieser Situation stoisch um. Er erzeigte eine erstaunliche Gelassenheit, so als ob ihm ganz klar war, was er von sich selbst erwartete. Es schien so, als ob er seinen Eltern einen Gefallen tat, als ob er ihnen etwas in diesem letzten Moment schenkte. Wir gaben Michael Transfusionen und Schmerzmedikation, stabilisierten ihn für den Flug – und er starb wenige Tage später.

Michaels Weisheit bestand darin, die seltene Qualität der Gelassenheit angesichts seines bevorstehenden Todes zu zeigen. Er resignierte nicht, sondern war absolut klar und in Kontakt mit anderen trotz seines schwachen körperlichen Zustandes.

Posttraumatisches Wachstum

Natürlich hatte ich auch die Gelegenheit, viele Kinder zu begleiten, die überlebten und komplett geheilt waren. Manche Kinder waren fähig zu reifen und über sich hinaus zu wachsen, in und nach solchen extremen Situationen. Das Konstrukt des posttraumatischen Wachstums ist optimal gewählt für solche Phänomene. Posttraumatisches Wachstum deutet an, dass Traumata, wenn sie nicht zu schwer sind, nicht unbedingt Störungen wie die posttraumatische Belastungsstörung (PTBS) nach sich ziehen, schwere, beeinträchtigende Störungen, die selbst junge Kinder ab dem Alter von 18 Monaten betreffen können. Üblicherweise ist die PTBS durch eine erhöhte Schreckhaftigkeit, die Vermeidung von traumaassoziierten Situationen und eine Reinszenierung des Traumas in Träumen, Spiel, Zeichnungen, Flashbacks und anderen Intrusionen gekennzeichnet.

Eine lebensbedrohliche Erkrankung erschüttert die eigene körperliche Stabilität und gewohnte Ansichten des Lebens und erfordert eine Modifikation der bisherigen Vorstellungen. Traumata und Extremsituationen können Weisheit, persönliches und interpersonelles Wachstum aktivieren. Das Leiden kann Auslöser sein, sein Leben in einem größeren Zusammenhang zu sehen und psychisches Reifen zu fördern. Gerade bei Kindern mit chronischen Erkrankungen habe ich wiederholt erlebt, dass viele Kinder viel weiser waren als ihre Eltern.

Eine systematische Übersicht über Kinder mit schweren Erkrankungen konnte zeigen, dass sowohl Kinder wie auch Eltern posttraumatisches Wachstum entwickeln können (Picoraro et al. 2014). Bei Erwachsenen besteht posttraumatisches Wachstum aus fünf Komponenten: Eine größere Wertschätzung des Lebens; verbesserte interpersonelle Beziehungen; Zunahme eigener Stärken; Erkennen von neuen Möglichkeiten; und spirituelles und/oder religiöses Wachstum.

Obwohl nicht so klar umschrieben wie bei Erwachsenen, können Kinder auch alle fünf Bereiche infolge von schweren Erkrankungen entwickeln. Kinder mit posttraumatischem Wachstum wirken weiser und reifer als andere Kinder, die solche Situationen nicht bewältigten mussten.

Interpersonelle Spiritualität

Von allen Aspekten der Spiritualität ist die interpersonelle oder beziehungsbezogene Spiritualität am wichtigsten. Nach der britischen Psychologin Rebecca Nye, ist die Spiritualität in der Kindheit besonders darauf ausgerichtet, »in Beziehung zu sein«. Kinder antworten auf das Bedürfnis, nicht nur auf sich bezogen zu sein, sondern in Beziehung zu treten »zu anderen, zu Gott, zur Schöpfung oder zu einer tieferen Erfahrung ihrer selbst:« (Nye 2014, S. 6) Auf der Basis von qualitativen Interviews kommen Hay und Nye zum Schluss, dass die »Beziehungsbewusstheit« der wesentlichste Ausdruck der Spiritualität bei Kindern darstellt (Hay und Nye 2006, S. 131).

Deshalb ist die interpersonelle Spiritualität die entscheidendste für Kinder, die ein natürliches Verständnis der Verbundenheit leben. Wie Hart (2006) zeigte, erleben Kinder die Beziehung zur Spiritualität ganz selbstverständlich. Sie zeigen tiefe Liebe, Mitgefühl und Empathie gegenüber anderen Lebewesen. Sie haben ein ursprüngliches Verständnis von Verbundenheit und Untrennbarkeit, oft verbunden mit fehlenden Grenzen zwischen sich und anderen und die Unfähigkeit, anderen mit Absicht zu schaden. Wahres altruistisches und umsorgendes Verhalten zum Wohle anderer ist ebenfalls typisch. Des Weiteren ist die interpersonelle

171

Spiritualität nach neuerer Forschung eine angeborene Eigenschaft mit deutlichen genetischen und biologischen Grundlagen. Diese Erkenntnisse stammen aus Studien zur Empathie, wie auch zum Gegenteil der Empathie, wie unten ausgeführt. Wir werden mit den Forschungsergebnissen über Kinder mit Empathiedefiziten beginnen.

Callous-unemotional Traits/gefühlskalte-unemotionale Eigenschaften

Die Fähigkeit, Empathie für andere zu empfinden, ist ein genetisches, biologisches Merkmal. Leider gibt es eine kleine Gruppe von Kindern, denen diese positiven Eigenschaften fehlen. Diese neuen Erkenntnisse stammen von der Forschung über sogenannte »callous-unemotional traits« (CU), ins Deutsche übersetzt »gefühlskalte-unemotionale« Eigenschaften. Diese »reduzierte prosoziale Emotionalität«, ist ein erheblicher Risikofaktor für Störungen des Sozialverhaltens.

Störungen des Sozialverhaltens werden definiert durch ein Überschreiten von gesellschaftlichen Normen und die Verletzung der Rechte anderer. CU-Eigenschaften sind gekennzeichnet durch fehlende Schuldgefühle, Reue und Sorge um andere. Sie können bei Kindern ab dem Alter von zwei Jahren festgestellt werden. Diese Kinder zeigen eine abgeschwächte Reaktion auf das Leiden anderer, verbunden mit einem niedrigeren Angstniveau.

CU-Eigenschaften sind genetisch determiniert, werden aber durch dysfunktionale Erziehungspraktiken moduliert. Sie bleiben auch über längeren Zeitraum stabil und vermitteln ernste, lebenslange Risiken für antisoziales Verhalten. Genauso wie Empathie eine natürliche und spontane Eigenschaft der meisten Kinder darstellt, zeigen die Forschungsergebnisse von Frick et al. (2014) und anderen Wissenschaftlern, dass das Gegenteil leider für eine Subgruppe von Kindern zutrifft.

Wie Frick et al. (2014) in ihrer hervorragenden Übersicht zusammenfassen, zeigen Kinder mit CU-Eigenschaften grundlegende Defizite in der Gewissensbildung. Gewissen wird definiert durch ihre Hauptkomponenten Schuld und Empathie. Schuldgefühle umfassen kognitives und emotionales Leiden, die durch Verstöße und Missgeschicke ausgelöst werden, oft verbunden mit Schamgefühlen. Schuldgefühle entwickeln sich bis zum zweiten Lebensjahr. Auch die Empathie, die gefühlsmäßige Antwort auf den emotionalen Zustand anderer Menschen und das gemeinsame Mitempfinden, ist bei zwei- bis dreijährigen Kindern nachweisbar.

Die Gewissensbildung ist wichtig, um prosoziales Verhalten zu fördern, das durch Helfen, Teilen und Unterstützen, auf das Wohl von anderen ausgerichtet ist. Zusätzlich hat die Gewissensbildung einen zweiten Effekt, nämlich antisoziales Verhalten zu unterbinden.

Bei Kindern mit CU-Eigenschaften fehlen genau diese zwei Komponenten – Gewissensbildung und Empathie. Sie begehen deshalb grausame Handlungen ohne Reue:

Justin, ein siebenjähriger Junge, wurde zuerst tagesklinisch behandelt, musste dann später stationär aufgenommen werden. Sein antisoziales Verhalten war nicht impulsiv, sondern durchgeplant, sadistisch und vorsätzlich. Zum Beispiel wartete er einmal so lange, bis keine Erwachsenen in der Nähe waren, ging mit anderen jungen Kindern ins Badezimmer und goss ihnen heißes Wasser über ihre Hände in dem Versuch, sie zu verbrühen. Gegenüber Erwachsenen versuchte er, gefällig und überangepasst zu sein und ihnen oberflächlich zuzufallen. Er war unaufrichtig, zeigte keine realistische Reue und fuhr trotz negativer Konsequenzen mit seinen negativen Handlungen fort. Justin brauchte eine hochintensive, langfristige stationäre Heimbetreuung, die er zum Glück erhielt. Es ist zu hoffen, dass er langfristig lernen wird, seine Empathiedefizite kognitiv zu kompensieren, da Hass und schädigendes Verhalten immer zu Leiden führen wird, für andere und für einen selbst.

Genauso wie Empathie und Liebe allumfassend sind, kann Hass niemals eine Lösung sein. Manchmal braucht es eine lange Zeit, diese Grundwahrheit zu erkennen. Zusammen mit Mahatma Gandhi kann Nelson Mandela als einer der weitesten und einsichtsvollsten Politiker unserer Zeit gelten, ein Vorbild für Empathie und Versöhnung. In der Einleitung seiner Autobiografie, geschrieben von seinem Freund Bill Clinton, erfährt man:

>»Ich fragte Mandela einmal, seinen langen Gang vom Gefängnis zur Präsidentschaft zu beschreiben. ›Wenn du jung und stark bist‹, erzählte er mir, ›kannst du mit deinem Hass überleben. Und das habe ich für viele Jahre getan.‹ Dann, eines Tages nach Jahren des Gefängnisses, der körperlichen und emotionalen Misshandlung, so wie der Trennung von seiner Familie sagte Mandela: ›Ich erkannte, dass sie alles von mir nehmen könnten, außer meinem Geist und mein Herz. Sie können diese Dinge nicht nehmen. Über diese Dinge hatte ich immer noch Kontrolle. Und ich nahm mir vor, sie nicht wegzugeben‹« (Mandela 2013, Ort 157).

Dies sind wahrhaft spirituelle Einsichten eines außergewöhnlichen erwachsenen Menschen. Aber sie werden auch von vielen jungen Leuten verstanden und ausgedrückt, die genau wissen, dass Hass nur weiteren Hass anfeuert und dass dies niemals eine Lösung auf die Fragen des Lebens sein kann.

Die Vielfalt der interpersonellen Spiritualität

Synonyme Begriffe für interpersonelle Spiritualität umfassen Wörter wie Intersein, Empathie, Mitgefühl und viele andere. Die Verbindung mit anderen kann so intensiv sein, dass sich die Grenzen zwischen selbst und anderen auflösen. Interpersonelle Spiritualität kann so ausgeprägt sein, dass das Leiden eines Kindes und eines anderen Wesens miteinander verschmelzen, sodass die Qualen eines anderen Lebewesens auch zu meinem eigenen Leid werden:

Anton, ein zwölfjähriger Junge, war sehr traurig, da sein Hase krank war. Er machte sich Sorgen, dass sein Hase nicht gerettet werden könnte, da Gebühren des Tierarztes so hoch waren. Er sagte: Es ist einfach nicht fair. Man sollte alles für Tiere tun, es ist nicht korrekt Erwachsene zu behandeln und nicht das gleiche Geld für Tiere auszugeben, um sie zu retten. Nur weil sein Hase nicht arbeiten kann, um für die medizinische Behandlung zu bezahlen, heißt es nicht, dass er nicht behandelt werden darf. Es ist ja nicht seine Schuld. Er war sehr traurig.

Interpersonelle Spiritualität ist ebenfalls hochgradig ethisch: Wenn ich so tief mit einem anderen Lebewesen mitfühle, dann ist es einfach unmöglich ihm zu schaden – da ich damit auch mir selber schaden würde. Diese Art der Ethik wird nicht durch äußere Regeln kontrolliert und verstärkt, sondern ist eine spontane und natürliche Antwort. Die Erkenntnis der Ähnlichkeit zwischen sich und anderen, begünstigt Kooperation und reduziert Konflikte. Interpersonelle Spiritualität kann sanft, warm und weichherzig sein.

Kinder spüren und erkennen wie selbstverständlich die Wahrheiten der Bibel, wie zum Beispiel in dem ersten Korintherbrief 13.13 ausgedrückt: »Nun aber bleiben Glaube, Hoffnung, Liebe, diese drei; aber die Liebe ist die größte unter ihnen.« Sie wissen genau, dass die Liebe im Leben am wichtigsten und ohne sie alles andere vergeblich und sinnlos ist: »Und wenn ich prophetisch reden könnte und wüsste alle Geheimnisse und alle Erkenntnis und hätte allen Glauben, sodass ich Berge versetzen könnte, und hätte die Liebe nicht, so wäre ich nichts« (Erster Korintherbrief 13.2).

Interpersonelle Spiritualität umfasst eine Gruppe von Emotionen, die auf andere gerichtet sind. Diese Emotionen können bei manchen Kindern Persönlichkeitsmerkmale darstellen, die eine kontinuierliche und wiederholte interpersonelle Spiritualität in ihrem Verhalten zeigen. Sie können aber auch vorübergehende, gesteigerte psychische Zustände der Verbundenheit mit anderen darstellen.

Empathie

Empathie meint im Prinzip, dass man fühlt, was eine andere Person empfindet. In anderen Worten, man begibt sich in die Position des anderen und tritt emotional in seine innere Welt ein. Es ist eine stellvertretende Einstellung (d. h. man übernimmt die Gefühle des anderen), die aber nicht unbedingt zu einer Handlung führen muss.

Wie Lionel Corbett betonte:

> »Manche sehr jungen Kinder scheinen vom Temperament oder von Geburt an empathisch. Schon ab dem Alter von zwei Jahren können Kinder die Fähigkeit zeigen, die emotionalen Zustände anderer Menschen zu verstehen und ihr Leid zu vermindern. So ist es durchaus möglich, dass menschliche Wesen zu einem gewissen Maße genetisch programmiert sind, anderen zu helfen« (Corbett 2015, Ort 3044).

Entwicklungspsychologen haben gezeigt, dass Empathie ein multidimensionales Konstrukt darstellt, das kognitive und emotionale Aspekte umfasst. Kognitive Empathie beinhaltet das Erkennen von Emotionen und das Einnehmen von anderen Perspektiven. Emotionale Empathie schließt die Fähigkeit ein, innere Gefühle einer anderen Person zu teilen. In der interessanten Studie von Schwenk et al. (2014) zeigte sich, dass die kognitive Empathie bei Schulkindern mit ihrem

Älterwerden zunahm, aber dass die emotionale Empathie nicht mit Alter, Geschlecht, Intelligenz oder anderen Faktoren korrelierte. Dies bedeutet, dass die emotionale Empathie bei vielen jungen Kindern von Anfang an vorhanden ist, ohne auf andere Fähigkeiten wie Intelligenz angewiesen zu sein.

Empathie ist ein natürliches, spontanes Gefühl, das viele Kinder haben. Benjamin, ein fünfjähriger Junge, wurde wegen eines Tourette-Syndroms (mit vokalen und motorischen Tics), ADHS, sprachlichen und motorischen Problemen, sowie multiplen Ängsten behandelt. Diese vielen Probleme beeinträchtigten ihn sehr. Dennoch war Benjamin ein Junge mit gesteigerter Empathie und Sensibilität, er war großzügig und teilte alles mit anderen:
Er schaute sorgfältig nach den jüngeren Kindern im Kindergarten. Einmal sorgte er sich sehr um ein anderes Kind, ging direkt zur Kindergärtnerin und sagte: »wir haben ein Problem« – nicht etwa »das andere Kind hat ein Problem«, noch »die Lehrerin hat ein Problem«, aber wir alle, einschließlich er selber.

Diese angeborene Fähigkeit zur Empathie setzt sich ins Jugendalter fort und hat eindeutig positive Effekte. In einer interessanten Studie fanden Bower et al. (2015), dass Empathie die romantische Attraktivität und Erwünschtheit (durch das andere Geschlecht) bei jungen Jugendlichen im Alter von 11–14 Jahren verstärkte. Akzeptanz durch Gleichaltrige und Beliebtheit waren ebenfalls mit solcher Attraktivität assoziiert, ganz im Gegenteil zur Aggression, die sie reduzierte.

Nathalie, eine 18-jährige junge Erwachsene, begann ihre Psychotherapie, als sie 16 Jahre alt war. Sie litt unter einer Dysthymie, einer leichten depressiven Störung:
Ihre frühesten Erinnerungen gehen auf ihre Kindergarten- und Schuljahre zurück. Nathalie konnte sich daran erinnern, dass sie einmal ein Foto von einem abgemagerten, hungernden Kind aus Afrika in ihrem Religionsbuch sah. Sie hatte noch nie irgendetwas Vergleichbares zuvor gesehen, fühlte große Empathie für dieses Kind und musste sich das Bild immer wieder anschauen, weil es sie so beschäftigte.

Nathalie konnte mit diesen Kindheitsgefühlen wieder in Verbindung treten. Sie war und blieb eine junge Frau mit großer Empathie für andere.

Sympathie

Sympathie kann auftreten, ohne dass wir nachempfinden, was ein Leidender fühlt. Es handelt sich eher um eine Sorge, Trauer und Zuwendung für andere. Sympathie erfordert schon eine Ahnung des emotionalen Zustandes einer anderen Person. Nach Corbett bedeutet Sympathie »für eine andere Person fühlen«, während Empathie eher umschreibt »mit einer anderen Person zu fühlen« (Corbett 2015, Ort 3055). Oft kann sich Sympathie in einer Mischung aus Trauer und Liebe zeigen:

> Max, neun Jahre alt, sagte, dass er Angst vor Schlangen hat. Im letzten Sommer hatte er eine Schlange gesehen und war danach sehr verängstigt. Allerdings entdeckte er einen Tag später eine Schlange, die von einem Auto auf der Straße getötet wurde. Er war so bewegt von der toten Schlange, dass er und seine Freunde ein Grab für sie machten und sie dort beerdigten.

Trotz seiner eigenen Ängste fühlte Max eine solche Sympathie für ein Lebewesen, das ihm so viel Angst eingeflößt hätte. Für ihn gab es kein Zweifel, dass selbst die Schlange ein Recht darauf hatte, angemessen beerdigt zu sein.

Mitgefühl

Mitgefühl ist eine emotionale Antwort auf das Leiden einer anderen Person, gekoppelt mit dem Wunsch, dieses Leid zu mindern, ohne eine Gegenleistung zu erwarten. Es ist eine Handlung des Wohlwollens und der Güte, die verbindend wirkt: »Tatsächlich ist ein Teil des spirituellen Wertes des Mitgefühls die Tatsache, dass sie uns mit anderen verbindet« (Corbett 2015, Ort 3069). Mitgefühl bedingt auch, dass man die Verantwortung für andere übernimmt. Studien haben gezeigt, dass Kinder eine Neigung zu Mitgefühl und ähnlichen Emotionen aufweisen (Goetz et al. 2010). Ferner können diese Eigenschaften bei Kindern in vielen Kulturen weltweit nachgewiesen werden. Dies bedeutet, dass Mitgefühl eine universelle, angeborene Qualität darstellt.

Mitgefühl unterscheidet sich von Liebe, die üblicherweise einen positiven Vorläufer hat. Im Gegensatz dazu ist die Vorgeschichte des Mitgefühls oft negativ, nämlich das Leiden der anderen.

Manchmal ist es einfach nicht möglich, das Leiden anderer aktiv zu reduzieren. In diesem Fall zeigt sich Mitgefühl in einer passiveren Ausprägung und umfasst die Wahrnehmung des Leidens und das Aushalten ihrer Auswirkungen. Strauss et al (2016) konnten in ihrer systematischen Übersicht fünf Grundkomponenten des Mitgefühls identifizieren: Erkennen des Leidens; Verständnis der Allgemeingültigkeit menschlichen Leidens; Gefühle für die leidende Person; Aushalten von unangenehmen Gefühlen; Motivation, das Leiden zu vermindern.

Kinder unterscheiden nicht in ihrer Reaktion gegenüber Tieren, vor allem ihren Haustieren und Menschen. Zum Beispiel zeigte der schon oben zitierte fünfjährige Benjamin tiefes Mitgefühl selbst gegenüber Ameisen:

> Als sie einen Ausflug in den Wald machten, zerstörte ein anderer Junge absichtlich Ameisenhügel. Benjamin war sehr aufgebracht und besorgt, dass dadurch die Ameisen gestorben sein könnten. Von einem Buch, das er gelesen hatte, wusste er, wie Ameisenhügel aufgebaut sind. Er hatte zwei Gedanken, die ihn beunruhigten: Auf der einen Seite, dass manche Ameisen erstickt und umgekommen sein könnten; auf der anderen Seite, dass Baby Ameisen nicht

mehr aus ihren Eiern schlüpfen könnten, d. h., dass sie niemals geboren werden könnten. Er versuchte mehrfach, die Zerstörungswut des anderen Jungen zu unterbinden, um die Ameisen zu retten.

Benjamin verkörpert ebenfalls die Kopplung von Mitgefühl und dem spontanen Impuls zu rechtem Handeln, einer der Stufen des achtfachen Pfades des Buddha, wie wir später sehen werden. Manchmal ist es einfach nicht ausreichend, nur zu beobachten und empathisch mit zu fühlen, es gibt einfach Zeiten, in denen eine schnelle und unmittelbare Handlung notwendig wird.

Kinder haben allumfassende Gefühle von Mitgefühl mit lebenden Wesen. Der norwegische Autor Karl Ove Knausgaard erinnerte sich an ein schmerzhaftes Erlebnis als Kind. Er fühlte tiefes Mitgefühl und Leid, sowie Hilflosigkeit und Verzweiflung, als sein Kätzchen starb:

> »Ich sah sie mit Tränen in den Augen an, warf die Tür zu und lief wieder in den Keller. Die Katze lag auf der Seite und scharrte mit ihrer Pfote und ausgefahrenen Krallen fauchend über den Boden. Sie wurde von Krämpfen geschüttelt. Ich ging in die Hocke und streichelte sie. Dann lief ich aus dem Haus, in den Wald und bis zum Wasser hinunter. Auf der anderen Seite wieder hinauf. Ich weinte ununterbrochen. Als unser Haus erneut vor mir auftauchte, rannte ich so schnell ich konnte hinein, ich musste einfach noch einen letzten Versuch unternehmen, sie zu überreden. Sie war doch keine Tierärztin, was wusste sie schon darüber, was ein Arzt tun oder nicht tun konnte? Ich öffnete die Tür und blieb stehen. In unserem Haus herrscht vollkommene Stille. Vorsichtig schlich ich mich in den Vorratskeller. Die Katze lag jetzt wieder im Korb. Den Kopf irgendwie zurückgeworfen lag sie da und rührte sich nicht« (Knausgaard 2015a, S. 328).

Ein anderes Beispiel des Mitgefühls liefert Leon, fast sechs Jahre alt. Er wurde erstmals im Alter von drei Jahren und zehn Monaten vorgestellt. Er hatte eine ausgeprägte Aufmerksamkeitsdefizit-/Hyperaktivitätsstörung (ADHS), sowie eine Störung des Sozialverhaltens mit oppositionellem Verhalten. Seine Eltern waren durch sein unermüdlich aggressives, oppositionelles und hyperaktives Verhalten vollständig erschöpft und hatten nicht mehr die Kraft, damit umzugehen. Trotz seines jungen Alters (und im Gegensatz zu den üblichen Empfehlungen), wurde seine ADHS mit Stimulanzien behandelt, was einen dramatisch positiven Effekt nach sich zog. Zusätzlich wurden Leon und seine Eltern mit einer Eltern-Kind-Interaktionstherapie (PCIT) behandelt, eine kombinierte Behandlung mit Coaching, Beratung, klassischer Spieltherapie und Verhaltenstherapie. PCIT umfasst ebenfalls Auszeiten, die eingeführt wurden, wenn sich Leon sehr aggressiv verhielt. Wiederum sprach Leon sehr gut auf die Behandlung an. Der Schulbeginn konnte unter dieser Kombination aus Medikation und Eltern-Kind-Therapie geplant werden.

Zu dieser Zeit (sein genaues Alter war fünf Jahre und acht Monate) war Leon ein sensibles, interessiertes und wissbegieriges Vorschulkind. Er hielt sich an Regeln und konnte sich unter Medikation gut konzentrieren. Er wollte immer wissen, wie Dinge funktionierten und warum sie dies taten. Zum Beispiel, wollte er wissen, warum Hubschrauber fliegen und wie sie wenden konnten. Er fragte nach, ob die Pharaonen tatsächlich in den Pyramiden beerdigt wurden. Seine Eltern unterstützten seine Wissbegier und erfanden die Regel, dass er drei Fragen vor dem Schlafengehen stellen durfte. Zusätzlich schaute er in Lexika und sogar im Internet nach, wenn er eine Frage hatte.

> Leon hatte ein großes Mitgefühl für alle lebenden Wesen. Einmal, als sie beim Metzger waren, sah er in der Auslage Schweinshaxen und fing an zu schreien. Er sagte mit lauter Stimme: »Sie sind Lebewesen, warum sind sie hier?« In der Metzgerei entdeckte er auch ein Foto von Kühen, wie sie zum Schlachthof geführt wurden. Durch dieses Foto war er so beunruhigt, dass er sich von dem Zeitpunkt an weigerte, Fleisch zu essen.
>
> Einmal sah er im Fernsehen einen Film über die Auswirkungen vom Rauchen. Er zeigte Bilder von Erkrankungen, die durch das Rauchen verursacht worden. Diese Bilder sollten Teil der neuen Zigarettenverpackung sein, um Menschen vom Rauchen abzuhalten. Wiederum war Leon so beunruhigt, dass er, sobald er rauchende Menschen sah, zu ihnen hinlief und ihnen riet, mit dem Rauchen aufzuhören, da dieses so gefährlich und ungesund ist.

Leons Gefühle sind nicht durch Eigeninteresse motiviert, sondern durch wahre Sorge um das Wohlbefinden anderer Lebewesen und durch den aktiven Wunsch, ihr Leiden zu reduzieren. Dieses Mitgefühl bezieht sich auf Menschen, die aufgrund vermeidbarer Ursachen sterben, beispielsweise durch das Rauchen, und auf Lebewesen, die wegen Nahrung geschlachtet werden.

Andere Kinder sind sehr konsequent mit ihrer Entscheidung, kein Fleisch zu essen, was als Folge ihres Mitgefühls mit anderen Lebewesen spontan und unwiderruflich auftritt:

> Lisa, ein fünfjähriges Mädchen, sagte eines Tages zu ihren Eltern: »Ich möchte nichts essen, das Augen und eine Mama und einen Papa hat.« Von diesem Tag an ernährte sie sich ausschließlich vegetarisch.

> Vitoria, 16 Jahre alt, aß ebenfalls kein Fleisch und versuchte, zumindest eine Zeit lang, sogar eine vegane Ernährung. Sie sagte, sie kann einfach keine Lebewesen essen. Sie erklärte: »Wir alle haben die gleiche Art von Zellen – wie kann ich dann jemanden essen, der mir so ähnlich ist?« Da sie jedoch Käse so sehr mochte, musste sie einfach von der veganen zu einer vegetarischen Ernährung zurückkehren.

Victorias pragmatische Lösung war, auf das Essen von Lebewesen zu verzichten, eine Vegetarierin zu bleiben, aber nicht strenge Veganerin.

Dieses und viele andere Beispiele zeigen, dass interpersonelle Spiritualität bei Kindern, Jugendlichen und jungen Erwachsenen, die wichtigste Manifestation der Spiritualität überhaupt ist.

Liebende Güte

Liebende Güte umfasst Eigenschaften wie Freundlichkeit, Großzügigkeit und Rücksicht. Im Gegensatz zum Mitgefühl, ist liebende Güte nicht nur mit Leiden verbunden, sondern mit vielen anderen positiven Situation. Liebende Güte spielt in den Lehren des Buddha eine große Rolle, wie wir später sehen werden.

Mitleid

Im Gegensatz dazu, ist Mitleid eine komplexe Emotion mit einem Hauch von Überlegenheitsgefühlen: Es bedeutet, dass man »für andere mitleidet«, während Mitgefühl bedeutet »mit jemand mit zu leiden« (Corbett 2015, Ort 3172).

Mitleid tritt, im Gegensatz zu anderen Formen der interpersonellen Spiritualität, bei Kindern und Jugendlichen seltener auf. Mitleid kann sich sowohl auf Tiere, wie auch auf Menschen beziehen. Manche Kinder zeigen Mitleid sogar gegenüber Pflanzen und Obst:

> Mira, drei Jahre alt, sagte: »Der Apfel tut mir so leid, ich kann ihn nicht essen.« Sie konnte nicht in einen noch vollständig erhaltenen Apfel hineinbeißen. Für Mira wäre es ein Akt der Zerstörung gewesen, in einen schönen Apfel zu beißen, der auch das Recht hatte zu leben.
>
> Später zeigte Mira auch den Armen ihr Mitleid. Mira konnte an keinem Bettler an der Straße vorbeigehen. Sie bestand darauf, zumindest ein paar Münzen in ihren Hut oder Korb zu legen. Auch Straßenmusiker wurden immer von ihr bedacht. Jedem musste etwas gegeben werden.

Dieses sind typische Beispiele von Mitleid. Natürlich wollte (und konnte) sie nicht die Rolle der Bettler und Musiker einnehmen. Sie konnte als Kind auch nicht Bettler von ihrem Schicksal befreien. Das einzige was sie tun konnte, war ihnen etwas zu geben.

Auch Mitleid ist eines der spontanen Äußerungen von interpersoneller Spiritualität, die sich bei Kindern spontan äußert, ohne Überlegung nach eigenem Gewinn.

Liebe

Liebe tritt in vielen verschiedenen Formen auf, die von warmer mütterlicher zu leidenschaftlicher romantischer Liebe reichen. Liebe kreist um Zuneigung, umfasst eine Anerkennung von positiven Eigenschaften des anderen und vermittelt Bindung, Nähe und Intimität (Goetz et al 2010, S. 355).

> Victoria, die 16-jährige Jugendliche, fragte einmal: »Kennen Sie das Lied ›All you need is love‹ von den Beatles?« Ich antwortete, »Ja, natürlich«. Sie sagte: »Das ist das beste Lied aller Zeiten, da die Botschaft die allerwichtigste ist. Liebe ist das Größte im Leben.«

Sie fuhr fort, dass sie bald 17 Jahre alt sein würde. Sie wäre so gerne in den 1960er Jahren jung gewesen. Sie würde gerne früh heiraten, viele Kinder haben und als Therapeutin oder Lehrerin arbeiten. Victoria sagte, dass sie gerne im Wald heiraten würde. Sie wünscht sich, dass eine Band dazu »All you need is love« spielen würde und dass sie zu dem Lied »Eight days a week« tanzen würde. Sie möchte so gerne eine weiße Hochzeit in der Natur feiern, aber nicht in einer Kirche.

Wenn sie stirbt, wünscht sie sich ein weißes Begräbnis. Üblicherweise kleiden sich Menschen in schwarz und sind bei Beerdigungen traurig. Weiß bedeutet, dass etwas Neues beginnt und dass Leben in einen anderen Zustand übergeht. Wieder würde sie sich so wünschen, dass das Lied »All you need is love« bei ihrer Beerdigung gespielt werden würde.

Ist es nicht interessant, dass sie sowohl Hochzeiten wie auch Beerdigungen mit dem berühmten Lied der Beatles assoziiert, das so viele Jahrzehnte vor ihrer Geburt, im sogenannten Sommer der Liebe des Jahres 1967, erschien? Die berühmten Worte des Liedes sind eine Bestätigung der Stärke der Liebe und wie das Leben sich so einfach entwickelt, wenn Liebe vorhanden ist, da alle Möglichkeiten schon da sind. Dieses klassische Lied kann als eine Huldigung an die Liebe als das Wichtigste im Leben gesehen werden – nichts ist wichtiger als die Liebe, denn Liebe verbindet:

> »Wenn du jemanden liebst, möchtest du, dass der oder die andere glücklich ist. Wenn er oder sie nicht glücklich ist, bist du es auch nicht. Glück ist keine individuelle Angelegenheit« (Hanh 2017, S. 393).

Das Unsichtbare sehen

Wundern und Staunen können ein weites Spektrum von mystischen Erfahrungen umfassen, bei denen jedoch das Gefühl von Identität und Selbst üblicherweise erhalten ist. In diesem Abschnitt werden noch tiefere mystische Erfahrungen dargestellt. Sie können die bisherigen Selbstkonzepte erschüttern und infrage stellen, da sie Kindern ermöglichen, das eigentlich Unsichtbare zu sehen. Nach Miller sind Kinder »natürlich vertraut mit den gesehenen und ungesehenen Dimensionen des Universums und sind offen gegenüber der Schönheit, Vielfältigkeit und Hoffnung, die das Universum ermöglicht« (Miller 2016, S. 172).

Diese tiefen mystischen Erfahrungen werden von vielen Mystikern aller Zeiten geteilt. Zum Beispiel beschrieb die Mystikerin und Äbtissin Hildegard von Bingen (1098–1179), dass sie als Kind im Alter von drei Jahren ein so intensives Licht wahrnahm, dass ihre Seele erzitterte und nachhallte. Sie hielt sich zurück, über ihre Visionen zu reden, da sie Angst hatte, von anderen missverstanden zu werden. Diese Visionen traten während ihrer Kindheit wiederholt auf und waren kein Zeichen einer Erkrankung, sondern im Gegenteil, von tiefer spiritueller Einsicht und Erkenntnis (Riedel 2010, S. 16–17).

Mystische Erfahrungen bedingen wesentliche Veränderungen der Wahrnehmung, vielmehr als Wundern und Staunen. Sie können ein Zeichen schwerer Pathologie und psychischer Erkrankungen sein, die in jedem Fall eine Abklärung, Beratung und Behandlung bedürfen. Vor allem Psychosen, deren Hauptmerkmale Wahnvorstellungen, Beeinträchtigungen und die Gefahr der Selbstverletzung umfassen, sollten nicht übersehen werden. Wahnvorstellungen sind die Leitsymptome der Psychosen. Sie werden als feste Vorstellungen definiert, die trotz gegenteiliger Evidenz nicht verändert werden können. Sie sind oft extrem belastend und erfordern oft eine stationäre kinder- und jugendpsychiatrische Behandlung.

In diesem Abschnitt werden wir einer Vielfalt von veränderten Wahrnehmungszuständen begegnen, die die Möglichkeit für tiefe Erkenntnis eröffnen und damit den spirituellen Kern des Leidens freilegen können. Nach Hart (2003) können sich manche Kinder leicht auf die subtilen Aspekte der Realität einstimmen. Für sie kann, symbolisch gesprochen, der Schleier zwischen dieser und der unsichtbaren Welt sehr durchsichtig sein. Kinder wissen genau, dass es eine andere, versteckte Welt hinter den sichtbaren Erscheinungen gibt. Sie lieben Geschichten, in denen man von einer Welt in die andere übertreten kann, zum Beispiel den berühmten Erzählungen über Narnia, geschrieben vom Theologen C. S. Lewis. Im ersten Band »The lion, the witch and the wardrobe« entdecken vier Kinder (Peter, Susan, Edmund und Lucy), dass sie die Welt von Narnia durch einen Schrank hindurch betreten können. Sie müssen nur an den Pelzmänteln, die dort hängen, vorbeigehen, um sich in der Schneelandschaft von Narnia wiederzufinden, wo sie in viele Abenteuer verwickelt werden. Die Anziehungskraft einer sichtbaren, zweiten versteckten Welt bleibt auch im Erwachsenenalter aktiv, wie in den Romanen des japanischen Schriftstellers Haruki Murakami immer wieder faszinierend ausgeführt. Die Verbindungen der realen und der mystischen, symbolischen und metaphorischen Welt ist ein Hauptmerkmal seines Werkes.

Mystische Erfahrungen umfassen Halluzinationen, Pseudohalluzinationen und Auren, die als leuchtende, oft farbige Ausstrahlungen um eine Person herum wahrgenommen werden, wie Nora in einem vorherigen Beispiel plastisch berichtete. Aber wann sind diese tiefen Erfahrungen auch spirituell? Wie Hart ausführt:

> »Diese Erfahrungen können manchmal als spirituell aufgefasst werden in der Hinsicht, dass sie erstens, die Offenheit und Weite des Bewusstseins widerspiegeln; zweitens, uns mehr offenbaren, wer wir sind und was das Universum ist, und dadurch unsere Ansichten der Welt formen; und drittens, indem sie ein direkteres, intuitives Wissen widerspiegeln, das so oft den Weg zur spirituelle Einsicht darstellt« (Hart 2003, S. 116).

Dieses Zitat ist besonders wichtig, da nicht jeder veränderte Bewusstseinszustand automatisch spirituell ist, er ist nur spirituell, wenn er eine tiefere und unterschiedliche Sicht der Realität ermöglicht, wie von Max dargestellt.

Halluzinationen

Max ist ein neunjähriger Junge, der wegen Halluzinationen vorgestellt wurde. Eine Psychose, wie auch mögliche organische Ursachen konnten ausgeschlossen werden.

Er berichtete, dass er einen schwarzen Mann wiederholt gesehen hatte, der eine Brille trug und eine orange Jacke. Dieser schwarze Mann schwebte durch die Luft. Am schlimmsten und beängstigendsten für ihn war die Tatsache, dass er seine Stimme unterdrücken könnte, so dass Max nicht mehr reden und nach Hilfe rufen konnte. Einmal schlug Max ihn und seine Hand ging durch den schwarzen Mann hindurch.

Der schwarze Mann hatte ihn in den letzten Monaten verfolgt. Max Eltern hatten sich getrennt und er hatte Probleme in der Schule. Max konnte den Mann zeichnen. Wir entwickelten Strategien, wie Max sich gegen den schwarzen Mann verteidigen konnte und wie er mit dem Leid nach der Trennung seiner Eltern umgehen konnte. Obwohl diese Halluzination einschüchternd war, hatte sie eine numinose oder spirituelle Qualität. Unbewusste Schattenaspekte von Max (nach der analytischen Psychologie von C. G. Jung) werden nach außen projiziert und als Halluzination wahrgenommen. Dies war kein Zeichen einer schweren psychischen Erkrankung wie einer Psychose, aber eine Schwellenerfahrung, die ein Loslassen der Vergangenheit und eine neue Integration erforderte.

Was Max erlebte, war eine optische Halluzination. Eine Halluzination ist eine Sinneswahrnehmung und dem gleichzeitigen Fehlen eines entsprechenden sensorischen Reizes, d. h. zum Beispiel etwas hören oder sehen, was nicht der Wirklichkeit entspricht. Natürlich können alle weiteren Sinnesreize dabei beteiligt sein.

Eine Woche später zeichnete Max ein weiteres Bild des schwarzen Mannes. Er berichtete, dass er ihn am Fußballfeld gesehen hatte, während er mit seinen Freunden Fußball spielte. Er fühlte sich geborgener in der Gegenwart seiner Mannschaftskameraden. In dem Bild schrieb er alle Namen von ihnen auf. Mit der sozialen Unterstützung seiner Freunde konnte er sogar ein Tor schießen und seine Mannschaft gewann. Mit der Zeit wurden die Begegnungen mit dem schwarzen Mann immer seltener. Er konnte sich distanzieren und konnte klar benennen, dass obwohl er den schwarzen Mann sah, er wusste, dass er nicht wirklich da war. Im Verlauf veränderten sich somit die Halluzinationen in Pseudohalluzinationen. Auch wurde der schwarze Mann immer weniger stark. Einmal entdeckte er, wie er sich in einem Wäschekorb versteckte. Alles was er wahrnehmen konnte, war ein Haufen schwarzer Farbe, eher wie ein schwarzer Sack als eine Person. Im Laufe der Therapie konnte Max spirituelle, wie auch religiöse Vorstellungen, die weit über die Halluzination hinausgingen, formulieren, besprechen und für sich sinnvoll integrieren.

Halluzinationen sind während der Kindheit sehr häufig und betreffen 5 %–8 % aller Kinder im Alter von 5–16 Jahren (Jardri et al. 2014). Halluzinationen können tatsächlich mit psychischen Erkrankungen wie Psychosen oder schweren Depressionen assoziiert sein. Kindheitstraumata, wie auch genetische Faktoren spielen eine Rolle. Zum Glück sind die frühen Formen der Schizophrenie mit einer Prävalenz von eins zu 30 000 sehr selten. In jedem Fall sollten bei Auftreten von Halluzinationen sowohl neurologische Störungen (wie Anfälle oder Infektionen) und psychische Erkrankungen (wie Psychosen und Depressionen), ausgeschlossen werden. Entstigmatisierung, Beruhigung und Psychotherapie können sehr hilfreich sein für Kinder. Psychodynamisch können Halluzinationen als nicht integrierte, dissoziierte, unbewusste Aspekte der Psyche interpretiert werden, die nach außen projiziert und so wahrgenommen werden, als ob sie außerhalb der eigenen Person bestehen.

Halluzinationen variieren von einer Kultur zur anderen, sowohl bezüglich Inhalt wie auch Häufigkeit, wie Laroi et al. (2014) aufgezeigt haben. In manchen Kulturen werden Halluzinationen als Hinweis auf das Übernatürliche oder Göttliche aufgefasst, sie werden gutgeheißen und erhalten eine wertvolle Bedeutung.

Die Werte westlicher Kulturen scheinen die Rate von Halluzinationen eher zu reduzieren, da die Unterscheidung zwischen realen und imaginären Erfahrungen in diesen Gesellschaften besonders betont werden. Auch werden Halluzinationen in westlichen Ländern rasch als Zeichen psychischer Störungen interpretiert. Auch aufgrund dieser kulturellen Unterschiede können Halluzinationen für manche Kinder extrem beunruhigend sein. Manche Kinder und Jugendliche haben Sorgen geäußert, verrückt zu werden.

Auf der anderen Seite können Halluzinationen wichtige spirituelle Erfahrung darstellen, sobald Erkrankungen ausgeschlossen werden. Sie ermöglichen eine Perspektive, die weit über die individuelle Person hinausreicht, da man dabei etwas sieht und wahrnimmt, was außerhalb der eigenen üblichen, alltäglichen Routinen liegt. Halluzinationen können Startpunkte von tiefen, verändernden Fragen und Erkenntnissen sein. Wiederum kann Psychotherapie sehr hilfreich sein, diese Erfahrungen zu integrieren und wertzuschätzen.

Pseudohalluzinationen

Pseudohalluzinationen sind genauso lebendig wie wahre Halluzinationen, werden aber von der betroffenen Person als nicht real erkannt. Im Gegensatz dazu sind illusionäre Verkennungen eine Verzerrung von sensorischen Wahrnehmungen. Etwas wird zwar wahrgenommen, aber nicht als das reale Objekt. Illusionäre Fehleinschätzung basiert deshalb auf einem realen Objekt, wird aber unterschiedlich wahrgenommen.

Graham Nash ist einer der bekanntesten Musiker der 1960er und 1970er Jahre. Zunächst war er ein Mitglied der Gruppe »The Hollies« in Großbritannien, später ein wichtiger Teil des Trios »Crosby, Stills and Nash«, sowie des Quartetts »Crosby, Stills, Nash and Young«. Graham Nash war einer meiner Jugendhelden. In seiner stillen, introvertierten, bescheidenen Art hielt er seine extravertierteren und streitsüchtigeren Kollegen zusammen. In seiner Autobiografie mit dem Titel »Wild tales« (2013) finden sich leider nur wenige Abschnitte über seine Kindheit. Aus diesen wird jedoch deutlich, dass er ein sehr sensibles, beobachtendes und einfühlsames Kind war:

> »Wenn man arm ist, wie wir es waren, und in einem düsteren Ort wie Salford lebt, waren Träume der einzige Ausweg. Das erste Mal, dass ich jemals halluzinierte – dieses war Jahre bevor ich Acid entdeckte – war beim Sonnenuntergang nach einem Sturm. Ich schaute aus dem Schlafzimmerfenster meiner Eltern. Ich kann immer noch den Staub riechen und das halboffene Fenster sehen. Und ich dachte, dass ich eine goldene Stadt in den Wolken sah. Aus der heutigen Sicht waren es natürlich reflektierende Sonnenstrahlen auf einer Wolkenformation, aber für mich, ein sechsjähriges Kind mit einer blühenden Vorstellungskraft, war es eine goldene Stadt auf einem unendlichen Horizont. Ich hörte ein Geräusch: Die Töne einer kleinen Stadt in Bewegung. Es gab damals nur wenige Autos, nur Pferde und Karren, Lumpensammler, eine Mutter, die nach ihren Kindern rief – nur Leben. Aber für mich war es Musik. Und es war das erste Mal, dass meine Gedanken sich den noch zu erwartenden Möglichkeiten öffneten« (Nash 2013, S. 13).

Dieser Bericht ist typisch für die Erfahrungen, die viele Kinder haben. Oft scheuen sie sich, darüber zu reden, da sie unsicher sind, wie andere reagieren würden: Werden sie sie lächerlich machen oder denken, sie seien verrückt? Im geschützten und vertraulichen Rahmen einer Psychotherapie haben viele Kinder und Jugendliche solche Erfahrungen mit mir geteilt. In Seminaren und Workshops konnten sich Erwachsene, rückblickend auf ihre eigene Kindheit, oft an solche wichtigen Ereignisse erinnern und sie mitteilen – oft war es das erste Mal, dass sie jemals darüber gesprochen haben.

Auch Graham Nash erinnert sich an dieses Kindheitserlebnis als Erwachsener. Es ist eine lebendige Rückerinnerung und seine Sinneswahrnehmungen waren gesteigert: Er konnte den Staub riechen und weit entfernte Geräusche klar hören, so wie unter Halluzinogenen. Eindeutig beschreibt er keine wahre Halluzination, die eine nicht existente Sinneswahrnehmung von Objekten bezeichnet. Stattdessen handelt es sich um Pseudohalluzinationen, die genauso lebendig wie Halluzinationen sein können, aber als nicht real erkannt werden. Die Wolken und die Sonnenstrahlen werden als goldene Stadt wahrgenommen und die Verkehrsgeräusche werden in Musik umgewandelt. In seinem Fall sind diese Pseudohalluzinationen natürlich keine Zeichen von Psychopathologie. Im Gegenteil, sie sind wertvolle spirituelle Erfahrungen. Um Nash wieder zu zitieren, war es das erste Mal, dass sein Geist sich den Möglichkeiten öffnete, die noch bevorstanden. Es ist schade, dass die meisten Autobiografien solche tiefen Kindheitserfahrungen überspringen und schnell zu den Erinnerungen des Erwachsenenalters übergehen, die als wertvoller eingestuft werden. Man kann deshalb umso dankbarer sein, dass Graham Nash dieses Erlebnis als so wertvoll ansah und es in seiner Autobiografie aufnahm.

Imaginäre Freunde

Imaginäre Freunde sind sehr häufige Phänomene der Kindheit. Es handelt sich dabei um persönliche, imaginierte Beziehungen im Gegensatz zu externalen Beziehungen der realen Welt. Diese Freunde umfassen Menschen, aber auch Tiere, Engel und Geister. Sie sind so häufig, dass sie als normaler Entwicklungsschritt angesehen werden. Darüber hinaus können sie protektiv und hilfreich sein, genauso wie Übergangsobjekte wie Teddybären oder Decken, die Kindern Trost und Beruhigung vermitteln können in Zeiten der Not. In verschiedenen Studien hatten 28 %–65 % aller fünf- bis zwölfjährigen Kindern solche imaginären Freunde.

> Victoria, die schon häufig erwähnte 16-jährige Jugendliche, erzählte mir, dass sie einen kleinen Spielzeugaffen hatte, den sie als Kind überall mit sich hinnahm, bis sie zwölf Jahre alt wurde. Sie hatte immer das Gefühl, dass er lebte. Einmal hatte sie ihn vergessen und als sie ihn wiedersah, hatte sie das Gefühl, dass seine Augen traurig waren. Der Affe und sie waren so miteinander verbunden.
>
> Als Kind wollte sie alles über Affen wissen und hatte ein Buch über sie. Sie fühlte sich ihnen so nah. Eines Tages fiel ihr Affe hinter ein Regal. Sie startete dann eine Rettungsaktion und versuchte ihn zurückzubekommen, was schließlich gelang.
>
> Victoria hatte niemals imaginäre Freunde, aber ihr älterer Bruder und ihre jüngere Schwester hatten welche. Der Name des imaginären Freundes ihres Bruders war Frier, er hatte einen blauen und weißen Mantel und einen Kerzenständer mit Kerzen auf dem Kopf. Ihre Schwester hatte sogar zwei imaginäre Freunde, aber sie kann sich an keine weiteren Details erinnern.

Ob Übergangsobjekte oder imaginäre Freunde – beide können in schwierigen Zeiten hilfreich sein und Trost und Unterstützung bieten. Sie können auch den imaginären Raum für andere spirituelle Erfahrungen öffnen.

Außerkörperliche Erfahrungen

Außerkörperliche Erfahrungen können ebenfalls bei Kindern vorkommen, wie sie von Diane Perry, die später eine tibetische Nonne wurde und zwölf Jahre in einer Höhle meditierte, beschrieben wurden. Als Kind war sie krank und musste wegen hohem Fieber über viele Monate im Krankenhaus behandelt werden. In solchen fieberhaften Zuständen hatte sie außerkörperliche Erfahrungen:

»Ich hatte die Gewohnheit, in der Nachbarschaft umherzulaufen, aber da ich ein kleines Mädchen war, bewegte ich mich nicht weit von zu Hause. Ich wollte nicht verloren gehen. So lief ich einfach die Straßen ab, schwebte über allem, schaute als Abwechslung herunter auf die Menschen, statt wie üblich zu ihnen hinaufzuschauen. Ich versuchte es wieder als Jugendliche, aber ich hatte Angst und entwickelte diese Fähigkeit nie wieder« (zitiert in Mackenzie 1999, S. 11–12).

Déjà-vu-Erfahrungen

Déjà-vu-Erfahrungen können für manche Kinder angstauslösend sein, während andere Kinder diese merkwürdigen Begebenheiten begrüßen. Déjà-vu bedeutet im französischen »schon gesehen« und bezeichnet eine spezifische Verzerrung des Gedächtnisses. Während einer Déjà-vu-Erfahrung scheint es so, als ob man diese Situation schon einmal erlebt hätte. Es ist ein Gefühl von Vertrautheit, das von vielen Menschen berichtet wird. Wie alle spirituellen Erlebnisse, erinnern einen Déjà-vu-Erfahrungen an die Grenzen der normalen persönlichen Empfindungen und die weit offenen transpersonalen Bereiche.

Victoria, die 16-jährige Jugendliche, erzählte von ihren Déjà-vu-Erfahrungen während ihrer Psychotherapie:

> »Als Kind wusste ich, dass ich die Situation schon einmal gesehen und erfahren hatte. Ich kam zum Beispiel gerade die Treppe herunter und wusste, dass ich schon mal hier gewesen war.
>
> Als Jugendliche wurden diese Déjà-vu-Erfahrungen immer länger. Manchmal weiß ich genau, was eine Person sagen wird, ich weiß genau was anschließend folgen wird. Diese Situationen können bis zu 60 Sekunden anhalten. Ich kann sie nicht geschehen oder ungeschehen machen. Es liegt nicht innerhalb meines Willens zu entscheiden, ob sie kommen werden oder nicht. Es ist ungefähr so, wie wenn man einen Juckreiz spürt: Wenn ich einen Juckreiz fühle, muss ich kratzen. Die Déjà-vu-Erfahrungen sind niemals bedrohlich und ich habe niemals Angst. Ich weiß, dass es mir gut gehen wird. Ich weiß auch, dass diese Situationen vorherbestimmt sind.«

Prahong, das thailändische Mädchen, von dem wir schon früher gehört haben, berichtete dagegen von belastenden Déjà-vu-Erlebnissen:

> Sie hat das Gefühl, dass sie die Worte schon einmal gehört hat, und zwar bevor sie jemand reden hört. Sie ist unsicher, da sie in dem jeweiligen Moment nicht weiß, ob das was sie hört real ist, oder ob sie es schon mal gehört hat. Ihre Frage ist deshalb: »Handelt es sich um einen Traum oder eine Imagination?«

Wir sprachen anschließend über die Unterschiede zwischen Déjà-vu-Erfahrungen und Träumen. Prahong fand eine für sie passende Antwort. Sie sagte, dass Déjà-vu sich mehr im Äußeren ereignet, es ist kein inneres Rätsel wie der Traum. Wir fuhren in den nächsten Stunden fort, die Unterschiede zwischen inneren und äußeren Erfahrungen zu erkunden und sie war sehr erleichtert.

William Blake

William Blake war ein Dichter und Künstler, der wahrhaftig das Unsichtbare oder das Unendliche seit frühester Kindheit ansehen konnte. Er hatte wiederholt Halluzinationen, selbst als junges Kind. Wie sein Biograf Bentley es beschreibt, sah William Blake einmal im Alter von vier Jahren Gott an seinem Fenster und fing an zu schreien (Bentley 2001, S. 19 ff.). Einmal sah er den Propheten Ezekiel unter einem Baum auf den Feldern. Als er acht oder zehn Jahre alt war, sah er einen Baum mit Engeln und ihre hellen Flügel leuchteten wie Sterne. Ein anderes Mal sah er an einem Sommermorgen Heu erntende Arbeiter und zwischen ihnen liefen engelhafte Figuren (Bentley 2001, S. 20). Wie Bentley betont, kamen Blakes Visionen ganz spontan und waren detailliert ausgeformt. Während seines gesamten Lebens konnte er diese Visionen integrieren, die sich zunehmend zu eidetischen Bildern wandelten. Ein eidetisches Bild ist ein lebhaftes inneres Bild, nicht unbedingt ein Abbild tatsächlicher Ereignisse oder einer Erinnerung. Nach Bentley lebte Blake in »visionären Gefilden aus Gold«, d. h. er hörte niemals auf, das Unsichtbare zu sehen (Bentley 2001, S. xxvi).

Um David Tacey zu zitieren:

> »William Blake stellte fest, dass die Aufgabe des Dichters darin besteht, ›sichtbare Oberflächen weg zu schmelzen und das Unendliche zu offenbaren, das verborgen war‹. Er schreibt: ›Wenn die Türen der Wahrnehmungen gereinigt würden, würde alles dem Menschen als das erscheinen was es ist, nämlich unendlich. Denn der Mensch hat sich so lange verschlossen, bis er alle Dinge durch die engen Ritzen seiner Höhle sieht‹« (Tacey 2004, S. 165).

William Blake war für viele Generationen von Menschen eine Inspiration, ein tiefes spirituelles Leben entspannt zu leben. Dies ist nicht schwierig, da jeder Mensch zu jedem Zeitpunkt mit den spirituellen, transpersonalen und universellen Bereichen verbunden ist.

Günstige Voraussetzungen für Spiritualität

Wie wir gesehen haben, erfordert die Erfahrung der Spiritualität weder Voraussetzungen noch spezifische Auslöser. Ferner kann die Spiritualität nicht durch Willenskraft oder durch eine Entscheidung hervorgerufen werden. Jedoch bieten manche Situationen günstigere Voraussetzungen für das Auftauchen der Spiritualität als andere. Wie bereits erwähnt, sind schwierige und extreme Lebenssituationen, Krisen, psychische Störungen, körperliche Erkrankungen und Konfrontation mit dem Tod keine Hindernisse, sondern erlauben im Gegenteil, dass tiefe und weise Einsichten aufkommen können.

In diesem Abschnitt liegt der Fokus auf der wichtigsten aller günstigen Bedingungen, nämlich dem Einfluss und dem Trost der Natur. Zwei weitere günstige Bedingungen werden weniger ausführlich behandelt, nämlich die Introversion und das Schweigen.

Natur

Die überwältigende Schönheit und unermessliche Weite der Natur hat einen demütigenden und ehrfurchtgebietenden Effekt. Es ist kein Zufall, dass viele Erfahrungen des Wunderns und Staunens durch die Natur ausgelöst werden. Die

Eindrücke der Natur können von großen bis zu kleinen Erlebnissen reichen, keine werden in der Spiritualität ausgeschlossen: »Kinder sind hingerissen von der Natur. Sie lieben die kleinste Raupe und die riesige Eiche. Alle Dinge der Natur werden als Teil der Familie angenommen. Diese natürliche Neugier ist menschlich und das Gefühl einer fürsorglichen Beziehung mit allen Lebewesen ist spirituell« (Miller 2015, S. 124). Jeder Aspekt der Natur kann für Kinder etwas Besonderes bedeuten, wie das nächste Beispiel zeigt:

> Ich liebte die Zeit des Morgengrauens ganz besonders und hatte nichts dagegen, dass wir vor längeren Reisen in Indien sehr früh aufstehen mussten, um die Hitze des Tages zu vermeiden. Zu dieser Zeit gab es noch keine Klimaanlagen in Autos. Ganz besonders freute ich mich auf die Farbe des Himmels vor dem Sonnenaufgang. In den Tropen sind die Farben intensiver als in den nördlichen Breitengraden. So verfärbte sich der Himmel ganz kurz vor Sonnenaufgang in eine leicht violette Farbe, die ich besonders liebte. »Lila Himmel« pflegte ich dieses Zauberwerk zu nennen. Eine Zeit lang war lila auch meine Lieblingsfarbe. Wir hatten Trinkbecher aus Plastik, die jeweils eine andere Farbe in ihrem unteren Drittel aufwiesen. Ich bestand immer darauf, den Lilabecher zu bekommen, weil er mich so an den lila Himmel des frühen Morgens erinnerte.

Kinder fühlen sich ungezwungen und entspannt in der Natur, sie ist ihr Zuhause und ihre spirituelle Gemeinschaft, wie Miller es beschrieb: »Die Natur ist die ursprüngliche spirituelle Gemeinschaft, die wichtigste und beständigste für unsere Kinder« (Miller 2015, S. 188). In der Naturerfahrung gibt es keine Trennung zwischen uns und der Umgebung.

Die Natur kann beruhigend wirken und auf die Prioritäten im Leben hinweisen. Zum Beispiel teilte Lisa, 19 Jahre alt, ihre Erfahrungen der Natur in folgenden Sätzen mit:

> »Als ich einmal von einem Hügel auf die Landschaft schaute, empfand ich ein Gefühl von Heiligkeit in der Szene um mich herum. Ich werde immer dankbar für diese Erfahrung sein – und für die Natur, die mir meinen Weg zeigte und mich dazu brachte, mich auf die wichtigen Dinge im Leben zu fokussieren« (zitiert von Tacey 2004, S. 186).

Die Erfahrung der Natur kann in einer positiven Form überwältigend sein. Melissa, 18 Jahre alt, kann sich lebhaft an die beeindruckende Erfahrung von Sternen am dunklen Himmelszelt erinnern:

> »Einmal, als ich mit Freunden in der Natur war, hatte ich plötzlich das Gefühl, dass die Erde ein lebendes, atmendes Wesen ist – verbunden mit mir als kleineres Wesen. Dieses Gefühl von Lebendigkeit dehnte sich aus bis zu den Galaxien über mir und zum Nachthimmel voll mit Punkten von Sternenlicht. Dies veränderte meine Perspektive auf alles. Es ist schwer zu beschreiben, wie es mich veränderte, aber ich bin dankbar für die Erfahrung« (zitiert von Tacey 2004, S. 186).

Wie bei allen spirituellen Erlebnissen, kann die Natur nicht nur beglückend, sondern schmerzliche Reaktionen auslösen. Ein negatives Beispiel für die Auswirkung der Natur schildert eine 20-jährige Studentin, die auf ein Erlebnis im Alter von 17 Jahren zurückblickt. Sie war überwältigt von der ungeheuren Weite des Universums:

>Die unermessliche Weite des Universums wurde plötzlich zu viel für mich, um es zu erfassen. Ich war überwältigt von dem Wunsch, mehr zu wissen, zu reisen und so viel wie möglich von der Welt zu erfahren, bevor sie direkt unter mir verschwand. Es gab das Gefühl von Dringlichkeit und von Verlust zur gleichen Zeit. Ich erlebte mich von Trauer erfasst bei dem Gedanken, dass ich niemals alles sehen und aufnehmen könnte, was die Welt anzubieten hatte. Ich fühlte mich wie ein unbedeutender Fleck einer Galaxie, die einfach zu groß für mich war« (zitiert von Miller 2015, S. 213).

Die Eindrücke der Natur können in der frühen Kindheit so intensiv sein, dass sie eine lebenslange Sehnsucht und Verlangen auslösen. Nelson Mandela, der südafrikanische Aktivist und einer der weisesten Menschen unserer Zeit, der für die Befreiung von rassistischer Unterdrückung in Südafrika und für die anschließende Versöhnung verantwortlich war, hatte als Kind intensive mystische Verbindungen zur Natur. Möglicherweise waren diese frühen Erfahrungen für ihn eine Ressource, die langen Jahrzehnte der Gefangenschaft zu ertragen. In seiner berühmten Autobiografie erinnert er sich an die friedvollen Tage als Kind im ländlichen Südafrika:

>Von einem frühen Alter an verbrachte ich meine freie Zeit meistens auf der Steppe, um mit den anderen Jungen des Dorfs zu spielen. Ein Junge, der sehr an seiner Mutter hing, wurde als Weichling betrachtet. Nachts teilte ich mein Essen und meine Decke mit diesen Jungen. Ich war gerade fünf Jahre alt, als ich ein Hirtenjunge wurde und nach den Schafen und Kälbern auf den Feldern schaute. Ich entdeckte die fast mystische Verbindung der Xhosa für Kühe, nicht nur als Quelle der Nahrung und des Reichtums, sondern als ein Segen Gottes und ein Ursprung des Glücks. Auf den Feldern lernte ich, Vögel aus dem Himmel mit einer Schlinge zu treffen, Honig, Nahrung und essbare Wurzeln zu sammeln, warme, süße Milch direkt aus dem Euter einer Kuh zu trinken, in den klaren, kalten Bächen zu schwimmen und Fische mit Faden und scharfen Drahtstückchen zu fangen. Ich lernte mit Stöcken zu kämpfen, eine wesentliche Fertigkeit jedes afrikanischen Jungen. Ich wurde geschickt mit den verschiedenen Techniken, Schläge abzuwehren, eine Richtung vorzutäuschen und aus einer anderen Richtung zuzuschlagen und mich mit schnellen Schritten vom Gegner zu entfernen. Auf diese Tage gehen meine Liebe der Steppe, der offenen Flächen, die einfachen Schönheiten der Natur und die klare Linie des Horizonts zurück« (Mandela 2013, S. 294).

Die Natur war ein wahrhafter Lehrer für ihn, wie er es wunderschön und poetisch ausdrückte, »ein Segen Gottes und ein Ursprung des Glücks«. (Mandela 2013, S. 297)

Die Natur kann hypnotisch sein. Hypnose ist ein tranceähnlicher Zustand, der durch äußere Stimuli induziert werden kann. Es kann ein Zustand des Verzaubertseins und des Entzückens sein. Es kann die Qualität von Märchen, Sagen und Mythen annehmen und dadurch eine wahrhaft spirituelle Erfahrung werden. Es kann verblüffend und überwältigend sein und zieht Kinder in die Imagination und Fantasie immer weiter hinein. Ein lebendiges Beispiel stammt von den autobiografischen Romanen des norwegischen Autors Karl Ove Knausgaard, der sich als Kind vorstellte, dass seine Umgebung unter Wasser versank. Er stellte sich vor, dass die gesamte Landschaft unter Wasser lag, dass er dort schwimmen konnte wo er stand, sogar über die Dächer hinweg. Diese Fantasie war für ihn zugleich hypnotisch und real (Knausgaard 2012, S. 274).

An die Intensität der Natur kann sich die berühmte schwedische Kinderbuchautorin Astrid Lindgren erinnern:

>In der Erinnerung – was schlummert da nicht alles an Duft und Geschmack, an Lauten und Bildern aus einer verschwundenen Kindheit. Ganz unversehens kann all das wieder erwachen und fast so sein wie einst ... Das Besondere daran ist die Intensität, mit der man alles erlebte als man noch jung war« (Lindgren 2009, S. 65).

Sie hatte immer einen besonders intensiven Zugang zu ihrer eigenen Kindheit bewahrt. Vielleicht ist dies der Grund, warum sie Generationen von Kindern (und Erwachsenen) in ihren Bann gezogen hat. In einem autobiografischen Rückblick mit dem Titel »Das entschwundene Land« beschreibt sie eindrücklich die Natur, die sie als Kind erlebt hat:

>Fragt mich aber jemand nach meinen Kindheitserinnerungen, dann gilt mein erster Gedanke trotz allem nicht den Menschen, sondern der Natur. Sie umschloss alle meine Tage und erfüllte sie so intensiv, dass man es als Erwachsener gar nicht fassen kann« (Lindgren 2009, S. 64).

Bäume

Ein Bereich der Natur, der Kinder besonders anzieht sind Bäume, wie es Knausgaard und viele andere Autoren beschrieben. Als Kind war Knausgaard fasziniert durch die Natur, aber vor allem durch Bäume. Für ihn schienen große Bäume ihre eigene Persönlichkeit zu haben und fast sprechen zu können (Knausgaard 2015a, S. 81).

Es ist interessant, dass seine intensive Beziehung zu Bäumen von vielen Kindern weltweit geteilt wird. Bruce Springsteen, einer der wichtigen und bewunderten Musiker meines jungen Erwachsenenalters, veröffentlichte seine interessante Autobiografie. Ich war erstaunt über die Tiefe und die Offenheit, mit der er seine frühen Jahre mit allen Schmerzen und Konflikten offen darlegte und teilte. Eine große Buche vor seinem Haus gab ihm Trost als Kind, wie das folgende Zitat zeigt:

>In unserem Vorgarten, kaum mehr als ein Meter von der Veranda entfernt, steht der schönste Baum der Stadt, eine gewaltige Rotbuche. Ein einziger Blitzschlag an der richtigen Stelle, und sie würde uns alle wie Fliegen zerquetschen. Wenn nachts der Donner grollt und die Blitze unser Schlafzimmer in kobaltblaues Licht tauchen, sehe ich zu, wie sich ihre Arme im Wind und grellen Licht bewegen und lebendig werden, und finde kein Schlaf, weil ich mir wegen des Ungetüms dort draußen, meiner Freundin, Sorgen mache. Wenn die Sonne scheint, sind die Wurzelstränge der Rotbuche das Fort meiner Soldaten und der Pferch für meine Pferde. Sie selbst ist mein zweites Zuhause« (Springsteen 2016, S. 18).

Auch hier ist das Symbol des Baums für Kinder eine der wichtigsten bildhaften Darstellungen der Natur. Wie wir gesehen haben, sind Bäume hochgradig spirituelle Symbole, die die Erde mit dem Himmel verbinden und Unterschlupf, Schatten und Inspiration vermitteln.

Berge

Das Wundern und Staunen der Kindheit durch die Natur verschwindet nicht im Erwachsenenalter. Rückblickend auf seine tiefen Kindheitserfahrungen fragt Knausgaard: »Was war damals die große Anziehung gewesen? Und was war mit ihr geschehen?« (Knausgaard 2012, S. 274). Das ist eine wichtige Frage, die Erwachsene sich stellen sollten. Eine Entfremdung von der Natur und Gefühle des emotionalen Verlustes sind nicht unausweichlich, wie der Autor, Wanderer und Dichter Robert Macfarlane so elegant in sein Buchen beschreibt. Eine seiner Hauptthemen sind die inneren, psychischen und äußeren Landschaften und wie diese inneren Bilder durch die größere äußere Natur beeinflusst wird. Zudem schildert er, wie wir die Natur durch historische Traditionen und subjektive Wahrnehmungen gefärbt betrachten.

Sein Großvater, ein aktiver Bergsteiger, hatte ihn als Kind besonders für die Natur inspiriert. In seinem typischen Schreibstil beschreibt Macfarlane die Faszination des Hochgebirges: »Sicht ist alles, was du in großen Höhen zur Verfügung hast. Es ist viel zu kalt, um irgendetwas zu fühlen, deine Geschmacksknospen sind gedämpft und es gibt kein Geräusch außer deiner eigenen Atmung.« (Macfarlane 2008, S. 138) Hohe Berge ermutigen einen, noch höher zu steigen: »Der Drang, den Raum zu entdecken, d. h. noch höher zu steigen, ist dem menschlichen Geist eigen …« (Macfarlane 2008, S. 141). Er fährt fort:

> »Nicht nur die Freude der großen Höhen vermittelt ein Gefühl von Erfolg. Es gibt weiterhin auch die Freude der Sinneserfahrung der Höhe: Ein Glücksgefühl, das nicht auf Konkurrenz beruht, sondern Kontemplation. Die Höhe verändert selbst die bekanntesten Szenen in etwas Fremdes und Seltsames. Wenn man von einem Turm auf die Stadt schaut, in der man sein ganzes Leben gelebt hat, sieht man sie von neuem« (Macfarlane 2008, S. 143).

Berge haben eine tiefe spirituelle Auswirkung, die sich in unser tägliches Leben hinein erstreckt:

> »Berge gestalten unser Verständnis von uns selbst, unsere inneren Landschaften, neu. Die Abgeschiedenheit der Bergwelt – ihre Schroffheit und Schönheit – kann uns eine wertvolle Sichtweise auf die bekanntesten und vertrautesten Aspekte unseres Lebens vermitteln. Sie kann uns subtil reorientieren und die Ausgangspunkte unserer Orientierungen neu adjustieren« (MacFarlane 2008, S. 275).

Auch Macfarlane verwendet das Wort wundern, eine der Domänen der kindlichen Spiritualität, um seine Gefühle des Staunens auszudrücken: »Letztendlich und am wichtigsten beflügeln Berge unser Gefühl des Wunderns« (Macfarlane 2008, S. 275). Man kann dieses Wundern nicht nur in der eindrucksvollen Natur des Himalaja und der Alpen antreffen, sondern direkt im Hinterhof des eigenen Hauses, auf einem alten Pfad, in einem friedvollen Tal oder in einem dunklen Hohlweg (MacFarlane 2007, 2008, 2012). Auf einem noch kleineren Maßstab kann das Wundern durch einen Tautropfen an einem Grashalm, durch feuchtes grünes Moos im Wald, durch ein braunes Herbstblatt oder eine Schneeflocke auf unserer Hand evoziert werden. Diese Beschreibungen der Natur sind für Kinder und Jugendliche vertraut und werden von ihnen besonders wertgeschätzt. Zudem sind sie zu jeder Zeit verfügbar, auch für jeden Erwachsenen, wie so eindrücklich von Macfarlane beschrieben.

Introversion

Die Spiritualität ist für introvertierte Kinder vertrauter und bekannter, da sie mehr im Einklang mit ihrem inneren Leben stehen. Es ist einfacher für sie, Zugang zu diesen Erfahrungsbereichen zu finden – im Gegensatz zu extravertierten Kindern, für die das äußere Leben viel wichtiger und ansprechender erscheint. Ein Beispiel für ein introvertiertes Kind war der Musiker Graham Nash, der seine Gefühle als Kind sehr eindrücklich in seiner Autobiografie beschrieb:

> »Selbst als sehr junges Kind war ich schon immer ein wenig ein Einzelgänger. Menschen sind hervorragend, sie faszinieren mich uneingeschränkt, aber manchmal ist das ganze Gerede schwer zu ertragen. Ich habe schon immer Ausschau nach Orten gehalten, an denen ich die Welt ausschließen konnte und mich nur an der Einsamkeit erfreuen konnte, die meine Träume anregte« (Nash 2013, S. 17).

Diane Perry, die später eine tibetische Nonne wurde, war ebenfalls ein außergewöhnlich introvertiertes Kind. Wie Thich Nhat Hanh fühlte sie schon als junges Kind eine intensive Berufung zu einem spirituellen Leben. Sie war als Kind tatsächlich sehr introvertiert und gleichzeitig glücklich, wie man in ihrer Biografie erkennen kann:

> »Sie war ein introspektives und zurückgezogenes Kind. Sie hatte Freunde, aber wollte sie nicht nach Hause mitbringen. ›Ich war nicht daran interessiert. Ich wusste, dass es etwas anderes gibt, was ich mit meinen Leben tun musste…Ich mochte es wirklich gerne für mich zu sein. Ich war sehr zufrieden, nur zu sitzen und zu lesen. Ich kann mich wiederholt dann erinnern, dass meine Lehrer mir Bücher ausgeliehen haben, etwas, was sie mit anderen Kindern nicht taten« (Mackenzie 1999, S. 10).

Dieses stille und wissbegierige Kind kannte von Anfang an die Grundwahrheiten des Buddha, ohne dass sie speziell unterrichtet wurde. Diese Erkenntnis teilt sie mit vielen anderen Kindern, wie wir im nächsten Teil des Buches sehen werden. Sie ließ sich von ihrer Suche nach den Mysterien des Lebens nicht abschrecken. Sie musste ihrem Weg der Individuation mit allen Einschränkungen und Nöten folgen.

Schweigen und Stille

Schweigen und Stille sind entscheidende Ressourcen für Spiritualität. Viele Kinder fühlen sich magisch von Stille angezogen. In vielen Psychotherapiestunden mit Kindern sind Worte nicht die Mittel für Veränderung, sondern die Beziehung und die Erfahrung im kreativen Spiel. In der Sandspieltherapie, eine Psychotherapieform, die von C. G. Jung und Buddhismus beeinflusst ist, schätzen Kinder die Gelegenheit, mit einem aufmerksamen Erwachsenen in Kontakt zu sein, ohne andauernd ausgefragt zu werden. Sie dürfen einfach so sein, wie sie sind und dürfen ihr Unbewusstes sich ausdrücken lassen (von Gontard 2013b).

Viele dieser Stunden vergehen in Stille mit einem Minimum an Worten. Ein Beispiel einer Sandspieltherapie wurde schon dargestellt – die Geburtsszene und die Darstellung des göttlichen Kindes in Kapitel 4 (▶ Kap. 4).

Stille ist auch ein Hauptthema in der Literatur. In seinem autobiografischen Roman mit dem Titel »der Stift und das Papier« erinnert sich der Schriftsteller Hans-Josef Ortheil an seine frühe Kindheit. Er litt unter einer schweren Form des selektiven Mutismus, bei der er zwar mit seinen Eltern reden konnte, aber nicht mit anderen Menschen. Sein Mutismus und sein Schweigen waren rätselhaft und geheimnisvoll:

> »Jedes Kind, das nicht spricht, tut dies aus anderen, von den Sprechenden meist nicht herauszubekommenden Gründen, jedes dieser Kinder bewahrt also ein großes Geheimnis, dessen Hintergründe es selbst meist nicht kennt und versteht« (Ortheil 2015, S. 13).

In einer sehr einfühlsamen Art und Weise versuchte sein Vater ihm Worte beizubringen. Sobald dieser Unterricht vorbei war, machten sich Ruhe, Stille und Schweigen wieder breit:

> »Allmählich wird es in mir ganz still, und ich scheine alles gerade Gelernte und Geschriebene sofort zu vergessen. Die Welt besteht nicht mehr aus Worten und Sprache, sie besteht nur noch aus Luft, Erde, Himmel und den niemals sprechenden Pflanzen und Tieren. In dieser Welt benötigt man keine Worte, man begreift sie auch so, und man ist ihren Lebewesen und dem Lebendigen in ihr vielleicht sogar näher als den Dingen und Lebewesen, die von der Sprache umkreist und eingefangen werden« (Ortheil 2015, S. 40).

Die ehemalige Frau von Karl Ove Knausgaard, Linda Boström Knausgaard, hat auch einen beeindruckenden, kleinen Roman über ein Mädchen mit einem selektiven Mutismus geschrieben. Ellen, das Mädchen, beschreibt darin ihr Schweigen:

> »Das Schweigen war so einfach. Mama sagt, ich würde mich verweigern. Ich wolle das Leben um mich herum schwingen lassen und nicht mittendrin stehen und mich überschütten lassen wie alle anderen« (Knausgaard 2017, S. 14).

Das Schweigen und die Stille sind für das junge Mädchen in dem Roman nicht bedrohlich, vor allem nachts und wenn sie alleine war:

> »Die Stille hatte immer als eine Möglichkeit dagelegen. Ein schwarzer Boden, den man betreten konnte« (Knausgaard 2017, S. 35).

Und sie fuhr fort:

> »Die Nacht war wie ein Freund. In der Nacht war die Stille nichts Besonderes. Die Einsamkeit war unverstellt. Anders als am Tag, wo mein Schweigen gleichsam eine Reaktion auf Mama oder meinen Bruder war. Ich war eins mit der Nacht, und wir sprachen dieselbe Sprache. Atmeten dasselbe Schweigen« (Knausgaard 2017, S. 60).

Es ist interessant, wie das Schweigen und die Erfahrung der Nacht miteinander in Verbindung stehen. Viele Kinder haben Angst vor der Dunkelheit, aber manche suchen den Kontakt mit der Natur in der Nacht. Das Schweigen ermöglicht eine intensive Wahrnehmung der Veränderungen des Lichts und der Nacht, wenn man ganz alleine ist, wie bei Michael, einem 13-jährigen Jungen, der zum ersten Mal alleine in der Natur übernachtete:

Michael hatte sich genau vorbereitet und herausgefunden, dass man zwar nicht im Wald zelten durfte, aber durchaus übernachten. Er besorgte sich Isomatte, Schlafsack, eine Plane (falls es regnen sollte) und zum Glück ein Mückennetz. Er suchte sich eine Stelle aus, baute sein Nachtlager auf und beobachtete in Stille intensiv das Wunder, wie sich der Tag zur Nacht wandelte, ganz nah an den sinnlichen Eindrücken und Geräuschen des Waldes. Er hatte keine Angst. Als jedoch die Mücken kamen, wurde er 17-mal gestochen. Er verkroch sich in seinen Schlafsack und unter das Mückennetz und konnte die Insekten hören, aber wurde nicht mehr gestochen. Er schlief fest im Schoß von Mutter Natur, hatte aber morgens Hunger und war früh zum Frühstück wieder zu Hause.

Dies war für ihn so etwas wie ein numinoses Initiationserlebnis in der Übergangsphase von Kindheit zu Jugend. Es hat ihn so beeindruckt, dass Michael jetzt große Wanderungen plant. Die Natur hat seinen Individuationsprozess durch die Intensität des unmittelbaren Erlebens von Stille und Nacht angestoßen. Auch Macfarlane (2007, 2008) beschreibt immer wieder den intensiven Eindruck der Natur, wenn man tatsächlich ohne Zelt in der freien Wildnis übernachtet.

Auch andere Kinder, zum Beispiel solche mit einer Autismus-Spektrum-Störung, lieben ebenfalls die innere Erfüllung, die die Stille wegen ihrer Hypersensibilität gegenüber Sinnesreizen ermöglicht (siehe Bogdashina 2013). Aber auch für Kinder wie Michael, ohne so schwere Störungen wie selektiver Mutismus oder Autismus-Spektrum-Störungen, kann die Stille ein Segen und eine wichtige Ressource für ihre Spiritualität sein.

Negative Spiritualität

Spiritualität kann unendlich positiv übergreifend und freudig sein. Wie Karl Ove Knausgaard es beschrieb, konnte der Alltag seiner Kindheit überglücklich sein – bei allen Gelegenheiten wie auf dem Schulweg, an der Bushaltestelle oder beim Spielen mit Mädchen: »Jeder Tag war ein Fest, weil alles, was geschah, vor Spannung zitterte und sich nichts vorhersehen ließ« (Knausgaard 2015a, S. 338).

Ein wichtiges Zeichen dieser positiven Spiritualität ist die Verbindung mit anderen in einer bejahenden, anerkennenden Art und Weise. Der Drang zur Freude und Verbindung mit anderen taucht ohne Wollen und Verlangen auf.

Trotz dieser inspirierenden Erfahrungen gibt es eine andere, vernachlässigte Seite der Spiritualität. De Souza (2012) kritisierte die Überbetonung der positiven Aspekte der Spiritualität. Dieses führt zu einer einseitigen Betrachtung und Idealisierung der Spiritualität und wird mit Begriffen wie Verbundenheit, Freude, Wundern, Mitgefühl, Freiheit, selbst Transzendenz und tiefen Naturempfindungen gefasst.

Die dunkleren und Schattenseiten der Spiritualität werden vernachlässigt, da es einfacher und angenehmer erscheint, sich auf die positiven Seiten zu fokussieren. Indem die Schattenseite unterdrückt wird, werden Gefühle der Trennung, Unzufriedenheit, Desillusionierung, Fragmentation, Angst, Furcht, Schuld, aber auch Langweile und Apathie beiseitegeschoben und sogleich überdeckt. Wie C. G. Jung es immer wieder betonte, muss der Schatten integriert werden, um eine Ganzheit der Persönlichkeit zu erreichen. Wenn der Schatten nicht anerkannt wird, bleibt er unbewusst weiterhin aktiv und zeigt sich in repetitiven Verhaltensweisen und Projektionen auf andere.

Was versteht man unter negativer Spiritualität? Sichtbare Verhaltensmuster der negativen Spiritualität umfassen Probleme im Sozialverhalten, Delinquenz, Aggression, Gewalt, Mobbing, Substanzabusus, Risikoverhalten, Vorurteile, Materialismus und verletzendes Verhalten.

> Linus interessierte sich für Waffen, obwohl er nie in Kämpfe verstrickt war. Einmal kaufte er sich einen Schlagstock, den er »zufällig« in seinem Schulranzen vergessen hatte. Als seine Lehrer den Schlagstock in seinem Ranzen entdeckten, gab es viel Ärger. Er wunderte sich über ihre Reaktionen.
>
> Er identifizierte sich mit amerikanischem »Gangsta Rap«, obwohl er nicht in einem Getto oder einem sozialen Brennpunkt aufwächst, sondern seine Eltern materiell sehr gut situiert sind. Er redete über Drogen und Alkohol, obwohl er selbst nie Alkohol trank und noch nie Cannabis geraucht hatte. Durch sein Reden provozierte er seine Eltern, die sofort reagierten und Sorgen hatten, dass er drogenabhängig und obdachlos auf der Straße landen würde.

Unter dieser sichtbaren negativen Persona, um wieder diesen Jung'schen Begriff zu verwenden, kann sich eine tiefe und ehrliche Sehnsucht nach Spiritualität verbergen. Die Spiritualität ist weiterhin vorhanden, aber hat sich in eine schädigende und verletzende Richtung verirrt:

> »Ohne spirituelle Ressourcen suchen Jugendliche nach transzendenter Erfahrung, wo immer sie sie finden können: Gefährliches und riskantes Verhalten, einschließlich rücksichtslosem Autofahren, unverbindlicher und ungeschützter Sexualität sowie Substanzabusus« (Miller 2015, S. 226).

Vor allem kann der Substanzabusus, der in eine Sucht mit langfristigen, schädlichen Folgen münden kann, oft als Ausdruck der spirituellen Suche von Jugendlichen verstanden werden:

> »Der Substanzmissbrauch im Jugendalter drückt ein sehr spezifisches spirituelles Bedürfnis aus, nämlich nach Transzendenz ... Derzeitige Studien unterstützen diese Sicht des Substanzabusus als ein fehlgeleitetes Streben nach Transzendenz ... Substanzabusus ist ein spirituelles Ringen und die Lösung entsteht durch spirituelle Entwicklung und Wachstum« (Miller 2015, S. 227).

Drogen können durchaus einen Zwischenschritt zu tiefer spiritueller Erfahrung darstellen, wenn die Folgen von Missbrauch und Sucht nicht eintreten. Stephen Batchelor erinnert sich an die Auswirkung von Drogen, die allerdings durch seine Anziehung zur Natur ausbalanciert wurde. Er studierte später sowohl tibetischen wie auch Zen-Buddhismus:

»Während sich die 1960er Jahre entwickelten, wurde ich magnetisch angezogen von der Gegenkultur, die sich über die langweilige bürgerliche Mittelklasse Britanniens lustig machte und sie ablehnte. Zum ersten Mal hörte ich vertraute Stimmen, die ihre Frustrationen und Hoffnungen in sehnsüchtigen Liedern ausdrückten, die nach Liebe und Freiheit riefen sowie in schlecht gedruckten Manifesten, die zur Revolution aufriefen. Und dann waren da noch die Drogen. Durch Cannabis und LSD erfuhr ich intensivere und umwerfendere Erfahrungen als jemals zuvor. Statt der langweiligen Informationen aus Lehrbüchern schienen Drogen einen direkten Zugang zu dem schimmernden, auflösenden Spiel des Lebens selbst zu bieten. Als ein naturverbundener (im Gegensatz zu einem kosmischen) Hippie lief ich über Stunden durch den Wald von Whippendell, high auf LSD, und schaute mir die Spinnweben und das zarte Flechtwerk von Blättern an, staunte, wie Käfer über Grashalme kletterten und lag auf den Wiesen und schaute die herumwirbelnden und gemusterten Wolken an« (Batchelor 2010, S. 10–11).

Neben dem Substanzabusus sind Jugendliche in ihrer spirituellen Suche besonders angezogen von Subkulturen und Gruppen von Gleichaltrigen, die durch Musik, Reisen, Abenteuer, Mode, Rituale, elektronische Medien und soziale Netzwerke Zusammenhalt bieten – oft bereichernd und positiv, zum Teil schädigend und negativ.

Musik

Viele Jugendliche haben leider keine Erwachsenenrollenmodelle für Spiritualität: »Unsere Kultur hat die Jugend in dieser Hinsicht im Stich gelassen – und wir müssen einen besseren Job machen« (Miller 2015, S. 200–229). Aus diesem Grund kann die Musik ein wichtiges spirituelles Ventil werden, wiederum ausgedrückt von Karl Ove Knausgaard:

»Wenn ich meine Erinnerungen auf den Anhänger meines Lebens stapeln würde, dann wäre die Musik die Schnur, die sie verband und an ihrem Platz hielt. Aber das war nicht das Wichtigste. Das Wichtigste war die Musik selbst, die Musik an sich« (Knausgaard 2015b, S. 74).

Er beschreibt weiter, wie er die Musik immer lauter hörte, wild tanzte und sich wünschte, dass das Leben niemals endet.

Zum Glück haben nicht alle jungen Menschen den Drang nach Alkohol und Drogen. Schon alleine die Musik hat einen ekstatischen Effekt, wie der Musiker Bruce Springsteen plastisch beschreibt:

»Obwohl ich mich, wenn auch nur umständehalber, als Bohemien sah, nahm ich, wie bereits erwähnt, nie Drogen und trank auch keinen Alkohol … Mit ein bisschen Mühe gelang es mir, mich im Zaum zu halten, und ich dachte nicht daran, mir unberechenbare Wirkstoffe einzuverleiben. Ich muss die Kontrolle über mich behalten, brauchte die immer neu und schwer abzustellenden Grenzen. Ich hatte Angst davor, was ich anderenfalls tun oder was mir widerfahren könnte … Ich brauchte keine Aufputschmittel, um irgendetwas loszuwerden oder etwas zu finden. Die Musik machte mich so high, wie ich werden wollte« (Springsteen 2016, S. 160).

Reisen und Abenteuer

Jugend ist die Zeit der Entdeckung, eine Zeit, sich von den Alltagsabläufen loszulösen und Risiken einzugehen. Eine besondere Art der Entdeckung ist das Reisen. Wie so viele seiner Generationen begab sich Stephen Batchelor, der spätere buddhistische Lehrer und Autor, auf den sogenannten »Hippie-Trail« nach Indien, was damals das Ziel von romantischen Projektionen östlicher Spiritualität darstellte:

>»Wie andere auf dem Hippie-Trail nach Indien, fühlte ich mich eher wie ein sogenannter Traveller und nicht als einfacher Tourist, jemand auf einer unbestimmten Suche und nicht auf einer Reise mit einem vorgegebenen Anfang und Ende. Wenn ich gefragt worden wäre, was ich denn suchte, hätte ich Zweifel, dass meine Antwort sehr schlüssig gewesen wäre. Ich hatte kein Ziel, weder geographisch noch spirituell. Ich befand mich einfach ›auf der Straße‹ in diesem anarchischen und ekstatischen Sinne, die von Jack Kerouac, Allen Ginsberg und anderen damals verehrten Rollenmodellen zelebriert wurde … Ich genoss nichts mehr, als einfach auf dem Weg zu einem neuen Ort zu sein … Mein Verlangen nach Weiterreisen war wie eine Sucht« (Batchelor 2010, S. 8–9).

Reisen eröffneten für Stephen Batchelor die Grundlagen seiner späteren Berufung als Meditationslehrer. Sie hatten durchaus positive Auswirkungen für ihn, so wie für viele jungen Menschen. Wie schon erwähnt, ist die negative Spiritualität dagegen durch die gleiche spirituelle Suche nach tiefer und intensiver Erkenntnis gekennzeichnet, aber die Richtung dieser Suche ist fehlgeleitet und endet in negativen und ungünstigen Folgen für einen selber und für andere. Dies wird in diesem Abschnitt durch vier Beispiele der Literatur und der Behandlung verdeutlicht.

Ambivalente negative Spiritualität

In seinem vierten Buch beschreibt Knausgaard sich selbst als ein rebellischer Jugendlicher:

>»Ich hasste alle Autoritäten und war ein Gegner dieser ganzen verdammten stromlinienförmigen Gesellschaft, in der ich aufgewachsen war, mit ihren bürgerlichen Werten und ihrer materialistischen Sicht auf die Menschen. Ich verachtete, was ich auf dem Gymnasium lernte, sogar wenn es sich um Literatur handelte; alles, was ich wissen wollte, alle wirklich notwendigen, einzig wesentlichen Dinge fand ich in den Büchern, die ich las, und in der Musik, die ich hörte. Ich machte mir nichts aus Geld oder Statussymbolen, ich wusste, dass der Wert des Lebens woanders lag« (Knausgaard 2015b, S. 8).

Seine jugendliche Ambivalenz zwischen seinem Wissen, was korrekt und nicht richtig ist, und die Anziehungskraft der Sinne wird in dem nächsten Abschnitt deutlich:

>»Allerdings verachtete ich nicht die Mädchen, die sich als Christinnen verstanden. Nein, aus irgendeinem merkwürdigen Grund zogen sie mich besonders an. Wie sollte ich das Hilde erklären? Und obwohl ich wie sie immer versuchte, nicht nur das Oberflächliche zu sehen, sondern ob es eine darunterliegende, unausgesprochene Einsicht in das Wahre oder Eigentliche gab, und obwohl Hilde immer nur das Sinnvolle zu finden suchte, auch wenn es nur in der Erkenntnis des Sinnlosen bestand, wollte ich in dieser glitzernden und verlockend schönen Oberflächlichkeit leben und den Becher der Sinnlosigkeit

leeren – kurz gesagt zogen mich all die Diskotheken und Lokale der Stadt an, in denen ich nichts anderes wollte, als mich sinnlos zu betrinken und auf die Jagd nach Mädchen zu gehen, die ich vögeln oder zumindest küssen konnte. Wie sollte ich das Hilde erklären?

Ich konnte es nicht, und ich tat es auch nicht. Stattdessen eröffnete ich eine neue Unterabteilung in meinem Leben. ›Saufen und Hoffnung auf Hurerei‹ hieß sie und lag direkt neben der Abteilung für ›Einsicht und Innerlichkeit‹, getrennt nur durch eine kleine, gartenzaunartige Persönlichkeitsänderung« (Knausgaard 2015b, S. 29).

Noch deutlichere Aspekte seiner negativen Spiritualität, gekoppelt mit Widersprüchen und Ambivalenzen werden in dem nächsten Abschnitt literarisch gefasst:

»Ich wollte stehlen, trinken, Hasch rauchen und mit anderen Drogen experimentieren, Kokain, Amphetamin, Meskalin, völlig austicken und das große Rock-'n'-Roll-Leben führen, alles andere war mir im Grunde vollkommen egal. Oh, was für eine Kraft steckte in diesem Gedanken! Aber dann gab es noch diese andere Seite in mir, die gerne ein tüchtiger Schüler sein wollte, ein guter Sohn, ein anständiger Mensch. Wenn ich sie doch in Stücke sprengen könnte« (Knausgaard 2015b, S. 403).

Die Ambivalenzen der negativen Spiritualität werden in diesen Zitaten deutlich. Deshalb ist es für Erwachsene wichtig, hinter diese Fassaden des provozierenden und destruktiven Verhaltens zu schauen (ohne sie dabei gutzuheißen) und das wirkliche Anliegen der Jugendlichen als Suchende zu erkennen.

Rückzug als negative Spiritualität

Wie wir gesehen haben beinhaltet die Individuation, d. h. die Suche nach der ureigenen Berufung im Leben, zwei Bewegungen: zunächst eine Trennung und Rückzug aus den sozialen Erwartungen von Familie und Gesellschaft, um anschließend fähig zu einer Wiedervereinigung und erneuten Verbindung zu sein. Ein Aspekt der negativen Spiritualität wird deutlich, wenn der Rückzug zu radikal und kompromisslos ausfällt, wie in dem Fall von Christopher McCandless.

»Into the wild« wurde zu einem internationalen Bestseller und einem beeindruckenden Film. In einer detaillierten Dokumentation erzählt Jon Krakauer die Geschichte der letzten Lebensmonate von Christopher McCandless. Der Bericht seines tragischen Todes als junger Erwachsener berührt einen tief, da es die archetypische Erzählung von Entsagung, Abschied und Individuation wiedergibt. Christopher verließ seine Familie mit allen Traditionen, reiste durch die Vereinigten Staaten und fand schließlich seinen Weg zu einem abgelegenen Teil von Alaska mit dem Ziel, von der Natur zu leben. Als er zurückkehren wollte, war der Weg nicht mehr passierbar. Er war abgeschnitten, da sich die gefrorenen Flüsse des Winters in tosende Wasserströme verwandelt hatten. Da er keine Landkarte bei sich hatte, hatte er keine anderen Rückkehrmöglichkeiten. Er versuchte zu überleben und fand Unterschlupf in einem alten, verlassenen Schulbus, wo er schließlich sein junges Leben so tragisch beendete.

Der ursprüngliche Überschwang, in und von der Natur leben zu können, wird mit jugendlicher Freude in seinem Tagebuch ausgedrückt, das nach seinem Tod aufgefunden wurde. Auch drückt er die Bedeutung der Achtsamkeit in dieser berührenden Passage aus, die als Anleitung zur Achtsamkeit verstanden werden kann:

> »Ich bin neugeboren. Dies ist mein Sonnenaufgang. Wahres Leben hat begonnen. Achtsames Leben: bewusste Aufmerksamkeit für die Grundaspekte des Lebens und konstante Aufmerksamkeit auf deine unmittelbare Umgebung und ihre Aufgaben, zum Beispiel eine Arbeit, ein Auftrag, ein Buch; etwas, das ausreichende Konzentration erfordert (die Sachlage ist von keinem Wert. Es kommt darauf an wie man auf eine Situation zugeht). Alle wahre Bedeutung befindet sich in der persönlichen Beziehung zu einem Phänomen, in dem, was es für dich meint« (Krakauer 1997, S. 168).

Diese Anfangsfreude änderte sich mit seinen schwierigen, lebensbedrohlichen Lebensumständen mit Hungern und Einsamkeit. Zum Schluss erkennt er, dass das Miteinander mit anderen Menschen, d. h. die interpersonelle Spiritualität, am wichtigsten ist. Als Kommentar zu einem Abschnitt in dem letzten Buch, das er las, nämlich *Doktor Schiwago*, schrieb er:

> »Freude ist nur echt, wenn sie geteilt wird. Und so zeigte sich, dass nur ein ähnliches Leben mit denen um uns herum ... wahres Leben ist und dass ungeteilte Freude keine Freude darstellt« (Krakauer 1997, S. 189).

Jon Krakauer interpretiert diesen Abschnitt vorsichtig und behutsam:

> »Man ist versucht diese letzte Einsicht als ein weiterer Beweis zu sehen, dass das lange, einsame Sabbatjahr von McCandless ihn entscheidend verändert hat. Es kann so interpretiert werden, dass er möglicherweise bereit war, etwas von seiner Rüstung um sein Herz abzulegen, dass er beabsichtigte nach seiner Rückkehr zur Zivilisation das Leben als einsamer Vagabund aufzugeben, nicht mehr so sehr von Intimität wegzulaufen und ein Mitglied der menschlichen Gemeinschaft zu werden. Aber wir werden es niemals wissen, da Doctor Schiwago das letzte Buch war, dass Chris McCandless jemals lesen würde« (Krakauer 1997, S. 189).

In ihrem Rückblick erzählt Christophers Schwester Carine von ihrer gemeinsamen Kindheit in ihren Memoiren mit dem Titel »The wild truth: the secrets that drove Christoph McCandless into the wild«. Sehr einfühlsam zeigt sie ein großes Verständnis für die Suche ihres Bruders. Sie schreibt: »Ich glaube, dass Chris in die Wildnis ging auf der Suche nach dem, was in seiner Kindheit fehlte: Friede, Reinheit und Ehrlichkeit. Und er verstand, dass es keinen besseren Ort für ihn gab, dieses zu finden, als in der Natur« (McCandless 2014, S. 261). Auf einer Fotografie von Christopher McCandless fanden sich seine letzten Worte des Abschieds: »Ich habe ein glückliches Leben gehabt und danke Gott. Auf Wiedersehen und möge Gott alle segnen« (McCandless 2014, S. 260).

Wie Millionen anderer Leser, war ich tief berührt von dieser archetypischen Tragödie, da ich schon als Jugendlicher immer wieder die Natur in einem direkten, unmittelbaren Kontakt suchte. Ich war als Jugendlicher und junger Erwachsener wochenlang durch die Alpen, Schottland, den Himalaja, Kanada und die Appalachen gewandert auf der Suche nach einer direkten Verbindung mit der Natur. Ich habe in kleinen Zelten übernachtet, die sternenklaren, kalten Nächte bewundert und wurde durch die Sonne geweckt, die über die Bergrücken morgens Wärme spendete. Manchmal war ich alleine, aber meistens in Begleitung von einem Freund oder einer Partnerin. Das Teilen der Natur und der Liebe war ein unvergleichbares Ereignis. Wenn ich mehrere Tage alleine gewesen war, freute ich mich immer wieder auf den erneuten Kontakt mit anderen Menschen.

Wenn ich den Bericht von Jon Krakauer las, hatte ich immer das Gefühl: Stopp, dies ist zu extrem, dies ist nicht der Sinn des Lebens, dies wird keinen guten Ausgang nehmen. Im Prinzip war der Weg von Christopher McCandless eine Sackgasse, da die wahre Individuation zwei Richtungen beinhaltet: zunächst die der Abkehr und Entsagung, anschließend die der Wiedervereinigung. Dies wurde auch von Buddha in seiner spirituellen Suche vorgelebt: zuerst der Verzicht auf Reichtum und Überfluss, die Entsagung und das Asketentum, dann die Erkenntnis des mittleren Weges und das Lehren und Wirken für andere Menschen.

Nur in Verbindung mit anderen Menschen kann ein Leben erfüllt sein. Mystische Erlebnisse in der Natur sind an und für sich wertlos. Nur wenn sie in Liebe und interpersonelle Spiritualität einmünden, gewinnen sie Sinn und Tiefe. Diese Erkenntnis ist für viele Kinder und Jugendliche in ihrer spontanen, natürlichen Spiritualität selbstverständlich. Liebe und Mitgefühl sind die wichtigsten Aspekte der Spiritualität, wie auch viele der Weltreligionen es erkannt haben. Es scheint, dass Christopher McCandless diese wichtige Wahrheit ganz zum Schluss erkannt hat, aber nicht die Gelegenheit hatte, sie in seinem Leben reifen zu lassen.

Negative Spiritualität und Delinquenz

Eine der beeindruckendsten autobiografischen Berichte der negativen Spiritualität stammt von Noah Levine, einem buddhistischen Meditationslehrer, der als Jugendlicher die extremsten Formen von Drogenmissbrauch, Delinquenz und Aggression durchlebt hatte. Allerdings war er in der Subkultur der Punks integriert, die ihm eine zweite Familie gab. Sein Protest war eine Abkehr von den oberflächlichen Werten der 1980er Jahre in den Vereinigten Staaten:

> »So wie ich und viele andere die Straßen aufsuchten, angetrieben durch die Musik der Revolution, Wut, Angst, Furcht, Verzweiflung, Hass und eine völlige Unzufriedenheit mit dem Status quo. Wir färbten unser Haare und rasierten unsere Köpfe, wir zogen eine neue Uniform an, um uns abzusetzen von den geistlosen Massen der Erwachsenen und den kopftoten Herden von Jugendlichen, die sich an den Lügen beteiligten und sich dabei in die große amerikanische Täuschung einkauften, indem sie Sport machten, zur Schule gingen und die furchtbare Popmusik der 1980er hörten, die keine bedeutungsvolle Botschaften vermittelten und die nur ein anderes Symptom der Krankheit von Apathie und Materialismus waren, die unsere Gesellschaft plagten« (Levine 2003, S. x).

Der entscheidende Wendepunkt in Noahs Leben kam in der tiefsten Krise, als er im Alter von 17 Jahren ins Gefängnis gesperrt wurde. In seiner Verzweiflung telefonierte er mit seinem Vater, der ihm riet, bewusst den Atem wahrzunehmen und so über den gegenwärtigen Augenblick zu meditieren (d. h. ihm die Konzentrationsmeditation vermittelte). Dies war eine große Ressource für Noah auf dem Tiefpunkt seines Lebens. Als ein Zeichen der spirituellen Kapitulation, in der transzendenten Erkenntnis von etwas Größerem, beendete er die Einnahme von Drogen, Lügen und Stehlen. Wichtig war es, dass er die Verantwortung für seine bisherigen Taten kompromisslos übernahm: »Indem ich anderen vergab und indem ich die Verantwortung für allen Schaden und Leid übernahm, die ich verursacht hatte, würde ich fähig sein, mich tiefer für die spirituelle Erfahrung zu öffnen« (Levine 2003, S. 97).

Auch erkannte er, dass der Verzicht auf Drogen, intensive Meditation, Reisen und eine freiwillige, vorübergehende sexuelle Enthaltsamkeit intensive und wahre Freude bedeutete:

> »Das Einzige was ich wusste war, dass ich nach Glück und Frieden suchte und dass die spirituelle Praxis der einzige Ort war, wo ich es jemals gefunden hatte. Ich hatte danach in Drogen und Gewalt gesucht und es niemals gefunden. Ich hatte alle materiellen Dinge, die ich wollte, aber fühlte mich leer« (Levine 2003, S. 124).

Die wichtige, inspirierende Botschaft aus Noahs Leben ist es, die zugrundeliegende Spiritualität bei jungen Menschen zu erkennen und zu stärken, unabhängig davon, wie schwierig ihr direktes, offensichtliches Verhalten sein kann. Noah Levine unterrichtet und dient weiterhin anderen Menschen in seinem Leben. Auf dem Hintergrund der erlebten Schwierigkeiten und Krisen wirkte er tief authentisch:

> »Nachdem ich die Nutzlosigkeit von Drogen und Gewalt erkannte, haben ich und andere positive Wege gefunden, unsere Rebellion gegen die Lügen der Gesellschaft zu kanalisieren. Weiterhin angetrieben durch die Wut über Ungerechtigkeit und Leiden, verwenden wir jetzt die Energie, um unsere eigene natürliche Weisheit und Mitgefühl zu erwecken anstatt für Selbstzerstörung« (Levine 2003, S. xi).

Negative Spiritualität in der Psychotherapie

Dies ist ein weiteres Beispiel für negative Spiritualität. Jakob ist ein 15 Jahre alter Jugendlicher, der wegen ausgeprägten Auffälligkeiten im Sozialverhalten vorgestellt wurde, einschließlich Schuleschwänzen, körperlicher Aggression, Schulversagen und Substanzabusus von Nikotin, Alkohol und Cannabis. Eine ADHS wurde diagnostiziert. Jakob wurde mit Stimulanzien behandelt, die für ihn eine große Hilfe bedeuteten. Seine Intelligenz lag im oberen Durchschnittsbereich, was bedeutete, dass sein Schulversagen nicht aufgrund einer kognitiven Einschränkung bedingt war. Er besuchte die Psychotherapiesitzungen über mehrere Jahre hinweg regelmäßig und pünktlich:

> Jakob war ein sehr offener Jugendlicher, der seine Lebenssituation sehr klar wahrnehmen und beschreiben konnte. Er verspürte ein großes Verlangen nach Nervenkitzel und Sinnesreizen. Er fühlte sich lebendig, vor allem in extremen, zum Teil gefährlichen Situationen. Er ließ sich immer wieder in Kämpfe verwickeln, ließ sich durch andere Jugendliche provozieren, anstatt diese zu vermeiden und ihnen auszuweichen.
>
> Manche seiner Exzesse wurden allerdings genau vorgeplant. Seine Vorstellung eines perfekten Urlaubes war es, über 3–4 Tage hintereinander extrem zu feiern und zu trinken. Er reiste mit seinen Freunden nach Mallorca und wählte bewusst ein Hotel aus, bei dem alles inklusive war. Es war für ihn wichtig,

dass zwischen ihren Alkoholexzessen ausreichend gute Nahrung zur Verfügung stand. Bewusst wählte er ein Hotel mehrere Blocks vom Meer entfernt, da er Angst hatte, dass er oder seine Freunde im betrunkenen Zustand im Meer ertrinken könnten. Auch bestand er darauf, dass das Schwimmbecken weit genug vom Hotelgebäude entfernt war, sodass sie nicht in Versuchung kommen würden, vom Balkon aus in den Pool zu springen, etwas was er schon vorher mehrfach gemacht hatte.

Während seiner Therapie erkannte Jakob, dass der einzige Weg aus seinem Dilemma nur die Disziplin sein könnte. Er engagierte sich sportlich, erst in einem Fitnessstudio, dann bei extremen Kampfsportarten, wo er Freunde und eine neue Familie fand. Er hörte komplett auf zu rauchen. Er erkannte, dass er seinen Alkoholkonsum nicht mehr unter Kontrolle hatte und dass er immer weiter trinken würde, sobald er anfing. Er vermied es, seine delinquenten Freunde zu treffen und so in Schwierigkeiten zu geraten. Er fand eine wundervolle Freundin, die ganz anders war als er. Sie war gut erzogen, still und schulisch erfolgreich.

Er erkannte, dass er sich durch sein Verhalten selber schaden würde wie auch anderen. Einmal sagte er: »Mein Leben ist so, als ob ich auf Dynamit sitze. Es ist so schwierig, diszipliniert zu sein und alles unter Kontrolle zu behalten.« Seine Noten verbesserten sich, er wollte die Schule beenden und plante zu studieren.

Jakob ist ein typisches Beispiel für negative Spiritualität. Tief in seinem Inneren, war er ein sensibler, idealistischer junger Mann mit einer intensiven Sehnsucht nach spirituellen Erlebnissen. Auf seinem Weg verlief er sich in negativem und aggressivem Verhalten, das viel Leid für ihn und andere auslöste. Er war in einem Teufelskreis gefangen, seine eigene Negativität führte immer wieder zu negativen Reaktionen der Umwelt, die seine Grundeinstellung verfestigte. Zum Glück hatte er den Mut und die Kraft, diesen Teufelskreis mithilfe seiner Disziplin, seinem Sport und seiner Freundin zu durchbrechen.

Im Alter von 20 Jahren suchte Jakob erneut Kontakt. Er hatte sich in einen reifen und einfühlsamen jungen Mann entwickelt, der studierte und sich für Musik und Kunst interessierte. Er hatte aufgehört, Cannabis zu konsumieren, da ihn dies vom Studieren abhielt. Da er immer noch Schwierigkeiten hatte, sich über längere Zeit zu konzentrieren, bat er um eine erneute Behandlung seiner noch vorhandenen ADHS mit Stimulanzien. Er sagte, er würde die Medikamente nur nehmen, wenn er sie bräuchte, zum Beispiel bei Klausuren und Examen.

Jakob ist ein gutes Beispiel für die Überwindung jugendlicher negativer Spiritualität und für das erneute Auftauchen seiner grundlegenden, positiven spirituellen Suche nach tiefen Krisen und Konflikten. Er verdeutlicht ferner, wie wichtig es, immer an den spirituellen Kern hinter der Fassade der Persona und dem Verhalten Jugendlicher zu glauben und ihm zu vertrauen.

Teil III Die Lehren des Buddha und kindliche Spiritualität

8 Hindernisse der Spiritualität

Wie wir gesehen haben, tragen alle Kinder eine natürliche, spontane Spiritualität mit sich, die von Geburt an vorhanden ist. Diese Spiritualität ist angeboren, biologisch determiniert und ändert sich in ihrer Ausprägung mit Entwicklung und Alter. Sie ist wie ein innerer spiritueller Kompass, der nicht an eine Glaubenszugehörigkeit gebunden ist. Die Spiritualität ist immer vorhanden und kann jederzeit ausgelöst und erlebt werden. Der Zugang zu dieser Spiritualität ist zu jedem Zeitpunkt da, vor allem in Zeiten der Krise, in der Natur und in Beziehungen.

Die Grundannahme in diesem dritten Teil dieses Buches ist es, dass Kinder und Jugendliche durch ihre spontane und natürliche Spiritualität von sich aus die Grundwahrheiten der Lehren des Buddha erkennen und wissen – auch ohne Ausbildung, Unterricht, Anweisung oder formelle Meditation. Junge Menschen sind wirklich »Kinder des Buddha«.

Der Rahmen dieses Kapitels, d. h. die spontane spirituelle Erkenntnis der Lehren des Buddha, wird durch das grundlegende Buch von dem Meditationslehrer Christopher Titmuss geliefert mit dem englischen Titel »Light on Enlightenment« (1998), wörtlich »Licht auf die Erleuchtung« werfen. Der deutsche Titel lautet »Erleuchtung ist anders als du denkst« (2012).

Viele andere Quellen werden ebenfalls herangeführt, wie zum Beispiel Stephen Batchelor, der sich intensiv für den »säkularen Buddhismus« engagiert, d. h. für die Essenz der Lehren des Buddha ohne den Ballast von religiösen Dogmen, Riten und Ritualen: »Alle Formen des Buddhismus, die ich befürworte, werden Ausdruck eines skeptischen, diesseitigen, lebensorientierten Zugangs zu den Lehren des Buddhas (Dharma) sein« (Batchelor 2015b, S. 328).

Man muss gar nichts glauben oder akzeptieren, sondern nur der Aufforderung des Buddha folgen, kritisch zu hinterfragen. Diese bodenständige, pragmatische und nicht konfessionsgebundene Sicht der natürlichen Spiritualität ist einerseits nicht auf religiöse Traditionen angewiesen, andererseits völlig kompatibel mit ihnen. Um wieder Stephen Batchelor zu zitieren: »Ein Praktizierender der Lehren des Buddha (Dharma) strebt danach, eine Kultur der Erkenntnis zu pflegen, die ihre Inspiration in buddhistischen und nicht buddhistischen, religiösen und säkularen Quellen gleichermaßen findet« (Batchelor 2015b, S. 5340).

Kinder offenbaren ein weites Spektrum von tiefen Einsichten in geschützten, vertrauenswürdigen Beziehungen, wenn ihre Spiritualität respektiert und wertgeschätzt wird. Dies kann in jeder Beziehung geschehen, nicht nur in der Psychotherapie. Die Anerkennung inspirierender, aber auch beunruhigender Erlebnisse kann wertvoll und heilend zugleich sein.

Um die Erlebnisse von Kindern zu verdeutlichen, habe ich viele Beispiele ihrer Berichte während der Psychotherapie in diesem Buch aufgenommen. Ich habe versucht, ihre Aussagen Wort für Wort direkt nach den Stunden aufzuschreiben, um subjektive Verzerrungen der Erinnerung zu vermeiden. Die Zitate sind deshalb wörtliche Wiedergaben. Außer einem Mädchen, die in der thailändischen buddhistischen Tradition erzogen wurde (Prahong), gehörten alle anderen nicht buddhistischen Religionen an.

Die Wahrheiten und Einsichten des Buddha haben nicht nur meine eigene therapeutische Praxis beeinflusst, sondern haben meine Wahrnehmung verfeinert, das Wunder der spontanen Spiritualität von Kindern und Jugendlichen zu sehen und anzuerkennen. Zu keinem Zeitpunkt erhielten die jungen Patienten Meditationsanweisungen wie in achtsamkeitsbasierten Psychotherapien. Germer et al. haben umrissen, wie die buddhistische Psychologie, insbesondere die Achtsamkeit, in die Psychotherapie integriert werden kann (Germer et al. 2005, S. 18). Drei Hauptkombinationen sind möglich: Erstens, die Praxis der Spiritualität oder Achtsamkeit durch den Therapeuten kann eine stärkere, achtsamere Präsenz in der Psychotherapie kultivieren, was dadurch einen indirekten Effekt auf den Patienten hat. Zweitens kann Psychotherapie achtsamkeitsorientiert sein, indem Einsichten der buddhistischen Psychologie integriert werden. Zuletzt kann die Psychotherapie achtsamkeitsbasiert sein, indem sie den Patienten Aspekte und Fertigkeiten der buddhistischen Psychologie direkt vermittelt.

Natürlich entsprechen die vielen Beispiele dieses Buches nur den ersten zwei der oben genannten Prinzipien. Das Ziel war es immer, tiefe Einsichten auftauchen zu lassen, so wie sie von Kindern spontan erfahren und verstanden werden, ohne sie in Worten als buddhistische Erkenntnisse zu bezeichnen. Es waren wichtige Aspekte der Psychotherapie, mit Kindern und Jugendlichen den Wert ihrer Erkenntnisse zu teilen und sie in einen weiteren Zusammenhang und einer größeren Perspektive zu stellen.

Der Buddha teilte seine Lehren in Gruppen mit ähnlicher Thematik ein, um die mündliche Wiedergabe über viele Jahrhunderte zu erleichtern. In diesem Buch werden nur wenige dieser Gruppen seiner Lehren dargestellt – und nur diejenigen, die Kinder und Jugendliche besonders betreffen. Manche der Domänen überlappen sich und können in einer anderen Gruppe wiederholt werden. In diesem Fall wurden sie trotz möglicher Wiederholungen immer in ihrem historischen Kontext belassen.

Bevor wir in die Hauptlehren der Spiritualität des Buddha eintauchen, ist es wichtig, mögliche Hindernisse und Barrieren zu erkennen, die diesen Erkenntnissen im Weg stehen können. Diese Hindernisse sind besonders wichtig für Kinder und Jugendliche. Sie umfassen die sogenannten acht weltlichen Bedingungen mit ihren vier Gegensatzpaaren und andererseits die fünf Hindernisse, die der Buddha jeweils beschrieben hat.

Acht weltliche Bedingungen

Die acht weltlichen Bedingungen sind sehr wichtig für Kinder und Jugendliche, da sie täglich mit äußeren Erwartungen konfrontiert sind, die mit ihren eigenen inneren Bedürfnissen nicht übereinstimmen. Zudem sind die weltlichen Bedingungen wirkliche Hindernisse, um spirituelle Erkenntnisse reifen zu lassen. Diese acht weltlichen Bedingungen sind:

1. Gewinn und Verlust
2. Erfolg und Versagen
3. Lob und Tadel
4. Lust und Leid

Die Unterscheidung von irrelevanten, unnötigen und sinnlosen Bestrebungen von den wirklich wichtigen Prioritäten des Lebens ist in jedem Lebensalter schwierig, wie C. G. Jung es ausdrückte, als er von dem Unendlichen, d. h. dem Spirituellen sprach:

> »Die entscheidende Frage für den Menschen ist: Bist du auf Unendliches bezogen oder nicht? Das ist das Kriterium seines Lebens. Nur wenn ich weiß, dass das Grenzenlose das Wesentliche ist, verlege ich mein Interesse nicht auf Futilitäten und auf Dinge, die nicht von entscheidender Bedeutung sind« (Jung 1984, S. 327).

Was meint der Buddha mit den acht weltlichen Bedingungen? Er formulierte Gegensatzpaare von Einstellungen oder Prioritäten, die sich zu widersprechen scheinen, aber eigentlich sehr eng miteinander verbunden sind: Gewinn und Verlust, Erfolg und Versagen, Lob und Tadel, Lust und Leid sind zwei Seiten der Medaille. Die Paare sind eng verbunden mit den Prinzipien der Anhaftung (das, was man will) und Ablehnung (das, was man nicht will). Der erste Teil der Gegensatzpaare ist erwünscht und begehrt (Gewinn, Erfolg, Lob und Lust), der zweite wird abgelehnt, vermieden und verabscheut (Verlust, Versagen, Tadel und Leid). Durch diese innere Dynamik des Habenwollens und des Ablehnens ist Leiden unvermeidbar.

Wie man sehen kann, entsprechen die ersten Eigenschaften der Gegensatzpaare typischen Zielen unserer derzeitigen, extravertierten und säkularen Gesellschaften. Die Erwartungen an Kinder und Jugendliche umfassen Erfolg, materiellen Reichtum, Anpassung an lobenswerte Normen und die Orientierung an Spaß und Freude. Wie Hyde (2008) es pointiert zusammenfasste, sind die Haupthemmnisse der Spiritualität in unseren Gesellschaften das Streben nach materiellen Gütern und die sogenannte »Trivialisierung«. Die Orientierung an Besitz und materiellem Reichtum mit der Vernachlässigung von tiefen und vertrauenswürdigen Beziehungen wird aktiv in unseren säkularen Gesellschaften gefördert. Überkonsum von elektronischen Medien (Smartphones, Videospielen und sozialen Netzwerken) sind ein zunehmender Risikofaktor für suchthaftes Verhalten, selbst bei jungen Kindern. Diese Medien haben auch Auswirkungen auf das tägliche Wohlbefinden, wie zum Beispiel die Schlafqualität. Schweizer et al. (2017) konnten z B. zeigen, dass das Ausmaß des Smartphone-Gebrauchs mit dem Grad der Schlafdeprivation zusammenhängt. Auch Yust (2014) stellte eine Übersicht über die möglichen positiven und negativen Effekte der digitalen Kultur auf die Entwicklung der eigenen Identität und damit auf die Spiritualität zusammen.

Der Leistungsdruck der Schule und die hohen elterlichen Erwartungen sind objektivere Risikofaktoren für Stress, während die subjektive Einschätzung dieses Stresses sich von einem Kind zum anderen unterscheidet und genauso wichtig ist für das Wohlbefinden.

In den letzten Jahrzehnten wurde die Kindheit in westlichen Industrienationen zunehmender reguliert und organisiert. Zusätzlich zur Schule nehmen außerschulische Aktivitäten viel Zeit ein – Zeit, die früher für Spiel, Entdeckung, Fantasie und Tagträumen zur Verfügung stand. Vielen Kindern fehlen nicht organisierte, offene Zeit und Raum zum Spielen und für magische, mystische und spirituelle Erkenntnisse.

Gewinn und Verlust

Dieses ist das erste Paar der vier Gegensätze oder Polaritäten: der Versuch, Gewinn zu erreichen und Verluste zu vermeiden. Die Dynamik der Anziehung des einen und der Ablehnung des anderen kann zwanghaft werden. Sie wirken zudem wie eine Ablenkung von den wirklichen Prioritäten des Lebens, zum Beispiel von tiefer Freude. Die Ausrichtung auf materiellen Profit kann das dominierende Lebensziel werden, wie Thomas es schmerzlich erfahren hat:

Thomas wurde erstmals im Alter von 13 Jahren mit einer bipolaren Störung vorgestellt. Er war verzweifelt und hatte negative, pessimistische Gedanken. In dem langen Verlauf seiner Erkrankung durchlief er sowohl manische Episoden mit gesteigerter Stimmung und unrealistischen Einschätzungen seiner Fähigkeiten. Häufiger jedoch fiel er in eine tiefe depressive Grube der Dunkelheit, Verzweiflung und Hoffnungslosigkeit. Unter Medikation und Therapie war es ihm möglich, sich zu stabilisieren und seine schulischen Aufgaben zu erledigen. Während die Stimmungsschwankungen weniger heftig wurden, blieben sie nach wie vor vorhanden.

Während seiner Erkrankung interessierte sich Thomas zunächst für Modellhubschrauber, die er mit viel Geschick zusammenbaute, reparierte und flog. Die Hubschrauber wurden zu einem Indikator für seine Stimmungsschwankungen. Einmal sagte er seiner Mutter: »Wenn ich nicht mehr meine Hubschrauber fliegen kann, weißt du, dass es mir wirklich schlecht geht.«

Im Laufe der Zeit änderten sich seine Interessen bezüglich der Hubschrauber. Zunächst waren sie eine idealistische Herausforderung, mit der Zeit wurden sie zu einer materiellen Besessenheit. Er kaufte mehr und mehr Hubschrauber und sie wurden zunehmend teurer. Manche waren exklusive, einzigartige Modelle, die mehrere 1000 € kosteten. Er verlor das Gefühl dafür, was materiell für sein Alter angemessen war oder nicht. Er hatte immer das Gefühl, dass ihm nur das Beste zustand.

Als er 18 Jahre alt wurde, zeigte er die gleiche Einstellung gegenüber Autos. Nach seinem ersten einfachen Auto, das er bei einem Unfall zerstörte, nahm der Preis, die Geschwindigkeit und Stärke seines nächsten Autos deutlich zu wie auch sein waghalsiges Fahren. In klaren Momenten der Einsicht konnte er zugeben, dass er nur ein Auto hatte, um andere zu beeindrucken, vor allem Mädchen. Außer dass er ein teures und schnelles Auto hatte, war er ein kompletter Versager.

Als seine Eltern endlich ablehnten, ihm ein noch teureres Auto zu kaufen, fiel sein Selbstwertgefühl so tief, dass er alle seine geliebten Hubschrauber sofort verkaufen wollte. Er verlangte sofort einen besonders teuren Sportwagen und bedrohte seine Eltern körperlich.

Thomas war in einer Falle gefangen, indem er nach materiellen Gütern gierte, um sein niedriges Selbstwertgefühl zu stabilisieren. Zur gleichen Zeit erkannte er, dass der oberflächliche materielle Verlust ihn entwerten würde. Das Ziel der Psychotherapie war es, alternative Lösungen für diesen Teufelskreis zu finden. Als er schließlich eine Freundin fand, wählte er ein Mädchen aus, die schnelles Fahren und teure Autos hasste – sie war einfach nur an ihm als Person interessiert.

Einen Ausweg aus diesem Gegensatzpaar zeigte Daniela auf. Statt zu gewinnen, verzichtete sie weise zugunsten des Mitgefühls für eine ihrer Konkurrentinnen. Es gibt viele Lösungen aus diesen konträren, hemmenden Einstellungen von Gewinn und Verlust, wie sie eindrücklich erlebte:

Daniela, ein zehnjähriges Mädchen nahm zum ersten Mal an einem Langlaufwettbewerb mehrerer Schulen teil. Ungefähr 120 Kinder waren am Start. Von jeder Schule nahmen die jeweils fünf schnellsten Mädchen teil. Es war ein kalter, nasser Tag. Eines der Mädchen fiel hin. Daniela und ihre Freundinnen unterbrachen ihr Rennen und halfen ihr aufzustehen. Zum Glück war das andere Mädchen nicht verletzt. Daniela konnte das Rennen nicht mehr gewinnen wurde die 33. Mitgefühl für das andere Mädchen war für sie wichtiger als zu siegen.

Erfolg und Versagen

Die Suche nach Erfolg kann Stress und Druck auslösen, eben wegen der Angst, genau das nicht zu erreichen, wonach man strebt. Kinder und Jugendliche fühlen sich zum Teil unter enormem Druck, erfolgreich zu sein und andere zu übertreffen. Manchmal lösen Eltern direkt den Druck auf ihre Kinder aus, in der Schule erfolgreich zu sein. Oft sind die hohen Leistungsideale inzwischen internalisiert und die Kinder und Jugendlichen selbst versuchen, diese Ideale zu erreichen, auch ohne elterlichen Einfluss. Dies war der Fall bei Olivia:

Olivia war ein zehnjähriges Mädchen, die perfekte Noten im Zeugnis haben wollte, am liebsten einen Schnitt von 1,0. Sie wurde wegen Schlafproblemen, wiederholten depressiven Episoden und generalisierten Ängsten behandelt. Zusätzlich entwickelte sie Bauchschmerzen und Übelkeit, vor allem am Sonntagabend, bevor ihre Schulwoche begann.

Ihre Mutter sagte, dass sie eine Perfektionistin bezüglich der Schulnoten sei. Sie wollte wirklich ein Zeugnis nur mit Einsen, selbst eine einzige Zwei würde sie so sehr irritieren, dass sie noch mehr arbeiten würde, um auch hier eine Eins zu erhalten. Sie wollte 150 % perfekt sein und blockierte sich selber durch ihre Rigidität. Andererseits erzählte mir Olivia, dass sie die Regeln im Sportunterricht nicht mochte – im Sport wollte sie frei sein von allem Druck, sie wollte nur sie selbst sein.

Olivia hatte zumindest das Gefühl dafür, dass es eine Freiheit jenseits des schulischen Erfolgs gibt. Die Idee, dass sie eine Zwei im Zeugnis haben könnte, war eine Katastrophe für sie, der Ausdruck von Versagen. In der Psychotherapie war sie langsam fähig, ihre Zwanghaftigkeit zu lockern. Sie entwickelte durch ihren Humor eine Leichtigkeit, der eine große Ressource für sie darstellte.

Susanne ist eine 16-jährige Jugendliche, die wegen aggressiver Auseinandersetzungen mit ihren Eltern vorgestellt wurde. Susanne besuchte ein Elite-Internat, das intensives, professionelles Training für zukünftige Leistungssportler anbot. Sie fühlte sich unter konstantem Druck, nicht nur schulisch zu brillieren, sondern auch sportlich. Die Konkurrenz war so ausgeprägt, dass sie bestimmte sportliche Leistungen erbringen musste, um überhaupt weiter auf dem Internat bleiben zu können. Beide Eltern waren selber sportlich sehr aktiv gewesen und wollten, dass ihre Tochter eine Sportkarriere einschlagen würde. Unter diesem intensiven Druck von zu Hause aus und in der Schule fingen Susannes Eltern an, ihr Essverhalten, ihr Gewicht und ihre Hausaufgaben zu kontrollieren, wenn sie am Wochenende zu Hause war. Susanne protestierte einerseits gegen die konstante elterliche Überwachung, andererseits wollte sie die Erwartungen ihrer Eltern erfüllen.

In der Einzelpsychotherapie und in Familiensitzungen war sie oft traurig und weinte. Andererseits konnte sie auch ihre Wut und Frustration ausdrücken. Im Verlauf der Psychotherapie gelang es ihr, ihre eigenen Ziele zu formulieren: Da sie wirklich weiterhin auf dem Internat bleiben wollte, trainierte sie sehr intensiv und erfüllte die erforderlichen sportlichen Bedingungen. Nachdem sie dieses geschafft hatte, konnte sie realistisch für sich einschätzen, dass sie zwar eine gute Athletin war, aber nicht hervorragend genug für eine professionelle Karriere. Sie konzentrierte sich auf ihre schulischen Aufgaben und überlegte, anschließend Wirtschaft zu studieren. Auch nahm sie sich genügend Zeit für ihre Freunde, für Partys und für Reisen. Eine Fußverletzung schließlich half ihr, ihre Pläne realistisch einzuordnen und sich endgültig von dem Druck und der Erwartung der Eltern zu distanzieren.

Susanne erreichte ein erwachsenes und realistisches Verständnis von den negativen Effekten eines exzessiven Erfolgsstrebens. Sie fand ihren mittleren Weg, indem sie unrealistische Ziele aufgab, ihre Ausbildung verfolgte und sich trotzdem

Zeit für Freunde und Spaß nahm. Sie war entspannt und glücklich. Dies ist ein Beispiel von Erfolg und Versagen, von dem Druck und dem Leid, das aufkommt, wenn ein Ziel zu intensiv verfolgt wird. Dies zeigt, dass unweigerlich Leid folgen wird, wenn das Anhaften an weltliche Ziele überhandnimmt.

Lob und Tadel

Lob hat zwei Seiten: Auf der einen Seite möchten Kinder gelobt werden und ihren Eltern gefallen – und viele Kinder erhalten kein Lob oder kein adäquates. Sie wollen anerkannt werden und von anderen positive Rückmeldungen erhalten. Positive Verstärkung kann das Selbstgefühl steigern, aber nur, wenn das Lob spezifisch, realistisch und einfühlsam erfolgt. Auf der anderen Seite kann falsches Lob zu oberflächlicher Angepasstheit und die Entwicklung einer falschen Persona im Sinne von C. G. Jung beitragen.

> Amelie, eine 17-jährige Jugendliche, mag es nicht, wenn andere Menschen unecht sind und etwas behaupten, was sie nicht sind. Eine Freundin von ihr ist besonders schön, hat eine ganz tolle Figur. Trotzdem sagt sie immer wieder, sie sei so hässlich. Sie möchte gerne das Gegenteil hören und bestätigt bekommen, dass das nicht stimmt. Das findet sie blöd, da ihre Freundin am Wochenende als Model arbeitet. Es wäre ja wohl nicht möglich, wenn sie wirklich hässlich wäre.

Amelie drückt gut aus, was sie an ihrer Freundin unecht und falsch findet, nämlich sie sei hässlich trotz ihrer Model-Figur. Ihre Freundin befindet sich in der Abhängigkeit dieses Gegensatzpaares von Lob und Tadel und übersieht dabei vermutlich wesentlich wichtigere Dinge in ihrem Leben.

Die Persona repräsentiert die Aspekte der Psyche, die ein Individuum seiner Umwelt zeigen möchte. Wie wir gesehen haben, ist die Persona an sich nicht das Problem, da sie soziale Interaktionen erleichtern kann. Die Hauptproblematik taucht auf, wenn das Ich sich mit der Persona identifiziert und glaubt, dass er oder sie tatsächlich als Person diese Rolle ist. In diesem Fall wird das Gegenteil, nämlich die unbewusste Kraft des Schattens, vergrößert und verstärkt.

> Linus war wegen einer emotionalen Störung in Behandlung. Er eckte ununterbrochen bei seinen Lehrern in der Schule an und war zu einem richtigen Sündenbock geworden. Seine Versetzung war gefährdet. Er suchte negative Aufmerksamkeit durch provokatives Verhalten, auf das die Lehrer jedes Mal einstiegen. Wenn er entsprechende Reaktionen erhielt, war er zum Teil gekränkt. So fand er sehr ungerecht, dass er bei einer Klassenfahrt nicht mitfahren durfte und bei einer anderen Gelegenheit zwei Tage lang von der Schule verwiesen wurde. Andererseits freute er sich sehr, wenn er doch mal für ein Referat oder eine gute Arbeit gelobt wurde. Dies war trotz seiner gegenteiligen Behauptungen für ihn sehr wichtig.

Linus war in diesem Gegensatzpaar gefangen, er provozierte Tadel, wünschte sich aber nichts mehr als Lob und Bestätigung. Der entscheidende Schritt liegt darin, beides hinter sich zu lassen.

In vielen Psychotherapien tragen freundliche, angepasste und höfliche Kinder oft innerhalb der ersten Stunden ihre unterdrückten aggressiven Impulse aus, die einfach integriert werden müssen, um eine authentische Persönlichkeit zu erreichen. In anderen Worten, je mehr Kinder versuchen, gute kleine Jungen oder Mädchen zu sein, ihren Eltern zu gefallen und gelobt zu werden, umso höher ist die Wahrscheinlichkeit, dass die gegenteiligen Impulse von Aggression unterdrückt werden – was wiederum zum Anwachsen des Schattens, den Begriffen von C. G. Jung führt.

Die andere Seite der Medaille, nach Lob zu streben, ist die Angst vor Tadel durch andere. Für manche Kinder kann es sehr schwierig sein, selbst geringe, realistische Kritik auszuhalten. Als Reaktion können sie anderen wie auch sich selbst Vorwürfe machen. Zum Beispiel können Selbstvorwürfe bei depressiven Störungen so ausgeprägt sein, dass sie Selbstverletzung und Suizidgedanken auslösen.

> Olivia war inzwischen 13 Jahre alt, ihre Ängste hatten sich zurückgebildet. Sie war vielseitig interessiert und verfügte über ein umfangreiches Wissen. Sie war sehr leistungsorientiert und ehrgeizig, war allerdings von Lob und Rückmeldung sehr abhängig.
>
> Einmal schrieb sie eine lange, sehr poetische Ballade. Sie erhielt dafür ein persönliches Schreiben ihrer Schuldirektorin, die sie sehr erfreute. Das Lob war für sie sehr wichtig und tatsächlich eine außergewöhnliche Bestätigung.
>
> Sie versuchte danach, die Ballade einer Zeitung zur Veröffentlichung anzubieten, wurde aber schroff und nicht sehr höflich zurückgewiesen. Inzwischen war Olivia in ihrem Selbstwertgefühl so gestärkt, dass sie diese Zurückweisung und Kritik gut wegstecken konnte. Zu einem früheren Zeitpunkt wäre es sehr schwierig für sie gewesen, diesen Tadel zu ertragen.

Lust und Leid

Das letzte der dichotomen Paare ist Lust und Leid. Die Suche nach Lust und das Vermeiden von unangenehmen Empfindungen ist sehr häufig bei Kindern und Jugendlichen. Falls deutlich ausgeprägt, kann sich eine launische selbstperpetuierende Dynamik entwickeln, bei der hinter materiellen Gütern, Nervenkitzel und anderen Form der Stimulation hergelaufen wird.

Die Vor- und Nachteile von Sinneslust, das Streben nach Vergnügen und Genuss wird in dem nächsten Abschnitt besprochen, als Teil der Hindernisse zur Spiritualität. Wie wir sehen werden, ist das Verlangen nach Sinnesreizen ein wichtiges Hindernis für wahre Freude und tiefe spirituelle Erfahrungen.

Zusammengefasst ist jeder Mensch von Anfang an den acht weltlichen Bedingungen ausgesetzt. Sie können einfach nicht vermieden werden. Die Frage ist deshalb, wie mit diesen acht weltlichen Bedingungen weise und umsichtig umgegangen wird. Die Lösung ist nicht immer einfach, kann aber nicht gefunden werden, solange man in der Dynamik gefangen ist.

Dies ist Thema einer der Lehrreden des Buddha, dargelegt in der Lokavipatti Sutra, in der durchschnittliche und weise Personen verglichen werden (Thanissaro 1997). Wie der Buddha erläuterte, begrüßt eine durchschnittliche Person Gewinn (Erfolg, Lob und Lust) und rebelliert gegen Verlust (Versagen, Tadel und Leid). Wenn diese Person aber das Begrüßen und Rebellieren aufgibt, wird sie von Leid und Stress befreit.

Wie wir gesehen haben, können manche Kinder tatsächlich sehr weise sein und das Dilemma der weltlichen Bedingungen gut erkennen. Und manche gehen mit diesen unvermeidbaren Gegensatzpaaren der acht weltlichen Bedingungen sehr viel weiser um als Erwachsene.

Fünf Hindernisse zur Spiritualität

In einem vorherigen Abschnitt wurden die Situationen und Bedingungen besprochen, die besonders günstig sind für spirituelle Erfahrung, wie Natur, Stille, Alleinsein, Absorption im Spiel und Introversion. Die Kapazität für Spiritualität ist immer vorhanden, aber in bestimmten Situationen ist die Wahrscheinlichkeit für tiefere Erfahrungen höher als in anderen.

Die Hindernisse sind in dieser Hinsicht Gegenteile dieser optimalen Bedingungen für Spiritualität. Hindernis bedeutet Hürde, Barriere oder sogar Fessel, der Name, den Buddha für seinen einzigen Sohn Rahula wählte. Hindernisse sind Sperren, die wahre Spiritualität hemmen oder aufhalten. Da auch Hindernisse relative, vorübergehende Phänomene sind, können sie verändert werden, wenn sie als solche erkannt werden. Auch können Hindernisse abgeschwächt werden, indem die gegenseitigen Einstellungen und Handlungen kultiviert werden. Hindernisse sind wirkliche Schwierigkeiten auf dem Weg zur tiefen Erkenntnis.

Hindernisse können negative Konsequenzen haben, Freude und Zufriedenheit reduzieren. Leider werden sie oft nicht als Hindernis erkannt, vor allem von Kindern und Jugendlichen. Dies ist ein Gebiet, bei dem kritische Reflexion mit anderen ohne Tadel oder Zurechtweisung sehr hilfreich und heilsam sein kann.

Die fünf Hindernisse, die der Buddha beschrieben hatte sind:

1. Sinnliches Begehren
2. Ärger
3. Langeweile und Trägheit
4. Unruhe und Sorgen
5. Zweifel

Sinnliches Begehren – Streben nach Vergnügen

Verlangen bedeutet, sich nach etwas zu sehnen und dieses haben zu wollen. Synonyme umfassen Begierde, Drang, Wollen, Wünschen, Begehren und Sehnsucht. Verlangen ist auch assoziiert mit Druck, Zwang, Ungeduld, Habgier und Besitzergreifung. Alle diese Eigenschaften haben eine primär negative Konnotation. Sinnliches Begehren speziell hat zwei Aspekte: Einer davon ist die unmittelbare Lust auf angenehme visuelle Eindrücke, Geräusche, Gerüche, Geschmack und Berührungen, d. h. direktes sinnliches Begehren. Der zweite Aspekt ist weiter gefasst und schließt die Begierde nach Reichtum, Macht, Position und Ruhm ein (Bodhi 1994, S. 60).

In unseren westlichen säkularen Gesellschaften wird der spontane und unmittelbare Drang nach sinnlichem Vergnügen aktiv unterstützt. Kinder und Jugendliche sind Zielgruppen für Werbung, Güter zu kaufen und zu konsumieren. Der weitverbreitete Gebrauch von Smartphones und anderen elektronischen Medien hat diesen Trend weiter verstärkt, indem eine Sucht oder zumindest exzessiver Gebrauch der elektronischen Medien durch die Stimulation der Sinnesreize induziert wird. Dies kann einen Druck aufbauen, das Angenehme im Leben zu suchen und das Unerwünschte zu vermeiden. Im Prinzip birgt die Suche nach Vergnügen und dem Angenehmen die Gefahr, in der zweiten edlen Wahrheit (▶ Kap. 10) gefangen zu sein, d. h. Leiden durch Verlangen zu schaffen und zu verlängern. Das Grundproblem des sinnlichen Begehrens liegt darin, dass die Befriedigung durch Sinnesreize nicht lange anhält. Im Gegenteil, wenn das Verlangte erreicht wird, bleibt oft ein Gefühl von Leere und Sinnlosigkeit zurück, das das nächste Verlangen wieder anfeuert.

Sinnliche Genüsse an sich zu genießen ist wirklich nicht das Grundproblem. Es ist die Intensität des Anhaftens an das Haben – oder nicht Habenwollen – von etwas, was man will. Dies ist das Thema des Buches »Open to desire« des amerikanischen Psychoanalytikers Mark Epstein. In dem Buch betont er: »Es ist nicht möglich, das Verlangen loszuwerden, indem man so tut, als wäre es nicht da« (Epstein 2005, S. 50). Wenn das Verlangen verleugnet wird, verschwindet es nicht einfach, sondern wirkt weiter fort als unbewusster Schatten, um die Terminologie von C. G. Jung zu verwenden. Dieses Argument von Epstein ist gut vorgebracht: Jeder Aspekt der Psyche, der für das Bewusstsein nicht akzeptabel ist, wird sich nicht einfach in Luft auflösen. Er wird weiterleben im Unbewussten, indem zum Beispiel ein Komplex geformt wird. Unbewusst wird er das Verhalten beeinflussen und auf andere projiziert werden.

Wie wir später sehen werden (▶ Kap. 11), ist das erste Glied des achtfachen Pfades das rechte Verständnis. Dies bedeutet nicht, dass Wünsche unterdrückt werden müssen, aber dass es wichtig ist, das Streben, Wollen und Drängen nach Erfüllung und damit die Sinnlosigkeit dieses Unterfangens zu erkennen. Eine der berühmtesten Zeilen der Rolling Stones greift diese Einsicht auf. In ihrem Lied »You can't always get what you want«, das 1969 veröffentlicht wurde, wiederholen sie immer wieder, dass man nicht immer alles bekommt, was man sich wünscht, aber, wenn man es kritisch überlegt, kann das, was man hat, vollständig ausreichend sein. In einer ähnlichen Richtung verkündeten sie in dem früheren und berühmteren Lied »Satisfaction« aus dem Jahr 1965, dass eine umfassende Befriedigung von Unzufriedenheit nicht möglich ist, obwohl man intensiv versucht, sie zu erreichen. Die Rolling Stones drücken damit die Einsichten des Buddha aus, dass innerer Frieden nicht zu erreichen ist, wenn nur den Launen des Verlangens gefolgt wird.

Erfüllung kann nur in Liebe und tiefen Erkenntnissen gefunden werden, aber nicht im Verlangen. Aus dem Grund muss die zweite Hypothese von Mark Epstein infrage gestellt werden, »es gibt ein Verlangen für Transzendenz, das implizit selbst in dem stärksten Verlangen vorhanden ist« (Epstein 2005, S. 7). Dem Weg des Verlangens blind zu folgen wird nicht zu einer Transzendenz führen, sondern in eine emotionale Sackgasse, da immer mehr Verlangen folgen wird, aber nicht Liebe und Mitgefühl.

Im Gegensatz dazu kann romantische Liebe und selbst sexuelle Vereinigung einen Pfad des Erwachens darstellen:

> »Die Gegenwart des Eros in einer Begegnung fordert jeden Aspekt des Wesens heraus. Es ist eine der stärksten aller menschlichen Erfahrungen. Verliebt zu sein kann unseren Appetit beeinflussen. Unser Herz schlägt schneller, Schmetterlinge fliegen herum im Magen und die Worte können schwerer geäußert werden. Die Intensität der Erfahrung des Eros überwältigt die Gefühle einer Person, die dann merkt, dass sie Schwierigkeiten hat, nachts zu schlafen, und dass sie nicht aufhören kann, an die andere Person zu denken« (Titmuss 2005c, S. 27).

Diese Themen sind für Jugendliche von höchstem Interesse. Trotz aller anderen Interessen sind Leidenschaft, romantische Liebe, Treue und Verbindlichkeit die wichtigsten Themen für junge Menschen, die in ihren Liedern und Gedichten, aber auch im Internet reflektiert werden. Für Jugendliche sind diese Gefühle besonders intensiv, da sie zum ersten Mal erlebt werden, mit dem Geist und dem Körper des Anfängers und des Ungeübten.

Karl Ove Knausgaard schreibt über seine erste sexuelle Erfahrung mit einem Mädchen als 14-jähriger Jugendlicher mit intensivem Ausdruck. Im Hintergrund spielte Musik, er war überwältigt von dem Anblick der Brüste des Mädchens, die er küsste und berührte. Er spürte den Drang nach Weiterem und versuchte, ihren Hosenknopf zu öffnen. Unglücklicherweise endete dieses erste Abenteuer mit einem Mädchen mit einem vorzeitigen Samenerguss und wurde dadurch frühzeitig beendet (Knausgaard 2012, S. 79).

Romantische Liebe und Sexualität kann ein spirituelles Erwachen auslösen, wie Christopher Titmuss es beschreibt:

> »Die Erfahrung der romantischen Liebe lässt sich auf eine spirituelle Bewegung des Bewusstseins ein, voll von unglaublichen Möglichkeiten über das innere Leben zu erfahren, was wir wissen und nicht wissen über uns selbst und gleichermaßen, was wir wissen und nicht wissen über eine andere Person. Zwei Menschen, völlig verliebt ineinander, verweilen in einem Zustand von Gott und Göttin in einem heiligen Bereich, nicht Teil dieser Welt. Vermutlich mehr als jeder andere Ausdruck von Liebe kann die romantische Liebe einen schnell in die Gegenwart von Göttern befördern. Es gibt viele Möglichkeiten über die subtilen Wahrheiten des Herzens zu reflektieren, meditieren und entdecken. Vereinigung offenbart eine subtile Einheit« (Titmuss 2015 c, S. 33).

Sich verlieben ist ein außergewöhnlicher Gefühlszustand von Jugendlichen, wie Knausgaard es sehr poetisch beschrieb:

»Ich hatte das Gefühl, in eine Zone aus etwas Hellem und Glänzendem einzutreten, gegen die alles außerhalb verblasste und seine Bedeutung verlor … (Ich war) mit Körper und Seele stets präsent, aber gleichzeitig auch nicht, denn in meinem Inneren gab es plötzlich einen neuen Himmel, unter dessen Gewölbe mir selbst die vertrautesten Gedanken und Tätigkeiten neu erschienen« (Knausgaard 2015a, S. 226).

Diese Gefühle von Liebe und Leidenschaft sind wahrhaft spirituell und nicht nur eine Jagd nach Sinnesreizen.

Ärger

Das zweite der Hindernisse ist Ärger oder Feindseligkeit. Ärger ist eine intensive Emotion, ein starkes Gefühl von Unzufriedenheit und Widerstreit. Es kann verbunden sein mit Hass, Wut, Feindseligkeit, Abneigung, Groll, Gereiztheit, Jähzorn, Abscheu gegenüber anderen wie auch auf sich selbst gerichtet. Wut macht einen blind für eigene Handlungen und ihre Konsequenzen.

Titmuss hat fünf typische Situationen identifiziert, in denen Ärger und Wut auftreten können: erstens, wenn wir das nicht bekommen, was wir wollen, beginnend von trivialen Dingen bis zu größeren Wünschen; zweitens, wenn man sich verletzt fühlt und anschließend wütend wird, als ein Zeichen der Frustration; drittens, wenn man Angst hat und mit Wut zurückschlägt, als Zeichen der Angst; viertens, wenn man sich hilflos fühlt, ausgelöst durch unterschiedlichste Bedingungen; und fünftens, wenn es sich um ein langanhaltendes Muster von Ablehnung handelt, zum Beispiel als Folge von eigener Gewalterfahrung und Misshandlung.

Ärger kann ein destruktives Muster werden und Ablehnung, verbale und selbst körperliche Aggression induzieren. Zusätzlich ist es eine »sehr schwache Strategie, um mit Problemen umzugehen« (Titmuss 1998, S. 116). Von daher handelt es sich beim Ärger wirklich um ein großes Hindernis zur spirituellen Erfahrung.

Langeweile und Trägheit

Langeweile ist ein Zustand des Überdrusses, der Ermüdung und Unlust durch Interessensmangel. Sie ist assoziiert mit Aspekten von Lustlosigkeit, Freudlosigkeit, Lethargie, Antriebslosigkeit, Apathie und Gleichgültigkeit. Apathie bedeutet ein fehlendes Interesse oder fehlende Sorge um eine Sache. Apathie ist eines der Symptome der Depression. Bei jungen Kindern ist die Anhedonie (der Verlust von Freude und Interesse am Spiel) selbst das Leitsymptom der Depression bei Vorschulkindern (Fuhrmann und von Gontard 2015).

»Langeweile kann das Resultat von Enttäuschung, Isolation, ungelöstem Ärger, übermäßiger Vertrautheit der unmittelbaren Umgebung oder Identifikation mit Perioden von niedriger Energie« darstellen (Titmuss 1998, S. 118). Langeweile kann Rückzug, Verflachung und Dumpfheit der Erfahrung verstärken. Nach Titmuss kann Langeweile verursacht werden: »durch einen Widerwillen, habituelle, eingefahrene Verhaltensmuster zu ändern; durch einen Mangel, Herausforderungen anzunehmen; durch den Missbrauch von Alkohol und Drogen; durch die fehlende Wertschätzung des Alltäglichen; durch den Versuch, Ärger zu überdecken; und aus Angst, Risiken einzugehen« (Titmuss 1998, S. 118).

Langweile ist primär negativ, aber sie kann auch positive Aspekte beinhalten. In seinem hervorragenden Buch über die Psyche der Jugendlichen beschreibt Frankel (1998) die sogenannten »Windstillen der Pubertät«. Dieser Begriff wurde erstmals von Winnicott geprägt und bezeichnet eine Periode von offensichtlichem Stillstand in der Jugend, die aber erforderlich ist, um unbewusste Energien zu regenerieren, um dann die nächsten Entwicklungsschritte zu nehmen.

Anna war ein zehnjähriges Mädchen, die nicht mehr laufen konnte. Sie war nur fähig, wenige Schritte auf einmal zu gehen, und brauchte ihre Arme, um ihr Gleichgewicht zu halten. Sie hatte einen habituellen Zehengang entwickelt und konnte die Fußsohlen nicht vollständig auf die Erde setzen. Im wörtlichen Sinne war ihr Leben zu einem Stillstand gekommen, es war statisch geworden.

Im Laufe des Jahres ihrer Psychotherapie war sie fähig, ihren Stillstand symbolisch im Spiel auszudrücken und Alternativen für ihr Leben zu entwickeln. Nachdem ihre Konflikte durchgearbeitet wurden, konnte sie wieder laufen und die nächsten Lebensschritte nehmen, nämlich die beginnende Pubertät zu akzeptieren (von Gontard 2010).

Langweile, Stillstand und Apathie können Zeichen von Aggression und Rückzug sein, die bearbeitet werden müssen, bevor dieses Hindernis bewältigt werden kann und die Progression vorangehen kann.

Unruhe und Sorgen

Unruhe und Rastlosigkeit sind gekennzeichnet durch Unrast von Psyche und Körper, kombiniert mit dem zwanghaften Bedürfnis nach Bewegung und Rückfragen. Sie sind mit Konflikten, Agitation, Unbehagen, Durcheinander, Turbulenzen, Verunsicherung, Anspannung, Getriebensein und Beunruhigung assoziiert. Diese sind alle nicht angenehme Geisteszustände. Sorge ist gekennzeichnet durch psychisches Leid und Agitation, angetrieben durch das Sorgen über die antizipierte Zukunft, oft verbunden mit Angst und Grübeln. Eine spezielle Angststörung, die generalisierte Angst, hat als Leitsymptome das Sorgen, Grübeln und Nachsinnen, selbst bei sehr jungen Kindern (Fuhrmann und von Gontard 2015).

Unruhe und Sorgen sind typische Zeichen von Stress, von der Angst nicht das zu erreichen, was man sich vorgenommen hat. Gedanken der Gegenwart, der Vergangenheit und Zukunft werden zu einer unheilsamen Mischung zusammengewürfelt. Ungelöst kann die Unruhe zu impulsiven, unüberlegten und unklugen Handlungen führen. Ein Grundproblem ist, dass Denken alleine die Unruhe nicht lösen wird. Entspannung, Ablenkung und vor allem die Erkenntnis, dass auch dies ein wesentliches Hindernis sein kann, sind entscheidend.

Zweifel

Zweifel ist eine Meinungs- oder Überzeugungsunsicherheit, die Entscheidungen und Handlungen stören und behindern kann. Zweifel ist mit fehlendem Selbstvertrauen, Argwohn und Hinauszögern verbunden. Skepsis und Unentschlossenheit, Zögern und Zaudern können Gift für das eigene Wohlbefinden sein. Zusätzlich ist Zweifel oft mit Verwirrung assoziiert. Verwirrung ist ein Zustand des Durcheinanders von Gedanken und Gefühlen, gekoppelt mit gleichzeitigem Stress. Zweifel kann bei bedeutungslosen wie auch wichtigen Fragen auftreten. Die Fähigkeit, klar zu denken, ist eindeutig reduziert und das Denken kann sehr unlogisch sein. Zweifel sind Barrieren für weise Handlungen.

Zweifel und Ambivalenzen sind häufig in der Psychotherapie wie auch im Alltag. Oft bedeuten sie ein Stillstand, ein Hin- und Herüberlegen, ob man etwas tun sollte oder nicht. Sie können Tage, Wochen und Monate in Anspruch nehmen und ein wahres Hindernis sein. Es ist so, als ob man auf der Stelle steht und durch die Zweifel gehindert wird, die anstehenden Schritte zu nehmen. Psychotherapie kann in solchen Zeiten hilfreich sein, um zu klären, was wirklich wichtig ist. Ganz ähnlich können Zweifel auch die Spiritualität infrage stellen durch kognitives Hinterfragen dessen, was das eigentlich Entscheidende darstellt, nämlich die Verbindung zu etwas Größerem, etwas, was über die eigene Existenz hinausweist. Manchmal kommt die Lösung plötzlich und in einer Art, wie man es sich vorher gedanklich nicht vorstellen konnte: wie Schuppen vor den Augen war man blind, jetzt ist man klar, die nächsten Schritte stehen an und können vor allem gegangen werden.

> Vanessa, eine 15-jährige Jugendliche mit einer Anorexia nervosa, befand sich noch im Zustand des Zweifels. Sie zeigte deutliche Ambivalenzen gegenüber der notwendigen Gewichtszunahme, wie es für diese Störungen typisch ist. Sie war eine wache, interessierte, aber auch angepasste Jugendliche, mit der man sehr gut diskutieren konnte. Sie aß sehr gesund und ausgeglichen, aber eben zu wenig, um zuzunehmen. Schließlich musste sie über den Entzug von Freizeitaktivitäten, die ihr sehr viel bedeuteten (ihre Sportgruppe), zur Gewichtszunahme bewegt werden. Sie war nur extern motivierbar. Sie konnte genau benennen, zu wie viel Prozent sie zunehmen wollte – und zu wie viel Prozent nicht. Das Letztere überwog meistens. Sie konnte benennen, dass sie durch das niedrige Gewicht sehr viele positive Rückmeldungen erhielt. Es war etwas, was sie von anderen Mädchen unterschied und ihr eine Sonderstellung gab. Sie war wenig geneigt, dieses aufzugeben.
>
> Die Bearbeitung der Zweifel war ein wichtiger Bestandteil ihrer Psychotherapie. Sie hatte den Vorteil, dass sie ihre Ambivalenzen und Zweifel benennen konnte. In diesem Augenblick ist Abstand, Reflexion und Auseinandersetzung möglich. Oft sind die Zweifel gar nicht bewusst und stellen ein wirkliches Hindernis dar.

Nachdem die Interferenzen und Hindernisse gegenüber Spiritualität besprochen wurden, widmen sich die nächsten Kapitel der Essenz der Lehren des Buddha und wie sie natürlicherweise und spontan von Kindern und Jugendlichen erkannt werden. Der Fokus wird auf die drei Daseinsmerkmale, die vier edlen Wahrheiten mit spezieller Betonung auf den achtfachen Pfad und die interpersonelle Spiritualität gerichtet sein. Diese Aspekte der Lehren des Buddha haben eine besondere Bedeutung für Kinder und Jugendliche.

9　Drei Daseinsmerkmale

Die drei Daseinsmerkmale spielen eine ganz besondere Rolle für die spirituelle Erfahrung von Kindern. Für viele sind sie der Ausgangspunkt für das Wundern, Staunen und Entdecken. Diese drei Einsichten in die Grundlagen der Existenz sind:

1. Vergänglichkeit
2. Unzulänglichkeit/Leiden
3. Leere/Nicht-Selbst

In ganz einfachen Worten besagt die erster dieser Trias, Vergänglichkeit, dass nichts im Leben gleichbleibt. Alles befindet sich in ununterbrochener Veränderung. Die Erkenntnis der Vergänglichkeit, der fehlenden Permanenz und Unbeständigkeit der Kindheit, die Unmöglichkeit, diesen Prozess der Zeit und des Alterns aufzuhalten, ist ein zentrales und besonders wichtiges Thema für Kinder.

Der zweite Teil dieser Trias, Leiden, deutet an, dass es Schwierigkeiten, Anstrengung, Kampf und viel Unbefriedigendes im Leben gibt. Besonders schwierig wird es, wenn man die Vergänglichkeit missachtet, wenn man etwas festhalten will und sich weigert, zu akzeptieren, dass es sich ununterbrochen verändert. Dieses Festhalten wird unweigerlich mit Leiden verbunden sein. Leiden kann sehr real sein für Kinder in dieser Welt, wie wir später sehen werden. Leiden kann paradoxerweise jedoch eine Einstiegspforte für tiefe spirituelle Erkenntnisse sein.

Die dritte der drei Daseinsmerkmale ist Leere oder Nicht-Selbst. Dies ist am schwersten zu verstehen, nicht nur für Kinder und Jugendliche, sondern auch für Erwachsene. Der Hauptgrund für diese Verständnisschwierigkeit liegt darin, dass Nicht-Selbst und Leere die Grundannahmen über die eigene Identität als Person infrage stellt. Kinder und Jugendliche befinden sich auf dem Pfad der Individuation, sie wollen wirklich herausfinden, wer sie sind und welcher Platz im Leben für sie vorgesehen ist. Die Reflexion über die gegenteiligen Aspekte, dass die eigene Identität leer ist und keine materielle Substanz hat, könnte für manche jungen Leute etwas zu früh sein – während andere sie klar erkennen und verstehen.

In der alten indischen Sprache wurden diese drei Daseinsmerkmale parallel mit den Namen »annica«, »dukha« und »annata« bezeichnet. In diesem Buch werden wir nur die deutschen Namen verwenden.

Vergänglichkeit

Kein Aspekt der Lehren des Buddha ist zugänglicher für Kinder als der der Vergänglichkeit. Sie spielt eine so große Rolle in ihrem Leben und wird so klar von ihnen verstanden, dass man als Erwachsener nur staunen kann.

Vergänglichkeit bedeutet, dass nichts, absolut gar nichts, gleich bleibt in der relativen Welt. Alles bewegt sich und verändert sich. Ajahn Chah, der weit verehrte thailändische Lehrer und Abt, der viele westliche Meditationslehrer beeinflusste, schrieb ein gesamtes Buch nur über dieses Thema mit dem passenden Titel »Everything arises, everything falls away« (2005).

Die Wahrnehmung von Veränderung wird umso deutlicher, wenn man still bleibt und nur beobachtet, wie Ajahn Chah es in einem seiner berühmtesten Gedichte ausdrückte mit dem Titel »Achtsamkeit«. Ajahn Chah vergleicht darin den achtsamen Geist mit einem klaren Waldteich, zu dem Tiere kommen, um zu trinken und ihren Durst zu löschen – um anschließend wieder zu gehen:

> *»Versuche, achtsam zu sein,*
> *und lass die Dinge*
> *ihren natürlichen Lauf nehmen.*
> *Dann wird dein Geist in jeder Umgebung*
> *still werden wie ein klarer Waldteich.*
> *Alle Arten wunderbarer und seltener Tiere*
> *werden zu dem Teich kommen,*
> *um zu trinken,*
> *und du wirst die Natur aller Dinge*
> *klar erkennen.*
> *Du wirst viele eigenartige*
> *und wunderbare Dinge kommen*
> *und gehen sehen, doch du wirst unbewegt sein.*
> *Dies ist Sdie Glückseligkeit des Buddha«*
> (Kornfield und Breiter, 1996, S. 8).

Das Gedicht drückt aus, dass das Wunder der Veränderungen von einem Augenblick zum anderen in Stille und Achtsamkeit deutlich werden. Allein die Beobachtung ohne Absicht ermöglicht es, die Dinge zu sehen, wie sie sind. Dadurch werden Ängste und das Bedürfnis festzuhalten reduziert, da man sowieso nicht das anhalten kann, was sowieso dauernd in Bewegung ist. Wie Christopher Titmuss es formulierte:

> »Eine der signifikanten Faktoren der aufrechterhaltenen Wahrnehmung der Veränderung und Vergänglichkeit ist ihre Auswirkung auf die Wahrnehmung. Die Erkenntnis der Leere des Verlangens für das Veränderbare befreit uns. Wir sind nicht mehr gefangen in der Welt der Konditionierung und der Angst vor dem Tod, die uns davon trennt. Die Auflösung unseres Anhaftens an die Vergänglichkeit führt so zu der Entdeckung dessen, was jenseits des Messbaren liegt« (Titmuss 1998, S. 131).

Wenn man still bleibt, kann jedes Objekt ein Beispiel der Vergänglichkeit werden. Nicht nur Objekte der Natur, sondern alle von Menschen geschaffenen Gegenstände oder Gebäude werden der Veränderung und des Verfalls anheimfallen. Kinder sind sich sehr bewusst über die Vergänglichkeit aller menschlichen Projekte und Gebäude:

> Mira, ein zehnjähriges Mädchen, liebte alte Häuser – nicht wirklich alte Häuser (wie die des Mittelalters) und nicht alte Häuser, die noch bewohnt waren. Im Gegenteil, sie war fasziniert von Ruinen, Häuser, die von ihren Bewohnern von einem Tag auf den nächsten aufgegeben wurden. Obwohl es verboten war, fand sie immer ein Weg, in solche verlassene Häuser hineinzukommen. Dies war vor allem im südlichen Europa besonders leicht möglich. Sie war nicht interessiert an Vandalismus, aber fasziniert durch die menschliche Umgebung, die einmal bewohnt und nun verlassen war. Sie suchte speziell nach persönlichen Gegenständen, die zurückgelassen wurden. In einem ehemaligen Schulgebäude fand sie alte Schulbücher, Bleistifte und Hefte. In einem verlassenen Hotel war sie begeistert von den halbvollen Flaschen in der Bar, dem bedruckten Briefpapier und Broschüren, den alten Zeitschriften aus einer vergangenen Ära und selbst von den Kleidungsstücken, die einmal von den Angestellten des Hotels getragen worden waren. Es schien, als ob alles gerade von einem Tag zum andern zurückgelassen wurde. Und jetzt befand sich das, was einmal geschaffen wurde, in einem Prozess der Auflösung.

Vergänglichkeit und Natur

Natürlich kann Vergänglichkeit und Veränderung am besten der Natur mit ihren immerwährenden, wechselnden Prozessen wahrgenommen werden. Man kann beobachten, wie der Regen an einem Baumstamm herunterrinnt, beginnend mit einem Strom nach einem Sommergewitter und endend mit den letzten schweren Tropfen nach dem Ende des Regens. Wellen sind besonders geeignete Objekte der Beobachtung und der Kontemplation ihrer Vergänglichkeit und Unbeständigkeit, da die Wellen ununterbrochen kommen und gehen, obwohl sie niemals vom Meer getrennt sind. Auch Wolken sind wundervolle Objekte der Veränderung, wenn man auf dem Rücken liegt und in die Weite des Himmels schaut, wie jedes Kind es schon getan hat.

Die Jahreszeiten sind ebenfalls ein Sinnbild dafür, wie unvermeidbar Veränderung ist. Manchmal sind diese Wechsel willkommen. Für Karl Ove Knausgaard löste der Frühlingsanfang die intensivsten Gefühle als Kind aus. In seiner Beschreibung scheint es, als ob die Veränderungen der Jahreszeit übersprudelnde Gefühle auslösen: »... übersprudelnd vor Freude und Leichtigkeit, einfach losrennen, einfach Radfahren, einfach rufen, einfach lachen, stets mit dem beißenden, aber dennoch satten Geruch von brennendem Vorjahresgras in der Nase, der plötzlich aus allen Richtungen kam« (Knausgaard 2015a, S. 256).

Der Wechsel der Jahreszeiten ist für andere Kinder sehr viel problematischer. Man kann den Übergang von einer Jahreszeit zur andern nicht aufhalten, auch wenn man es noch so sehr möchte. Der Sommer wird vorbeigehen, die Blätter werden herabfallen, es wird dunkel und kalt werden, bis der nächste Frühling die schlafende Natur des Winters wieder zum Leben erweckt und erneuert. Dann ist es wieder Zeit für die Sommerferien und ihre langen, hellen Tage am Meer oder im Schwimmbad. Die unvermeidliche Veränderung der Jahreszeiten ist ein häufiges Thema, das Kinder mit Trauer füllt:

> Sofia, ein achtjähriges Mädchen, wurde zur Abklärung einer Legasthenie vorgestellt. Sie hatte zusätzlich wiederholte Bauchschmerzen und multiple Phobien, vor allem vor Hunden. Sofia war ein sehr offenes und wissbegieriges Mädchen, das besonders traurig war, dass alle Dinge vorbeigehen mussten. »Warum kann nicht alles so bleiben, wie es ist?« Das wollte sie wissen. »Warum muss alles sich in etwas Anderes verändern? Warum kann der Sommer nicht bleiben, warum wandelt er sich in den Herbst? Warum kann ich nicht ein Kind bleiben, warum muss ich erwachsen werden?«

Dieses waren Fragen, die sie sehr beschäftigten. Sie grübelte über das Unvermeidliche und litt, da sie nicht das aufhalten konnte, was sich verändern musste. Dies Beispiel zeigt auch, dass diese großen Fragen des kontinuierlichen Zeitflusses nicht auf eine Altersgruppe beschränkt sind, sondern selbst bei jungen Kindern wichtige Anliegen sind. In einer sehr offenen und einleuchtenden Art war sie fähig, ihren ersten bewussten Kontakt mit dem Prinzip der Vergänglichkeit auszudrücken, was nicht einfach für sie war. Da sie das Unvermeidliche nicht verhindern konnte, was sie unbedingt wollte, entstand auch bei Sofia Leiden und Unglücklichsein, was der zweite Aspekt der drei Daseinsmerkmale darstellt.

Die lebendige Natur und die Veränderungen, die auch Tiere erfahren, sind jedoch Themen, die auch Staunen und Wundern auslösen können:

> Schmetterlinge faszinierten Andreas, einen siebenjährigen Jungen mit einer Autismus-Spektrum-Störung. Schmetterlinge waren sein Sonderinteresse. Er wusste alle Namen der verschiedenen Schmetterlingsarten. Er interessierte sich besonders für den Transformationsablauf, wie die Raupe eine Puppe bildete und wie der neue Schmetterling aus der Puppe entschlüpfte, um schließlich auch zu sterben. Dafür hatte Andreas allerdings eine Lösung. Er sagte: »Nicht alle Schmetterlinge sterben im Winter – manche fliegen bis nach Indien.«

Der Schmetterling ist einer der universellen Symbole von Änderung, Transformation und Übergang von einem Ort zum nächsten, wie auch vom Leben zum Tod. Er ist auch ein Symbol für die Seele und für Wiedergeburt. Was für ein passendes Symbol, um über die Vergänglichkeit des Lebens nachzudenken!

Jedoch kann es sehr schwierig sein, nur zu beobachten und zu akzeptieren. Es gibt oft eine Tendenz, festhalten zu wollen und die Veränderung aufzuhalten, sodass der jetzige Moment weiterleben kann. Dies ist der Moment, wenn Probleme anfangen und Leiden beginnen kann – das Thema des zweiten der drei Daseinsmerkmale.

Vergänglichkeit und Leiden

Vergänglichkeit und Leiden sind eng miteinander verbunden, eine Wahrheit, die Kinder wieder intuitiv selber erkennen. Leon ist ein achtjähriger Junge, der wegen nächtlichen Einnässens behandelt wurde. Er hatte große Probleme mit Veränderungen und hatte einen sehr intensiven Bezug zu Objekten, die ihm lieb geworden waren:

> Zum Beispiel fühlte er eine tiefe Trauer für den Weihnachtsbaum seiner Familie. Er bestand darauf, den Abbau des Weihnachtsbaums immer wieder von einer Woche zur andern zu verschieben. Er hob dann einige Tannennadeln auf und verstaute sie in einer Schublade seines Schreibtisches, obwohl dort schon viele Nadeln der letzten Jahre lagen. Er plante, zusammen mit seinem Großvater den Stamm des Weihnachtsbaums in kleine Holzstücke zu zersägen. Sie würden danach den Baum verbrennen und die Asche auf den Kompost bringen, sodass neue Pflanzen wachsen könnten. So würde das Verstorbene dem neuen Leben dienen. Der Abschied vom Weihnachtsbaum belastete ihn so sehr, dass er Tränen in den Augen hatte.
>
> Auf ähnliche Weise hatte er Schwierigkeiten, seinen Bleistift zu spitzen. Er empfand solches Mitleid mit seinem Bleistift, der immer kleiner und kleiner wurde, je mehr er angespritzt wurde. Das wollte er nicht! Seine Bleistifte waren so stumpf, dass er kaum mit ihnen schreiben konnte, nur um ein weiteres Anspitzen zu vermeiden. Leon sagte, dass alles im Leben gleichbleiben sollte, genauso wie es gerade ist und sich nicht verändern sollte.
>
> Auch mag Leon es gar nicht, wenn seine Haare geschnitten werden, obwohl er weiß, dass sie immer wieder nachwachsen werden. Er besteht darauf, ein Haarband zu tragen, damit seine Haare ihm nicht vor die Augen fallen. Es macht ihm nichts aus, dass er wie ein Mädchen aussieht.

Leon ist ein klassisches Beispiel für ein Kind, das mit den unvermeidbaren Änderungen des Lebens ringt. Trotz seiner vielen Strategien lassen sich manche Dinge nicht aufhalten, was ihn sehr belastet. Es ist rührend zu sehen, wie er mit vielen Überlegungen das Prinzip der Änderung außer Kraft setzen möchte, indem er die Tannennadeln des Weihnachtsbaums aufhebt, in dem die Asche der Erde zurückgegeben wird, indem er seine Bleistifte nicht mehr spitzt und seine Haare nicht schneidet.

Ein anderes bewegendes Beispiel ist das von Max. Er war sehr besorgt über die Flugzeugunfälle, die er in den Nachrichten gesehen hatte. Besonders beschäftigte ihn, wie ein Flugzeug einfach verschwinden konnte:

> Max ist ein sehr sensibles neunjähriges Kind mit einer Legasthenie. Er hatte zudem eine generalisierte Angststörung. Er wollte nicht mehr fliegen, nachdem er über das Flugzeug der Malaysian Airlines gehört hatte, das plötzlich und ohne erkennbare Ursache über dem Meer verschwand. Nur Teile der Flügel wurden Monate später an Land gespült.

Er dachte intensiv über den Tod und das Sterben nach. Er hatte große Schwierigkeiten mit Trennungen und mit dem Abschiednehmen. Zu Neujahr weinte er und sagte voller Verzweiflung: »Ich möchte nicht, dass dieses Jahr vorbei ist; es war so ein gutes Jahr. Ich möchte das dieses Jahr weitergeht.«

Kinder mit Angststörungen haben eine erhöhte Sensibilität gegenüber realen und antizipierten Verlusten. Antizipation ist ein Gefühl der Anspannung oder Furcht vor einem möglichen zukünftigen Ereignis und der Versuch, sich darauf vorzubereiten. Die Sorgen von Max können nicht nur durch seine Angststörung alleine erklärt werden. Stattdessen drückte er eine klare Wahrnehmung über die Veränderungen der Zeit aus und konnte seinen Wunsch formulieren, dass ein gutes Jahr nicht zum Ende kommen sollte.

Vergänglichkeit und Zeit

Zeit und ihre Flüchtigkeit waren auch ein wichtiges Thema für Nathalie, die als eine junge Erwachsene auf die magischen Zeiten ihrer Kindheit zurückblickte. Nathalie ist eine 18-jährige junge Erwachsene, die wöchentlich psychotherapeutisch wegen Dysthymie mit raschen Stimmungsschwankungen behandelt wurde. Viele wichtige Ereignisse traten in diesen zwei Jahren der Therapie auf, einschließlich einer Beziehung zu einem jungen Mann, den sie sehr liebte, dem Ende der Schulzeit und dem Auszug aus ihrem Zuhause:

> Nathalie sagte, dass es so schade ist, dass sie keine Erinnerung an ihre früheste Kindheit hat. Sie kann sich nur daran erinnern, dass sie aus einem Buggy gefallen ist. Sie muss dabei etwa 18 Monate alt gewesen sein. Es war so ein Schock für sie. Sonst kann sie sich an nichts aus diesen ersten Lebensjahren erinnern. Ist das nicht schade! So viel muss sich in diesen drei Jahren ereignet haben. Ist es alles verschwunden? Wie wäre es, wenn sie ähnlich intensive Erinnerungen an diese ersten Jahre hätte, so wie sie sich an die letzten zwei Jahre erinnern kann?
>
> Nathalie stellte weiterhin fest, dass die Wahrnehmung der Zeit sich von einem Tag zum anderen ändert. Die Zeit schreitet langsam voran, wenn sie negative Erfahrungen hat. Zum Beispiel haben ihre Lehrer sie nicht gerecht behandelt und sie erhielt schlechtere Noten als ihre Klassenkameraden. Sie betonte, dass sie ein Individuum ist, sie hatte eine besondere Art von Humor und trug exzentrische Kleider. Sie war sich sicher, dass sie nicht versuchen würde, ihren Lehrern zu gefallen und sich anzupassen. Auf der anderen Seite raste die Zeit so schnell voran, wenn alles schön war.

Nathalies Gedanken sind nicht Nostalgie, was als Freude und Trauer der Erinnerungen an die Vergangenheit definiert wird, gekoppelt mit dem Wunsch, diese wieder zu erleben. Stattdessen sind ihre Gedanken reife und tiefe Überlegungen einer jungen Erwachsenen, die erkannt hat, dass ihre Kindheit nun irreversibel vorbei ist. Wiederum ist dies ein Beispiel für die Wahrnehmung von Zeit und Veränderung sowie für tiefe Erinnerungen an Vergangenes.

Viele Kinder möchten wirklich Kind bleiben, dies ist eines der häufigsten Themen, wenn es um Vergänglichkeit geht. Der Wunsch, ein Kind zu bleiben, ist besonders intensiv, wenn die Kindheit positiv verlaufen ist. Olivia ist ein waches und intelligentes Mädchen aus einer intakten Familie:

> Olivia sagt das sie Kind bleiben möchte. Jedes Alter unter zwölf Jahren ist in Ordnung (sie ist jetzt elf Jahre alt). Erwachsene müssen sich Sorgen über Geld machen, Kinder können spielen.
> Olivia betonte, dass es das Privileg von Kindern sei, keine Entscheidungen treffen zu müssen:
> Erwachsene haben so viele Verpflichtungen, ich ziehe es vor, mich hinter Erwachsenen zu verstecken und möchte mich nicht immer entscheiden müssen.

Für Olivia hat die Kindheit nur Vorteile – und das Erwachsenwerden bringt nur Verantwortung und Probleme mit sich. Auch der zehnjährige Julian sieht nur Nachteile im Erwachsenwerden:

> Julian leidet unter einer sozialen Ängstlichkeit. Zudem zeigte ausgeprägte Schulleistungsprobleme trotz eines Gesamt-IQs im unteren Durchschnittsbereich. Seitdem er eine Sonderbeschulung erhält, haben sich seine Ängste deutlich zurückgebildet.
> Julian sagt, er möchte gerne Kind bleiben, er möchte nicht alt werden. Zu seiner Mutter: »Mama, du darfst nicht sterben.« Kinder müssen keine Rechnung bezahlen, Kinder können spielen und Kinder sind schneller als Erwachsene – das waren seine Gründe.

Selbst Jugendliche möchten manchmal wieder Kinder sein:

> Victoria eine 16-jährige Jugendliche, betonte, dass sie gerne wieder Kind wäre. Es war damals so schön, da ihre Eltern alles für sie entschieden haben. Als Kind konnte sie spielen, zog pinkfarbene Kleider an, trug Schmuck und Haarklammern. Am schönsten wäre es, wenn sie für eine Woche wieder Kind sein könnte. Es gäbe dann keine Sorgen für sie.

Victoria hatte das Glück, dass sie sich an ihre Kindheit als paradiesische Zeit erinnerte – und immer wieder auf diese Erinnerungen zurückgreifen konnte. Dies kann eine große Ressource sein in Zeiten von Kummer und Schwierigkeiten. Vielen anderen Kindern, die während ihrer Kindheit sehr gelitten haben, stehen diese Möglichkeiten nicht zur Verfügung.

Auch der eigene Körper kann ein hervorragendes Beobachtungsobjekt sein, vor allem da er jederzeit zugänglich ist. Es ist kein Zufall, dass die Wahrnehmung des Atems so ein wichtiger Fokus der Meditation ist. Der Atem ist immer lebensnotwendig und präsent, er kann jederzeit wahrgenommen werden und der Wechsel von Ein- und Ausatmen beobachtet werden. Ebenso wichtig ist es, dass der Atem einfach nicht angehalten werden kann – er kommt und geht wie alle Prozesse des Lebens.

Auch das Wachstum kann die Veränderung verdeutlichen. Man wird größer als Kind, die Kleider werden zu klein – alles Dinge, die auch gemessen werden können:

> Die Veränderung der Zeit zeigt sich deutlich bei den Körpermaßen. Ich kann mich noch gut an die Bleistiftstriche auf der Rückseite der Tür der Speisekammer erinnern. Sie machten mir immer klar, dass ich größer geworden war und dass ich gleichzeitig meine Wahrnehmung dieser Veränderung ebenfalls wandelte. Wie fühlte ich mich zu meinem neunten Geburtstag, der Ewigkeit zurückzuliegen schien, als ich zwölf war? Manchmal veränderte sich die Zeit so schnell, dass man die Veränderung gar nicht erfasste, während sie geschah. Zu anderen Zeiten, während der unendlich langweiligen Sommerferien während der Pubertät, schien es so, als ob die Zeit für immer weiter dahinkriechen würde.

Manche Veränderungen der Natur sind so langsam, dass sie nicht direkt beobachtbar sind, sondern nur indirekt erfasst werden können. Dennoch sind sie Prozesse, die sich zwar langsam, aber unweigerlich verändern:

> Als Kind fand ich es faszinierend, Versteinerungen in Kalksteinen zu finden, selbst hoch oben in den Bergen. Wie war es möglich, dass diese riesigen Berge einmal von Meer bedeckt waren? Selbst Berge entstehen, bleiben, verwittern und gehen. Eine besondere Faszination haben schon immer Vulkane auf mich ausgeübt. Wie ist es möglich, dass unsere feste Erde gar nicht so hart ist, sondern tatsächlich flüssig? Ich habe immer noch eine Sammlung von Lava in verschiedenen Formen (strickförmig, gedreht, rund, löchrig), mit verschiedenem Gewicht (so leicht wie Schwämme oder so schwer wie Metall) und Farben (von Schwarz oder Grau zu Orange, Gelb und Rot).

Der Vulkan ist ein beliebtes Thema der Vergänglichkeit in der Psychotherapie. Er symbolisiert unterdrückte Energie und Aggression, die jederzeit explodieren können. Berge sind spirituelle Symbole und viele Berge werden als heilige Orte verehrt. Der Vulkan ist ein besonderer Berg, da die Kräfte der Natur so offensichtlich sind.

Vergänglichkeit bei Erwachsenen

Wirklich alles muss sich verändern, selbst die tiefsten und wichtigsten Gefühle der Verliebtheit, wie es wiederum Karl Ove Knausgaard in einem seiner autobiografischen Romane treffend beschrieb. Obwohl die flüchtigen, vorübereilenden Gefühle als Erwachsener erlebt wurden, könnten seine Beschreibungen genauso gut die innere Welt von Jugendlichen wiedergeben. So schildert er die Intensität des Erlebens, als er seine zukünftige Frau Linda kennenlernte. Die Welt öffnete sich, er war Hals über Kopf verliebt und das Glück war zum Zerbersten. Allerdings dauerte dieser Zustand nur für sechs Monate, wonach diese Intensität verblasste und die Freude nachließ (Knausgaard 2013, S. 70). Ein Jahr später wurde seine Tochter Vanja geboren und wieder änderte sich sein Gefühlszustand. Es war nicht mehr die überbordende Freude, sondern eher ein vorsichtiges, gedämpftes, zärtliches Gefühl mit erhöhter Aufmerksamkeit für seine junge Tochter. Aber wieder änderte sich dieser außergewöhnliche Gefühlszustand, als er anfing zu arbeiten (Knausgaard 2013, S. 70).

Unzulänglichkeit/Leiden

Viele Kinder und Jugendliche sind weltweit von realem, direktem Leiden betroffen. Manche Aspekte des Leidens sind unvermeidbar, eine unausweichliche Gegebenheit des Lebens, da jedes Lebewesen Geburt, Altern, Krankheit und Tod erleben wird. Nicht nur Erwachsene erleben Krankheit und Tod, sondern ganz junge Kinder, wie ich es als junger Kinderarzt mehrfach erlebt habe:

> Ich kann mich sehr gut an ein schwer krankes, frühgeborenes Baby erinnern, dass wir auf der Neugeborenen-Intensivstation behandelten. Trotz der raschen Erfolge der Neugeborenen-Medizin, gibt es immer wieder Grenzen der medizinischen Möglichkeiten durch die Natur. Nachdem wir alles Erdenkliche ohne Erfolg unternommen haben, um sein Leben zu retten, blieb uns nichts anderes übrig, als für diesen kleinen Jungen und seine Eltern die bestmögliche Begleitung zu bieten. Ich kann mich noch gut daran erinnern, wie ich neben seinem Inkubator stand und beobachtete, wie der Herzschlag immer langsamer und langsamer wurde, wie die Abstände der Herzausschläge auf dem Monitor immer länger wurden. Am Ende der Nachmittagsschicht wurde ein Priester gerufen. Das Baby wurde nach den Wünschen der Eltern getauft. Ich weiß noch genau, wie ich das Kind an meinen Kollegen der Nachtschicht übergab, wissend, dass dies den endgültigen Abschied bedeutete. Als ich am nächsten Tag zurückkehrte, war sein Bettchen leer. Gerade geboren, war es für dieses junge Leben nicht vorgesehen, zu wachsen und zu reifen.

Das Leiden kann sehr unterschiedlich sein. Zum einen gibt es sehr reales, intensives Leiden für viele Kinder und Jugendliche durch Krankheit, Armut, Gewalt, Misshandlung und Vernachlässigung. Dieses Leiden wirkt unmittelbar auf das Leben junger Menschen ein, hemmt und beeinträchtigt sie in ihrer Entwicklung ohne ihr eigenes Mitwirken. Um dieses Leid zu mindern, sind direkte, unmittelbare Hilfen und Veränderungen der Lebensumstände unabdingbar.

Zum anderen gehört Leiden, Unzufriedenheit und das Gefühl von Unzulänglichkeit zu jedem Leben, selbst wenn die materiellen Bedingungen optimal gestaltet sind. Dieser Aspekt des Leidens wird in der buddhistischen Psychologie als »dukkha« bezeichnet und lässt sich durch Erkenntnis, Verständnis und Handeln verändern.

Dieser Abschnitt widmet sich dem realen Leiden von Kindern und Jugendlichen, wie es viele von ihnen weltweit täglich erfahren. Im nächsten Kapitel liegt der Schwerpunkt eher auf dem psychischen Leiden, für das es nach den Lehren des Buddha eine klare Abhilfe gibt.

Ein Indikator für das reale Leiden könnte reduzierte Freude und Glück sein. Das englische Konstrukt von »happiness« ist komplex, multidimensional und findet in der deutschen Sprache kein direktes Analogon. Glück und Freude geben den englischen Begriff nicht umfassend wieder. In dem »World Happiness Report« werden anhand der Indikatoren von Einkommen, sozialer Unterstützung, Lebenserwartung, Großzügigkeit und Korruption eine Rangliste der verschiedenen Länder nach Glück und Freude berechnet (Helliwell et al. 2016). Die Länder mit der größten Freude sind Dänemark, die Schweiz und Island, während sich die USA auf dem 13., Deutschland auf dem 16. und Großbritannien auf dem 23. Platz wiederfinden. Die traurigsten Länder der Welt mit den niedrigsten Werten waren Togo, Syrien und Burundi. Die Werte für Syrien waren so niedrig, selbst vor der unglaublichen Tragödie und den Grausamkeiten des Krieges.

Obwohl der Bericht nicht Glück und Freude bei Kindern direkt wiedergibt, kann man davon ausgehen, dass sie hoch mit der Freude der Erwachsenen korreliert. Glück, Freude, Wohlgefühl, Zufriedenheit, Spaß und Entspannung sollten zentrale Ziele für alle Menschen der Welt sein, aber vor allem für Kinder.

Nach dem »World Happiness Report« vermindert jedoch Elternschaft die empfundene Freude und das erlebte Glück. D. h., in vielen Ländern der Welt wird Elternschaft nicht als positiv, sondern als Bürde empfunden. Bezüglich der durch Elternschaft vermittelten Freude landete die USA auf Platz 43, Großbritannien auf Platz 48 und Deutschland auf Platz 71 – kein guter Indikator für Eltern in reichen Ländern.

Viele reale Aspekte des Leidens sind Folge des globalen materiellen Ungleichgewichts, das Kinder viel mehr betrifft als Erwachsene. Das Leben kann für Kinder einen täglichen Überlebenskampf bedeuten, der sie nicht glücklich macht. Nach dem Bericht der Unicef über die Lage von Kindern weltweit (»The state oft the world's children«) erfährt man, dass 2015 insgesamt 1 Million Kinder an ihrem ersten Lebenstag, direkt nach der Geburt starben. Insgesamt verstarben 5,9 Millionen Kinder unter einem Alter von fünf Jahren, fast die Hälfte von ihnen durch Infektionskrankheiten.

Die Benachteiligung wird durch das Ungleichgewicht in Erziehung, Schule und Bildung aufrechterhalten. Viele Kinder sind zudem durch Armut, Mangelernährung, Stress, Gewalt, Missbrauch und Deprivation benachteiligt. In Südasien lebten 2012 32,4 % aller Kinder unter der extremen Armutsrate von 1,90 $ pro Tag. Eine weitere systematische Übersicht zeigte, dass Kinderarbeit einen schädlichen Einfluss auf Entwicklung und psychische Gesundheit hat (Sturrock und Hodes 2016). Ein besonders schwerer Risikofaktor war hoch intensive häusliche Arbeit. Manche Kinder arbeiten mehr als 40 Stunden pro Woche bis zur körperlichen Erschöpfung und verlieren dadurch die Möglichkeit der schulischen Bildung.

Doch auch in reichen Ländern sind Kinder noch mehr durch Armut betroffen als Erwachsene. Innerhalb der EU war Kinderarmut mit 21,1 % häufiger als die

Armut Erwachsener mit 16,3 %. Weiterhin werden Kinder in entwickelten Ländern misshandelt, missbraucht und sexuell ausgebeutet. Zum Beispiel liest man in dem Bericht über die Sicherheit von Kindern mit dem Titel »How safe are our children?« (NSPCC 2016), dass in Großbritannien 47.008 gemeldete sexuelle Straftaten gegenüber Kindern unter einem Alter von 16 Jahren begangen wurden. Zusätzlich wurden 10.136 Straftaten mit Grausamkeit und Vernachlässigung gegenüber Kindern unter dem Alter von 16 Jahren registriert. Man kann davon ausgehen, dass bei diesen Zahlen eine hohe Dunkelziffer vorliegt und dass das reale Ausmaß noch viel größer ist

Auch ein weiterer Unicef-Bericht über Kinder in reichen Ländern mit dem Titel »Child well-being in rich countries« (2013) untersucht das allgemeine Wohlergehen von Kindern in wirtschaftlich begüterten Ländern. Es wurden folgende Domänen berücksichtigt: materielle Ausstattung, Gesundheit Sicherheit, Bildung, Verhalten und Risiken, Wohnsituation und Umwelt. Nach diesem Index war es für Kinder am günstigsten, in den Niederlanden, Norwegen und Island aufzuwachsen. Deutschland lag auf dem sechsten Platz, Großbritannien auf dem 16. und die USA auf dem 26.

Psychische Störungen

Selbst unter optimalen materiellen Bedingungen und körperlicher Gesundheit leiden Kinder weltweit unter psychischen Störungen. Etwa 10–20 % aller Kinder sind in den verschiedensten Ländern der Welt von einer klinisch relevanten psychischen Störung betroffen (Fuchs et al. 2013). Selbst wenn man konservative Schätzungen zugrunde legt, haben 15 % aller Kinder und Jugendlichen psychische Störungen mit täglichen Einschränkungen. Aber nehmen diese Störungen tatsächlich zu? Bor und Kollegen versuchten dieser Frage in einer interessanten, genau durchgeführten Übersicht nachzugehen. Der Arbeit lagen Studien der letzten zehn Jahre über Kinder und Jugendliche bis zum Alter von 18 Jahren zugrunde. Sie fanden bei der Altersgruppe der Vorschul- und Schulkinder keine wesentliche Zunahme psychischer Störungen (Bor et al. 2014). Jedoch zeigten Jugendliche ein zunehmendes Risiko für internalisierende Störungen wie Angst und Depression, vor allem jugendliche Mädchen

Wie ist die Lage in Asien, dem Kontinent, in dem der Buddha gelebt hat? Wieder finden sich vergleichbare Raten von 10–20 % für psychische Störungen bei Kindern und Jugendlichen (Srinath et al. 2010). Hohe Raten von körperlicher Misshandlung, die bis zu 20 % oder mehr reichten, fanden sich in manchen Ländern. Speziell für Indien lag die Rate für Kinder- und jugendpsychiatrische Störungen bei 6,5 %, wenn diese in der Bevölkerung erhoben wurden, aber bei rein 20 %, wenn sie im schulischen Rahmen erfasst wurden (Malhotra und Patra 2014). Da alle diese Studien hervorragende, bevölkerungsbezogene und deshalb repräsentative Übersichten darstellen, kann man zusammenfassen, dass die Rate von psychischen Störungen bei jungen Menschen weltweit vergleichbar ist.

Wie schon besprochen, umfasst Leiden zwei Komponenten: erstens, das reale, unmittelbare Leiden vieler Kinder in ihrem Alltag; und zweitens, das psychische

Leiden, das zum Teil subtiler und weniger offensichtlich ist, aber nicht desto weniger belastend. Diese Form des Leides tritt überall dann auf, wenn man versucht, etwas festzuhalten, das nicht aufgehalten werden kann, wie in der zweiten edlen Wahrheit des Buddha ausgedrückt (▶ Kap. 10).

Wie es der amerikanische Psychoanalytiker Marc Epstein ausdrückte:

>»Die Kernbotschaft des Buddhismus ist eine psychologische. In seinen vier edlen Wahrheiten analysierte der Buddha die menschliche Verfassung und lehrte den Weg der Änderung. Die Erfahrung ist mit einem Gefühl von durchgängiger Unzulänglichkeit gefärbt, erklärte der Buddha. Und der Grund für diesen Schmerz ist unser eigenes Festhalten und Greifen nach Sicherheit und Gewissheit« (Epstein 2001, S. 10).

Verlust und Leiden

Schon sehr junge Kinder werden mit der unvermeidbaren Einwirkung von Tod und Verlust konfrontiert. Ein sehr berühmtes und bewegendes Beispiel findet sich in der Autobiografie von Nelson Mandela, der südafrikanische Aktivist und spätere Präsident, der seinen Vater als Kind verlor. Nach dem Tod seines Vaters im Alter von neun Jahren begann eine neue Periode in seinem Leben:

>»Ich kann mich nicht daran erinnern, dass ich große Trauer verspürte. Es war mehr das Gefühl weggetrieben worden zu sein. Obwohl meine Mutter der Mittelpunkt meiner Existenz war, definierte ich mich durch meinen Vater. Der Tod meines Vaters beendete mein gesamtes Leben in einer Art, die ich zu dem Zeitpunkt noch nicht ahnen konnte. Nach einer kurzen Zeit der Trauer informierte mich meine Mutter, dass ich Qunu verlassen würde. Ich fragte sie weder nach dem Grund noch wohin ich gehen würde.
>
>Ich packte die wenigen Dinge, die ich besaß, und an einem frühen Morgen begannen wir unsere Reise westwärts zu meinem neuen Wohnort. Ich trauerte weniger um meinen Vater als um die Welt, die ich zurückließ. Qunu war alles, was ich kannte, und ich liebte es in einer bedingungslosen Art, wie ein Kind sein erstes Zuhause lebt. Bevor wir hinter den Hügeln verschwanden, drehte ich mich um und schaute mein Dorf an mit der Vorstellung, dass dies das letzte Mal war. ... Vor allem ruhten meine Augen auf den drei einfachen Hütten, wo ich die Liebe und den Schutz meiner Mutter genossen hatte. Diese drei Hütten habe ich mit all meinem Glück verbunden ... Ich konnte mir nicht vorstellen, dass die Zukunft, auf die ich zulief, vergleichbar sein könnte mit der Vergangenheit, die ich zurückließ« (Mandela 2013, S. 389).

Diese Erfahrung des neunjährigen Kindes hatte einen doppelten Verlust zur Folge: nicht nur seines Vaters, sondern seiner gesamten Kindheit, seiner Mutter und der nährenden Eigenschaften der Natur und seines Dorfes, die ihm so viel bedeuteten. Dieser Schmerz und die Trauer wären für viele Kinder nicht auszuhalten, aber Nelson Mandela muss durch seine frühen Erfahrungen viele protektive innere Ressourcen zur Verfügung gehabt haben, um diese und die vielen anderen Herausforderungen seines Lebens zu bewältigen. Er war in vieler Hinsicht ein extrem resilientes Kind und ein Erwachsener, der wusste das er das zurücklassen musste, was unwiederbringlich und irreversibel vergangen war.

Emotionales Leiden

Das Beispiel von Lukas, einem zwölfjährigen Jungen, verdeutlicht, wie schwere psychische Störungen Kinder beeinträchtigen und tiefes Leiden auslösen können. Lukas hatte eine schwere, belastende Form des Tourette-Syndroms, das durch motorische und vokale Tics gekennzeichnet ist. Alle paar Sekunden musste er seinen Kopf drehen, seine Augenlider schließen oder grimassieren. Zusätzlich äußerte er Worte und Geräusche. Wenn motorische und vokale Tics zusammen auftreten und mindestens ein Jahr lang vorhanden sind, werden sie als Tourette-Syndrom bezeichnet. Trotz hoher Dosen von Medikamenten nahmen die Häufigkeit und der Schweregrad der Tics so zu, dass er sich in der Schule nicht konzentrieren konnte:

> Als ich ihn fragte, wie sein Leben für ihn war, antwortete er direkt: »Es ist Scheiße«. Wir besprachen, dass es am besten für ihn wäre, wenn er die Klinik käme, sodass eine erneute, vollständige Abklärung unter klinischer Beobachtung erfolgen könnte. Danach könnte schrittweise mit einer neuen Medikation begonnen werden, sodass sich seine Tics endlich zurückbilden würden.
>
> Während dieses Gespräches fing er an, noch mehr Tics als sonst zu zeigen. Er sagte, dass er nicht seine Schule verpassen wollte und dass er Angst hatte, seine Freunde zu verlieren, wenn er stationär aufgenommen werden würde.

Trotz seines schweren Leidens – und vor allem der Möglichkeit, dass dieses gelindert werden könnte – entschied er sich dafür, in der schwierigen und belastenden Situation zu verbleiben. In anderen Worten, er hing so an seiner häuslichen und schulischen Umgebung, dass er es vorzog, weiter zu leiden, anstatt die Möglichkeit der Veränderung zu wählen. Natürlich hatte seine Mutter ähnliche Bedenken und bestärkte ihn unglücklicherweise in seiner Entscheidung.

Dies war eine sehr schwierige Beratung, aber da sein Leben nicht gefährdet war, konnte ich ihn nicht gegen seinen Willen aufnehmen. Dies ist ein Beispiel des Leidens, das durch Festhalten und Anhängen an situationsbedingte Umstände ausgelöst wird, die ohne größeren Aufwand verändert werden könnten. Für Lucas wäre eine stationäre Behandlung die beste Möglichkeit gewesen, sein Leiden zu vermindern.

Selbst für die Kinder und Jugendliche, die den Weg in die heilende Umgebung eine Klinik finden, kann ihr tägliches Leben ein großes Kämpfen und Ringen beinhalten. Bei einer der Visiten der Jugendstation sagten zwei Mädchen, dass sie mir gerne ein Lied vorspielen würden, das sie aufgenommen hatten. Es hatte einen schnellen Rhythmus und das Intro der Gitarren war so beeindruckend, dass ich dachte dies wäre eine professionelle Aufnahme. Dann begannen die Worte. Manche waren nicht erkennbar, aber der Refrain war umso deutlicher:

> »Leben ist Scheiße. Das Leben ist nichts als Scheiße.« Ich griff diese Worte auf, gewann das Vertrauen der zwei Mädchen und wir konnten zusammen besprechen, wie sie sich wirklich fühlten. Ohne Zweifel war ihr Leben in vieler Hinsicht »Scheiße«. Ein Mädchen hatte eine schwere Magersucht, das andere

litt an einer ausgeprägten Depression. Nachdem ihre Schwierigkeiten erkannt worden waren, konnten wir auch die Aspekte in ihrem Leben durchgehen, die eben nicht »Scheiße« waren – und von denen gab es genug.

Ein wichtiges Thema der Psychotherapie ist es, das Leiden anzunehmen. Nur indem man die Schwierigkeiten akzeptiert, kann Veränderung und Heilung kommen. Wie der Jung'sche Analytiker Lionel Corbett erwähnte: »Manchmal kann Leiden verändernd und selbst erlösend sein« (Corbett 2015, S. 111).

Das Thema des Leidens ist so wichtig, dass es zweimal in den Lehren des Buddha auftaucht: einmal als ein Aspekt der drei Daseinsmerkmale (dieses Kapitel) und als die erste edle Wahrheit, wie wir es im Kapitel 10 sehen werden (▶ Kap. 10). In diesem Kapitel haben wir eher die schweren, realen und konkreten Aspekte des Leidens besprochen. Später werden wir sehen, dass andere Aspekte genauso wichtig sind. Leiden kann sich das sehr subtil äußern und sich in Gefühlen von Unzufriedenheit und Unbefriedigtsein ausdrücken. Alle Formen des Leidens beinhalten die psychischen Aspekte der Wahrnehmung, der Bewertung und der Veränderungsmöglichkeit, da alle relativen Phänomene des Lebens sich eh verändern. Dies zeigt sich sehr schön in dem nächsten Beispiel einer Jugendlichen mit einer erfolgreich behandelten Essstörung:

Emily, ein 15-jähriges Mädchen, hatte eine schwere Form von Anorexia nervosa. Sie hatte einmal 58 Kilo gewogen, fühlte sich zu dick und begann durch Hungern und tägliches Erbrechen ihr Gewicht zu reduzieren. Das Gewicht sank auf 45,6 kg – d. h., sie hatte über zwölf Kilo abgenommen. Sie war traurig, müde und zog sich aus ihren sozialen Kontakten zurück. Sie konnte sich in der Schule schlecht konzentrieren und ihre Noten ließen nach. Sie hatte sogar erwogen, die Schule früher zu beenden.

Die Hauptziele der Psychotherapie waren zunächst Gewichtszunahme, Veränderung ihrer Essgewohnheiten und die Beendigung des Erbrechens. Sobald diese erreicht worden waren, öffnete sie sich in einer beeindruckenden Art. Sie wurde immer weniger angepasst, ging auf Partys und traf Jungen. Einmal war sie so betrunken, dass sie von ihren Eltern von einer Party abgeholt werden musste. Es schien, als ob sie in einer sehr kurzen Zeit eine richtige Jugendliche geworden war und alles nachholte, was sie verpasst hatte. Dadurch konnte sie ihre kindliche Persona zurücklassen, die sie einschränkte. Am Ende der Therapie sagte sie: »Diese Episode in meinem Leben ist vorbei. Ich werde mir eine neue Frisur machen lassen. Die Essstörung war eine Zeitvergeudung.« Ein Jahr später erhielt ich eine E-Mail von ihr. Sie erzählte, dass sie gute Noten hatte, die Schule weiter besuchte und das Abitur anstrebte. Sie berichtete, dass sie einen Freund hatte, mit dem sie glücklich war. Sie spielte Tennis und war sportlich. Am wichtigsten aber war, so betonte sie, dass sie »niemals an Kalorien dachte«.

Dies ist ein Beispiel von Leiden durch Festhalten an den Idealen von Körperform und Gewicht, um den unvermeidbaren Entwicklungsschritt von Kindheit zu Jugend – und damit zum Erwachsenenalter – zu umgehen. Als sie endlich dazu fähig war loszulassen, konnte ihr Leben weiter voranschreiten.

Wie wir an allen diesen Beispielen gesehen haben, hat das Leben eben diese zwei Komponenten: erst das reale, konkrete Leiden, das die Leben junger Menschen negativ beeinträchtigt; zweitens, genauso wichtig, die Art und Weise, wie dieses Leiden wahrgenommen, attribuiert und verarbeitet wird. Diese Prozesse sind entscheidend dafür, ob das Leiden zunimmt, persistiert oder sich auflöst. Der zugrundeliegende Mechanismus ist nach den Lehren des Buddha der Versuch, etwas aufzuhalten, was sich unweigerlich in Veränderung befindet. Im Prinzip bedeutet das, die erste der drei Daseinsmerkmale der Existenz, die Vergänglichkeit, zu leugnen. Wenn man nicht akzeptieren kann, dass sich alles im Leben und der relativen Welt verändert und dass dieser Prozess nicht gestoppt werden kann, wird Leiden auftreten. Lukas hielt an seiner Idee fest, dass der Verbleib zu Hause mit allem damit verbundenen Leiden der Klinik und den Heilungsmöglichkeiten vorzuziehen sei. Die zwei Mädchen während der Visite hielten an ihrer Sicht fest, dass »Leben Scheiße sei«, aber konnten innerhalb weniger Minuten eine ausgeglichenere Perspektive einnehmen. Und schließlich musste Emily ein »verlorenes Jahr« ihres Lebens durchlaufen, in dem sie an überhöhten und nicht erreichbaren Idealen von einem niedrigen Körpergewicht und von Schönheit festhielt – bevor sie loslassen und annehmen konnte, dass sie dabei war, sich zu einer reifen Frau zu wandeln.

Leere/Nicht-Selbst

Die dritte der drei Daseinsmerkmale ist Leere oder auch Nicht-Selbst. Die zwei Begriffe sind eng mit Vergänglichkeit verbunden. Alles, was man mit den Sinnen (Sehen, Hören, Berühren, Riechen, Schmecken) und allen Gedanken, Gefühlen und Konzepten wahrnimmt, wird sich zwangsläufig ändern. Durch gerade diese Änderung haben sie keine anhaltende, permanente eigene Substanz, denn sonst würden sie bleiben, wie sie sind. Indem man durch die Flüchtigkeit aller Phänomene hindurchsieht, erkennt man die Essenz, dass sie nicht zu einem selbst gehören, sie nicht aus einer festen Materie bestehen und dadurch leer sind.

Die kanadische Sängerin Joni Mitchell drückte dieses Gefühl der Leere besonders gut aus in ihrem Lied »Hejira«. Sie beschreibt in diesem Lied, dass wir Menschen Partikel der Veränderung sind, die um die Sonne kreisen. Es gibt tatsächlich Zeiten, wenn wir uns wie solche Elemente der Veränderung fühlen. Aber wenn wir uns zu sehr an eine Person (oder einen Gegenstand, eine Idee, ein Ideal) binden, sehen wir nicht mehr die Leere hinter diesen konstanten Veränderungsprozessen. Nach dem Buddha markiert dies den Anfang von Problemen und Leiden.

Natürlich kennen Kinder und Jugendliche das Gefühl von Leere und können es von dem Gefühl der Leerheit unterscheiden.

Christoph, ein 15-jähriger Junge, konnte im Rahmen seiner depressiven Störung, einer Dysthymie mit negativen Stimmungsschwankungen, gut benennen, wie es sich anfühlt. Während der Woche war er so beschäftigt mit Schule, Freunden und Fitnessstudio, dass er abgelenkt war. Am Wochenende fiel er dann in ein tiefes Loch. Er blieb zu Hause, hörte Musik und beschäftigte sich mit seinem I-Pad, seinem Handy und Fernsehen und war so antriebslos, dass er sich oft in die Badewanne legte. Er fühlte sich erschöpft, gelangweilt, antriebslos, lustlos – und eben auch leer. Diese Leerheit war so quälend und belastend, dass er sich auf Montag und die Schule freute.

Diese Leerheit ist typisch bei depressiven Störungen und kann gut behandelt werden. Während die Leerheit lähmt, quält und eine innere Schwere ausströmt, kann die Erkenntnis von Leere paradoxerweise befreiend und erleichternd sein – sie macht es leicht zu leben.

Das Wort Leere kann also viele negative Konnotationen in sich tragen, so wie eben Leerheit, Nichts, Vakuum, Ödnis, Unwirklichkeit, Kahlheit und Trostlosigkeit oder wie eine Wüste. Aber selbst eine Wüste kann sehr heilsam und positiv sein als Ort der Einkehr der Meditation, der Stille und der Erkenntnis. In ähnlicher Weise verliert Leere ihren negativen Beigeschmack, wenn man die Essenz verstanden hat. Leere und Nicht-Selbst führen gerade eben nicht zu Einsamkeit und Trennung, sondern zu tiefem Verständnis der Verbindung mit anderen Lebewesen. Dies kann der vietnamesische Lehrer und Mönch Thich Nhat Hanh treffend und poetisch erklären:

»Nach den Lehren des Buddhismus ist es wichtig, tief in die Dinge hineinzuschauen und zu entdecken, dass ihr Wesen von Vergänglichkeit und Nicht-Selbst gar nicht negativ ist. Sie sind die Türen, die sich zu der wahren Natur der Realität öffnen. Sie sind nicht die Ursachen unseres Schmerzes. Es sind unsere Täuschungen, die unser Leiden verursachen. Wir leiden, wenn wir etwas, das nicht permanent ist, als permanent ansehen und an etwas festhalten, das eigentlich keine Substanz hat. Vergänglichkeit ist das Gleiche wie nicht selbst. Da Phänomene vergänglich sind, haben sie keine permanente Identität. Nicht-Selbst ist auch Leere. Leere von was? Leer von einem permanenten Selbst. Nicht-Selbst meint auch Intersein. Da alles aus allem anderen entsteht, kann nichts für sich selbst sein. Nicht-Selbst beinhaltet auch ein Ineinander-Durchdringen, da alles auch alles andere enthält. Nicht-Selbst ist auch gegenseitige Wechselbeziehung und Interdependenz, da dieses von jenem gemacht ist. Jeder Gegenstand beruht darauf, dass alle anderen Dinge existieren. Das ist Interdependenz. Nichts kann für sich alleine sein. Es muss mit allen anderen Dingen gemeinsam sein. Das ist Nicht-Selbst« (Hanh 2007, S. 193–194).

Aber wie hängt das Erleben der Leere mit dieser gesteigerten Verbundenheit mit anderen Menschen zusammen? Ein Hinweis liefert dafür die 16-jährige Victoria, der wir vorab mehrfach begegnet sind. Sie sagte in ihrem schon zitierten Satz: »Wir alle haben die gleiche Art von Zellen.« Wenn wir aus Zellen bestehen (und diese wieder aus subzellulären Partikeln und Prozessen), dann ist unser Dasein wirklich leer – es hat keine Substanz. Stephen Batchelor fand ganz ähnliche Worte, um Leere auszudrücken: »Die Leere einer Person zu verstehen bedeutet zu erkennen, dass der anscheinend nicht reduzierbare Kern von vornherein niemals vorhanden gewesen ist« (Batchelor 2015, S. 164).

Wenn auch alle anderen Menschen die gleichen Zellen haben, dann verbindet uns viel mehr als das, was uns trennt. Durch die Leerheit der Zellen wird deutlich, dass jede Trennung von anderen illusionär ist, d. h., dass wir durch unsere gemeinsamen Zellen miteinander verbunden sind. Diese Erkenntnis löst, wenn sie entsprechend tiefer erfahren wird, wirklich eine Verbundenheit aus, die interpersonelle Spiritualität, die für Kinder und Jugendliche so wichtig ist. Alles ist miteinander verbunden, nichts existiert an und für sich:

> »Es bedeutet, dass unabhängig davon, wo oder wie intensiv du schaust, du nichts in dieser Welt finden wirst, das selbstgenügsam durch seine eigene intrinsische Natur, durch sein eigenes Recht, unabhängig von einem anderen existiert« (Batchelor 2015, S. 167).

Leere und Nicht-Selbst sind austauschbare Begriffe, so wie auch andere Wörter wie »das Unendliche«, einer der Begriffe, die C. G. Jung wählte. Auch alle Wörter sind primär leer und haben keine Substanz für und durch sich selbst. Die Erfahrung der Leere kann deshalb in den Worten genauso gut mit dem Begriff des Unendlichen ausgedrückt werden, wie in einer schon zitierten berühmten Passage: »Die entscheidende Frage für den Menschen ist: Bist du auf Unendliches bezogen oder nicht? Das ist das Kriterium seines Lebens. Nur wenn ich weiß, dass das Grenzenlose das Wesentliche ist, verlege ich mein Interesse nicht auf Futilitäten und auf Dinge, die nicht von entscheidender Bedeutung sind« (Jung 1984, S. 327).

Es ist interessant, dass Kinder und Jugendliche sehr begeistert sind, Vergänglichkeit, Leiden und viele andere Aspekte der Lehren des Buddha für sich zu entdecken. Leere oder Nicht-Selbst werden von ihnen natürlich auch intuitiv erlebt in Augenblicken der spirituellen Erfahrung, in der Stille und dem Schweigen in der Natur oder sogar während einer Psychotherapie:

Sabine, eine 16-jährige Jugendliche, befand sich in Behandlung wegen einer Bulimia nervosa. Bei dieser schweren Essstörung kommt es immer wieder zu unkontrollierbaren Ess-Anfällen, bei denen ohne Genuss große Menge hochkalorischer Speisen in kurzer Zeit aufgenommen werden. Der Auslöser dafür kann sehr unterschiedlich sein und Ärger, Unruhe aber auch Langweile umfassen. Das Sättigungsgefühl ermöglicht nur eine kurzfristige Befriedigung, bis das schlechte Gewissen und die Schuldvorwürfe erneut einsetzen. Diese leiten über in das nächste Stadium, nämlich zu Kompensationsmaßnahmen, vor allem Erbrechen. Nach unterschiedlich langen Intervallen beginnt der Zyklus nach einer Zeit wieder von neuem.

Die Bulimie kann sehr beeinträchtigend sein und den Alltag bestimmen. Auch Probleme mit dem Selbstwertgefühl und Unzufriedenheit mit Körper und Gewicht sind typisch für diese Erkrankung. Neben der Unterbrechung der Essanfälle und des Erbrechens spielt die Psychotherapie eine wichtige Rolle beim Gesundwerden.

Sabine wollte unbedingt gesund werden, dokumentierte ihr Essverhalten genau und hielt die Therapiestunden pünktlich ein. In den Stunden geschah von außen betrachtet wenig, aber innerlich sehr viel für sie. Sabine setzte sich auf einen Sessel und versank im Schweigen. Zuerst war ich etwas irritiert, aber verstand dann, dass sie in ihrem Schweigen nicht gefragt werden und unterbrochen werden wollte. Ich beobachtete meine und ihre Gefühle genau und merkte, dass sowohl sie als auch ich sehr entspannt waren. Es lagen einfach weder Druck noch Unsicherheit in der Luft.

Im Laufe der Stunde veränderte sich die Wahrnehmung, aber ich hatte immer das Gefühl, dass es ihr gut ging. Manchmal veränderte sich das Zeitgefühl so sehr, dass die Zeit stehenzubleiben schien und die Stunde schon herum war, kaum, dass sie begonnen hatte. Manchmal schien die räumliche Wahrnehmung flacher, manchmal tiefer zu sein. Wenn die Zeit reif war, vielleicht nach 30, 40 oder sogar 45 Minuten, fing sie von sich aus an zu reden und sprach die Dinge an, die für sie wichtig waren.

In diesem Sinne gestalteten wir eine »Meditationspsychotherapie« mit immer wiederkehrenden Augenblicken, bei denen die zeitliche und räumliche Wahrnehmung ins Schwimmen kam – und das, was sonst als fest und unumstößlich vorgegeben schien, sich in Bewegung setzte. Dadurch wurde die darunterliegende Leere offenbart, dass nichts in dem relativen Leben Substanz hat. Es gab nichts in diesen Momenten außer dem geteilten Gefühl der Leere und davor brauchte man keine Angst zu haben, da diese Leere keine Macht oder Bedrohung darstellte.

Sabine war dankbar für die Stille, für den inneren, freien Raum und die gemeinsame Erfahrung in der therapeutischen Beziehung. Sie war zum Schluss komplett von ihrer Bulimie geheilt. In der letzten Stunde schenkte sie mir ein Holzbrett zum Schneiden von Brot. Auf dem Brett waren die Worte des Vater Unser eingebrannt: »Unser täglich Brot gib uns heute.« Welch ein passender Abschluss einer Therapie. Wie das Gebet besagt, gib uns das notwendige Brot in der erforderlichen Menge – nicht zu viel (wie bei der Bulimie) und nicht zu wenig (wie bei der Anorexie), sondern gerade so viel, wie der mittlere Weg und die Gesundheit es benötigen.

Wie bei Sabine war es für den Buddha entscheidend, nicht die Leere zu rational zu verstehen, sondern sie tatsächlich zu erleben, ihn ihr zu verweilen und tatsächlich mit allen Sinnen zu erfahren:

> »In der Leere zu verweilen bringt uns auf den Boden der Erde und unserer Körper zurück. Es ermöglicht uns gewissermaßen, unsere Augen zu öffnen und gewöhnliche Dinge so zu sehen, als ob wir sie zum ersten Mal sehen« (Batchelor 2015, S. 218).

Oft sind junge Menschen jedoch so damit beschäftigt, die konkreten Entwicklungsaufgaben individuell anzugehen, dass sie es vermeiden, sich über längere Zeit mit der Leere zu beschäftigen. Natürlich ist es im Alltagsgebrauch völlig in Ordnung, von »Ich«, »Persönlichkeit«, und »Identität« zu sprechen. Auch bei Kindern ist dieser Gebrauch sinnvoll, es vermittelt im Alltag Sicherheit und ebnet die soziale Kommunikation. So kann es hilfreich sein, wenn ein Kind zum Beispiel zu sich selbst sagt »Ich bin ein mutiges Kind« oder »Ich bin ein tapferes Kind« und sich seiner Angst stellt. Dahinter kann auf einer zweiten Ebene dennoch das Bewusstsein von Leere vorhanden sein.

Auch viele Erwachsene finden diese Aspekte der Lehren des Buddha besonders schwierig, da es ihre Identitätsgefühle infrage stellt. Man kann vielleicht ein

Gefühl von Leere in folgendem Zitat von Karl Ove Knausgaard bekommen. Er beschreibt darin seine Gefühle der Entspannung und Freude an Sommerabenden, die nichts Außergewöhnliches an sich hatten, d. h. keine eigene Substanz hatten:

»Diese Abende gehören zu den glücklichsten meines Lebens, was seltsam ist, denn es war nichts Ungewöhnliches an ihnen, wir taten nur, was alle Kinder taten, wir saßen zusammen und spielten Brettspiele, hörten Musik und redeten über Dinge, die uns beschäftigten« (Knausgaard 2015a, S. 375).

Da sie nicht-selbst sind, werden diese Augenblicke leicht und einfach, da es nichts zu verlieren gibt. Durch »Nicht-Selbst« wird ausgedrückt, dass Prozesse und Abläufe der Natur nicht persönlich geschaffen oder gesteuert werden, wie zum Beispiel Gedanken, Gefühle, Körperwahrnehmungen – oder auch alle anderen Aspekte der Natur wie Bäume. In seinem schönen »Sommer«-Band seiner Jahreszeiten-Tetralogie, vermittelt Karl Ove Knausgaard etwas von diesem Gefühl des Nicht-Selbst, wenn er schreibt:

»Immer öfter denke ich, dass die Gedanken nur etwas sind, was mich durchströmt, dass die Gefühle etwas sind, was mich durchströmt, und dass ich ebenso gut ein anderer sein könnte und es nicht entscheidend ist, wer ich bin, sondern dass ich bin, was auch für den Kastanienbaum gilt, der in diesem Moment still brütend vor dem Fenster steht, mitten in seinem Wirbel aus grünen Blättern und weißen Blüten« (Knausgaard 2018, S. 18).

10   Die vier edlen Wahrheiten

Der Alltag ist für viele Kinder wirklich nicht einfach, wie wir schon mehrfach gehört haben. Erwachsenwerden kann eine große Herausforderung bedeuten. Viele Kinder leiden unter ungünstigen äußeren Bedingungen und materiellen Entbehrungen. Kinder in armen Ländern haben zudem höhere Risiken für posttraumatische Stressstörungen, Depression, Gewalterfahrungen, Diskriminierungen und den Verlust von Eltern (Benjet 2010). Andere Kinder sind durch Behinderungen oder körperliche Erkrankungen eingeschränkt. Viele müssen mit täglichen Belastungen umgehen. Viele Kinder sind einfach nicht glücklich.

Die gute Nachricht des Buddha ist, dass viele (nicht alle) Aspekte des Leidens nicht so bleiben müssen, wie sie sind. Es gibt immer eine Möglichkeit der Veränderung und der Leidensminderung. Und noch wichtiger, es stehen ganz pragmatische, konkrete Mittel zur Verfügung, diese Veränderungen zu erreichen. Die vier edlen Wahrheiten umreißen nicht nur den allgemeinen Ablauf eines spirituellen Pfades, sondern sind sehr hilfreich, um banale, alltägliche Probleme zu bewältigen. Die vier edlen Wahrheiten sind somit das Herzstück der buddhistischen Lehre. Zusätzlich werden sie intuitiv von Kindern und Jugendlichen verstanden.

Der Begriff »edel« in dem Namen »edle Wahrheiten« hört sich etwas altmodisch an. Man könnte sie genauso zentrale Wahrheiten des Buddha nennen. Das Wort edel deutet an, dass sie nicht nur im Zentrum stehen, sondern dass sie so bedeutend sind und erhöhte Aufmerksamkeit verdienen. Die vier edlen Wahrheiten sind:

1. Leiden
2. Ursachen des Leidens
3. Befreiung vom Leiden
4. Der Pfad

Aber was genau sind sie? Was sagen die edlen Wahrheiten aus?

Kurz zusammengefasst besagt die erste edle Wahrheit nicht, wie häufig fehlinterpretiert, dass das Leben Leiden ist. Sie besagt nur, dass Leiden unvermeidlich ist und dass jedes Leben Zeiten des Leidens durchläuft. Im Extremfall kann dieses Leiden körperlichen Schmerz, Erkrankungen, psychische Störungen und schwere emotionale Krisen umfassen. Üblicherweise ist es eher eine versteckte Unzufriedenheit, ein Missbehagen, ein Gefühl, dass Dinge nicht zufriedenstellend, unzulänglich und ungenügend sind. Wie wir in dem vorherigen Kapitel gesehen haben, gibt es einige Überlappungen in den Lehren des Buddha. Die erste edle Wahrheit ist somit identisch mit dem Leiden, das auch bei der zweiten Domäne der Trias der drei Daseinsmerkmale beschrieben wurde. Leiden ist somit ein unentrinnbarer Aspekt der menschlichen Existenz, aber zum Glück gibt es Möglichkeiten, die Dauer, Häufigkeit und Intensität des Leidens zu vermindern.

Dies leitet über zu der zweiten edlen Wahrheit, die eine Einschätzung und Analyse der Gründe für dieses Leiden oder Unzufriedenheit beinhaltet, genauso wie die Diagnose einer Krankheit. Das Kernmerkmal des Leidens lässt sich nach den Lehren des Buddha kurz zusammenfassen: Es ist ein Festhalten an etwas (ein Objekt, Gedanke, Gefühl, ersehnter Zustand), das sich verändert hat oder in der Veränderung begriffen ist, d. h. etwas wollen, was man nicht hat, oder etwas loswerden wollen, was man hat.

Die dritte edle Wahrheit ist eine Umkehr der zweiten: Wenn Anhaften und Festhalten der Grund, die Ursache des Leidens ist, dann bedeutet die Lösung, genau diese Ursache loszulassen. Die dritte edle Wahrheit vermittelt einen positiven Ausblick, indem sie betont, dass das Leiden nicht unumgänglich ist, und indem sie Alternativen anbietet.

Die vierte edle Wahrheit ist der wichtigste und praktische Aspekt der vier Stufen. Sie wird auch der »edle achtfache Pfad« genannt und besteht aus acht praktischen Anweisungen, die hilfreich sind, indem sie Wohlgefühl und Freude erhöhen und gleichzeitig Leiden vermindern. Der achtfache Pfad wird auch der »mittlere Weg« genannt, ein Zugang zum Leben, der alle extremen Ausprägungen vermeidet und eben den mittleren Weg anstrebt.

Der buddhistische Lehrer Stephen Batchelor hat es geschafft, die vier edlen Wahrheiten auf ihre wesentliche Essenz zu reduzieren, so wie einen Erinnerungszettel. Nach ihm können die vier edlen Wahrheiten zusammengefasst werden als eine Gruppe von Aufforderungen: »Umarme das Leben; lass das Entstehende los; beobachte, wie es nachlässt; handle!« (Batchelor 2015b, S. 1207).

Der Zugang des Buddha hat viele Ähnlichkeiten mit dem eines Arztes: beginnend mit den Symptomen (das Leiden beschreiben), zu einer Diagnose kommend (der Erkrankung einen Namen geben und ihre Gründe identifizieren), Hoffnung und Optimismus anbieten (beschreiben, dass die Symptome der Erkrankung vermindert werden können) und konkreten Rat und eine wirksame Behandlung anbieten (die Therapie verschreiben). Als Kinderarzt und Kinderpsychiater habe ich immer intuitiv die vier edlen Wahrheiten verstanden, da sie das medizinische Vorgehen widerspiegeln, das ich in den vielen langen Jahren der Ausbildung gelernt und verinnerlicht habe.

Was überraschend erscheinen mag, ist, dass Kinder die vier edlen Wahrheiten ganz spontan verstehen, ohne Studium, Übungen und Ausbildung. Nach meiner klinischen Erfahrung sind Kinder besonders angezogen von der ersten und der vierten edlen Wahrheit: Wenn sie leiden, ist dieses eine offensichtliche existenzielle Wahrheit für sie (die erste edle Wahrheit). Zudem wissen viele durch ihre spontane und naturliche Spiritualität genau, was sie tun können, um glücklich zu sein und anderen eine Freude zu bereiten (die vierte edle Wahrheit). Wie Bikkhu Bodhi, ein buddhistischer Gelehrter, der die Lehren des Buddha in modernes Englisch übersetzt und kommentiert hat, es ausdrückte: Die vierte edle Wahrheit »macht die Lehren lebendig« und ist eine kontinuierliche Entfaltung und Aufdeckung der Wahrheit (Bodhi 1994, S. v). In vielerlei Hinsicht ist der achtfache Pfad der praktischste und nützlichste Aspekt der Lehren des Buddha – und Kinder und Jugendliche wissen dieses genau und direkt.

Die erste edle Wahrheit

Reales Leiden ist weit verbreitet und betrifft viele Kinder weltweit, nicht nur diejenigen, die in Armut und materieller Not leben. Selbst in reichen Gesellschaften kann das tägliche Leben für viele Kinder ein Kampf und ein Ringen bedeuten. In diesen Fällen ist konkrete Hilfe zur Linderung der Not erforderlich.

Dennoch, selbst ohne psychische oder körperliche Erkrankung kann das alltägliche Leben einfach schwierig und unbefriedigend sein. Der Alltag kann für Kinder wirklich belastend sein. Es ist ein täglicher Kampf, morgens aufzustehen und in die Schule zu gehen, wenn man schwer depressiv ist. Es kann wie eine unüberwindbare Hürde erscheinen, wenn man Angst vor bestimmten Situationen hat und sich schämt. Körperliche Schmerzen können das Leben zu einer täglichen Qual machen. Einschränkungen des Körpers können bei schweren Erkrankungen jede Handlung zur Last machen.

Diese subtilen Formen des Leidens zeigen sich in einem oft nicht fassbaren, vagen Empfinden, dass die Dinge nicht ganz richtig sind. Leiden bedeutet in diesem Sinne, dass die Gefühle unzuverlässig, belastend, unbefriedigend, unlösbar und aufreibend sind (Goldstein 2013, S. 289). Man hat das Gefühl, dass es nicht genug war etwas zu bekommen, was man unbedingt wollte. Ein Gefühl von Leerheit kann sich breitmachen und neue Wünsche und Begierden generieren. Eine entscheidende Erkenntnis ist es, dass diese subtilen Formen des Leidens nicht »inhärente Phänomene der Welt darstellen, nur die Art und Weise, wie der unerwartete Geist sie erlebt« (Goldstein 2013, S. 289).

Der Jungianer Lionel Corbett hat dem Thema des Leidens ein gesamtes Buch gewidmet und das gesamte Spektrum möglicher Ausdrucksformen kurz zusammengefasst:

>»Emotionales Leiden wird üblicherweise ausgelöst von Trauer, Verlust, Deprivation, Verlustgefühle des eigenen Selbst und der Kontrolle des eigenen Lebens. Aber es gibt ein großes Spektrum von anderen möglichen Ursachen. Wir leiden wegen dem Gefühl, ungeliebt zu sein, vor Entfremdung, verlassen sein, Leerheit, fehlender Erfüllung, einer Unfähigkeit, unsere Talente und Stärken auszudrücken, Verlust von Intimität oder einfach einem diffusen Unglücklichsein ohne genauen Fokus. Zusätzlich kann jede dieser Arten des Leidens zum sozialen Rückzug führen, was ihrerseits das Leiden verstärkt. Leiden kann einen sehr einsam machen« (Corbett 2015, S. 244).

Das nächste Beispiel zeigt, wie Kinder sehr wohl verstehen können, was es bedeutet zu leiden – und was es bedeutet, wenn das Leiden aufhört. Die Erkenntnis der Vergänglichkeit von Schmerz und Einschränkungen ermöglichte für Judith wertvolle und weise Einsichten ins Leben:

Judith ist ein zwölfjähriges Mädchen mit einem schweren Tourette-Syndrom. Sie hat motorische Tics der Bauchmuskeln, im Gesicht und am Kopf. Sie äußert auch wiederholt Geräusche wie Husten und lautes Einatmen. Sie war dadurch so beeinträchtigt, dass sie nicht mehr zu ihrer Karategruppe ging, nicht mehr ihre Klarinette spielen wollte und auch ihre Freundinnen nicht treffen wollte. Sie war oft sehr unglücklich und weinte täglich.

Unter spezieller Neuroleptika-Medikation verschwanden die Tics fast vollständig. Sie sagte: »Ich bin nicht mehr so, wie ich vorher war. Ich bin reifer geworden. Ich weiß, wie ich mit meiner Krankheit umgehen kann, ich kann es gut schaffen. Ich weiß, dass ich mehr Zeit für mich selber brauche. Ich bin glücklich mit meiner Schwester, die meine beste Freundin ist, und mit meinen Eltern.«

Was sagt Judith genau? Sie drückt ihre Dankbarkeit aus, dass es hier jetzt so viel besser geht mit wirksamen Medikamenten. Zusätzlich hat sie gelernt, ihr tägliches Leben mit ihrer Familie und mit sich selbst zu schätzen. Diese Beziehungen bedeuten ihr sehr viel. Judith drückt Dankbarkeit und Erlösung in einer sehr reifen Form der Bewältigung aus.

Judith hat verstanden, was Leiden bedeutet, und kann wertschätzen, dass dieses Leiden viel geringer geworden ist. Sie hat auch gelernt, wie wichtig Beziehungen für sie sind. Dieses ist auch ein berührendes Beispiel für interpersonelle Verbundenheit, nachdem eine schwere Krise bewältigt wurde. Die Auflösung von Konflikten und Krisen kann zu einer weiteren und weiseren Sicht des Lebens führen. Nach C. G. Jung ist »dieses Leid, das dem Leben unvermeidlich anhaftet, … nicht zu umgehen« (Jung 1995, 11, Paragraf 291), aber Entwicklung und Kreativität kann aus dem Leiden entstehen (Jung 1995, 11, Paragraf 497): »Aus dem Leiden der Seele aber geht alle geistige Schöpfung hervor und jeglicher Fortschritt des geistigen Menschen.« Tiefe, anhaltende Erkenntnis und Veränderung entspringen nicht Zuständen der Selbstzufriedenheit und Gleichgültigkeit oder einem diffusen Wohlgefühl, sondern werden gerade durch Schwierigkeiten und Krisen in Gang gesetzt.

Der norwegische Autor Karl Ove Knausgaard, von dem wir so oft Zitate gelesen haben, betont in seinen sechs autobiografischen Romanen immer wieder, wie anstrengend der tägliche Kampf für Kinder sein kann. In der norwegischen Sprache nannte er deshalb seine Bücher auch »Mein Kampf«, ein Name der in der deutschen Sprache geschichtlich so negativ besetzt ist, dass die deutschen Übersetzungen eher harmlose Kurztitel wie »Spielen«, »Leben« oder »Lieben« gewählt haben. Passender wäre es vielleicht gewesen, Begriffe wie »Meine tägliche Anstrengung«, »Mein tägliches Bemühen«, »Meine täglichen Aktivitäten« bei Kränkungen, Zurückweisungen, Schwierigkeiten und Begrenzungen zumindest als Untertitel aufzunehmen. Natürlich zeigen die Romane auch das Gegenteil, die Lösung, die Ekstase, die Freude und das Glück am Leben. Damit erfasst Karl Ove Knausgaard literarisch, offen und nicht dogmatisch die Essenz der vier edlen Wahrheiten.

Die zweite edle Wahrheit

Die zweite edle Wahrheit befasst sich mit den Gründen der Gefühle der Unzulänglichkeit. Die Ursachen können mit folgenden zwei Grundeinstellungen zusammengefasst werden:

1. Haben wollen, was man nicht hat.
2. Nicht wollen, was man hat.

In beiden Fällen liegt ein Anhaften oder ein Verlangen nach etwas, was man haben oder nicht haben sollte, zugrunde. Zu diesen zwei Grundursachen fügte der Buddha die Trennung von Personen, die man liebt, hinzu. Der wichtigste Schritt bei der zweiten edlen Wahrheit ist es, die eigene subjektive Interpretation von einer äußeren Zuweisung zu einer inneren Attribution zu verändern. Viele Kinder und Jugendliche, aber auch Erwachsene neigen zunächst dazu, äußere Ursachen für ihre Probleme verantwortlich zu machen: »Es ist die blöde Schule, es sind die gemeinen Lehrer, die fiesen Mitschüler, die ungerechten Eltern oder die freche Schwester. Alle anderen sind schuld, nur ich nicht.« Erst im zweiten Schritt können sie erkennen, dass die äußeren Bedingungen zwar schwierig sein mögen, aber dass ihre Einstellung selbst das Leben beeinflusst. Dies ist eine wichtige Erkenntnis in jeder Psychotherapie, nämlich zu lernen, zwischen äußeren, objektiven und inneren, subjektiven Ursachen zu unterscheiden. Manches Leiden entsteht durch konditionierte und wiederholte gleichförmige Reaktionen. Die Schwierigkeit dabei ist zu erkennen, wie unsicher, fragil, unzuverlässig und vergänglich das Leben ist. Hier sind wir wieder beim ersten der drei Daseinsmerkmale, Vergänglichkeit, wie in dem Fall von Isabell.

> Isabell war eine war ein 14-jähriges Mädchen mit depressiven Symptomen. Ihr Vater war alkoholabhängig, hatte unberechenbare Stimmungsschwankungen und neigte zu impulsivem Verhalten. Sie fühlte sich verantwortlich für ihre Familie und musste als Jugendliche wiederholt elterliche Rollen übernehmen. Isabell beschrieb, wie schwierig Veränderungen in ihrem Leben waren:
>
> Als sie in der zweiten Klasse war, hatte sie so eine nette Lehrerin. Sie wollte immer in der zweiten Klasse bleiben und nicht in die dritte versetzt werden. Ihre Lehrer sagten »Isabell, du bist zu alt, du musst einfach weitergehen.«
>
> Als sie von der Grundschule in die weiterführende Schule wechseln musste, hatte sie wieder das gleiche Problem. Sie wollte einfach in der Grundschule bleiben.
>
> Jetzt erzählte sie, dass sie sich von ihrem Freund trennen wollte, der sehr einschränkend, kontrollierend und eifersüchtig war. Sie war ambivalent, wollte am liebsten in der Beziehung bleiben, wenn sie nur ein wenig anders wäre.

Wir sprachen über Veränderung und das unaufhaltsame Weiterlaufen der Zeit, d. h. Vergänglichkeit und das folgende Leiden, wenn man zu sehr festhalten will. Isabell war sehr aufnahmefähig und konnte diese Zusammenhänge intuitiv erkennen. Sie konnte sehen, dass ihr eigenes persönliches Leiden und ihre Schwierigkeiten, mit dem Leben einfach voranzuschreiten, mit ihren schwierigen Erfahrungen als Tochter eines alkoholkranken Elternteils zusammenhingen. Zusätzlich konnte sie die universelle, allgemeine Bedeutung ihrer Situation erkennen. Sie konnte sehen, dass ihre Depression eine angemessene Reaktion auf eine schwierige Situation darstellte, eine Antwort die die meisten Menschen zeigen würden. Wie Lionel Corbett schrieb:

> »Leiden ist ein unvermeidbarer Aspekt des menschlichen Lebens und nicht notwendigerweise eine Folge von Psychopathologie. Zum Beispiel, anstatt die Depression als eine Störung anzusehen, kann sie aus spiritueller Sicht als dunkle Nacht der Seele interpretiert werden. Aus existenzieller Sicht kann sie als intrinsischer Aspekt der menschlichen Bedingungen gesehen werden, eine absolut angemessene Erfahrung in bestimmten Situationen« (Corbett 2015, Ort 160).

Die dritte edle Wahrheit

Die dritte edle Wahrheit verkündet positiv, wie dieses Leiden enden kann. Sie ist die Umkehr der zweiten edlen Wahrheit: Durch die Erkenntnis der Gründe des Leidens und die Akzeptanz der Vergänglichkeit werden sich Dinge ändern, einfach indem das Anhaften und Festhalten losgelassen wird. Sie ist eine Lehre der Hoffnung, da alle uns befriedigenden Gefühle und Geisteszustände niemals so bleiben werden, wie sie sind, sie werden sich verändern einfach, weil sie vergänglich sind.

Ich versuche immer auf Visiten, diesen hoffnungsvollen Aspekt Kindern und Jugendlichen zu vermitteln, nämlich unabhängig davon, wie schwer die derzeitige Situation ist, einfach aufgrund der Vergänglichkeit werden die Dinge sich unweigerlich ändern. Es kann einfach nicht so bleiben. Die Lösung mag möglicherweise nicht die sein, die man sich vorstellt und gerne hätte. Aber manche Lösungen sind so viel einfacher als man es sich überhaupt vorstellen kann:

Emma ist ein 15-jähriges Mädchen mit ADHS, die seit dem Alter von acht Jahren mit Medikamenten behandelt wurde, die einen sehr positiven Effekt auf ihre Schulleistungen bewirkten. Eine bleibende Problematik waren eskalierende, negative Interaktionen zwischen ihr und ihrer Mutter. Es schien so, als ob sie in einer Spirale von Streit, Schimpfen und Schreien gefangen waren und sich dabei gegenseitig abwerteten. Sobald Emma sich entspannt fühlte, fing ihre Mutter an sie zu provozieren – und andersherum. Alle ambulanten Interventionen waren diesbezüglich wenig erfolgreich, da beide die konstanten Streitereien und damit verbundenen Aufregungen suchten und benötigten.

Schließlich wurde Emma wegen Suizidgedanken und Selbstverletzungen stationär aufgenommen. Wiederholt schnitt sie sich aus Verzweiflung in ihre

Arme. Während der stationären Behandlung und nach vielen Diskussionsrunden wurde eine Lösung gefunden. Emma kam zu der Erkenntnis, dass der einzige Weg aus dieser negativen Interaktion mit ihrer Mutter für sie ein Internat wäre, was ihre Mutter nur sehr schwer akzeptieren konnte. Schließlich willigte sie ein, dass ihr Kind in ein Internat ziehen könnte, aber nur unter der Bedingung, dass das Internat weit entfernt sein sollte. Die Mutter erkannte, dass der Abstand und keine Vermischung von Schule und häuslicher Umgebung für sie beide heilsam sein würde. Emma schaute sich verschiedene Internate an und wurde wenige Tage später aufgenommen. Die täglichen Auseinandersetzungen, die endlos und ewig schienen, hörten plötzlich auf. Die Lösung war so viel einfacher als je vorher vorstellbar.

Sobald man die dritte edle Wahrheit erkannt hat, ist es am besten, sofort den achtfachen Pfad oder den sogenannten »mittleren Weg« der vierten edlen Wahrheit zu betreten und zu gehen. Emma und ihre Mutter kamen am Ende zu einem rechten Verständnis und konnten dieses erfolgreich in ein rechtes Handeln umsetzen.

Die vierte edle Wahrheit

Die vierte edle Wahrheit ist identisch mit dem »achtfachen Pfad« oder dem »mittleren Weg«. Der achtfache Pfad ist wirklich einer der praktischen und hilfreichen Aspekte der Lehren des Buddha. Wie schon vorher erwähnt, ist der achtfache Pfad der mittlere Weg, den der Buddha als den einzig richtigen erfahren hat, nachdem er mit viel Leid die Extreme der Verwöhnung und des materiellen Überflusses sowie der Askese und der Entsagung bis zur Todesnähe durchlebt hatte.

Wie der Buddha müssen auch viele Kinder und Jugendliche die Extreme des Lebens erfahren und ausprobieren, bevor sie nicht starr, sondern um den mittleren Weg herum oszillierendend, ihre eigene Lösung gefunden haben – ganz ähnlich wie der Buddha.

Jede Person hat ihre eigenen Extreme, zwischen denen er oder sie hin und her schwankt. Dies wurde poetisch in dem berühmten Lied aus den Jahren 1976 von der kanadischen Sängerin Joni Mitchell mit dem Titel »Hejira«, dem Namen für die Reise Mohammeds von Mekka nach Medina, beschrieben. In ihrem Lied-Gedicht stellt sie fest, dass manche Menschen das volle Spektrum der extremen Erfahrungen auskosten müssen, während andere nicht die äußeren Extreme erleben müssen, sondern sich für eine ausgewogenere, konventionellere Fahrt durch das Leben entscheiden. Manche Kinder und Jugendliche müssen einfach die »Atemzüge der Extreme« ein- und ausatmen (auf Englisch ›The breath of extremities‹) und zwischen ihnen hin- und herschwingen. Andere oszillieren näher um den mittleren Weg herum. Kein Weg ist besser oder schlechter, jeder Mensch wird

Zeiten der Schwierigkeiten, Herausforderungen und Beschwerlichkeiten mit größerer oder geringerer Intensität erleben.

Wie der Buddha betonte, ist der mittlere Weg eine synonyme Bezeichnung für den edlen achtfachen Pfad.

Vor kurzem begegnete mir ein treffendes Symbol für den mittleren Weg auf einer Reise durch Laos, einem wunderschönen buddhistischen Land. In einem abgelegenen Naturreservat im Norden des Landes fuhren wir einen Fluss hinauf in das Herz des Dschungels. Mir kamen unwillkürlich Assoziationen zu dem berühmten Roman von Joseph Conrad, »Das Herz der Finsternis«, nur, dass dieser Dschungel fruchtbar, lebendig und nicht finster und bedrohlich war. Wir staunten, als wir in schmale flache Boote ohne Kiel oder Ruder stiegen. Mit diesen Booten sollte es den Fluss hinaufgehen mit Stromschnellen, Felsen, aber auch Untiefen? Doch, es war möglich. Jedes Boot hatte zwei Kapitäne: einer, der hinten mit einem kleinen, aber kräftigen Außenbordmotor die Richtung vorgab – und genauso wichtig, der zweite, der vorne mit einer Stange dafür sorgte, dass die Richtung beibehalten wurde. Das Ziel war klar erkennbar: Man steuerte direkt auf die Stellen mit der stärksten Strömung und damit auch mit der größten Tiefe zu. Für die besonders kräftigen Stromschnellen wurde vorher Anlauf genommen, um die Hindernisse zu passieren. Dies war die Aufgabe des hinteren Bootsführers. Der vordere sorgte dafür, dass das Boot weder an dem einen noch an dem andern Ufer hängen blieb, sich quer zum Strom stellte oder kenterte. Mit geschicktem, perfekt platziertem kurzem Stochern hielt das Boot seine Richtung bei, nämlich stromaufwärts.

Am nächsten Tag fuhren wir den Fluss wieder hinab, natürlich mit einer noch schnelleren Geschwindigkeit. Und das Prinzip funktionierte! Das Stochern war entscheidend dafür, dass weder das eine noch das andere Ufer berührt wurde und das Boot sicher über die Stromschnellen hinweg rasen konnte. Ich fragte anschließend die beiden Bootsführer, wie sie ihr Handwerk gelernt hatten. Die Antwort war verblüffend einfach: durch Versuch und Irrtum.

Wie passt diese Erfahrung zu dem mittleren Weg? Wie im Leben führt der Lebensweg zum Teil beschwerlich gegen den Strom, zum Teil wirkt es einfach und schnell, wenn man den Strom mit fließt. Nichts ist statisch oder starr, sondern konstant in Bewegung. Das Boot fährt mal rechts, links, genau dort, wo die Strömung am schnellsten ist. Mann kommt den Extremen der beiden Ufer nahe, ohne sie zu berühren oder sich in dem Gestrüpp zu verfangen. Die Bewegung erfolgt somit entlang des mittleren Weges. Während Erwachsene schon selber dafür sorgen müssen, ihre Toleranz und ihr Bedürfnis nach extremen Erfahrungen für sich zu adjustieren, ist es bei Kindern und Jugendlichen gelegentlich hilfreich, wenn Eltern oder andere erwachsene Personen wachsam mit einem Stocherstab in der Hand dafür sorgen, dass das Boot nicht stecken bleibt und die Reise durch das Leben nicht unnötig behindert wird.

Abb. 22: Auf dem Fluss über die Stromschnellen in Laos. Der vordere Bootsmann mit seinem Stocherstab hat die wichtige Funktion, das Boot auf dem mittleren Weg zu halten und zu verhindern, dass es an einem der beiden Ufer steckenbleibt. Hier geht es in großer Geschwindigkeit flussabwärts.

Warum ist also der mittlere Weg so wichtig? Wie Jack Kornfield es erklärte:

»Wenn wir Glück und Freude nur durch Genuss suchen, sind wir nicht frei. Wenn wir gegen uns selbst kämpfen und die Welt ablehnen sind wir nicht frei. Es ist der mittlere Pfad, der Freiheit bringt« (Kornfield 2008, S. 368).

»Der mittlere Weg beschreibt den Kompromiss zwischen Anhaften und Ablehnung, zwischen freiem Willen und vorher Bestimmtheit. Je mehr wir in den mittleren Weg eintauchen, umso mehr kommen wir zur Ruhe zwischen dem Spiel der Gegensätze« (Kornfield 2008, S. 64).

Und Kornfield fährt fort und wählt ein weiteres treffendes Symbol, indem er den mittleren Weg mit dem Schwimmenlernen vergleicht.

Der mittlere Weg schließt deshalb Exzesse nicht aus und hat mit einem Streben nach Perfektion gar nichts zu tun. Im Gegenteil, Weisheit bedeutet, das Imperfekte zu akzeptieren, wie der vor kurzem verstorbene kanadische Dichter und Sänger Leonard Cohen in seinem berühmten Lied »Anthem« so treffend ausdrückte. Dieses Lied wurde 1992 veröffentlicht, nachdem er zehn Jahre daran geschrieben hatte. Leonard Cohen vergleicht die Unvollkommenheiten, das Imperfekte mit einem Spalt. Alles im Leben hat einen Riss oder Spalt, der nicht Zeichen von Fehler oder Gebrochenheit ist, sondern genau das Gegenteil bewirkt. Nur durch den Spalt kann Licht hindurchfluten und Klarheit und Erkenntnis ermöglichen.

Dies ist das Paradoxe daran: Durch das Imperfekte und Unvollkommene einer Spalte kann Licht und Einsicht kommen. Bei Perfektion kann kein Licht hindurchscheinen. Wir als Menschen sind nicht perfekt und Perfektion ist niemals das Ziel. Dies ist die Botschaft des Liedes wie auch der Lehren des Buddha über den mittleren Weg.

Der mittlere Weg

Der Begriff »mittlerer Weg« wird für viele Jugendliche langweilig erscheinen. Mittelmäßigkeit, mittleres Alter und andere eher negative Bedeutungen kreisen für junge Menschen um den Begriff »Mitte«. In dieser Phase des Lebens ist es wichtig, wirklich die Extreme auszuprobieren, genauso wie der Buddha es tat, und nicht in einer Sackgasse der Entwicklung stecken zu bleiben:

> Christoph, ein 15-jähriger Jugendlicher, wurde wegen einer Dysthymie behandelt, einer langanhaltenden depressiven Störung mit unterschiedlichen Ausmaßen einer gedrückten Stimmung, die aber nicht die Kriterien einer vollen Depression erfüllen. Er war wohl erzogen, gehemmt und fiel vor allem an den Wochenenden mit seinen Eltern in Stimmungstiefs. Er erzählte, dass er sich nach den Montagen und dem Schulbesuch sehnte, da die äußere Struktur der schulischen Umgebung ihm Halt gab.
>
> Unter Antidepressiva-Medikation und Psychotherapie änderten sich seine Ansichten rasch und dramatisch. Jetzt waren seine Wochenenden vollgefüllt mit mehreren Partys, Mädchen und Alkohol wurden wichtig, obwohl er dafür sorgte, dass seine schulischen Leistungen nicht darunter litten. Obwohl er die Exzesse des Trinkens und Feierns genoss, sagte er immer, dass es wichtig für ihn war, Kontrolle zu behalten über das, was er tat, sodass er mögliche Konsequenzen tragen konnte.

Drogen und Alkohol können ein Zwischenschritt der Individuation und Erkenntnis sein. Allerdings schaffen es manche Jugendliche nicht, ihre Exzesse innerhalb der persönlichen Grenzen und Kontrollen zu beschränken, wie Christoph es tat. Offensichtlich hatte er das Prinzip des mittleren Weges für sich erkannt.

Die Extreme der Askese werden am besten verdeutlicht durch die Anorexia nervosa, eine Erkrankung, die durch selbst induziertes Hungern und Gewichtsabnahme verursacht wird. Diese schwere Krankheit ist gekennzeichnet durch eine Furcht vor Gewichtszunahme und eine übermäßige Beschäftigung mit Körperform und Körperaussehen. Es handelt sich um eine der schwersten psychiatrischen Erkrankungen, die selbst Kinder ab dem Alter von acht Jahren betreffen können. Anorexia nervosa kann als eine extrem einseitige Einstellung zum Leben verstanden werden, mit langfristigen körperlichen und psychischen Konsequenzen. Kinder und Jugendliche mit dieser Störung haben sich weit vom mittleren Weg entfernt. Die Psychotherapie bedeutet, eben zu diesem mittleren Weg zurückzukehren, ein Begriff den Hanna für sich selber wählte:

Hanna war eine 14-jährige Jugendliche mit einer ausgeprägten Form der Anorexia nervosa. Obwohl sie nur 29,9 kg wog, war sie sehr motiviert für eine ambulante Psychotherapie, an der sie sich aktiv beteiligte. Einmal schrieb sie mir einen langen Brief, nachdem ich ihr in einer Stunde folgende Frage gestellt hatte: »Kannst du dir einen Grund für deine Erkrankung vorstellen?«

Sie schrieb mir, dass sie ursprünglich nicht geplant hätte, Gewicht zu verlieren. Sie war so genervt von ihren Eltern, dass sie eine andere Form des Protestes wählte. Sie entschied, dass sie perfekt werden würde:

»Ich entschied mich, mein Leben komplett zu ändern und es wieder in den Griff zu bekommen. Alles sollte perfekt sein. Mein neues Leben war sehr perfekt und eine Art Widerstand gegenüber meinen Eltern. Sie sollten sehen, wie gut ich war. Ich zwang mich, so viel wie möglich für die Schule zu lernen, räumte mein Zimmer ordentlich auf, zog mich perfekt an und nahm mir Stunden, um meine Haare zu machen. Der ganze Tag war durchgeplant von Anfang bis Ende … Zusätzlich erlaubte ich mir praktisch gar nichts zu essen, nur Gesundes und keine Süßigkeiten. Dies gehörte zu meinem neuen Leben. Ich zeigte meinen Eltern, wie perfekt ich war, da ich bis 4:00 Uhr nachmittags nichts essen würde und nur Wasser trinken würde, aber keine Limonade.«

Als sie anfing, Gewicht zu verlieren, setzte sie ihr Handeln hartnäckig fort: »Es gab keinen mittleren Weg für mich, kein vielleicht, für mich gab es entweder ja oder nein. Sobald ich mich entschied, dass etwas richtig ist, dann werde ich alles tun, um es zu erreichen. Ich denke einfach nicht mehr darüber nach.«

Als sie mit der Psychotherapie begann, sagte sie: »Dann erkannte ich, dass ich blind gewesen war, was mich sehr beschämt.«

Während der Psychotherapie schaffte sie es, einen mittleren Weg zu finden und ihr Streben nach Perfektion zurückzulassen. Sie konnte ihre Wut und ihren Ärger direkt ausdrücken, Konflikte angehen und zunehmen. Sie hatte Tränen in ihren Augen, als die Therapie zu einem Ende kam, war aber gestärkt und bereit, ihren mittleren Weg durch das Leben zu nehmen.

Dies ist ein Beispiel des mittleren Weges und die Weisheit des Buddha, der lehrte, die Extreme zu vermeiden. Der Buddha erfuhr selber am eigenen Leib, dass extremes Hungern in eine Sackgasse führt. Genau wie der Buddha nahm Hanna langsam an Gewicht zu. Sie konnte sehen, dass sie blind gewesen war und dass sie in ihrem Protest gegen ihre Eltern rigide und stark geworden war, dass sie durch das Festhalten an ihren Idealen ihren mittleren Weg verloren hatte. Zum Glück ist es nie zu spät, die Richtung zu ändern, sich neu zu orientieren und den passenden mittleren Weg durch das Leben erneut aufzugreifen.

11   Der achtfache Pfad

Der achtfache Pfad ist eine gute Metapher, denn es handelt sich um einen symbolischen Pfad. Der Pfad ist ein gut gewähltes Symbol für die Individuation. Der Pfad kann manchmal steil, gewunden und schwer zu begehen sein, zu anderen Zeiten kann er aber auch einfach und gerade auslaufen. Der Pfad, den der Buddha empfiehlt, ist weder der eine noch der andere. Wie wir gehört haben, propagiert er den mittleren Weg.

Das Symbol des Pfades deutet an, dass es eine Richtung gibt und ein Ziel, das erreicht werden kann. Robert Macfarlane hat ein ganzes Buch den Entdeckungen gewidmet, die man machen kann, wenn man Pfade läuft. Er beobachtete, dass,

Abb. 23: Ein Pfad kann gewunden und schwer zu gehen sein, er kann bergauf führen, dunkel und neblig sein – genauso wie der Pfad der Individuation manchmal schwierig sein kann.

Abb. 24: Der Pfad des Lebens und die Individuation kann manchmal einfach und klar sein – wie dieser Pfad durch ein Feld im Frühling.

obwohl der Pfad von einem Individuum beschritten wird, Pfade eigentlich gemeinsame Wege sind, die über lange Zeit von vielen Menschen geschaffen wurden. Wenn sie nicht konstant verwendet werden, können Pfade rasch von der Natur überwachsen werden (MacFarlane 2012, S. 17). Es ist ferner hilfreich, Freunde, Bekannte und andere Menschen zu haben, um einen Pfad gemeinsam zu gehen.

Manche Pfade sind weniger äußere Wege, sondern innere Reisen der Seele wie Pilgerwanderungen. Manche Pilgerreisen haben keinen Anfang und kein Endziel, sondern sind Zirkumambulationen, Umkreisungen, bei denen der Anfang gleichzeitig das Ende darstellt. Der amerikanische Dichter E. E. Cummings drückte diese Einsicht in seinem berühmten Gedicht »Sucher der Wahrheit« (»Seeker of truth«) aus. Das Gedicht sagt in sehr einfachen Worten, wie in einem Zen Gedicht, dass diejenigen, die die Wahrheit suchen, keinen bestimmten Pfad benötigen, da alle Pfade zur Wahrheit führen, nämlich zum Hier.

Jeder Pfad muss Schritt für Schritt abgelaufen werden – kein einzelner Schritt kann übersprungen werden. Jedes Glied des achtfachen Pfads passt sich ein in die anderen. In manchen Lebensphasen kann ein Aspekt des achtfachen Pfades vernachlässigt werden und erfordert deshalb besondere Aufmerksamkeit, während andere sehr wohl berücksichtigt sind. Der achtfache Pfad ist ein umsetzbares Ideal, das Frieden und Leichtigkeit ins Leben bringen wird. Das Gefühl von Ganzheit ist ein qualitativer Ausdruck dafür, dass man auf dem richtigen Pfad ist.

Der Begriff »recht« bei den Gliedern des achtfachen Pfades bedeutet nicht, dass es einen richtigen und falschen Weg gibt. Recht bedeutet lediglich, dass jeder Schritt ausreichend und passend für eine Person zu einer bestimmten Zeit sein kann. Wie alle Phänomene der relativen Gegebenheiten ist der achtfache Pfad ein Prozess, der sich mit der Zeit verändert. An hohen Idealen festzuhalten, die nicht erfüllt werden können, ist dabei nicht hilfreich. Kinder durchlaufen wie alle menschlichen Wesen Entwicklungsphasen und können von ihrer Natur her nicht vollkommen und perfekt sein. Wie wir gerade in dem Fall von Hanna gesehen haben, wird das Streben nach Perfektion in ungesunde Extreme führen.

C. G. Jung verwendete ein weiteres Symbol für den Pfad der Individuation. Er beschrieb die Individuation nicht als geraden Pfad, sondern als Spirale. Es gibt Zeiten der Progression, wenn Dinge sich vorwärtsbewegen, wenn Aktivität und Exploration natürlich fließen – und es gibt Zeiten der Regression, zu denen Rückzug und Reorganisation der Energien erforderlich ist. Dennoch handelt es sich nicht nur um eine Bewegung nach vorne und zurück, sondern diese beinhaltet als Spirale eine vertikale Bewegung, ein Voranschreiten, um die Person zu werden, die man schon immer war.

Weiterhin suggeriert der achtfache Pfad keineswegs, dass man mit einem bestimmten Glied beginnen muss und in einer vorgegebenen Abfolge die anderen durchlaufen muss. Alle Schritte des Pfades sind miteinander verknüpft. Zu bestimmten Zeiten im Leben kann es wichtig sein, auf einen Aspekt zu fokussieren, vor allem wenn dies ein vernachlässigter Bereich war.

Der achtfache Pfad ist einerseits ein zentraler Aspekt der Lehren des Buddha. Andererseits verstehen Kinder und Jugendliche in ihrer natürlichen, spontanen Spiritualität den achtfachen Pfad ganz alleine, ohne Unterricht und lernen. In diesem Kapitel werden wir entdecken, wie der achtfache Pfad sich im Leben von Kindern und Jugendlichen zeigt.

Die acht Glieder des Pfades können in drei Gruppen eingeteilt werden:

Die Weisheitsgruppe:

1. Rechtes Verständnis
2. Rechte Absicht

Die Ethikgruppe:

1. Rechtes Sprechen
2. Rechtes Handeln
3. Rechte Lebensführung

Die Konzentrationsgruppe:

1. Rechte Anstrengung
2. Rechte Achtsamkeit
3. Rechte Konzentration

Wie wir sehen, sind die drei Aspekte der Weisheit, der Moral oder Ethik und die der Konzentration und Achtsamkeit eng miteinander verknüpft. Kinder und Jugendliche sind besonders angezogen von der Ethikgruppe, die Entscheidungen und Aktivitäten im Leben erfordert. Obwohl die einzelnen Schritte so miteinander verflochten sind, werden die einzelnen Glieder des achtfachen Pfades separat besprochen.

Rechtes Verständnis

Rechtes Verständnis (manchmal übersetzt als rechte Sicht oder rechtes Denken) und rechte Absicht oder Intention sind die zwei Weisheitsfaktoren des achtfachen Pfades. Diese beiden Aspekte gehören zusammen, wie Bikkhu Bodhi es betonte: »Rechte Sicht (Verständnis) stellt die Perspektive der Praxis zur Verfügung, rechte Absicht, das Gefühl für die Richtung« (Bodhi 1994, S. 30). Wie wir vorher gesehen haben, ist Weisheit eine der fünf zentralen Domänen der spontanen Spiritualität von Kindern. Weisheit bedeutet zu sehen, wie die Dinge wirklich sind und dennoch trotz Unsicherheit handeln zu können. Weisheit bedeutet somit, sich auf das rechte Verständnis und die rechte Intention verlassen zu können.

Rechtes Verständnis umfasst die Entwicklung von Werten und die Fähigkeit unterscheiden zu können, was wichtig und nicht wichtig ist im Leben. Ganz pragmatisch kann rechtes Verständnis mit jedem der besprochenen Bereiche beginnen, d. h. mit der Vergänglichkeit oder der Erkenntnis der Verbundenheit mit anderen. Rechtes Verständnis hilft einem, durch die Verlockungen der weltlichen Bedingungen hindurchzuschauen und zu wissen, dass Freude und Glück innere Geisteszustände sind und nicht in materiellem Reichtum, sozialem Status oder äußeren Objekten gefunden werden können. Die Exploration der weltlichen materiellen Bedingungen ist so wichtig für Kinder und Jugendliche, dass sie detailliert in einem früheren Kapitel besprochen wurden (▶ Kap. 8).

Nach Titmuss umfasst das rechte Verständnis zwei wesentliche Aspekte: »Zunächst entwickeln wir die Fähigkeit, Probleme wahrzunehmen, entdecken Möglichkeiten, mit ihnen zu arbeiten und gelangen zu Einsichten, die einen Unterschied im Leben machen.« Der zweite Aspekt ist die Erkenntnis, dass Stille und Alleinsein, die Reduktion von Sinnesreizen günstige Bedingungen dafür sind, dem rechten Verständnis Raum zu geben (Titmuss 1998, S. 26).

Rechtes Verständnis impliziert die Fähigkeit, Unterschiede zwischen innen und außen, Persönlichem und Unpersönlichem, Relativem und Universellem unterscheiden zu können. Rechtes Verständnis ist eine große Hilfe, zwischen oberflächlichen, trivialen und wichtigen, essenziellen Aspekten des Lebens zu unterscheiden.

> Linus konnte sehr gut benennen, was er nicht ausstehen kann: Ungerechtigkeit, Falschheit, Zickerei, Angeberei und alles, was hinten herum und nicht offen gemacht wird. Er stellte eine Negativliste auf von allen Menschen, die er hasste. In der Therapie wurde besprochen, ob es nicht auch eine positive Liste geben könnte, d. h. Menschen, die er akzeptieren und bewundern konnte.

Linus konnte als ersten Schritt erkennen, was falsch und echt war, und lernte in der Therapie anschließend, ohne Hass und Ablehnung zu handeln. Er entwickelte über diesen Einstieg ein rechtes Verständnis.

Am wichtigsten jedoch ist, dass rechtes Verständnis bedeutet, zwischen heilsamem, förderlichem Handeln und dem Gegenteil von unheilsamem, schädlichem Tun zu differenzieren und sich danach auszurichten. Rechtes Verständnis bedeutet auch Karma, d. h., das einfache, rückwirkende Gesetz von Ursache und Wirkung zu verstehen und die Verantwortung für das eigene Handeln zu übernehmen. Ein weiterer Aspekt ist, die zugrundeliegenden Absichten und Intentionen des Handelns zu erkennen. Manchmal kann es bedeuten, sich über konventionelle, allgemeine Meinungen und Vorgaben hinwegzusetzen und der eigenen inneren Stimme und seinem Gewissen zu folgen.

Wie wir gesehen haben, haben manche Kinder und Jugendliche eine erstaunliche Kapazität zum rechten Verständnis, vor allem in Zeiten von Krisen, Leiden und Schmerz, Zeiten, in denen sie sehr viel weiser sein können als Erwachsene. Worte des rechten Verständnisses wurden von Victoria wiederholt geäußert. Hier folgt eine Reihe von Beispielen ihres Verständnisses von Recht und Unrecht:

> Victoria, die 16-jährige Jugendliche, die schon mehrfach zitiert wurde, hatte ein gesteigertes Gefühl von Gerechtigkeit. Sie war sich sicher, dass alle Men-

schen gleich sind und dass keiner denken sollte, dass er jemand anderem überlegen sei.

Sie war enttäuscht, da sie sich von ihrer besten Freundin verraten fühlte. Auch war sie sehr belastet, da zwei ihrer Freundinnen Essstörungen hatten und sie ihnen nicht helfen konnte.

Kurz bevor sie ihre Psychotherapie begann, hatte sie die Schule gewechselt, und zwar von einer katholischen Eliteschule zu einem normalen Gymnasium. Sie mochte ihre ehemalige Schule nicht, da Lehrer und Schüler so arrogant waren. Sie schauten auf andere Menschen herab und behandelten sie, als ob sie weniger wert seien.

Ihr Verständnis spiegelte eine tiefe Einsicht über die Werte des Lebens wider. In einer anderen Stunde sagte Victoria: »Wenn jeder Mensch Liebe hätte, gäbe es keinen Grund für Kriege. Umfassende Liebe hindert einen daran, anderen zu schaden, aber auch sich selbst zu schaden.«

Diese Worte sind ein tiefer Ausdruck von interpersoneller Spiritualität und von rechtem Verständnis. In einer anderen Stunde sagte Victoria, dass sie versuche, »andere Menschen nicht nach ihrem Aussehen zu beurteilen«. Dies bedeutet, dass sie sich bemüht, hinter das oberflächliche, sichtbare Aussehen zu schauen. Wie wir sehen können, gibt es eine große Überschneidung zwischen rechtem Verständnis und Weisheit. Alle diese Beispiele verdeutlichen, dass Jugendliche wie Victoria intuitiv ein rechtes Verständnis in den Begriffen des Buddha haben.

Rechte Absicht

Rechte Absicht, die manchmal als rechte Intention übersetzt wird, umfasst zwei wichtige Aspekte, nämlich Intention und Einstellung, die sich gegenseitig unterstützen (Titmuss 1998, S. 30).

Nach Titmuss wird rechte Absicht als eine Entschlossenheit definiert, in einer bestimmten Art und Weise zu handeln. Damit geht die Hoffnung einher, etwas zu erreichen. Motive müssen erkundet und berücksichtigt werden. Rechte Intention beinhaltet mehr Aktivität als nur zu denken oder eine Handlung zu erwägen. Es ist ein Prozess des Durchdenkens und Überlegens. Intention bedeutet, dass ein relativ realistisches Ziel erreicht werden kann. Synonyme der Intention umfassen Worte wie Ziel, Streben, Hoffnung, Richtwert und Motivation.

Die Einstellung ist einfacher zu erfassen. Einstellung wird definiert als ein psychischer Gefühlszustand gegenüber anderen Menschen oder Objekten. Einstellungen können überdauern und einen konstanteren Persönlichkeitsaspekt darstellen, eine Haltung oder Ausrichtung bedeuten. Zum Glück können Einstellungen sich auch in kurzer Zeit ändern. Einstellungen können positiv und negativ sein. Negative Einstellungen umfassen feindselige, fordernde, aggressive, abwertende Zugänge. Positive Einstellungen beinhalten Empathie, Verständnis, Mitgefühl und Interesse. Wie Erfahrung und Allgemeinwissen immer wieder zeigen, haben negative Einstellungen eine höhere Wahrscheinlichkeit, negative Reaktionen hervorzurufen, während positive Haltungen eher Glück und Freude für einen selber und andere Menschen auslösen.

Nach Bikkhu Bodhi beschrieb der Buddha zwei Kategorien von Gedanken: Verzicht, guter Wille und nicht schaden wollen; und Verlangen, schlechter Willen und schaden wollen (Bodhi 1994, S. 27). Da das rechte Verständnis der Vorläufer des Handelns ist, ist es wichtig zu erkennen, dass diese zugrundeliegenden Beweggründe das Karma wesentlich bestimmen, d. h. die wechselseitige Dynamik von Ursache und Wirkung, d. h. die Abläufe von Ereignissen, die den jeweiligen Handlungen folgen. Das Prinzip des Karmas ist offensichtlich und Kindern und Jugendlichen vertraut, wie die nächsten zwei Beispiele verdeutlichen:

> Victoria, die 16-jährige Jugendliche, war sich sicher, dass die Gesetze des Karmas existieren: Selbst wenn sie sich nicht in diesem Leben auswirken, werden Taten möglicherweise einen Effekt auf das nächste Leben haben. Jedoch wirkt das Karma nicht einfach, direkt und eins zu eins. Sie glaubt, dass es eine höhere Kraft gibt, die über die positiven und negativen Effekte nach dem Tod entscheiden. Diese höhere Kraft ist immer da und sie hat das Gefühl, dass sie ein Teil davon ist.

Karma ist das Prinzip von Ursache und Wirkung, das sowohl im Hinduismus als auch im Buddhismus verankert ist. In sehr einfachen Worten bedeutet es, dass die eigenen Taten Folgen haben werden, vielleicht nicht in einer direkten Kausalität, aber auf jeden Fall langfristig. Die Qualität der Taten wird bestimmt durch die eigentlichen Intentionen und Absichten. Victoria war sich sicher, dass ihre positive Absichten Früchte tragen würden. Karma ist sehr hilfreich, um eine eigene, individuelle Ethik zu etablieren, da somit jede Person Verantwortung übernehmen muss für das, was sie tut.

> Olivia ist ein zehn Jahre altes Mädchen, das wegen Angstsymptomen behandelt wurde. Sie erzählte einmal, dass der Gottesdienst so langweilig ist. Sie geht nicht gerne in die Kirche. Dagegen ist der Buddhismus so viel ansprechender für sie. Auf die Frage, warum dies so sei, antwortete sie, dass die Vorstellung von Karma und Wiedergeburt besonders gut für sie ist. Vielleicht war sie einmal vorher ein Junge oder eine andere Person. Allerdings ist sie sicher, dass sie in einem vorherigen Leben keine böse Person gewesen sei.
> Ihr jüngerer Bruder (sieben Jahre alt) erzählte einmal, dass alle Menschen Sterne gewesen sind vor ihrer Geburt – und dass sie nach ihrem Tod wieder zu Sternen werden würden.

Während Olivia die Sicht des Karmas wiedergibt, hat ihr jüngerer Bruder eine eigene Erklärung der Transmutation oder Wiedergeburt gefunden. Beide Ansichten werden ihnen helfen, die Auswirkungen ihrer Handlungen in einem größeren Kontext zu sehen, d. h., das rechte Verständnis und die rechte Absicht zu erkennen.

Auch verstehen Kinder sofort, dass rechtes Verständnis und rechte Absicht einfach zu Glück und Freude führen:

> Victoria sagte, dass sie eine sehr glückliche Person sei. Wenn sie unglücklich ist, denkt sie an all die Dinge, die wir haben und die viele andere Menschen auf der Welt nicht haben, wie genügend Nahrung und Ausbildung. Sie denkt auch an die vielen kleinen Dinge in ihrem Leben, für die sie dankbar ist, zum Beispiel, wenn ihr älterer Bruder sie in seine Arme nimmt, um sie zu trösten, oder wenn ihre kleine Schwester sie fragt, ob sie mit ihr spielen will.

Victoria drückt eine allgemeine, umfassend positive Einstellung zum Leben aus. Ihre Haltung ist authentisch, großzügig und nicht gespielt. Die Auswirkungen dieser Einstellung, gekoppelt mit rechter Absicht, ist Freude. Zudem kann sie akzeptieren, wenn andere Menschen sie so als glückliche Person sehen:

> Victoria hat ein sehr enges Verhältnis zu ihrem älteren Bruder, der sagt, sie wäre eine liebenswürdige Person. Ich fragte sie, ob sie dem zustimmen kann, und sie sagte, sie glaubt, dass es wahr ist.

Diese Freude ist jedoch nicht etwas, das sie für sich behält, ihre Absicht ist es, sie anderen offenherzig zu geben mit dem Wunsch, dass sie auch glücklich sein können:

> Sie sagte: »Ich weiß, dass ich eine Aufgabe und Vorsehung im Leben habe.« Ihre Aufgabe ist es, andere Menschen glücklich zu machen und ihnen zu helfen. Dies macht sie am glücklichsten und zufriedensten.

Rechtes Sprechen

Die nächsten drei Glieder des achtfachen Pfades, rechtes Sprechen, rechtes Handeln und rechte Lebensführung, kreisen um Ethik und Moral. Wie Bikkhu Bodhi (1994) betonte, klingt bei dem Begriff Moral auch Verpflichtung oder Einschränkung mit. Dagegen betonte der Buddha in seiner Sicht von Ethik nicht die Begrenzung, sondern die Harmonie. Wenn die grundlegenden ethischen Prinzipien befolgt werden, folgt gesellschaftliche, psychische und spirituelle Harmonie. Ethik bedeutet, schädliches und schädigendes Handeln zu vermeiden und positives Handeln zu bevorzugen.

Sprechen beinhaltet die Kommunikation und den Ausdruck von Gedanken in gesprochenen Wörtern. Das Sprechen kann einen noch stärkeren Einfluss haben als die geschriebene Sprache. Wörter sind auch Hauptformen der Kommunikation in der Psychotherapie. Ein heilsamer Gebrauch von Wörtern kann Sicherheit, Anerkennung, Entspannung und Verständnis bewirken. Der Zeitpunkt, die Intonation und die Feinabstimmung der Laute der Stimme können unterstützend und lindern sein.

Dagegen wird eine ungeschickte Verwendung gesprochener Worte schädlich sein, Ablehnung und Kritik vermitteln, was wiederum zu Vergeltung und eskalierenden, aggressiven Interaktionen führen kann. Klatsch und Tratsch, Lügen, Nachreden, Verleumden, Schikanieren und Mobben sind alles negative Aspekte des Sprechens.

Nach den Lehren des Buddha gibt es vier Komponenten, auf die beim rechten Sprechen verzichtet werden sollten (Bodhi 1994, S. 40 ff.). Als erstes sollte auf falsche Rede verzichtet werden. Man sollte niemals lügen, da Lügen die Absicht hat zu täuschen. Das Lügen untergräbt das Vertrauen, löst Misstrauen aus und stört die soziale Zusammengehörigkeit. Zudem führt eine Lüge zur nächsten, verstärkt und wiederholt sich. Als zweites sollte auf Abwertungen und üble Nachrede verzichtet werden, die Ablehnung und Feindseligkeit auslöst. Als drittes sollte auf wütende und barsche Sprache verzichtet werden. Sarkastische, beleidigende und schmähende Sprache wird negative Gefühle auslösen. Zuletzt rät der Buddha dazu, auf oberflächliches Geschwätz zu verzichten. Sinnloses, unnützes, oberflächliches Gerede hat keinen Wert. Für alle diese negativen Formen der Kommunikation sind die Gegenmittel wahre, freundliche, sanfte und echte Sprache.

Wie Titmuss betont, sollten vier weitere Aspekte beim Sprechen über wichtige Belange beachtet werden: Zunächst ist es wichtig, die richtige Person auszusuchen, mit der man sprechen möchte. Als zweites sollte ein passender Ort ausgewählt werden, an dem man sicher und geschützt sprechen kann; als drittes ist es wichtig, den richtigen Zeitpunkt für tiefe und wichtige Kommunikation zu wählen; zuletzt sollte ein passender Inhalt und ein gemeinsames Thema für tiefe Exploration gewählt werden (Titmuss 1998, S. 35).

Kinder und Jugendliche verstehen rechtes Sprechen sofort. Sie können zwischen hilfreichem und schädlichem Sprechen sehr leicht unterscheiden, wie das folgende Beispiel zeigt

Judith war fast 13 Jahre alt und wurde wegen einer Essstörung und Auffälligkeiten im Sozialverhalten behandelt. Zum Glück konnte eine Anorexia nervosa ausgeschlossen werden. Judith hatte selbst das Gefühl, dass sie zu wenig wog (sie hatte einen BMI von 15,6) und wollte wieder zunehmen.

Judith stahl Geld, Süßigkeiten, Kleidung und andere Gegenstände von ihren Eltern wie auch von ihrer Zwillingsschwester und ihrem Bruder. Sie weigerte sich, sich an Regeln zu halten, versuchte ihre häuslichen Aufgaben zu vermeiden und verwickelte ihre Eltern in endlosen Diskussionen. Ihr Hauptproblem war es, dass sie nicht nur Geschichten erfand, sondern offen und ohne Scham log.

Judith war ein lebhaftes, intelligentes und eloquentes Kind in der frühen Pubertät. Sie redete unaufhörlich, war dabei unterhaltend und amüsant. Sie hörte nicht auf zu reden und versuchte damit, die Aufmerksamkeit von wichtigen Fragen abzulenken. In ihrem Redefluss erfand sie Einzelheiten, um ihre

Geschichten auszuschmücken. Wenn sie mit ihren Lügen konfrontiert wurde, versuchte sie ihre Handlungen zu rechtfertigen. Zuletzt fing sie sogar an, in Läden zu stehlen und wurde mehrfach erwischt. Die Polizei wurde informiert und sie erhielt ein Hausverbot für mehrere Geschäfte.

Die Hauptfolge ihres Lügens war ein kompletter Vertrauensverlust. Ihre Eltern waren so weit, dass sie alle Aussagen von ihr infrage stellten, da sie sich nicht darauf verlassen konnten, ob sie die Wahrheit von sich gab. Während der Familienberatungsstunden wurde zunächst der Ablauf der letzten Woche durchgegangen und Wahrheit von Lüge getrennt. Ziele der nächsten Woche wurden benannt und in einem Verhaltensvertrag von allen unterschrieben. Judiths Eltern waren sehr kreativ und einfallsreich, sodass in jeder Stunde ein Verhaltens-Verstärkerplan entwickelt werden konnte. Unter diesem strengen Vorgehen ließen Judiths Lügen und ihre Streitereien nach, bis sie offen mit ihrem Verhalten umgehen konnte. Sie lernte sogar, sich zu entschuldigen, wenn sie gelogen hatte, und versuchte die Dinge wiedergutzumachen.

Dies ist ein extremes Beispiel von negativem Sprechen, das Gegenteil des rechten Sprechens. Chronisches Lügen hatte die Grundlagen des gemeinsamen Vertrauens in Judiths Familie zerstört. Selbst wenn sie die Wahrheit sagte, überwog das Misstrauen. Judith musste ihren Weg zurück zu einem nicht schädigenden Verhalten mit rechtem Sprechen finden. Sie hatte das große Glück, dass ihre Eltern und Geschwister Verständnis und Unterstützung für sie aufbrachten.

Manche Jugendliche können Klatsch, Tratsch und Verleumdung einfach nicht akzeptieren, wie die nächsten Beispiele verdeutlichen:

Daniela ist eine 14-jährige Jugendliche, die wegen depressiven und Angstsymptomen vorgestellt wurde. Sie war sehr beunruhigt, dass manche Menschen schlecht über andere redeten, wenn sie nicht anwesend waren. Sie konnte diese Art von Täuschung nicht akzeptieren und sagte, wenn es Dinge zu sagen gibt, sollte man sie direkt sagen und nicht in einer feigen Art.

Dies ist ein Beispiel von rechtem Sprechen. Wie Daniela in solchen Situationen dann auch handelte, wird im nächsten Abschnitt besprochen. Beide Aspekte des rechten Sprechens und rechten Handelns tauchen bei manchen Kindern und Jugendlichen natürlich und spontan zusammen auf, so als ob es keine Alternative für sie gäbe. Wie wir sehen werden, war Daniela so aufgebracht, dass sie handeln musste.

Susanne verstand auch sehr gut, dass Beleidigungen, üble Nachrede und gemeines Reden auch für die betreffende Person negative Konsequenzen haben werden.

Susanne, eine 17-jährige Jugendliche, beschrieb die Persönlichkeit ihrer Trainerin im Sport mit tiefer Einsicht. Sie sagte, dass ihre Trainerin eine Person sei, die hinter dem Rücken anderer redet. Sie erscheint freundlich und offen in der Öffentlichkeit, redet aber schlecht über andere, sobald sie nicht da sind.

Sie ist so abwertend und herabsetzend in ihrer Kommunikation, dass Susanne ihre Hoffnungen und Ziele im Schulsport aufgegeben hat. Inzwischen hat sie sogar Angst vor Sport, da sie nicht ihr Maximum erreichen kann. Andererseits weiß Susanne, dass ihre Trainerin eine sehr einsame Person ist, die nicht viele Freunde hat.

Rechtes Handeln

Rechtes Handeln beinhaltet alle Ausdrücke von Körpersprache und Geist (Titmuss 1998, S. 37). Der Begriff Handeln umfasst Synonyme wie Tat, Verhalten, Benehmen, Unternehmen, Initiative, Vorhaben und Handlungsschritte. Kinder und Jugendliche handeln sehr gerne. Es ist ganz natürlich für sie.

Rechtes Handeln dreht sich um einen zentralen ethischen Aspekt, nämlich weder anderen zu schaden noch impulsiv und rücksichtslos zu handeln. Beim rechten Handeln spielt Karma eine besonders große Rolle, die Lehre von Ursache und Wirkung. Die Auswirkungen sind beim Handeln direkt und unumgänglich. Wie Goldstein es treffend sagte: »Die Resultate unserer Handlungen werden uns wie ein Schatten verfolgen« (Goldstein 2013, S. 309–320). Um negative Auswirkungen zu vermeiden, ist es wichtig, die eigenen Handlungen bewusst zu überdenken. Rechtes Handeln ist oft verbunden mit Mut, Furchtlosigkeit und dem Wissen darüber, was einfach getan werden muss.

Rechtes Handeln ist eng verbunden mit den fünf Regeln, die wir im übernächsten Abschnitt besprechen werden. Aber zunächst werden wir mehrere Beispiele von rechtem Handeln bei Kindern betrachten:

Emily ist ein achtjähriges Mädchen, das wegen eines Sehverlusts psychotherapeutisch behandelt wurde. Sie hatte eine seltene Form einer psychogenen Blindheit, eine dissoziative Störung. Sie wurde intensiv in der Augenklinik untersucht. Es konnte dort keine somatische Ursache ihrer Sehprobleme gefunden werden. Aus diesem Grund wurde eine Psychotherapie begonnen, nämlich um die zugrundeliegende Dissoziation zu heilen. Zusätzlich hatte sie ein Tourette-Syndrom mit vokalen wie auch motorischen Tics.

Emily war ein sehr lebendiges, offenes Mädchen. Sie empfand auch ein tiefes Mitgefühl für andere und war sehr berührt durch Not und Leiden anderer Menschen. Sie hatte nicht viele Freunde in der Klasse, da sie kein Blatt vor den Mund nahm. Sie wurde von anderen Kindern wiederholt gemobbt, ohne dass sie von ihren Lehrern adäquat unterstützt wurde. Die Schulsozialarbeiterin war die einzige Person, der sie vertrauen konnte und die sie um Hilfe bat.

Zu Beginn eines neuen Schuljahres wurde ein anderes Kind das Hauptmobbingopfer. Emily setzte sich mutig ein und verteidigte dieses Kind trotz möglicher Nachteile für sich selbst. In der Folge wurde sie auf perfide Art und Weise wieder selbst gemobbt, nur, weil sie dem anderen Kind helfen wollte.

Ihre Mutter sagte ihr: »Du musst dich aus diesem Mobbing heraushalten, es wird nicht gut für dich sein.« Emily antwortete: »Ich muss dem anderen Kind helfen. Ich weiß, wie es ist, wenn man gemobbt wird. Ich muss ihr helfen und kann einfach nicht nichts tun.« In einer Elternstunde sagte die Mutter: »Dies ist das Resultat unserer christlichen Erziehung.« Ich antwortete: »Ja natürlich, aber die meisten Kinder wären nicht so mutig. Ist es nicht beruhigend zu wissen, wie stark und tapfer ihr Kind ist?«

Dieses Beispiel zeigt, wie mutig Kinder sein können, wenn sie das Gefühl haben, sie müssen bei Ungerechtigkeit einfach etwas tun. Gerade für Jugendliche ist das rechte Handeln oft unumgänglich und ohne Alternative:

Daniela, die 14-jährige Jugendliche, die vorab in dem Abschnitt zum rechten Sprechen erwähnt wurde, wurde von einem anderen Mädchen in ihrer Klasse gemobbt. Sie wurde nicht nur direkt verbal, sondern auch in den sozialen Medien angegriffen. Sie erhielt keine Unterstützung von ihrer Schule. Ihre Lehrer behaupteten, sie wären nur für das Mobbing innerhalb des Schulgeländes zuständig, aber für das, was im Internet passierte, hätten sie keinerlei Verpflichtungen und Verantwortung. Daniela entwickelte eine Angst in sozialen Situationen und ihre Stimmung schwankte mit zunehmenden Schüben von Depression. Zusätzlich hatte sie an den meisten Schultagen Bauchschmerzen.

Als ein Mädchen sie schließlich körperlich angriff und sie ohne Grund auf der Straße provozierte, rief sie die Polizei. Polizeibeamten nahmen den Fall auf und eine offizielle Anzeige wurde aufgegeben. Zum Glück nahm eine Freundin den Vorfall mit ihrem Handy auf, sodass eindeutige Beweismittel zur Verfügung standen.

Daniela war sehr mutig, aber brauchte Rückversicherung, ob das, was sie getan hatte, richtig war. Sie wurde von ihren Eltern unterstützt, die sagten, dass sie schon immer ein Kind mit einem gesteigerten Gerechtigkeitsgefühl gewesen war.

Bei einem anderen Vorfall wurde ein Junge in ihrer Klasse für seine unmodische Kleidung geärgert. Sie war die einzige Person, die aufstand und ihn verteidigte. Als Konsequenz ließ das Mobbing von ihm nach, und sie bekam die Hauptauswirkungen des Mobbings ab.

Rechtes Handeln kann auch dazu führen, dass ein Kompromiss gefunden wird:

Victoria, die 16-jährige Jugendliche, erzählte, dass sie versucht, mit Respekt vor dem Leben zu leben und den Konsum zu reduzieren. Allerdings fällt es ihr sehr schwer, da sie so gerne shoppt und Dinge kauft.

Rechtes Handeln bedeutet nicht, dass man rigide vorgeht. Es ist viel besser, ein bisschen Konsum zu genießen, als rigide und zwanghaft alles Einkaufen abzulehnen. Victorias Worte spiegeln die Weisheit des mittleren Weges weder, den der Buddha so verteidigte.

Rechte Lebensführung

Rechte Lebensführung kreist um die Fragen, wie man seinen Lebensunterhalt in einer legalen und korrekten Art verdient und die »Beziehung des Individuums zu den Auswirkungen seiner Arbeit auf Menschen, Tiere und Umwelt« berücksichtigt (Titmuss 1998, S. 40). Rechte Lebensführung bedeutet, schädigenden, unehrlichen, täuschenden und illegalen Formen der Arbeit nicht nachzugehen. Spezifisch erwähnte der Buddha mehrere Formen des Lebensunterhaltes und Berufe, die man vermeiden sollte: den Handel und die Produktion von Waffen; Handwerke, die das Töten von Tieren beinhalten; Verkauf und Herstellung von Rauschmitteln, Drogen, Alkohol und Giften.

Diese Aspekte der rechten Lebensführung sind weniger relevant für Kinder und Jugendliche, die üblicherweise die Schule besuchen und unter günstigen Umständen auch nicht neben der Schule arbeiten müssen. So einfach wie es klingt, ist Schule der Beruf von Kindern und Jugendlichen und nimmt viel Zeit in ihren Schulwochen ein. Deshalb kann rechte Lebensführung bei jungen Menschen als »rechter Schulbesuch« umformuliert werden.

Wie kann man sich einen »rechten Schulbesuch« als Teil des achtfachen Pfades vorstellen? Zum ersten bedeutet es, auf Mobbing, Täuschen und Verletzen von anderen zu verzichten. Aus positiver Sicht bedeutet rechter Schulbesuch, sich mit anderen zu integrieren und sich gegen Ungerechtigkeit und Willkür von Lehrern und Mitschülern zu wehren, wie das nächste Beispiel zeigt:

> Lena ist eine 15-jährige Jugendliche mit schweren motorischen und vokalen Tics, d. h. mit einem ausgeprägten Tourette-Syndrom. Trotz eigener Beeinträchtigung empfindet sie stark für andere Minderheiten, zum Beispiel Menschen mit anderen sexuellen Orientierungen.
>
> Ein Junge in ihrer Schule machte sich lustig über Homosexuelle. Sie und ihre Freundin schrieben ihm daraufhin einen Brief und legten dar, wie diskriminierend seine Ansichten waren. Mit dem Brief schickten sie ihm auch ein Bild von zwei Männern, die sich küssten. Lena sagte, sie musste einfach aufstehen und sagen, was sie denkt.
>
> In ihrer Klasse hat sie sich selber als bisexuell »geoutet« und hat viele positive Rückmeldungen dafür erhalten. Als Folge ihrer Offenheit gaben vier andere Mitschüler zu, dass sie ebenfalls bisexuell seien; d. h., jetzt gibt es fünf von ihnen in der Klasse.

Lena hat das direkte Bedürfnis, anderen in ihrer Schule zu helfen. Sie selbst schildert es als starkes Mitgefühl: Sie spürt, dass etwas bei anderen nicht stimmt, und sie muss sofort reagieren:

> Ein anderes Mädchen weinte immer, wenn sie keine sehr guten Noten hatte. Sie setzte sich unter Druck und hatte wenig Anschluss in der Klasse. Lena ging zu ihr hin, bot ihr an, sie zu treffen und mit ihr zu reden, was ihr sehr half. In diesem Fall ging es gut. Lena sagt, dass es für sie sehr schwierig ist, wenn andere sich nicht helfen lassen wollen – dann wird sie wirklich traurig.

Rechter Schulbesuch hat auch mit Fragen von Geld und Reichtum zu tun, was eine hohe Bedeutung für Kinder und Jugendliche hat. Zusätzlich betrifft rechter Schulbesuch Fragen, wie Kinder und Jugendliche ihre berufliche Zukunft planen. Dies ist gerade in den höheren Klassen eine wichtige Frage. Was sind die eigenen Vorstellungen und Ziele von zukünftigem Studium, Ausbildung und Arbeit? Ist es das Hauptziel, viel Geld zu verdienen und möglichst viele Gegenstände zu kaufen und Dienstleistungen in Anspruch zu nehmen? Ist es das Ziel, nach einer Arbeit zu suchen, die man mit Leidenschaft und Interesse verfolgen kann? Was ist die wahre Berufung im Leben? Wird man sich selber treu bleiben? Wird man darauf verzichten, für Firmen und Institutionen zu arbeiten, die korrupt sind und anderen schaden?

> Linus, ein 17-jähriger Jugendlicher, will viel Geld verdienen, mit 18 Jahren schon Millionär sein und sich zur Ruhe setzen. Er möchte nicht arbeiten, sondern nur noch sein Vermögen verwalten. Er träumt von schnellen Autos und einem großen Haus, die er ohne Aufwand und Arbeit erhält.

Seine Wunschvorstellungen sind noch sehr materiell ausgerichtet und wenig realistisch. Dagegen haben manche Kinder eine erstaunliche Fähigkeit, ihre innere Berufung im Leben zu erkennen, wie Diane Perry. Sie wusste schon als Kind, dass ihr Weg im Leben bedeutet, Nonne zu werden. Ihre Erlebnisse als Kind in London waren außergewöhnlich, wie in ihrer Biografie berichtet wird (Mackenzie 1999). Als junges Kind war sie fasziniert von Asien, malte Bilder von panischen Frauen im Kimono und liebte es, in chinesische Restaurants zu gehen. Zusätzlich hatte sie eine unerklärliche Anziehung zu Nonnen und fand deren Lebensführung besonders ansprechend. Sie konnte sich an ein besonderes Ereignis erinnern:

> »Einmal ging ich in einen Laden in unserer Nachbarschaft und die Ladenbesitzerin fragte mich, was ich werden wollte, wenn ich älter sein würde. Ich antwortete sehr spontan: ›Eine Nonne‹. Sie lachte und sagte, ich würde meine Meinung ändern, wenn ich älter würde. Ich dachte: ›Da bist liegst du aber falsch!‹ Das Problem war, dass ich nicht wusste, welche Art von Nonne ich werden würde« (Mackenzie 1999, S. 10).

In extremen Situationen kann rechter Schulbesuch eine politische Dimension annehmen. Die jungen Helden der Parkland Highschool in Florida haben mich zu Tränen gerührt. In einer verlogenen, waffenvernarrten Gesellschaft wie den USA erleben junge Menschen und Familien immer wieder, dass aufgrund von laxen Waffengesetzen Unschuldige erschossen werden, auch Kinder und Jugendliche.

Bei dem furchtbaren Massaker in Florida waren es nicht Erwachsene, die ihr Entsetzen und ihre Wut zum Ausdruck brachten, sondern Jugendliche, die den Erwachsenen einen Spiegel vors Gesicht hielten. Das prominente Gesicht des Widerstandes ist die kahl geschorene Emma Gonzalez. Trotz Trauer und Medienangriffen behielten sie und ihre Freunde eine Haltung bei, die außergewöhnlich mutig ist. Es ist zu hoffen, dass sie dem Druck standhalten kann. In einem Artikel der Frankfurter Allgemeinen Sonntagszeitung liest man folgende Zitate, die sie in einen Aufsatz für die Zeitschrift »Harper's Bazaar« schrieb:

> »… Mein Name ist Emma Gonzalez. Ich bin 18, kubanisch und bisexuell. Ich bin so unentschlossen, dass ich mich nicht einmal für eine Lieblingsfarbe entscheiden kann, und ich bin gegen zwölf Dinge allergisch. Ich zeichne, male, häkele, nähe und stricke gern – alles, was ich mit meinen Händen machen kann, während ich Netflix gucke.‹
>
> »Aber nichts davon zählt mehr.‹ Sie zieht die amerikanischen Politiker, die sich von der Waffenlobby finanzieren lassen, zur Verantwortung, sie prangert die Tatenlosigkeit der Öffentlichkeit an, sie ruft junge Leute zu den Wahlurnen, ›weil wir Kinder sind, von denen Erwachsenes erwartet wird, während die Erwachsenen sich wie Kinder benehmen« (Frankfurter Allgemeine Sonntagszeitung, 13. Mai 2018, Nummer 19, S. 12).

Dieses Beispiel zeugt von Mut und Wissen, was zu tun ist in einer Welt, in der Erwachsene sich verantwortungslos verhalten. Rechtes Sprechen, Handeln und Lebensführung gehören zu der Ethikgruppe des achtfachen Pfades. Es macht deshalb Sinn, in den nächsten Abschnitt von dem Pfad etwas abzuweichen und zu vertiefen, wie Ethik in den Lehren des Buddha verstanden wird, zusammengefasst in den fünf Regeln.

Exkurs: Fünf Regeln

Moral hört sich etwas altmodisch an für Kinder und Jugendliche, aber eigentlich sind sie in ihren Ansichten ausgesprochen ethisch und moralisch. Ethik befasst sich mit der Frage, was richtig und falsch ist, und formuliert Werte, wie damit umzugehen ist. Es ist ein essenzieller Teil der Spiritualität zu wissen, dass man niemandem schaden möchte, und wird von Kindern natürlich verstanden. Experimentelle Studien zeigen eindeutig, dass Kinder ethische Situationen schon sehr früh verstehen können, d. h., ethische Werte sind primäre psychische Eigenschaften. Die sogenannte praktische und vernünftige Weisheit, die Fähigkeit zu handeln, um seine Ziele in einer bestimmten Art und Weise zu erreichen, entwickelt sich später (Narvaez et al. 2010).

Buddhistische Ethik ist sehr praktisch und bodenständig. Sie definiert keine strengen Regeln, die stur eingehalten werden müssen, sondern bietet ethische Richtlinien an, um selbst die Auswirkungen zu erkunden, wenn man sich an sie hält oder nicht. Wiederum spielt in der buddhistischen Ethik die Überlegung zu Ursache und Wirkung eine wichtige Rolle, d. h. das Karma. Das Handeln in einer schädigenden Art und Weise wird langfristig negative psychische Auswirkungen für einen selber und andere Menschen nach sich ziehen. Dagegen wird der ethische mittlere Weg weniger Stress und mehr Wohlbefinden in das eigene Leben bringen.

Im Vergleich zum Christentum werden nur fünf Regeln statt zehn Gebote formuliert. Diese sind nicht Vorschriften und Regeln, sondern Leitlinien, die jeder Mensch für sich erkunden muss. Eine Regel ist mehr ein Prinzip als ein Gebot. Die fünf Regeln sind:

1. Nicht töten
2. Nicht stehlen
3. Sexuelle Handlungen, die Leid verursachen, unterlassen
4. Nicht Lügen
5. Nicht leichtfertig mit Alkohol oder Drogen umgehen

Diese fünf Regeln erscheinen offensichtlich und eindeutig bei extremen Fällen, aber können bei weniger klaren Fällen ein schwieriges Dilemma bedeuten.

Nicht töten

Töten, das Leben eines anderen Menschen zu beenden, wird in den meisten Gesellschaften als das schwerste und grauenhafteste Verbrechen angesehen. Es gibt gar keinen Zweifel, dass Mord, Totschlag und die Grausamkeiten des Krieges hochgradig destruktiv und unethisch sind.

Aber wie ist es mit dem Töten von Tieren für Nahrung? Sollte jeder vegan oder vegetarisch werden? Sollte das Essen von Fleisch in Gegenden, in denen es keine Alternative gibt, erlaubt sein, wie etwa im Hochland von Tibet? Wie streng sollte man mit Insekten sein, die stechen, Schmerz verursachen, Krankheiten übertragen und Nahrung zerstören können? Sollte man sich an Tierversuchen beteiligen oder nicht? Unter welchen Bedingungen könnten sie gerechtfertigt sein, zum Beispiel bei der Entwicklung neuer Medikamente? Diese ethischen Fragen erfordern tiefes Erkunden und Untersuchen.

Der buddhistische Lehrer und Autor Stephen Batchelor beschreibt, wie er on der buddhistischen Regel, selbst Insekten nicht zu töten, berührt wurde:

>»Als Kind besuchte ich die Kirche nicht. Ich wurde vom Religionsunterricht befreit, so dass ich keinen Grundunterricht in Religion erhielt, der Teil des britischen Schulsystems war. Als ich acht oder neun Jahre alt war, kann ich mich dran erinnern, wie ich durch eine Radiosendung der BBC beeindruckt war, die erwähnte, wie buddhistische Mönche es vermieden, auf Gras zu laufen, um Insekten nicht dabei zu töten. Ich habe oft darüber nachgedacht, ob dieser erste positive Eindruck buddhistischer Mönche eine Rolle für mich spielte, selbst den Buddhismus anzunehmen, oder ob ich beschloss, mich daran zu erinnern, da es mir rückwirkend geholfen hat, die unkonventionelle Entscheidung, ein buddhistischer Mönch zu werden, zu rechtfertigen« (Batchelor 2010, S. 10).

Nicht stehlen

Eines der Gebote für buddhistische Mönche ist es, nur das zu nehmen, was gegeben wird. Stehlen, das Eigentum anderer nicht zu respektieren, wird negative psychische Zustände erzeugen. Aber wie ist dessen Situation, der extremem Hunger ausgesetzt ist? Ist es dann erlaubt, Nahrung zu nehmen, um zu überleben?

Sexuelle Handlungen, die Leid verursachen, unterlassen

Sexueller Missbrauch, vor allem bei Kindern, hat langfristige zerstörerische Auswirkungen für die Opfer, zum Teil lebenslang. Jede Art von Gewalt und fehlendem Respekt für den Körper einer anderen Person kann nicht gerechtfertigt werden. Sexuelle Ausbeutung kann auch subtilere Formen annehmen. Für junge Menschen ist die Frage, ob Liebe und sexuelle Aktivität immer übereinstimmen müssen, von hoher ethischer Bedeutung. In der Hitze der Leidenschaft können manche vorübergehenden sexuellen Handlungen langfristige schmerzhafte Effekte haben.

Viele Jugendliche haben einige ethische, verantwortungsvolle Einsichten zur Sexualität nicht nur entwickelt, sondern leben sie auch:

Amelie, eine 17-jährige Jugendliche, findet Beziehungspausen blöd – entweder ist sie mit jemandem zusammen, oder sie macht Schluss. Ihr Bruder und ihre Freundin haben sich erst getrennt, dann eine Beziehungspause eingelegt. Die meisten, die sie kennt, trennen sich nach einer Beziehungspause sowieso. Das war bei ihrer Freundin so, die sofort einen anderen kennenlernte.

Treue ist für sie wichtig: Wenn sie mit jemandem zusammen ist, dann bedeutet das viel für sie. Falls ihr Freund fremdginge, würde sie die Beziehung beenden. Manche Jungen betteln dann um eine zweite Chance. Bei ihren Freundinnen war es so, dass die zweite Chance immer ausgenutzt wurde, wieder fremdzugehen.

Nicht lügen

Lügen ist eine andere Aktivität mit direkten Effekten. Es untergräbt Vertrauen und gegenseitigen Respekt. Wiederum kann es Situationen geben, in denen es möglicherweise weiser ist, nicht die gesamte Wahrheit zu sagen oder manche Informationen auszulassen, um unnötiges Leiden zu vermeiden.

Nicht leichtfertig mit Alkohol oder Drogen umgehen

Missbrauch von Alkohol und Drogen kann schaden. Suchtmittel betäuben den Geist, erhöhen die Wahrscheinlichkeit für Unfälle und Gewalt und können zur langfristigen Abhängigkeit führen. Wie viel Alkohol ist unter welchen Umständen noch akzeptabel, bzw. ist es hilfreich für junge Menschen, vorübergehend Alkohol zu konsumieren? Was ist dabei ein weiser Weg? Für manche Jugendliche können Feiern, Partys und Trinken wichtige Schritte in ihrer Individuation darstellen, wie viele Beispiele in diesem Buch gezeigt haben.

Rechte Anstrengung

Rechte Anstrengung gehört zu den Konzentrationsfaktoren, zusammen mit rechter Achtsamkeit und rechter Konzentration. Anstrengung deutet an, dass ein willkürlicher Einsatz von Kraft und Energie erforderlich ist. Es bedeutet auch, dass man ernsthaft etwas versucht und sich hart dafür einsetzt. Synonyme umfassen Worte wie Aufwand, Arbeit, Abmühen und Kraft.

Von Kindern wird erwartet, dass sie in der Schule gute Leistungen erbringen, fleißig sind und Erfolg haben. Eltern und Lehrer können sehr viel Druck auf Kinder entweder direkt ausüben oder indem diese Leistungsideale durch die Erziehung internalisiert werden. Manche Ziele und Ideale sind zu hoch und können trotz maximaler Anstrengung nicht erreicht werden. Diese Diskrepanz zwischen Ziel und Möglichkeiten kann zu Leid, Stress, Schlafstörungen, Kopf- und Bauchschmerzen, Frustration und Depression führen. Manche Autoren sprechen sogar von einem Burnout von Kindern, obwohl dieses Konstrukt immer noch sehr kontrovers ist, wenn es bei jungen Menschen angewendet wird. Was ist rechte Anstrengung? Es gibt kein absolutes Maß, das für jede Person gilt. Es handelt sich mehr darum, genau den Einsatz zu finden, der für die individuelle Person ausreicht. Die Hauptaufgabe ist es, dass der Einsatz heilsam und hilfreich für einen selber wie auch für andere sein sollte. Für manche Kinder bedeutet es deshalb, unrealistische Ziele loszulassen und eine ausgeglichenere, entspanntere und flexiblere Art der Anstrengung zu praktizieren. Für andere ist genau das Gegenteil notwendig, nämlich ihren Einsatz wirklich zu steigern, vor allem wenn ihr Alltag sehr unstrukturiert verläuft. Auch bei richtigen Anstrengungen heißt es, den mittleren Weg des Buddha zu finden.

Kinder und Jugendliche in extremen Situationen und mit schweren Erkrankungen müssen zum Teil eine enorme Kraftanstrengung leisten, um gesund zu werden; dies zeigt das nächste Beispiel:

Charlotte ist ein 17-jähriges Mädchen mit einer chronischen Anorexia nervosa, die im Alter von 15 Jahren erstmals begonnen hatte. Sie musste stationär aufgenommen werden, da eine ambulante Psychotherapie einfach nicht ausreichte, um einen weiteren Gewichtsverlust zu vermeiden. Sie befand sich in einem extrem ausgemergelten körperlichen Zustand mit einem BMI von nur 13,9 kg/m^2. Dies ist sehr niedrig und entspricht der nullten Perzentile, d. h., alle Jugendliche in ihrem Alter wiegen mehr als sie. Die 50. Perzentile wäre durchschnittlich, d. h., dabei würde die Hälfte der Mädchen ihres Alters mehr und die andere Hälfte weniger wiegen

Dieses Mal wollte Charlotte gesund werden und kämpfte tapfer gegen ihre Krankheit an, indem sie langsam an Gewicht zunahm und neue Hoffnungen und Ziele für sich entwickelte. In diesem Stadium malte sie ein beeindruckendes Bild. Es ist zweigeteilt. Auf der linken Seite stellt sie ihren gegenwärtigen Zustand mit schwarzer Farbe da. Man hat den Eindruck eines Schlachtfeldes mit dunklen Wolken und Regen. Auf der rechten Seite stellt sie ihre Zukunft mit hellen Farben und runden Formen dar. Sie war sich absolut klar darüber, dass sie aus ihrer Krankheit heraus zur Gesundheit wollte. Sie wendete die richtige Anstrengung an, gerade so viel wie sie maximal schaffte, ohne sich zu überanstrengen, und nahm langsam, aber stetig zu. Sie konnte zurück zur Schule gehen und den vermissten Schulstoff aufholen. Als sie 18 Jahre alt war, machte sie ihren Führerschein, bekam ein kleines Auto und mietete eine kleine Wohnung für sich. Rechte Anstrengung gab ihr die Möglichkeit, ihr inneres Schlachtfeld hinter sich zu lassen und nicht nur eine gesunde, sondern auch eine glückliche junge Frau zu werden.

Rechte Anstrengung erfordert, Hindernisse und Barrieren sowie unheilsame Gedanken zu überwinden. Der erste Schritt besteht darin, zu vermeiden, dass sie überhaupt auftauchen, d. h. sie vorbeugend einzuschränken, zum Beispiel indem Sinneseindrücke und Verlangen moderiert und kontrolliert werden. Der zweite Schritt erfordert, dass negative Impulse so früh wie möglich beendet werden. Der dritte Schritt beinhaltet, eine positive Aktivität zu entwickeln, um den negativen Geisteszuständen zu begegnen und sie auszugleichen. Zum Beispiel können dazu heilsame Zustände von Mitgefühl und liebender Güte kultiviert werden. Der vierte und letzte Schritt bedeutet, heilsame Zustände, die vorhanden sind, aufrechtzuerhalten und dankbar zu sein für das, was unproblematisch ist (Bodhi 1994, S. 59). Um das zu erreichen, ist der Einsatz von rechter Anstrengung erforderlich, wie in dem Beispiel von Charlotte, die ihren Weg aus ihrer Essstörung hinaus erkämpfte.

Rechte Achtsamkeit

Es gibt viele verschiedene Definitionen von Achtsamkeit. Ein allgemeines Kennzeichen ist die Wahrnehmung der gegenwärtigen Erfahrung mit Akzeptanz (Germer et al 2005, S. 7). In einfachen Worten beinhaltet Achtsamkeit nach Bikkhu Bodhi »bloße Wahrnehmung, losgelöste Beobachtung von dem, was in uns und um uns herum im gegenwärtigen Augenblick geschieht« (Bodhi 2014, S. 70).

Während einer Achtsamkeitsmeditation konzentriert man sich nicht auf ein Objekt, wie den Atem. Dies wäre eine Konzentrationsmeditation, die zu Ruhe und Ausgeglichenheit führt und tiefere Ebenen der Absorption ermöglicht. Stattdessen wird jedes auftauchende Element als solches registriert und wahrgenommen, ohne sich mit Inhalten oder Bedeutungen zu beschäftigen oder sich in Erinnerungen und Zukunftsplänen zu verstricken. Der Fokus der Aufmerksamkeit kann jeder Teil des Körpers, der Sinne, Gedanken oder Gefühle sein und diese ändern sich konstant. Achtsamkeit ermöglicht nicht nur Ruhe und Gelassenheit, sondern tiefe Einsichten allein durch die Beobachtung des natürlichen Flusses der körperlichen und geistigen Phänomene.

In der poetischen Nacherzählung von dem Leben des Buddha findet sich von dem viel verehrten vietnamesischen Mönch und Lehrer Thich Nhat Hanh ein Kapitel mit dem Titel »Die Mandarine der Achtsamkeit«. In diesem Kapitel erklärt der Buddha den Kindern die Essenz der Achtsamkeit anhand des Verzehrs einer Mandarine:

> »Kinder, wenn ihr eine Mandarine schält, dann könnt ihr sie mit Achtsamkeit essen oder ohne Achtsamkeit. Was bedeutet es, eine Mandarine mit Achtsamkeit zu essen? Esst ihr eine Mandarine achtsam, so ist euch bewusst, dass ihr eine Mandarine esst. Ihr erfahrt ihren lieblichen Duft und ihren süßen Geschmack vollkommen. Schält ihr eine Mandarine, so wisst ihr, dass ihr eine Mandarine schält. Nehmt ihr ein Stück und steckt es in euren Mund, so wisst ihr, dass ihr ein Stück nehmt und es in euren Mund steckt. Empfindet ihr den lieblichen Duft und den süßen Geschmack, dann wisst ihr, dass ihr den lieblichen Duft und den süßen Geschmack empfindet« (Hanh 1992, S. 122).
>
> »Kinder, eine Mandarine zu essen bedeutet, wirklich in Berührung mit ihr zu sein, während ihr sie esst. Euer Geist jagt nicht den Gedanken von gestern oder morgen hinterher, er bleibt vielmehr vollkommen im gegenwärtigen Moment. Die Mandarine ist wirklich gegenwärtig. In Achtsamkeit und Bewusstheit leben bedeutet im gegenwärtigen Moment leben; euer Geist und Körper verbleiben wirklich im Hier und Jetzt. Ein Mensch, der achtsam ist, kann Dinge in der Mandarine sehen, die andere nicht erkennen können. Ein bewusster Mensch kann den Mandarinenbaum sehen, die Mandarinenblüte im Frühling, das Sonnenlicht und den Regen, die beide die Mandarine nährten. Schaut ihr ganz genau, könnt ihr die 10.000 Dinge sehen, die die Mandarine möglich gemacht haben. Betrachtet ein Mensch eine Mandarine mit Bewusstheit, so kann er alle Wunder dieses Universums darin erkennen; ebenso kann er sehen, wie die Dinge aufeinander einwirken ... Der Pfad, den ich gefunden habe, ist der Pfad, jede Stunde des Tages in Bewusstheit zu leben, mit Geist und Körper im gegenwärtigen Moment zu leben. Das Gegenteil ist ein Leben in Unachtsamkeit und Achtlosigkeit. Leben wir unachtsam, dann wissen wir nicht, dass wir lebendig sind. Wir erfahren das Leben nur unvollständig, denn unser Geist und unser Körper verweilen nicht im Hier und Jetzt« (Hanh 1992, S. 123).

Wie den Mandarinen kann alles im Leben mit Achtsamkeit begegnet werden – nicht nur jeder Nahrung, sondern allen Sinnesreizen wie auch allen intrapsychischen Prozessen. Thich Nhat Hanh hat diesen achtsamen Zugang auch als Meditation für Kinder mit seiner bekannten Rosinenmeditation entwickelt (Hanh 2013). Natürlich kann jedes andere Nahrungsmittel wie Kekse, Kuchen, Schokolade oder Obst verwendet werden: Das Prinzip der achtsamen Zuwendung ist immer das gleiche und wird von Kindern intuitiv verstanden.[8]

---

8 Der vietnamesischen Mönche und Meditationslehrer Thich Nhat Hanh hat mit seinen Mitarbeitern ein sehr praktisches, anschauliches Buch zur »Achtsamkeit mit Kindern« geschrieben, das viele, kindgerechte Meditationsübungen enthält. Eines der berühmtesten davon ist die Rosinenmeditation, die ausdrucksweise zitiert werden soll.
Jedes Kind bekommt eine Rosine. Der vorgeschlagene Text lautet (Hanh 2013, S. 128–129):»Es gibt viele Meditationsformen. Jetzt haben wir die Gelegenheit zu einer Rosinen-

Zusammengefasst ist die Aufmerksamkeit bei der Achtsamkeitsmeditation nicht auf ein einziges Objekt gerichtet, sondern offen für jedes Objekt ohne Auswahl oder Bevorzugung, nur so, wie es gerade auftaucht:

»Jeder Gedanke, jede Handlung wird im Sonnenlicht des Gewahrseins zu etwas Heiligem. In diesem Licht gibt es keine Grenze zwischen Heiligem und Weltlichem« (Hanh 2017, S. 379).

Achtsamkeit ist jederzeit möglich: »Du kannst die universelle Dimension jetzt in diesem Augenblick berühren durch atmen, laufen, Tee trinken und Achtsamkeit« (Hanh 2007, S. 152). Und diese Erfahrung ist selbst bei unangenehmen, lästigen Tätigkeiten wie beim Geschirrabwaschen möglich, wenn man sich Zeit lässt:

»Ich weiß, dass die Zeit des Abwaschs unerfreulich und nicht lebenswert sein wird, wenn ich mich damit beeile, um schnell fertig zu werden und dann meinen Nachtisch zu essen oder eine Tasse Tee zu genießen. Das wäre schade, denn jede Minute, jede Sekunde unseres Lebens ist ein Wunder. Das Geschirr, selbst die Tatsache, dass sich hier bin und es abwasche, ist ein Wunder« (Hanh 2017, S. 373).

Nicht nur das Abwaschen, selbst das Shoppen, das viele Jugendliche lieben, kann achtsam erlebt werden:

Nathalie, eine 17-jährige Jugendliche, erzählte mir einmal, wie sie es liebte, in Amsterdam einkaufen zu gehen. Dies war ihre Lieblingsstadt und sie konnte genau beschreiben, wie sie sich ganz anders fühlte, als sie im letzten Sommer mit ihrer besten Freundin dort war. Sie liebten es, durch die Straßen zu schlendern, in die kleinen Läden zu schauen und immer wieder neue Kleider auszuprobieren. Die Läden waren so anders als dort, wo sie wohnte. Und sie liebte es, sich in einer möglichst extravaganten Art einzukleiden. Ihre Kleider waren immer individuell, aber passten genau zu ihr! Anschließend gingen sie Pizza essen. Es gab keine Pizza auf der Welt wie die, die sie in Amsterdam gegessen hatten.

Wie man sehen kann, ist Achtsamkeit überall möglich, selbst beim Shoppen und beim Pizzaessen! Alles wird intensiver und unmittelbarer erlebt, wenn es mit Achtsamkeit wahrgenommen wird.

Achtsamkeit ist auch in jedem Alter möglich, wie Thich Nhat Hanh immer wieder betont. Sehr berührend schildert er das intensive Gefühl der Achtsamkeit, das er schon als vierjähriger Junge hatte:

---

meditation. Bitte haltet die Rosine in euren Fingern. Riecht an ihr. Seht, welche Farbe sie hat. Spürt ihre Beschaffenheit. Schließt nun die Augen, während ich die Glocke einlade, einmal zu erklingen. Lasst eure Augen weiter geschlossen und esst nun ganz langsam und in Schweigen die Rosine. Achtet auf alle Empfindungen … Bemerkt, wo ihr sie auf eurer Zunge schmeckt … Achtet darauf, wie es sich anfühlt, wenn sie zwischen euren Zähnen ist und ihr sie dann runterschluckt. Könnt ihr sie in eurem Magen spüren? Öffnet jetzt bitte eure Augen. Was habt ihr bemerkt? Wie war es, etwas so langsam und voller Aufmerksamkeit zu essen? Wie unterscheidet sich das von unserer sonstigen Art zu essen? Nun, da wir die Rosine gegessen haben, was ist jetzt aus ihr geworden? Wohin ist sie gegangen? Aus welchen Dingen besteht eine Rosine?«

269

»Als ich vier Jahre alt war, hat meine Mutter mir jedes Mal vom Markt ein Plätzchen mitgebracht. Ich ging in den Vordergarten und nahm mir viel Zeit, es zu essen. Manchmal brauchte ich für ein Plätzchen eine halbe oder dreiviertel Stunde. Ich nahm einen kleinen Bissen und schaute zum Himmel auf. Dann berührte ich mit meinen Füßen den Hund und nahm wieder einen kleinen Bissen. Ich genoss es einfach, dort zu sein, mit dem Himmel, der Erde, dem Bambus, der Katze, dem Hund, den Blumen. Ich konnte so viel Zeit mit dem Plätzchenessen verbringen, weil ich mich um wenig sorgen musste. Ich dachte nicht an die Zukunft, ich bedauerte nichts Vergangenes. Ich war ganz und gar im gegenwärtigen Moment mit meinem Plätzchen, dem Hund, dem Bambus, der Katze und allem anderen.

Es ist möglich, unser Essen so langsam und friedvoll zu essen, wie ich es in meiner Kindheit mit dem Plätzchen tat. Vielleicht meinst du ja, dass Plätzchen deiner Kindheit verloren zu haben, doch ich bin sicher, dass es noch da es. Alles ist immer noch da und wenn du es wirklich willst, wirst du es finden können« (Hanh 2017, S. 136).

Der berühmte thailändische Lehrer und Abt Ajahn Chah drückte Achtsamkeit in seinem berühmten Gedicht über den Waldteich aus, das wir schon gelesen haben. Indem wir achtsam werden, wird der Geist zu einem Waldteich, zu dem alle möglichen Bewegungen des Geistes kommen, genauso wie die Tiere des Waldes, die zum Trinken erscheinen. Indem man still ist, kann das Kommen und Gehen in seiner Vergänglichkeit und Leere beobachtet werden.[9]

Es gibt auch viele verschiedene Möglichkeiten, Achtsamkeit in die psychotherapeutische Arbeit zu integrieren. Achtsamkeit und Psychotherapie können sich gegenseitig ergänzen und bereichern. Beide werden benötigt und haben ihren Platz, wie Aronson bestätigte:

»Traditionelle Meditation ist nützlich und wird möglicherweise die eigenen psychischen Probleme nicht lösen. Psychotherapie ist hilfreich und geht nicht notwendigerweise auf spirituelle Fragen ein. Für ein ausgeglichenes psychisches und spirituelles Leben können wir im Westen von beidem, von der Meditation wie auch psychotherapeutischer Unterstützung, profitieren. Ein Zugang schließt den anderen nicht aus. Im günstigsten Fall können Sie sich gegenseitig bereichern und durchdringen« (Aronson 2009, S. 9).

Achtsamkeit hat inzwischen eindeutig ihren Eingang in die Psychotherapie gefunden, wie von Monteiro et al. (2015) diskutiert. Sie ist in vielen verschiedenen Schulen der Psychotherapie integriert, zum Beispiel in der Dialektischen Behavioralen Therapie (DBT), die inzwischen die wirksamste Methode zur Behandlung von Borderline-Persönlichkeitsstörungen bei Jugendlichen geworden ist. Die Achtsamkeitsmodule helfen jungen Menschen anzuhalten, die Gegenwart wahrzunehmen und ihr impulsives Verhalten zu unterbrechen. Achtsamkeit ist auch Teil des weltweit praktizierten »Mindfulness-based Stress Reduction«Programms (MBSR), das von Jon Kabat-Zinn (1991, 1994) als ein Breitbandverfahren zur strukturierten Einführung in die Meditation entwickelt wurde. Andere Programme, wie das »Mindfulness Training Course« (Titmuss 2012), wurden ebenfalls mit anderen Schwerpunkten entwickelt.

Es scheint, als ob Achtsamkeit wirklich ihren Weg in den Westen gefunden hat. Bei Psychotherapiekongressen sehe ich immer wieder ganze Tische gefüllt mit Büchern über Psychotherapie und Achtsamkeit. Anscheinend wird dieser Teil der buddhistischen Psychologie isoliert ausgewählt, ohne die vielen anderen

---

9 Siehe Abschnitt zur Vergänglichkeit – dort ist das Gedicht in Gänze wiedergegeben.

Aspekte zu beachten. Stephen Batchelor (2015a) hat gerade im medizinischen Bereich davor gewarnt, die Achtsamkeit überzubetonen und andere Aspekte der Lehren des Buddha zu vernachlässigen. Allerdings verglich er die Achtsamkeit mit einem trojanischen Pferd, das ermöglichen wird, dass andere Aspekte der buddhistischen Psychologie im Westen rezipiert werden. Diese Metapher ist nicht optimal gewählt, da der Buddhismus sich nicht im Krieg befindet mit dem Westen, wie damals die Griechen gegen die Trojaner. Dennoch hat Batchelor Recht, wenn er annimmt, dass andere Aspekte der Lehren des Buddha der Rezeption der Achtsamkeit folgen und die traditionelle Psychologie anreichern werden, ein Ziel, das auch dieses Buch hat.

Es gibt kein Zweifel, dass Achtsamkeit nur für Erwachsene, sondern auch für Kinder und Jugendliche in Not hilfreich ist. Zum Beispiel konnten Barnert et al. (2014) zeigen, dass selbst ein zehnwöchiges Achtsamkeitsprogramm positive Effekte auf die Selbstregulation von inhaftierten Jugendlichen hatte. Harnett und Dawe (2012) konnten darüber hinaus zeigen, dass achtsamkeitsbasierte Therapien viele verschiedene positive Resultate für Kinder und Jugendliche haben. Wichtiger als diese zwei Einzelstudien ist die systematische Übersicht und Metaanalyse von Kallapiran et al. (2015), die zeigen konnten, dass achtsamkeitsbasierte Programme empirisch unterstütze Therapien darstellen. Dies bedeutet, dass randomisierte kontrollierte Studien mit hoher Qualität wiederholt und überzeugend nachweisen konnten, dass Achtsamkeit für ein weites Spektrum von psychischen Störungen wie Angst, Depression und Stress im Vergleich zu Kontrollgruppen wirksamer ist.

Achtsamkeit hat einen starken beruhigenden und stärkenden Einfluss auf Kinder. Die Aktivität, in der sie spontan achtsam sind, ist das Spiel. Im Spiel nehmen Kinder einerseits alles war, was sich gerade im Augenblick ereignet. Andererseits sind sie absolut konzentriert und fokussiert im Hier und Jetzt:

> »Hier und jetzt zu leben bringt Schönheit und Mysterium. Beobachte, wie Kinder spielen. Sie wissen, dass sie nach Hause gerufen werden, widmen sich dennoch vollständig ihren Abenteuern. Auch du wirst gerufen werden, wie wir alle. Aber jetzt, warum nicht jetzt vollständig wach leben?« (Kornfield 2017, S. 893).

In dieser Hinsicht ist Spiel eine natürliche Mischung aus Achtsamkeits- und Konzentrationsmeditation.

Rechte Konzentration

Der Buddha wählte das Wort »Samadhi« für rechte Konzentration. Rechte Konzentration weist auf einen Geist hin »der beständig, ruhig, fokussiert und gegenwärtig ist mit Ausgeglichenheit und voller Achtsamkeit«. Sie ist »ein Zustand von Frieden, Gleichmut und Zufriedenheit. Sie ist ein wichtiger Beitrag, mit Weisheit zu leben« (Titmuss 1998, S. 51).

Rechte Konzentration führt zu einer Intensivierung der Wahrnehmung des gegenwärtigen Augenblicks, erhöht die Gerichtetheit des Geistes, bringt Gedanken zusammen und sie wird von manchen Kindern spontan entdeckt und praktiziert. Antonia ist ein sehr weises, neunjähriges Mädchen. Sie befand sich wegen generalisierten und Trennungsängsten sowie hypochondrischen Vorstellungen in ambulanter Behandlung.

> In einer Therapiestunde sagte sie: »Du bist immer so hektisch, leg den Bleistift beiseite und sei mal ruhig. Ich fragte sie: »Wie machst du das, ruhig zu werden?«
>
> Sie erklärte mir das genau. Sie sagte, wenn sie unruhig wird, dann macht sie eine Pause. Sie denkt dann an etwas Schönes wie ihre Familie (außer ihrem Bruder, der immer hektisch ist) und ihren Hund. Wenn sie merkt, dass sie ruhig wird, dann sagt sie sich: »Du schaffst das schon, du machst es!« Das hilft ihr zum Beispiel in der Schule bei Klassenarbeiten.
>
> Ich fragte sie, ob jemand ihr das gezeigt hat oder ob sie selber draufgekommen ist. Sie erklärte mir, dass sie es selber entdeckt hat. Das ist ihr Geheimnis. Sie hat es ihren Freunden nicht verraten, sie müssen es für sich selber entdecken. Mir hat sie es gesagt. Dafür bin ich ihr sehr dankbar.

In ihren jungen Jahren ist Antonia weise und hat spontan und natürlich für sich den hilfreichen Aspekt der rechten Konzentration des achtfachen Pfades entdeckt. In Ruhe und tiefer innerer Stille reifen Prozesse, die in der Hektik des Alltags überspielt werden. Sie hatte an dem Tag gemerkt, dass auch ich zu sehr in der Hektik gefangen war, und wies mir den Weg, die Stunde mit ihr anders zu erfahren.

Konzentration ist an und für sich wertfrei. Sie kann genauso gut verwendet werden, um dissoziale, delinquente und schädliche Handlungen durchzuführen. Aus diesem Grund wird Ethik benötigt, da die rechte Konzentration eine positive Art der Gerichtetheit andeutet. Rechte Konzentration ist zunächst begleitet von ununterbrochener Aufmerksamkeit auf ein Objekt ohne Ablenkung und löst im weiteren Verlauf Ruhe und Ausgeglichenheit aus. Rechte Konzentration ermöglicht Klarheit, Stille, Stabilität und Gelassenheit. Wenn die Konzentration weiter im Fokus bleibt, können tiefere Stadien der Absorption folgen, genauso wie der Buddha sie als Kind unter dem Rosenapfelbaum erlebte.

Jedes Objekt kann in der Praxis der Konzentration verwendet werden. Dies ist der Fokus von vielen Meditationsprogrammen für Kinder wie dem von Eline Snel (2013). Eines der beliebtesten Objekte der Konzentration ist der Atem, der als Voraussetzung für das Leben immer zugänglich ist, d. h., er hört niemals auf. Atem ist deshalb ein häufiges Objekt der Aufmerksamkeit und Konzentration. Die einfachsten Anweisungen beinhalten, nur die Ein- und Ausatmung zu beobachten, wie die Luft in den Körper hineinfließt und anschließend ihren Weg wieder hinausfindet. Es wird nur die Qualität des Atems beobachtet, ohne den Versuch, ihn zu verändern.

12   Interpersonelle Spiritualität

Wie wir gesehen haben, ist die interpersonelle oder Beziehungsspiritualität die wichtigste Form für Kinder überhaupt. In diesem Kapitel wird der Frage nachgegangen, welche verschiedene Formen der interpersonellen Spiritualität es nach den Lehren des Buddha gibt und wie sie für Kinder zugänglich sind.

Wiederum können die Einsichten der buddhistischen Psychologie helfen, die Feinheiten der menschlichen Erfahrung zu erkennen. Interpersonelle Spiritualität wird von Kindern und Jugendlichen natürlich verstanden und gelebt. Dazu benötigen sie keine intensiven meditativen Erfahrungen. Sie ist einfach von Anfang an jederzeit für sie da. Allerdings benötigen Kinder und Jugendliche eine anerkennende und umsorgende Umwelt, um diese wichtigen Aspekte der Spiritualität mit anderen Lebewesen erblühen zu lassen.

Die interpersonelle Spiritualität war auch für den Buddha von besonderer Bedeutung. Er nannte sie deshalb auch die »vier göttlichen Bereiche« und deutete damit an, dass Liebe, Mitgefühl, Mitfreude und Gleichmut in ihrem Erleben göttlich oder heilig sind. Der Begriff des Bereichs soll andeuten, dass diese Zustände anhaltend sein können und nicht nur augenblickliche Erfahrungsmomente darstellen müssen. Wie es Stephen Batchelor ausdrückte:

> »Die ›heilige‹ Dimension der Erfahrung wird immer offener, je mehr man die einschränkende, zwanghafte Beschäftigung mit ›ich‹ und ›mein‹ loslässt und dadurch eine Rückkehr zu einer Welt ermöglicht, die die engstirnigen Interessen transzendiert und die wirklichen, höchsten Anliegen reflektiert« (Batchelor 2015, S. 3962).

Manche Kinder und Jugendliche leben gerade dieses Gefühl von Miteinander und Füreinanderdasein im Alltag aus. Die vier Aspekte der interpersonellen Spiritualität oder der vier göttlichen Bereiche in den Worten des Buddha sind:

- Liebende Güte
- Mitgefühl
- Mitfreude
- Gleichmut

Da sie wiederum nicht eine strenge Reihenfolge darstellen, werden sie nach der zunehmenden Relevanz für Kinder und Jugendliche besprochen. Für junge Menschen sind liebevolle Güte und Mitgefühl die natürlichsten Formen, um ihre interpersonelle Spiritualität auszudrücken.

Gleichmut

Gleichmut wurde definiert als ein Zustand der psychischen Stabilität und Gefasstheit, der durch Emotionen, Schmerz und andere Einflüsse nicht gestört wird (Desbordes et al. 2015). An anderer Stelle wurde er definiert als »die Fähigkeit die Höhen und Tiefen unserer emotionalen Leben in einem offenherzigen Gewahrsein zu halten« (Germer und Siegel 2012, S. 504).

Gleichmut wurde ferner beschrieben als eine neutrale psychische Erfahrung, die weder angenehm noch unangenehm, die ausbalanciert und ausgeglichen ist und die nicht durch Vorlieben und Abneigungen beherrscht wird. Er ist eine unvoreingenommene und unparteiische Form des ausgeglichenen Geistes. Im Gegensatz zur Gleichgültigkeit bedeutet Gleichmut allerdings nicht, dass dabei Gefühle unterdrückt werden. Gleichmut schützt einen nur vor emotionaler Unruhe und unnötiger Aufregung. Gleichmut kann durch Meditation praktiziert werden.

In modernen psychologischen Begriffen kann Gleichmut verstanden werden als eine schnelle Loslösung aus einer emotionalen Antwort auf einen Reiz und eine schnelle Rückkehr zu einer affektiven Basis. Dies bedeutet, dass Gleichmut nicht einen anhaltenden Zustand darstellt, sondern eine Fähigkeit, nach der Reaktion auf einen Sinneseindruck oder eine andere Ablenkung schnell zu einem ausgeglichenen psychischen Zustand zurückzukehren.

Gleichmut ist von allen vier Bereichen der interpersonellen Spiritualität vermutlich am schwersten zu erreichen. Gleichzeitig wird er unterschätzt. Gleichmut bedeutet in Zeiten des Schmerzes und des Aufruhrs gefasst zu bleiben, die Reaktionen zu modulieren, aber sich auch nicht von den Leiden anderer zu distanzieren. Diese Qualität ist bei Kindern selten anzutreffen, eher schon bei Jugendlichen:

> Vera war eine 17-jährige Jugendliche, die wegen Panikattacken mit Herzrasen, Übelkeit, Zittern und Angstgefühlen vorgestellt wurde. Sie hatte wiederholt so heftige Bauchschmerzen, dass sogar eine Magenspiegelung durchgeführt werden musste. Sie war traurig und weinte viel. Ihr Leben war zu eng für sie geworden, sie fühlte sich gefangen in einer Beziehung zu einem Jungen, der sie schlecht behandelte, und den Einschränkungen ihres Elternhauses.
>
> Vera schaffte es, in den Psychotherapiestunden eine tiefe Ruhe auszustrahlen, obwohl sie selber sehr belastet war. Ich konnte mich gut daran erinnern, wie sie auch auf mich am Ende eines langen Arbeitstages einen beruhigenden Einfluss hatte, denn sie hatte immer die letzte Therapiestunde.
>
> Sie war einfach ausgeglichen, nicht phlegmatisch, sondern ruhte einfach in sich selbst. Sie wusste, was sie wollte: Sie beendete die Beziehung zu dem Jungen. Sie wollte den Dreck, dass unaufgeräumte Zuhause ihrer Eltern nicht mehr. Sie konnte beschreiben, wie bei ihren Eltern benutzte Taschentücher auf dem Esstisch lagen und sich das dreckige Geschirr stapelte. Sie wollte ein schönes, sauberes und ruhiges Zuhause, ohne den konstanten Streit ihrer Eltern ertragen zu müssen.

Um dieses Ziel zu erreichen, verfolgte sie ihre Strategie Schritt für Schritt. Sie strengte sich in der Schule an, um einen guten Schulabschluss und damit Startmöglichkeiten für ihr eigenes berufliches Leben zu bekommen. Gegen den Wunsch der Eltern ging sie zum Jugendamt und beantragte Unterstützung. Sie war bereit, in einer Wohngruppe zu wohnen und mit ihrem wenigen Geld sorgsam umzugehen. Anschließend machte sie sich auf die Suche nach einer kleinen Wohnung, die sie mit viel Mühen fand und nach ihren Vorstellungen einrichtete. Zuletzt begann sie ihr Studium.

Obwohl sie viele andere Belastungen zu bewältigen hatte, kehrte sie immer wieder zurück zu sich, zu ihrer Mitte. Das ist es, was mit dem Begriff Ausgeglichenheit oder Gleichmut ausgedrückt werden sollte.

Es ist also nicht das Ziel, starr und angestrengt einen ausgeglichenen konstanten Zustand beizubehalten. Wie bei allen anderen Menschen werden innere und äußere Ereignisse Emotionen auslösen und in Bewegung bringen. Es geht also darum, wie lange es dauert, wieder zur Mitte zurückzufinden. Diese Qualität ist nicht abhängig von den alltäglichen Erschütterungen, sondern führt zu innerer Klarheit und Frieden.

Im Alltag ist Gleichmut selbst für Erwachsene schwer zu erreichen und beizubehalten. Es gibt keine Studien über Gleichmut bei Kindern. Jedoch sind manche Kinder ausgesprochen gut emotional reguliert und haben ein ausgeglichenes Temperament. Sie verlieren sich nicht in Reaktivität, sondern können das Kommen und Gehen der Lebensereignisse mit Stille, Ausgeglichenheit, Verbundenheit und Fassung betrachten.

Mitfreude

Der dritte der vier Bereiche ist Mitfreude oder Wertschätzung. Dieser Aspekt der interpersonellen Spiritualität hat noch weniger Aufmerksamkeit als die anderen Bereiche in der psychologischen Forschung erhalten, obwohl er so weich, mühelos und grazil umzusetzen ist.

Mitfreude ist ein leichtes Gefühl, indem man fähig ist, sich über das Wohl anderer zu freuen. Der Hauptunterschied zu Vergnügen ist, dass man nicht nach etwas strebt, was man nicht hat, oder etwas loswerden möchte, was man hat, die Kernelemente des Leidens. Wie Titmuss es ausdrückte: »Mitfreude taucht am leichtesten und am wirksamsten von dem auf, was wir nicht besitzen können« (Titmuss 1998, S. 181). Verbunden mit einer erhöhten Aufnahmefähigkeit ist die Mitfreude ein Gefühl von Verbundenheit:

Victoria, die 16-jährige Jugendliche, die schon mehrfach in diesem Buch zitiert wurde, sagte, dass sie versucht, andere Menschen glücklich zu machen. Sie zitierte Mutter Theresa, die sagte: »Jedes Zusammentreffen mit einer anderen Person sollte als Folge haben, sie glücklicher zu machen«. Deshalb versucht sie zum Beispiel mit dem Busfahrer auf dem Weg zur Schule zu sprechen. Immerhin fährt er sie und die anderen Schüler jeden Tag vorsichtig und sicher zur Schule. Er muss den ganzen Tag im Bus verbringen. Vielleicht hätte er gerne eine andere Arbeit gehabt. Vielleicht muss er den Bus fahren, da er keinen anderen Beruf gefunden hat.

Wenn sie andere Menschen glücklich macht, fühlt sie sich auch glücklich. Zusätzlich kann sie sich nicht glücklich fühlen, wenn sie andere Menschen unglücklich macht.

Dies ist ein Ausdruck von Mitfreude. Victoria ist eine sehr tief fühlende und spirituelle Jugendliche, die ihre tiefe Mitfreude mit anderen Lebewesen nicht nur in Worte fasst, sondern im Alltag lebt. Sie ist wirklich ein Kind des Buddha.

Liebende Güte

Der erste der vier Bereiche ist liebende Güte, die durch selbstlose, uneigennützige und bedingungslose Güte gegenüber allen Lebewesen gekennzeichnet ist: »Liebende Güte ist ein ›Geisteszustand der versucht, dass alle Lebewesen Glück und Freude genießen können«« (Dalai Lama, zitiert in Germer und Siegel 2012, S. 508).

Liebende Güte umfasst in den Lehren des Buddha nicht nur Güte an sich, sondern auch Empathie und Sympathie. Dieser Aspekt der interpersonellen Spiritualität wurde auch in der psychologischen Forschung wiederholt untersucht, wie bereits diskutiert. Es besteht kein Zweifel, dass die meisten Kinder eine inhärente Affinität zu Empathie und liebender Güte in sich tragen, genauso wie es der Buddha vor 2.500 Jahren beschrieben hat.

Es ist auch eindeutig, dass die interpersonelle oder Beziehungsspiritualität der wichtigste Aspekt der Spiritualität für Kinder und Jugendliche darstellt. Wie Titmuss es betonte, handelt es sich um das wahre Herz der Spiritualität. Die liebende Güte und die anderen drei Bereiche sind wichtiger als kognitives Wissen oder tiefe mystische Erfahrungen: »Liebende Güte ist viel wichtiger als alle anderen persönlichen Überzeugungen zusammen. Der soziale Hintergrund ist von geringem Belang, ebenso wie die Kreise, in denen wir uns bewegen« (Titmuss 1998, S. 175–176). Er fährt fort: »Liebe ist der ehrliche Wunsch, zu dem Glück und dem Wohlbefinden anderer beizutragen. Uns selbst zu lieben bedeutet uns jeden Tag zu respektieren« (Titmuss 1998, S. 175). Liebende Güte ist nicht für die großen Ereignisse des Lebens gedacht, sondern durchdringt den Alltag: »Ein Ausdruck des liebenden Geistes ist die Wertschätzung der Einzelheiten des Lebens, indem man nichts als selbstverständlich annimmt« (Titmuss 1998, S. 175). Fernerhin hat liebende Güte heilsame Auswirkungen: »Liebende Güte ist ein Gegenmittel zur Negativität, ob subtil oder roh« (Titmuss 1998, S. 176).

Diese Aspekte der liebenden Güte werden durch die Zitate mehrerer Kinder und Jugendliche verdeutlicht:

> Robert, ein neunjähriger Junge, musste immer wieder an die Flüchtlinge denken und wie die Kinder ihre Spielzeuge zurücklassen mussten. Er grübelte darüber nach, wie manche Kinder sogar sterben mussten, während sie vor Gewalt und Krieg flohen. Er weinte manchmal und war sehr traurig.

Wie viele Kinder in Deutschland hörte Robert wiederholt von den Nöten der Flüchtlinge, die aus Syrien nach Deutschland kamen. Viele hatten syrische Kinder in ihrer eigenen Klasse und erfuhren so direkt, wie schwierig und gefährlich die Flucht für gleichaltrige Kinder gewesen war. Wie Robert äußerten viele Kinder spontan Mitgefühl und liebende Güte.

Ein anderes Beispiel der spontanen liebenden Güte stammt von Isabell:

> Isabell, eine 14-jährige Jugendliche, hatte genügend eigene Probleme: Ihr Vater war alkoholabhängig, sie hatte Probleme mit ihrem Freund und fühlte sich sehr deprimiert. All dieses hielt sie nicht davon ab, nach anderen Menschen aktiv und mit liebender Güte zu schauen.
>
> Über viele Monate besuchte sie in ihrer Freizeit einen Freund, der wegen eines Hirntumors in der Klinik behandelt wurde. Sie betonte, dass das für sie kein Opfer bedeutet, sondern dass es für sie ein echtes Bedürfnis ist, bei ihrem Freund zu sein.
>
> Ihre Großtante hatte eine Alzheimer-Demenz und musste in einem Pflegeheim betreut werden. Isabell war die einzige von allen Verwandten, die sich immer wieder Zeit nahm, sie zu besuchen. Sie sagte: »Bevor ich zu Hause sitze und meine Hausaufgaben mache oder meine Freunde besuche, kann ich etwas Sinnvolles für andere Menschen machen. Ich bekomme so viel zurück, wenn ich das tue.«

Viele andere Beispiele der liebenden Güte finden sich im Abschnitt über interpersonelle Spiritualität im siebten Kapitel (▶ Kap. 7). Wahre liebende Güte ist nicht beschränkt auf Freunde und Familie, sondern umfasst alle Lebewesen:

> Victoria kann nicht verstehen, wie Menschen Vorurteile gegen andere haben können. Wir haben alle die gleichen Zellen in unserem Körper, wir sind gleich und nicht getrennt voneinander.

Dies ist ein Beispiel für interpersonelle Verbundenheit tiefer Empathie für andere, gekoppelt mit dem Verständnis, dass man sich selber hilft, indem man anderen hilft. Victorias Offenheit dehnt sich vor allem zu Minderheiten aus, selbst wenn sie ihnen nicht angehört:

> Sie kann Doppelmoral und Falschheit nicht ausstehen. Warum sollte man auf Homosexuelle herabschauen? Sie haben es sich nicht ausgesucht, so zu sein,

und es ist für sie so viel schwieriger, jeden Tag in der Gesellschaft damit umzugehen.

Liebende Güte bedeutet nicht nur das Teilen von materiellen Objekten, sondern zum Beispiel auch von Erinnerungen:

> Olivia war so fasziniert von einer Reise, die sie mit ihren Großeltern und ihrer Cousine nach Island und Grönland unternommen hatte. Sie konnte einfach nicht aufhören, von ihrer Reise zu erzählen und ihre Erfahrungen mit der Großartigkeit der Natur in diesen zwei Ländern zu teilen. Sie verbrachte mehrere Stunden ihrer Therapie damit, ihre Eindrücke an andere weiterzugeben.
> Sie sagte: »Es ist es so traurig, dass meine Cousine nicht mit mir über unsere Erfahrungen reden möchte. Es wäre so gut, wenn wir unsere Erinnerungen an die gemeinsamen Tage nochmal zusammen durchgehen könnten: Es würde unsere Erinnerung so viel intensiver und lebendiger machen. Immerhin hatten nur wir beide die Gelegenheit, so etwas Außergewöhnliches zu sehen. Meine Cousine reagiert jedoch genervt, wenn ich mit ihr sprechen möchte. Sie blockt alle weiteren Diskussionen ab.«

Olivia drückt ihr Bedauern aus, dass sie ihre Gefühle nicht mit jemand anderem teilen kann, dass ihre Gefühle nicht beantwortet werden.

Basierend auf solchen eindeutig positiven Effekten wurde eine spezifische »Liebende-Güte-Meditation« (»Loving kindness meditation«) aus den Lehren des Buddha adaptiert und zunehmend im Westen praktiziert (Hofmann et al. 2011). Es handelt sich dabei um eine geführte Meditation. Beginnend mit einer Wertschätzung von sich selbst folgt der Wunsch nach Harmonie und Frieden für Freunde und Familie, Feinde und alle Lebewesen. Liebende-Güte-Meditation ist empirisch wirksam, um Stress, Depression und Angst zu reduzieren.

In ähnlicher Weise versucht die Mitgefühlsmeditation (»Compassion meditation«) Mitgefühl für alle Lebewesen zu kultivieren (Hofmann et al. 2011). Beide Formen der Meditation aktivieren Hirnareale, die bei Verarbeitung von Emotionen und Empathie involviert sind. In der Studie von Reddy et al. (2013) fanden Jugendliche ein kognitiv-basiertes Mitgefühlstraining im Umgang mit Ärger, Stress und Konflikten hilfreich.

Beide dieser neuen Studien sind wichtig, da sie zeigen, dass die vier göttlichen Bereiche des Buddha spontan und natürlich auftauchen und für das Wohlbefinden anderer Menschen kultiviert werden können.

Mitgefühl

Der zweite der vier Bereiche ist Mitgefühl, die tiefe Empathie mit anderen Lebewesen, verbunden mit dem Wunsch, Leiden zu beenden oder zumindest zu vermindern. Wie wir gesehen haben, wurde Mitgefühl in vielen Studien untersucht und es wurden eindeutig positive Effekte nachgewiesen. Mitgefühl für andere richtet sich nicht nur an Mitmenschen, sondern an alle Lebewesen, wie das nächste Beispiel zeigt:

> Michael ist ein zwölfjähriger Junge, der wegen aggressiven Verhaltens stationär aufgenommen wurde. Er verglich sich mit einem Vulkan, der jederzeit ausbrechen könnte. Dank einer passenden Medikation (Abilify) und Verhaltenstherapie konnte er seine Wutausbrüche immer besser kontrollieren.
>
> Auf einem Ausflug der Station entdeckte er als erster, dass ein Teich im Park kaum noch Wasser hatte und dass die Fische verzweifelt versuchten, in dem verbleibenden Wasser zu überleben. Anscheinend hatte sich eine Abflussleitung geöffnet. Ohne jegliche Hemmung sprang er in das Wasser und versuchte die Fische zu retten, indem er sie mit den Händen fing und sie in einen benachbarten Teich brachte. Die anderen Kinder waren durch sein Beispiel ermutigt und halfen mit und gemeinsam war es ihnen möglich, die glitschigen und windigen Fische zu fangen und ihr Überleben zu sichern. Die Kinder hatten das Leben der Fische gerettet! Die Feuerwehr wurde gerufen. Die Feuerwehrleute reparierten das Leck und füllten den Teich mit frischem Wasser. Zeitungsreporter kamen und schrieben einen Artikel über die mutige Tat der Kinder. Michael zeigte mir die Zeitungsausschnitte und war sehr stolz.

Mitgefühl ist nicht nur eine Einstellung, sondern umfasst eine aktive, wohlwollende Reaktion, wie sie der junge Leon spontan zeigte:

> Leon ist ein fünfjähriger Junge, der wegen Trennungsängsten vorgestellt wurde. Trotz seiner eigenen Ängste versuchte er immer anderen zu helfen, selbst als er sehr jung war. Als er zum Beispiel zweieinhalb Jahre alt war, reiste er mit seinen Eltern zurück aus den Ferien. Im Flugzeug sah er zwei 18-jährige junge Frauen, die unglaubliche Angst vor dem Fliegen hatte. Ohne zu zögern ging er zu ihnen, setzte sich hin und hielt ihre Hände. Er sagte ihnen, dass sie keine Angst haben müssten und tröstete sie. Die Mädchen waren erleichtert.

Basierend auf empirischen Studien konnten Goetz et al. (2010) zeigen, dass es sich bei Mitgefühl um einen umschriebenen, inhärenten emotionalen Zustand handelt. Mitgefühl kann durch viele verschiedene Situationen, in denen man das Leiden anderer wahrnimmt, ausgelöst werden, vor allem das von besonders vulnerablen Menschen wie Babys und Kindern. Dieser Aspekt scheint ein menschliches, physiologisches, evolutionäres Merkmal zu sein. Mitgefühl löst ein weites Spektrum von physiologischen Reaktionen aus, wie z. B. Abnahme des Herzschlags und eine Reduktion des Hautwiderstandes im Gegensatz zu Stress, der die gegenteiligen Reaktionen auslöst. Auch scheint Mitgefühl neurobiologische Korrelate in Bildgebungstudien zu haben.

Es gibt viele weitere Beispiele von Mitgefühl bei Kindern, wie zum Beispiel von Samuel:

> Samuel war ein sehr sensibles, ängstliches und introvertiertes Kind. Er und seine Schwester mussten am gleichen Tag operiert werden. Seine Schwester wurde als erste in den Operationssaal geschoben. Bevor er operiert wurde, bestand er darauf, zuerst zu hören, ob es seiner Schwester gut geht. Er war nicht mit seinen eigenen Ängsten und mit der bevorstehenden Operation beschäftigt, sondern nur mit dem Wohlbefinden seiner Schwester. Der Chirurg sagte, dass er noch nie so eine umsorgende Einstellung bei einem Kind erlebt hätte.

Dies ist ein Beispiel des tiefen Mitgefühls, das die meisten Kinder für andere Lebewesen empfinden können. Das Wohlbefinden seiner Schwester war für Samuel wichtiger als seine eigenen Ängste. Sein Mitgefühl war sehr stark und ganz natürlich. Dies ist umso erstaunlicher, da Samuel selber von Trennungsängsten betroffen war. Mitgefühl kann stärker sein als die eigene Angst, wie bei Samuel.

Mitgefühl kann manchmal sehr aktiv und manchmal weniger aktiv sein, aber die Grundausrichtung des Mitgefühls ist »der Wunsch, dass alle Lebewesen frei von Leiden sein mögen«« (Dalai Lama, zitiert in Germer und Siegel 2012, Ort 508).

> Als Victoria fünf Jahre alt war, verstarb ihre Urgroßmutter. Sie weinte, da ihre Mutter weinte. Anschließend behielt sie ein Geheimnis ganz für sich: Jeden Abend stellte sie Katzenfutter und Wasser nach draußen für ihre Großmutter. Sie wollte unbedingt, dass ihre Urgroßmutter etwas zu essen hätte, da es im Himmel keine Felder gibt, auf denen Nahrung wachsen könnte. Sie war glücklich, dass das Katzenfutter am nächsten Morgen aufgegessen war. Sie war sich sicher, dass ihre Urgroßmutter wie ein Engel vom Himmel herabfliegen würde, dass sie nur nachts kommen, etwas Essen zu sich zu nehmen und dass sie Victoria helfen würde, das Geheimnis zu wahren. Sehr viel später erfuhr sie, dass in Wirklichkeit ihre Katze jeden Abend das Futter aufgegessen hatte.

Dies ist ein berührendes Beispiel der magischen Interpretation eines jungen Kindes, das großes Mitgefühl für seine Urgroßmutter verspürte, die einfach im Himmel keine eigene Nahrung bekam, da es dort keine Felder gab.

> Während ihrer gesamten Kindheit und Jugend besuchte Victoria eine 71-jährige Frau in ihrem Dorf, die alleine lebt und keine Familie hat. Sie bringt ihr ein Stück Kuchen zu jedem Geburtstag. Sie besucht sie auch zu Weihnachten. Die alte Dame möchte Weihnachten nicht bei Victorias Familie verbringen, freut sich aber über ihre Besuche.

Die frühe Erfahrung Victorias mit ihrer verstorbenen Urgroßmutter setzte sich einfach fort, nämlich bei einem lebenden Ersatz der Urgroßmutter, der alten Frau in ihrem Dorf. Und ganz natürlich wirkt das Mitgefühl, einmal aktiviert, weiter, kann sich ins Erwachsenenalter fortsetzen und viele Ausdrucksformen annehmen. Die verschiedenen Ausdrucksmöglichkeiten des Mitgefühls werden besonders beeindruckend in der tibetischen Kunst dargestellt. Ich war immer fasziniert von den verschiedenen Formen des Mitgefühls im tibetischen Buddhismus, der besonders reich an archetypischen Bildern ist (Dudka und Luetjohann 2006, S. 67–79).

Eines der bemerkenswertesten Bilder bzw. eine der bemerkenswertesten Statuen ist die der Grünen Tara, einer jungen Frau, die aktives Mitgefühl verkörpert. Sie sitzt auf einem Lotus-Thron, ihr rechtes Bein ausgestreckt und bereit, jederzeit aufzustehen und schnell aktiv anderen zu helfen. Sie kombiniert aktives Mitgefühl und Weisheit, was symbolisch durch die grüne Farbe ihres Körpers ausgedrückt wird.

Abb. 25: Die Grüne Tara ist das Symbol des aktiven Mitgefühls. Diese junge und schöne archetypische Frau hat ihr rechtes Bein ausgestreckt und ist jederzeit bereit, aufzustehen und zu helfen (Kathmandu, Nepal; im Besitz des Autors). Manchmal im Leben erfordert Mitgefühl eine konkrete Aktivität.

Lena ist ein Mädchen, das die Qualitäten der Grünen Tara verkörpert. Nicht zu Unrecht fällt in diesem Zusammenhang der Name »Mutter Theresa«, die ihr Leben den Armen und Kranken Indiens gewidmet hat:

Lena ist ein 15-jähriges Mädchen mit einer ausgeprägten Form eines Tourette-Syndroms, d. h. mit vokalen und motorischen Tics. Sie muss täglich Medikamente zu sich nehmen, um die Ausprägung der Tics zu reduzieren, kommt aber dennoch in der Schule gut zurecht. Sie hat ein ausgeprägtes Mitgefühl für andere.

Ihr Großvater sagte, sie sei »eine zweite Mutter Theresa«. Sie weiß genau, wenn jemand anders leidet, und geht ohne Umschweife zu dem Betreffenden, um ihm zu helfen. Sie kann einfach nicht aufhören, über andere nachzudenken und darüber, wie sie ihnen helfen kann. Manchmal hat sie das Gefühl, dass es einfach zu viel ist, und fängt an zu weinen. Sie sagt, dass ihr eigenes Weinen ihr nichts ausmacht, da Weinen befreiend sein kann. Sie möchte aktiv helfen und ist sehr unglücklich, zum Beispiel über Kinderarbeit in vielen Ländern der Welt.

Auch Jungen können die Qualitäten der Mutter Theresa oder der Grünen Tara in sich tragen, sie ist ein universeller Archetyp des aktiven Mitgefühls:

Marvin ist ein zehnjähriger Junge mit einer Aufmerksamkeitsdefizit-/Hyperaktivitätsstörung (ADHS). Nach Angaben der Eltern ist er »die Mutter Theresa seiner Schule.« Obwohl er selber Schwierigkeiten hat, setzt sich für die Schwachen ein. Er gibt keine Ruhe, denkt nach, wie er ihnen helfen kann, und setzt dies auch um – selbst wenn er auf eigene Wünsche verzichten muss.

Im Gegensatz zur Grünen Tara sitzt die Weiße Tara in einer vollen Meditationshaltung mit gekreuzten Beinen. Die Weiße Tara hat sieben Augen, ein Auge jeweils in ihren Handflächen und Fußsohlen, ein Auge auf der Stirn und die zwei normalen Augen. Diese sieben Augen ermöglichen es ihr, jeden Schmerz und alles Leiden zu sehen. Die Weiße Tara repräsentiert die passiven und meditativen Aspekte des Mitgefühls, indem sie Güte, Frieden, Liebe und Gleichmut ausströmt.

Diese zwei Archetypen des Mitgefühls hatten einen großen Einfluss auf mich in meiner professionellen Arbeit. Manchmal ist es absolut notwendig, aufzustehen und direkt und aktiv einzugreifen, um Leiden zu mindern. In einer kinderärztlichen oder kinderpsychiatrischen Notfallsituation kann man z. B. nicht auf einen anderen Tag warten, sondern muss direkt handeln. Dies ist die Grüne Tara in Aktion.

Zu anderen Zeiten ist das Leiden so ausgeprägt, dass es ist nicht durch Handlung allein vermindert werden kann. Stattdessen ist es erforderlich, in diesen Situationen mit der anderen Person zu verbleiben und das Leid gemeinsam zu tragen und auszuhalten. Da alle Phänomene sich in Veränderung befinden, wird das Mittragen einer schwierigen Situation die Wahrnehmung dieses verändernden Prozesses beeinflussen. Dies ist die Einstellung, die durch die Weiße Tara verkörpert wird.

Und wie immer kennen Kinder intuitiv diese tiefen, verschiedenen Formen des Mitgefühls, da die interpersonelle Spiritualität so wichtig für ihre Erfahrung ist.

Abb. 26: Die Weiße Tara sitzt in einer Meditationshaltung und ist der Archetyp des passiven Mitgefühls (Kathmandu, Nepal; im Besitz des Autors). Sie hat sieben Augen, um das Leiden voll zu erkennen und sehen. Manchmal ist eine direkte Handlung nicht möglich. Was erforderlich ist, ist das Leiden anderer Menschen mitzutragen und den gegenwärtigen Schmerzen mit Mitgefühl zu begegnen und sie zu teilen.

Zusammenfassung und Ausblick

Das Thema, das in diesem Buch umkreist und erkundet wurde, ist der Buddhismus und die Spiritualität von Kindern und Jugendlichen. Die Erforschung gestaltete sich vielfältig, ausgehend von den historischen und mythologischen Biografien der Kindheit des Buddha. Seine Lehren für und mit jungen Menschen wurden diskutiert und die Rolle der Kinder zu seiner Zeit sowie in gegenwärtigen buddhistischen Ländern besprochen. Die Relevanz der analytischen Psychologie C. G. Jungs wurde umrissen, um die Spiritualität allgemein oder das Numinose speziell in seinen Begriffen zu verstehen. Die spezifischen Qualitäten und Bedeutungen des Archetyps des göttlichen Kindes wurden erläutert.

Die verschiedenen Formen der Spiritualität von Kindern sowie die zunehmenden empirischen wissenschaftlichen Untersuchungen wurden detailliert dargestellt. Wie wir gesehen haben, überschneiden sich die spontane und die natürliche Spiritualität der Kindheit und Jugend mit den Lehren des Buddha. Als zeitlose, praktische und universelle Wahrheiten sind sie allen Menschen zu allen Zeiten zugänglich.

Die unterschiedlichen Punkte wurden mit Symbolen, Fotos, Gedichten, Liedern, Zitaten illustriert und – am wichtigsten – durch die Worte von Kindern und Jugendlichen selbst anschaulich gemacht. Viele Themen wurden »umschritten« (zirkumambuliert) und aus verschiedenen Perspektiven betrachtet. Amplifikation und Zirkumambulation sind zwei der Zugänge, die C. G. Jung besonders schätzte, um emotionale und spirituelle Erfahrungen lebendig und im Fluss zu halten – und um die Reduktion auf einfache und anscheinend endgültige kognitive Schlüsse zu vermeiden.

Dieses Buch will keine endgültige Übersicht über Buddhismus und die Spiritualität von Kindern und Jugendlichen präsentieren. Stattdessen war das Ziel, die Entdeckung der Spiritualität von Kindern und damit von uns selbst zu fördern, da wir alle einmal jung gewesen sind – und im Geist jung geblieben sind. Eine Entdeckungsreise ist eine Untersuchung, die Reflexion, Hinterfragen und Nachforschung beinhaltet. Aktive Entdeckung endet niemals, sondern stößt immer wieder auf neue und interessante Fragen. Die Frische der Neugier und Wissbegier von Kindern und Jugendlichen wird ausdrücklich in den Lehren des Buddha unterstützt. Der Buddha ermutigte uns, eine Antwort niemals nur aufgrund von Autorität oder Tradition zu akzeptieren, sondern nur auf unsere eigene direkte Erfahrung zu vertrauen. Dieses Buch verfolgt zum einen genau dieses Ziel, nämlich den Wert der Exploration und des Abenteuers im Leben zu betonen. Zum anderen möchte es aber auch den Respekt für die offene und liebende Spiritualität von Kindern und Jugendlichen kultivieren, die hoffentlich in ihrem wie auch in unserem Leben aufblühen und gedeihen kann.

Literatur

Aronson HB (2004). *Buddhist practice on western ground – reconciling eastern ideals and western psychology.* Boston und London: Shambhala.

Ary E (2013). The Westernization of Tulkus. In: Sasson VR (ed.), *Little Buddhas – children and childhoods in Buddhist texts and traditions.* Oxford: Oxford University Press, pp. 398–425.

Barkin SH, Miller L, Luthar SS (2015). Filling the void: spiritual development among adolescents of the affluent. *Journal of Religion and Health, 54,* 844–861.

Barnes J (2011). *Nichts, was man fürchten müsste.* München: btb-Verlag.

Barnett ES, Himelstein S, Herbert S, Garcia-Romeu, Chamberlain LJ (2014). Innovations in practice: exploring an intensive meditation intervention for incarcerated youth. *Child and Adolescent Mental Health, 19,* 69–73.

Barton Y, Miller L (2015). Spirituality and psychology go hand in hand: an investigation of multiple empirically derived profiles and related protective benefits. *Journal of Religion and Health, 54,* 829–839.

Batchelor S (1994). *The awakening of the west – the encounter of buddhism and western culture.* Berkeley: Parallax Press.

Batchelor S. (2000). *Verses from the center – a Buddhist view of the sublime.* New York: Riverhead Books.

Batchelor S (2010). *Confessions of a Buddhist atheist.* New York: Spiegel and Grau.

Batchelor S (2015). Achtsamkeit – ein trojanisches Pferd? *Buddhismus heute, 16,* 19.

Batchelor S (2015). *After Buddhism – rethinking the dharma for a secular age.* New Haven and New York: Yale University Press.

Benjet C (2010). Childhood adversities of populations living in low income countries: prevalence, characteristics, and mental health consequences. *Current Opinion in Psychiatry, 23,* 356–362.

Benson PL (2006). The science of child and adolescent spiritual development: definitional, theoretical, and field-building challenges. In: Roehlkepartain EC, King PE, Wagener L, Benson PL (Hrsg.), *The handbook of spiritual development in childhood and adolescence.* Thousand Oaks: Sage Publications. S. 484–497.

Bentley GE (2001). *The stranger from paradise – a biography of William Blake.* New Haven, London: Yale University Press.

Blake W (1975). *Lieder der Unschuld und Erfahrung.* Frankfurt/M.: Insel Verlag.

Blake, W. (2016). *Poems of William Blake.* A public domain book, Kindle edition.

Bodhi B (1994). *The noble eightfold path – the way to end the suffering* (second edition). Kandy: Buddhist Publication Society (www.buddhanet.net).

Bogdashina O (2013). *Autism and spirituality.* London and Philadelphia: Jessica Kingsley Publishers.

Bor W, Dean AJ, Najman J, Hayatbaksh R (2014). Are child and adolescent mental health problems increasing in the 21st century? *Autralian & New Zealand Journal of Psychiatry, 48,* 606–616.

Borchert T (2013). Monk and boy: becoming a novice in contemporary Sipsongpanna. In: Sasson VR (ed.), *Little Buddhas – children and childhoods in Buddhist texts and traditions.* Oxford: Oxford University Press, pp. 247–265.

Bower AR, Nishina A, Witkow MR, Bellmore A (2015). Nice guys and gals finish last? Not in early adolescence when empathic, excepted, popular peers are desirable. *Journal of Youth and Adolescence, 44,* 2275–2288.

Brewer-Smyth K, Koenig HG (2014). Could spirituality and religion promote stress resilience and survivors of childhood trauma? *Issues in Mental Health Nursing, 35,* 251–256.

Buddha, the (2000). *The connected discourses of the Buddha.* Boston: Wisdom Publications.

Buddha, the (1995). *The middle length discourses of the Buddha.* Boston: Wisdom Publications.

Buddha, the (1995). *The long discourses of the Buddha.* Boston: Wisdom Publications.

Buddha, the. *Satta Sutta: a being.* http://www.accesstoinsight.org/tipitaka/sn/sn23/sn23.002. than.html.

Buddha, the. *The weaver's daughter. Dhammapada verse 174.* http:/www.sacred-texts.com/bud/busc/busc13.htm.

Chah A (2005). *Everything arises, everything falls away – teachings on impermanence and the end of suffering.* Boston and London: Shambhala.

Champagne E (2003). Being a child, a spiritual child. *International Journal of Children's Spirituality, 8,* 43–53.

Cobb E, Kor A, Miller L (2015). Support for adolescent spirituality: contributions of religious practice and treat mindfulness. *Journal of Religion and Health, 54,* 862–870.

Conze E (1984). *Eine kurze Geschichte des Buddhismus.* Frankfurt: Insel Verlag.

Corbett L (1996). *The religious function of the psyche.* London: Routledge.

Corbett L (2007). *Psyche and the sacred – spirituality beyond religion.* New Orleans: Spring Journal Books.

Corbett L (2015). *The soul in anguish – psychotherapeutic approaches to suffering.* Ashville: Chiron Publications.

Cotton S, Zebracki K, Rosenthal SL, Tsevat J, Drotar D (2006). Religion/spirituality and adolescent health outcomes: a review. *Journal of Adolescent Health, 38,* 472–480.

Dasgupta R (2014). *Capital – a portrait of twenty-first century Delhi.* Edinburgh: Canongate Books.

de Botton A (2012). *Religion for atheists.* London: Penguin Books.

Denton ML, Pearce LD, Smith C (2008). *Religion and spirituality on the path through adolescence, research report number 8. National study of youth and religion,* University of North Carolina at Chapel Hill.

Desbordes G, Gard T, Hoge EA, Hölzel BK, Kerr C, Lazar SW, Olendzki A, Vago DR (2015). Moving beyond mindfulness: defining equanimity as an outcome measure in meditation and contemplative research. *Mindfulness, 6,* 356–372.

Desrosiers A, Miller L (2007). Relational spirituality and depression in adolescent girls. *Journal of Clinical Psychology, 63,* 1021–1037.

Desrosiers A, Kelley BS, Miller L (2011). Parent and peer relationships and relational spirituality in adolescents and young adults. *Psychology of Religion and Spirituality, 3,* 39–54.

de Souza M (2012). Connectedness and connectedness: the dark side of spirituality – implications for education. *International Journal of Children's Spirituality, 17,* 291–303.

Diener E, Tay L, Myers DG (2011). The religion paradox: if religion makes people happy, why are so many dropping out? *Journal of personality and Social Psychology, 101,* 1278–1290.

Dudka N, Luetjohann S (2006). *Tibetische Meditationspraxis in Bildern.* Aitrang: Winpferd Verlagsgesellschaft.

East L, Jackson D, O'Brien (2006). Father absence and adolescent development: a review of the literature. *Journal of Child Health Care, 10,* 283–295.

Epstein M (1996). *Gedanken ohne den Denker – das Wechselspiel von Buddhismus und Psychotherapie.* Frankfurt/M: Krüger Verlag.

Epstein M (1998). Going to pieces without falling apart – a Buddhist perspective on wholeness – lessons from meditation and psychotherapy. New York: Broadway Books.

Epstein M (2001). *Going on being.* New York: Broadway Books.

Epstein M (2005). *Open to desire – insights from Buddhism and psychotherapy.* New York: Gotham Books.

Frankel R (1998). *The adolescent psyche – Jungian and Winnicottian perspectives.* London, New York: Routledge.

Fischhoff B, de Bruin WB, Parker AM, Millstein SG, Halpern-Felsher BL (2010). Adolescent's perceived risk of dying. *Journal of Adolescent Health, 36,* 265–269.

Fisher PA (2015). Review: Adoption, fostering, and the needs of looked-after and adopted children. *Child and Adolescent Mental Health, 20,* 5–12.

Fowler JW, Dell ML (2004). Stages of faith and identity: birth to teens. *Child and Adolescent Psychiatric Clinics of North America, 13,* 17–33.

Fowler JW, Dell ML (2006). Stages of faith from infancy to adolescence: reflections on three decades of faith development theory. In: Roehlkepartain EC, King PE, Wagener L, Benson PL (Hrsg.), *The handbook of spiritual development in childhood and adolescence.* Thousand Oaks: Sage Publications. S. 34–45.

Frick PJ, Ray JV, Thornton LC, Kahn RE (2014). Annual research review: a developmental psychopathology approach to understanding callous-unemotional traits in children and adolescents with serious conduct problems. *Journal of Child Psychology and Psychiatry, 55,* 532–548.

Fuchs M, Bösch A, Hausmann A, Steiner H (2013). »The child is father or man« – Review von relevanten Studien zur Epidemiologie in der Kinder- und Jugendpsychiatrie. *Zeitschrift für Kinder- und Jugendpsychiatrie und Psychotherapie, 41,* 45–57.

Fuhrmann P, von Gontard A (2015). *Depression und Angst bei Klein- und Vorschulkindern – ein Ratgeber für Eltern und Erzieher.* Göttingen: Hogrefe Verlag.

Germer CK, Siegel RD, Fulton PR (Hrsg.). (2005). *Mindfulness and psychotherapy.* New York, London: Guilford Press.

Germer CK, Siegel CK (eds.) (2012). *Wisdom and compassion in psychotherapy – deepening mindfulness in clinical practice.* New York and London: The Guiford Press.

Glück J, Bischof B, Siebenhüner l ((2012). ›Knows what is good and bad‹; ›Can teach you things‹; ›Does lots of crosswords‹: Children's knowledge about wisdom. *European Journal of Developmental Psychology, 9,* 582–598.

Goetz JL, Kleltner D, Simon-Thomas E (2010). Compassion: an evolutionary analysis and empirical review. *Psychological Bulletin, 136,* 351–374.

Goldstein J (2002). *One Dharma.* New York, Harper Collins.

Goldstein J (2013). *Mindfulness – a practical guide to awakening.* Boulder: Sounds True, Kindle edition.

Gopnik A (2009). *Kleine Philosophen.* Berlin: Ullstein Buchverlage.

Günther R (2007). *Der Mythos vom göttlichen Kind.* Düsseldorf: Patmos Verlag.

Hanh TN (1992). *Alter Pfad weiße Wolken – Leben und Werk des Gautama Buddha.* Zürich/München: Theseus Verlag.

Hanh TN (2007). *Living Buddha, living Christ.* New York: Riverhead Books.

Hanh TN (2013). *Achtsamkeit mit Kindern.* München: F. A. Herbig Verlagsbuchhandlung.

Hanh TN (2016). *Interview with Oprah Winfrey* –Youtube.

Hanh TN (2017). *Mein Leben ist meine Lehre – autobiografische Geschichten und Weisheiten eines Mönchs.* München: Knaur E-Book.

Harnett PH, Dawe S (2012). Review: the contribution of mindfulness-based therapies for children and families and proposed integration. *Child and Adolescent Mental Health, 17,* 195–208.

Hart T (2003). *The secret spiritual world of children.* Novato: New World Library.

Hart T (2006). Spiritual experiences and capacities in children and youth. In: Roelkepartain EC, King PE, Wagener L, Benson PL (Hrsg.), *The handbook of spiritual development in childhood and adolescence.* Sage Publications. S. 163–177.

Hay D, Nye R (2006). *The spirit of the child.* London, Philadelphia: Jessica Kingsley Publications.

Hofmann SG, Grossman P, Hinton DE (2011). Loving kindness and compassion meditation: potential for psychological interventions. *Clinical Psychology Review, 31,* 1126–1132.

Holder MD, Coleman B, Wallace JM (2010). Spirituality, religiousness, and happiness in children aged 8–12 years. *Journal of Happiness Studies, 11,* 131–150.

Holmes C, Kim-Spoon J (2006). Why are religiousness and spirituality are associated with externalising psychopathology? A literature review. *Clinical Child and Family Psychology Review, 19,* 1–20.

Howell KH, Miller-Graff (2014). Protective factors associated with resilient functioning in young adulthood after childhood exposure to violence. *Child Abuse & Neglect, 38*, 1985–1994.

Huskinson L (2006). Holy, holy, holy: the misappropriation of the numinous in Jung. In: Casement A, Tacey D (Hrsg.), *The idea of the numinous – contemporary Jungian and Psychoanalytic perspectives*. London: Routledge. S. 200–212.

Hyde B (2008). *Children and spirituality – searching for meaning and connectedness*. London, Philadelphia: Jessica Kingsley Publications.

Jardri R, Bartels-Velthuis AA, Debbane M, Jenner JA, Kelleher I, Dauvilliers Y, Plazzi G, Demeulemeester M, David CN, Rappoport J, Dobbelaere D, Escher S, Fernyhough C (2014). From phenomenology to neurophysiological understanding of hallucinations in children. *Schizophrenia Bulletin, 40* (Suppl. 4), 213–220.

Jeste DV, Ardelt M, Balzer D, Kraemer HC, Vaillant G, Meeks TW (2010). Expert consensus on characteristics of wisdom: a Delphi method study. *The Gerontologist, 50*, 668–680.

Jung CG (1934). *Young man in search of a soul*. London: Kegan Paul, Trench, Trubner and Co.

Jung CG (1984). *Erinnerungen, Träume, Gedanken*. Olten, Freiburg: Walter Verlag.

Jung CG (1995). *Gesammelte Werke*. Solothurn, Düsseldorf: Walter Verlag.

Jung CG (2009). *Das Rote Buch*. Düsseldorf: Patmos Verlag.

Kabat-Zinn J (1991). *Full catastrophe living*. New York: Delta Publishing.

Kabat-Zinn J (1994). *Wherever you go there you are – mindfulness meditation in everyday life*. New York: Hyperion.

Kabat-Zinn, M and J (1997). *Everyday blessings – the inner work of mindful parenting*. New York: Hyperion.

Kakar S (2012). *Die Seele der Anderen – mein Leben zwischen Indien und dem Westen*. Beck Verlag, München.

Kakar S (2012). *The inner world – a psychoanalytic study of childhood and society in India* (4. Auflage). Oxford University Press, New Delhi.

Kakar S, Kakar K (2006). *Die Inder – Porträt einer Gesellschaft* (3. Auflage). Beck Verlag, München.

Kalff DM (1996). *Sandspiel – seine therapeutische Wirkung auf die Psyche* (3. Auflage). München, Basel: Ernst Reinhardt Verlag.

Kallapiran K, Koo S, Kirubakaran R, Hancok K (2015). Review: effectiveness of mindfulness in improving mental health symptoms of children and adolescents: a meta-analysis. *Child and Adolescent Mental Health, 20*, 182–194.

Karlsen ML, Coyle A, Williams E (2014). »They never listen«: towards a grounded theory of the role played by trusted adults in the spiritual life of children. *Mental Health, Religion & Culture, 3*, 297–312.

Kendler KS, Gardner CO, Prescott CA (1997). Religion, psychopathology, and substance use and abuse: a multimeasure, genetic-epidemiologic study. *American Journal of Psychiatry, 154*, 322–329.

Kim S, Esquivel (2011). Adolescents spirituality and resilience: theory, research and educational practices. *Psychology in the Schools, 48*, 755–765.

Knausgaard KO (2012). *A death in the family – my struggle* (volume 1). London: Harvill Secker.

Knausgaard KO (2013). *A man in love – my struggle* (volume 2). London, Harvill Secker.

Knausgaard KO (2015a). *Spielen* (Band 3). München: btb-Verlag.

Knausgaard KO (2015b). *Leben* (Band 4). München: Luchterhand.

Knausgaaard KO (2018). *Im Sommer*. München: Luchterhand Verlag.

Knausgaard LB (2017). *Willkommen Amerika*. Frankfurt: Schöffling und Co. Verlagsbuchhandlung.

König S, Glück J (2012). Situations in which I was wise: autobiographical Wisdom memories of children and adolescents. *Journal of Research on Adolescence, 22*, 512–525.

Kornfield J (2000). *After the ecstasy, the laundry – how the heart grows wise on the spiritual path*. London: Rider.

Kornfield J (2008). *The wise heart – a guide to the universal teachings of Buddhist Psychology*. New York: Bantam Books.

Kornfield J (2012). *Bringing home the Dharma.* Boston: Shambala Publications.

Kornfield J (2017). *No time like the present.* New York: Simon & Schuster.

Kornfield J, Breiter P (1996). *Ein stiller Waldteich.* Berlin: Theseus Verlag.

Krakauer J (1997). *Into the wild.* New York: Anchor Books.

Lancy D (2015). *The anthropology of childhood.* Cambridge: Cambridge University Press.

Langenberg AP (2013). Scarecrows, Upsakas, Fetuses, and other child monastics in middle-period Indian Buddhism. In: Sasson VR (ed.), *Little Buddhas – children and childhoods in Buddhist texts and traditions.* Oxford: Oxford University Press, pp. 43–74.

Laroi F, Luhrmann TM, Bell V, Christian WA, Deshpande S, Fernyhough C, Jenkins J, Woods A (2014). Culture and hallucinations: Overview and future directions. *Schizophrenia Bulletin,* 40 (Suppl. 4), 213–220.

Leibovitz L (2014). *A broken hallelujah – rock and roll, redemption and the life of Leonard Cohen.* New York: Norton and Company.

Levine N (2004). *Dharma Punx – a memoir.* New York: HarperCollins.

Lindgren A (2009). Das entschwundene Land. In: Grädler I (Hrsg.), *Zauber der Kindheit – Autoren aus aller Welt erzählen aus ihrer Kindheit.* Gütersloh, München: Bertelsmann, S. 57–66.

Lipscomb A, Gersch I (2012). Using a ›spiritual listening tool‹ to investigate how children describe spiritual and philosophical meaning in their lives. *International Journal of Children's Spirituality,* 17, 5–23.

Lutherbibel (2017). Die Bibel.de; https://www.die-bibel.de/bibelstelle

Macfarlane R (2007). *The wild places.* London: Granta Books.

Macfarlane R (2008). *Mountains of the mind.* London: Granta Books.

Macfarlane R (2012). *The old ways – a journey on foot.* London: Penguin Books.

Mackenzie V (1999). *Cave in the snow.* London: Bloomsbury.

Main R (2006). Numinosity and terror: Jung's psychological revision of Otto as an aid to engaging religious fundamentalism. In: Casement A Tacey D (Hrsg.), *The idea of the numinous – contemporary Jungian and Psychoanalytic perspectives.* London: Routledge. S. 153–170.

Malhotra S, Patra BN (2014). Prevalence of child and adolescent psychiatric disorders in India: a systematic review and meta-analysis. *Child and Adolescent Psychiatry and Mental Health,* 8, 22.

Mandela N (2013). *Long walk to Freedom.* London: Hachette Digital.

McCandless C (2014). *The wild truth – the secrets that drove Chris McCandless into the wild.* London: Harper element.

Meeks TW, Jeste DV (2009). Neurobiology of wisdom – the literature overview. *Archives of General Psychiatry,* 66, 355–365.

Melle T (2016). *Die Welt im Rücken.* Berlin: Rowohlt-Berlin Verlag.

Miller L (2013). Spiritual awakening and depression in adolescents: a unified pathway or ›two sides of the same coin‹. *Bulletin of the Menninger Clinic,* 77, 332–348.

Miller L (2015). *The spiritual child.* London: Bluebird.

Miller L, Davies M, Greenwald S (2000). Religiosity and substance abuse among adolescents in the National Comorbidity Survey. *Journal of the American Academy of Child and Adolescent Psychiatry,* 39, 1190–1197.

Miller L, Warner V, Wickramaratne P, Weissman M (1997). Religiosity and depression: ten-year follow-up of depressed mothers and offspring. *Journal of the American Academy of Child and Adolescent Psychiatry,* 36, 1416–1425.

Miller L, Gur M (2002). Religiosity, depression and physical maturation in adolescent girls. *Journal of the American Academy of Child and Adolescent Psychiatry,* 41, 206–214.

Moacanin R (2003). *The essence of Jung's psychology and Tibetan Buddhism – western and eastern paths to the heart* (2nd edition). Somerville: Wisdom Publications.

Monteiro LM, Musten RF, Compson J (2015). Traditional and contemporary mindfulness: finding the middle path in the tangle of concerns. *Mindfulness,* 6, 1–13.

Müller L, Müller A (2003). *Wörterbuch der analytischen Psychologie.* Düsseldorf, Zürich: Walter Verlag.

Murakami H (2006). *Kafka am Strand.* München: btb Verlag.

Murakami M (2018). *Die Ermordung des Commendatore (Band 1): eine Idee erscheint.* Köln: DuMont Buchverlag.

Narvaez D, Gleason T, Mitchell C (2010). Moral virtue and practical wisdom: theme comprehension in children, youth and adults. *The Journal of Genetic Psychology, 171,* 363–388.

Nash G (2013). *Wild tales.* New York, Three Rivers Press.

National Society for the Prevention of Cruelty to Children (NSPCC) Report (2016). *How safe are our children?* https://www.nspcc.org.uk/services-and-resources/research-and-resources/2016/how-safe-are-our-children-2016/.

Nelson PL, Hart T (2005). *A survey of recalled childhood spiritual and non-ordinary experiences: age, rate and psychological factors associated with their occurrence.* Unpublished manuscript, www.childspirit.org.

Neumann E (1990). *Tiefenpsychologie und neue Ethik.* Frankfurt/M: Fischer Taschenbuch Verlag.

Nye R (2014). *Children's spirituality – what it is and why it matters.* London: Church house Publishing.

Olsen J (2016). *The you beaut country.* Melbourne: Council of trustees of the National Gallery of Victoria.

Ortheil HS (2015). *Der Stift und das Papier.* München: Luchterhand.

Palacios J, Brodzinsky D (2010). Adoption research: trends, topics, outcomes. *International Journal of Behavioral Development, 34,* 279–284.

Picoraro JA, Womer JW, Kazak AE, Feudtner C (2014). Posttraumatic growth in parents and pediatric patients. *Journal of Palliative Medicine, 17,* 209–218.

Reddy SD, Negi LT, Dodson-Lavelle B, Ozawa-de Silva B, Pace TWW, Cole SP, Raison CL, Craighead LW (2013). Cognitive-based compassion training: a promising prevention strategy for at risk adolescents. *Journal of Child and Family Studies, 22,* 219–230.

Riedel I (2010). *Mystik des Herzens – Meisterinnen innerer Freiheit.* Freiburg: Kreuz Verlag.

Robbins E, Starr S, Rochat P (2015). Fairness and distributive justice by 3- to 5-year old Tibetan children. *Journal of Cross-Cultural Psychology, 47,* 333–340.

Rodrigue Y. (1992). *Nat-Pwa – Burma's supernatural sub-culture.* Gartmore: Kiscadale.

Roehlkepartain EC, King PE, Wagener L, Benson PL (Hrsg.). (2006). *The handbook of spiritual development in childhood and adolescence.* Thousand Oaks: Sage Publications.

Roehlkepartain EC, Benson PL, King PE, Wagener L (2006). Spiritual development in childhood and adolescence: moving to scientific mainstream. In: Roehlkepartain EC, King PE, Wagener L, Benson PL (Hrsg.), *The handbook of spiritual development in childhood and adolescence.* Thousand Oaks: Sage Publications. S. 1–15.

Sacks O (2001). *Onkel Wolfram – Erinnerungen.* Reinbek: Rowohlt Verlag.

Sasson VR (ed.) (2013). *Little Buddhas – children and childhoods in Buddhist texts and traditions.* Oxford: Oxford University Press.

Sasson VR (2013). Introduction: Charting new territory: children and childhoods in Buddhist texts and traditions. In: Sasson VR (ed.), *Little Buddhas – children and childhoods in Buddhist texts and traditions.* Oxford: Oxford University Press, pp. 1–14.

Sasson VR (2013). The Buddha's ›childhood‹ – foundations for the great departure. In: Sasson VR (ed.): *Little Buddhas – children and childhoods in Buddhist texts and traditions.* Oxford: Oxford University Press, pp. 75–96.

Sasson VR (2014). Scholars struggle with the story of the Buddha's son. *Child Abuse & Neglect, 38,* 593–599.

Scheible K (2013). ›Give me my inheritance‹ – Western Buddhists raising Buddhist children. In: Sasson VR (ed.): *Little Buddhas – children and childhoods in Buddhist texts and traditions.* Oxford: Oxford University Press, pp. 428–452.

Schlarb CW (2007). The developmental impact of not integrating childhood peak experiences. *International Journal of Children's Spirituality, 12,* 249–262.

Scott DG (2004). Retrospective spiritual narratives: exploring recalled childhood and adolescent spiritual experiences. *International Journal of Children's Spirituality, 9,* 67–79.

Scott DG, Evans J (2010). Peak experience project. *International Journal of Children's Spirituality, 15,* 143–158.

Schumann HW (2003). *Buddhabildnisse – Ihre Symbolik und Geschichte.* Heidelberg: Werner Kristkeitz Verlag.

Schumann HW (2004). *Der historische Buddha – Leben und Lehre des Gautama.* Kreuzlingen/München: Heinrich Hugendubel Verlag.

Schwarzenau P (1988). *Das göttliche Kind – der Mythos vom Neubeginn.* Stuttgart: Kreuz Verlag.

Schweizer A, Berchtold A, Barrense-Dias Y, Akre C, Suris JC (2017). Adolescents with a smartphone sleep less than their peers. *European Journal of Paediatrics, 176,* 131–136.

Schweitzer F (2013). *Das Recht des Kindes auf Religion.* Gütersloh: Gütersloher Verlagshaus.

Schwenk C, Göhle B, Hauf J, Warnke A, Freitag CM, Schneider W (2014). Cognitive and emotional empathy in typically developing children: the influence of age, gender and intelligence. *European Journal of Developmental Psychology, 11,* 63–76.

Sengupta (2013). *Jung in India.* New Orleans: Spring Journal.

Shell Deutschland Holding (Hrsg.) (2015). *Jugend 2015 – eine pragmatische Generation im Aufbruch.* Frankfurt am Main: Fischer Taschenbuch.

Snel E (2013). *Sitting still like a frog.* Boston and London: Shambala.

Springsteen B (2016). *Born to run – die Autobiografie.* München: Wilhelm Heyne Verlag.

Srinath S, Kandasamy P, Golhar TS (2010). Epidemiology of child and adolescent mental health disorders in Asia. *Current Opinions in Psychiatry, 23,* 330–336.

Staudinger UM, Glück J (2011). Psychological wisdom research: commonalities and differences in a growing field. *Annual Reviews in Psychology, 62,* 215–241.

Stein M (2006b). *The principle of individuation – toward the development of human consciousness.* Wilmette: Chiron Publications.

Stein M (2014). *Minding the self – Jungian meditations on contemporary spirituality.* Hove: Routledge.

Strauss C, Taylor BL, Gu J, Baer R, Jones F, Cavanagh K (2016). What is compassion and how can we measure it? Even preview of definitions and measures. *Clinical Psychology Review, 47,* 15–27.

Strong J (2009). The Buddha – a beginner's guide. Oxford: Oneworld Publications.

Sturrock S, Hodes M (2016). Child labour in low- and middle-income countries and its consequences for mental health: a systematic literature review of epidemiological studies. *European Child and Adolescent Psychiatry, 25,* 1273–1286.

Surr J (2012). Peering into the clouds of glory: exploration of a newborn child's spirituality. *International Journal of Children's Spirituality, 17,* 77–87.

Tacey D (2001). *Jung and the new age.* Hove: Routledge.

Tacey D (2004). *The spirituality revolution – the emergence of modern spirituality.* Hove: Routledge.

Tacey D (2013). *The darkening of the spirit – Jung, spirituality, religion.* Hove: Routledge

Tailor K, Piotrowski C, Woodgate RL, Letourneau N (2014). Child sexual abuse and adult religious life: challenges of theory and method. *Journal of Child Sexual Abuse, 23,* 865–884.

Tsomo KL (2013). Children in Himalayan monasteries. In: Sasson VR (ed.), *Little Buddhas – children and childhoods in Buddhist texts and traditions.* Oxford: Oxford University Press, pp. 374–375.

Thanissaro PN (2014). *Buddhist adolescents' attitudes to their own religion and religious education: preliminary quantitative findings.* Conference paper. https://www.researchgate.net/publication/26421772.

Thanissaro B (1997). Lokavipatti *Sutta: the failings of the world.* S*www.accesstoinsight.org/tipitaka/an/an08/an08.006.than.html*

The Children's Society Report (2015). http://www.childrenssociety.org.uk/sites/default/files/TheGoodChildhoodReport2015.pdf.

Titmuss C (1998). *Light on enlightenment.* London: Rider.

Titmuss C (2012). *Mindfulness training course.* Duisburg: Tushita Verlag.

Titmuss C (2012). *Erleuchtung ist anders als du denkst.* Nickenich: Waldhaus Verlag.

Titmuss C (2015). *The Buddha of Love.* Insightmeditation.org.

Titmuss C (2015). *The Buddha and his meeting with spiritual seekers, parents and young people.* Unpublished manuscript.

Tozzi M (2009). Helping children to philosophizing: state of the art, live issues, outcomes and proposals. *Diogenes, 224,* 49–60.

UNICEF report on the state of the world's children (2016). https://www.unicef-irc.org/publications/pdf/rc11_eng.pdf.

UNICEF report: Child well-being in rich countries – a comparative overview (2013). http://www.unicef.org/publications/index_91711.html.

Vance JD (2017). *Hillbilly-Elegie – die Geschichte meiner Familie und eine Gesellschaft in der Krise.* Berlin: Ullstein Buchverlage.

Vance T, Maes HH, Kendler KS (2014). A multivariate twin study of the dimensions of religiosity and common psychiatric and substance use disorders. *The Journal of nervous and mental disease, 202,* 360–367.

von Gontard A (2010). Idiopathic toe-gait – stasis and progression through Sandplay Therapy. *Journal of Sandplay Therapy, 19,* 91–98.

von Gontard A (2011). The Numinous in Sandplay Therapy with children and adolescents. *Journal of Sandplay Therapy, 20,* 103–124.

von Gontard A (2013a). *Theorie und Praxis der Sandspieltherapie – ein Handbuch aus kinderpsychiatrischer und analytischer Sicht* (2. Auflage). Stuttgart: Kohlhammer Verlag.

von Gontard, A (2013b). *Spiritualität von Kindern und Jugendlichen.* Stuttgart: Kohlhammer Verlag.

von Gontard A (2016). Spiritualität in der Psychotherapie von Kindern. *Spiritual Care, 5,* 292–301.

Welwood J (2000). *Toward a psychology of awakening – Buddhism, psychotherapy, and the path of personal and spiritual awakening.* Boston und London: Shambhala.

World Bank (2014). *Maternal mortality ratio.* http://data.worldbank.org/indicator/SH.STA.MMRT.

World Happiness Report (2016). http://worldhappiness.report/wp-content/uploads/sites/2/2016/03/HR-V1_web.pdf.

Ware B (2011). *The top five regrets of the dying.* London: Hay House.

Yust KM, Johnson AN, Sasso SE, Roehlkepartain EC (2006). *Nurturing child and adolescent spirituality – perspectives from the world's traditions.* Lanham: Rowman and Littlefield Publishers.

Yust KM (2014). Digital power: exploring the effects of social media on children's spirituality. *International Journal of Children's Spirituality, 19,* 133–143.

Stichwortverzeichnis